Unterricht mit
neu zugewanderten Kindern und Jugendlichen

Verena Cornely Harboe
Mirka Mainzer-Murrenhoff
Lena Heine (Hrsg.)

Unterricht mit neu zugewanderten Kindern und Jugendlichen

Interdisziplinäre Impulse
für DaF/DaZ in der Schule

Waxmann 2016
Münster · New York

Bibliografische Informationen der Deutschen Nationalbibliothek
Die Deutsche Nationalbibliothek verzeichnet diese Publikation in
der Deutschen Nationalbibliografie; detaillierte bibliografische
Daten sind im Internet über http://dnb.dnb.de abrufbar.

Print-ISBN 978-3-8309-3436-3
E-Book-ISBN 978-3-8309-8436-8

© Waxmann Verlag GmbH, 2016
Steinfurter Straße 555, 48159 Münster

www.waxmann.com
info@waxmann.com

Umschlaggestaltung: Inna Ponomareva, Jena
Titelbild: Mosaik Polygon Hintergrund, © Thaut Images, Fotolia
Satz: Sven Solterbeck, Münster
Druck: Hubert & Co., Göttingen

Gedruckt auf alterungsbeständigem Papier,
säurefrei gemäß ISO 9706

Printed in Germany

Alle Rechte vorbehalten. Nachdruck, auch auszugsweise, verboten.
Kein Teil dieses Werkes darf ohne schriftliche Genehmigung des
Verlages in irgendeiner Form reproduziert oder unter Verwendung
elektronischer Systeme verarbeitet, vervielfältigt oder verbreitet werden.

Vorwort

Die Arbeit mit neu zugewanderten Kindern und Jugendlichen in der Schule erfordert eine Weiterentwicklung von traditionellen Konzepten im Bereich DaF/DaZ vor allem im Hinblick auf eine interdisziplinäre Zusammenarbeit. Angehende und bereits praktizierende Lehrerinnen und Lehrer müssen neben basalen Kenntnissen über Spracherwerb auch über verschiedene Facetten ihrer heterogenen Lernergruppen informiert sein und dieses Wissen in stringente und zielführende Unterrichtsaktivitäten umwandeln können.

Wir haben mit der „Sommerschule DaZ" versucht, ein Konzept für die Lehrerausbildung zu entwickeln, das gleichzeitig auch sofort Wirkung in der Praxis entfaltet. Studierende verschiedener Fächer haben sich in diesem Angebot auf die Arbeit mit Seiteneinsteigerinnen und Seiteneinsteigern spezialisiert und praxisbezogene Materialien entwickelt, die anschließend in einer dreiwöchigen Sommerschule mit neu zugewanderten Kindern und Jugendlichen Verwendung fanden.

Das Konzept lebt von der Interdisziplinarität und wir hätten es nicht allein auf der Basis unserer Expertise in der Fremdsprachenforschung erfolgreich durchführen können. Für die Entwicklung des Konzepts, aber auch für die erfolgreiche Durchführung waren wir auf den fachkundigen Input aus einer Reihe von Nachbarbereichen und von erfahrenen Praktikerinnen und Praktikern angewiesen. Für die gute Zusammenarbeit möchten wir uns an dieser Stelle bedanken, im Einzelnen bei: Prof. Dr. Cinur Ghaderi von der Evangelischen Fachhochschule Bochum, die mit ihrem fundierten Überblick über den aktuellen Stand in der psychotraumatologischen Forschung den Studierenden wichtige Zugänge für die Bedarfe von potenziell traumatisierten Kindern und Jugendlichen eröffnet hat. Prof. Dr. Jörg Ennuschat mit seinem Team aus der Rechtswissenschaft der Ruhr-Universität Bochum, die der „Sommerschule DaZ" Einblicke in zentrale Fragen des Asylrechts und die daraus resultierenden Rahmenbedingungen für die Aufenthaltssituation von jungen Flüchtlingen gegeben haben. Melanie Weber von der SchlaU-Schule München, die als stellvertretende Schulleiterin und Lehrerin an der SchlaU-Schule München ihre Erfahrungen aus der Praxis mit uns geteilt hat. Christina Richter von der Kindersprachbrücke Jena, die die Studierenden für die Arbeit an der eigenen Haltung sensibilisiert und Anregungen zur Adaption von Ansätzen aus dem Bereich des sprachsensiblen Fachunterrichts vermittelt hat; und Melanie Hinzke – Dipl. Pädagogin und Ärztin im Bereich der Kinder- und Jugendpsychiatrie –, die durch ihren fachlichen Input zu den Möglichkeiten und Grenzen der Integration traumapädagogischer Konzepte in die unterrichtliche Praxis, insbesondere aber durch die Leitung der Supervisionssitzungen, zur Professionalisierung der Studierenden wesentlich beigetragen hat.

Auch danken wir den Schülerinnen und Schülern der Holzkamp-Gesamtschule Witten, der Overbergschule Witten und der Freiligrathschule Witten, die mit ihrer hohen Motivation und ihrer Lernbegeisterung für alle Beteiligten nicht nur interessante und lehrreiche Erfahrungen ermöglicht haben, sondern auch viel Freude in der Zusammenarbeit der Teams erfahren haben.

Schließlich möchten wir den beteiligten Studierenden für ihr außerordentliches Engagement, ihre Ernsthaftigkeit und Professionalität in diesem Projekt danken.

Bochum, im Mai 2016
die Herausgeberinnen

Inhalt

Neu zugewanderte Kinder und Jugendliche –
Umgang mit Heterogenität im Fokus der Ausbildung von Lehrkräften
Zur Einleitung in den Sammelband 9
Verena Cornely Harboe, Mirka Mainzer-Murrenhoff und Lena Heine

Darstellung der aktuellen rechtlichen Situation von geflüchteten
Kindern und Jugendlichen 19
*Monika Größl, Anne-Kathrin Kenkmann und Kevin Sebastian Wilms
unter Mitarbeit von Niklas Bellendorf, Inga Oldenburg und David Schnitzler*

Träume und Traumata junger Flüchtlinge
Einführung in traumaspezifische Aspekte für die Arbeit mit potentiell
traumatisierten Kindern und Jugendlichen 57
Cinur Ghaderi

Erkenntnisse aus der Fremd- und Zweitsprachenforschung und
didaktische Implikationen mit besonderem Blick auf neu zugewanderte
Deutschlernende 81
Lena Heine

Alphabetisierung in der Flüchtlingsarbeit
Hintergründe und Hinweise für die Unterrichtspraxis 105
Anja Kittlitz

Methoden und Materialien zur ganzheitlichen pädagogischen
Diagnostik von neu zugewanderten Jugendlichen aus der Praxis
der SchlaU-Schule 131
Melanie Weber

Bildungssprache von Anfang an?
Konzeptionelle Überlegungen und praktische Vorschläge
zur Gestaltung von projektorientiertem DaF-/DaZ-Unterricht
für neu zugewanderte Kinder und Jugendliche 159
Verena Cornely Harboe und Mirka Mainzer-Murrenhoff

Unterrichtspraktische Perspektiven zur Förderung von Schreibkompetenz in Vorbereitungsklassen am Beispiel *Wegbeschreibung* 201
Carolin Kull

Studentischer Erfahrungsbericht und kritische Reflexion aus der sprach- und kultursensiblen Arbeit mit neu zugewanderten Kindern und Jugendlichen 221
Florian Mundt und Judith Weissflog

Autorinnen und Autoren 239

Neu zugewanderte Kinder und Jugendliche – Umgang mit Heterogenität im Fokus der Ausbildung von Lehrkräften

Zur Einleitung in den Sammelband

Verena Cornely Harboe, Mirka Mainzer-Murrenhoff und Lena Heine

1. Einführung in das Themenfeld

Es stellt Schulen vor besonders große Herausforderungen, neu zugewanderte Kinder und Jugendliche[1] mit geringen Deutschkenntnissen, sogenannte Seiteneinsteigerinnen und Seiteneinsteiger, möglichst rasch in das deutsche Schulsystem zu integrieren und ihnen eine optimale Förderung zukommen zu lassen. Vor allem im Kontext der sogenannten „Flüchtlingskrise" bekommt dies derzeit eine hohe Bedeutung. Kinder und Jugendliche mit Fluchterfahrungen werden als Gruppe mit besonderen Bedarfen wahrgenommen, wobei vor allem der große Sprachförderbedarf, interkulturelle Aspekte und die besondere psychosoziale Belastungssituation, in der sie sich häufig befinden, problematisiert werden.

Dabei ist jedoch davon auszugehen, dass sich in jeder Schulklasse – ob mit oder ohne Geflüchtete – Kinder und Jugendliche befinden, die mit den an sie gestellten sprachlichen Anforderungen mehr oder weniger große Schwierigkeiten haben, die kulturell andere Assoziationen mit Begrifflichkeiten verbinden als die Lehrkraft oder die durch schwere Lebensumstände psychisch stark belastet sind. Im Vergleich zu Nicht-Geflüchteten ist diese (in sich hoch heterogene) Gruppe somit keine speziell zu problematisierende Kategorie mit Sonderbedarfen. Das besondere Problembewusstsein, das sich momentan über die Geflüchteten ergibt, kann allerdings längst überfällige Entwicklungen in Didaktik und Pädagogik anstoßen. Neben der Frage, wie möglichst schnell basale Deutschkenntnisse vermittelt werden können, geht mit der Thematik nämlich eine viel grundlegendere Überlegung einher: Wie kann Schule angesichts sprachlicher und kultureller Heterogenität alle Schülerinnen und Schüler durch den gesamten Schulgang hindurch optimal fördern und Chancengleichheit im Bildungsgang schaffen?

---

1 Den Autorinnen des Beitrags ist bewusst, dass mit der Konstruktion einer Gruppe eine künstliche Reduktion von Heterogenität und eine Nivellierung von interindividuellen Unterschieden einhergeht. Wenn in diesem Beitrag gleichwohl von der Gruppe von Seiteneinsteigerinnen und Seiteneinsteigern gesprochen wird, so erfolgt dies nicht mit dem Ziel der Homogenisierung, sondern ist als Versuch zu verstehen, die neu zugewanderten Kinder und Jugendlichen in der Schule auf der Basis von spezifischen Gemeinsamkeiten zu betrachten, für die es Antworten zu finden gilt.

In diesem Sinne will der vorliegende Sammelband einen Beitrag liefern, der von der aktuellen Situation ausgehend die Gruppe der Geflüchteten zwar als Ausgangspunkt nimmt, aber den Bezug auf eine durchgängige Sprachförderung und den Umgang mit Heterogenität in der Schule darüber hinaus stets im Blick behält.

Nicht alle Lehrkräfte, die in der Praxis mit Lernenden mit Sprachförderbedarf im Allgemeinen und Seiteneinsteigerinnen und Seiteneinsteigern mit geringen basalen Grundkenntnissen im Besonderen arbeiten, sind Sprachlehrkräfte, und noch weniger verfügen über eine Qualifizierung im DaF-/DaZ-Bereich. In diesem Zusammenhang mangelt es vor allem an geeigneten Qualifizierungs- und Fortbildungsmaßnahmen für bereits praktizierende Lehrende sowie an einer notwendigen Professionalisierung zukünftiger Lehrkräfte. Auch fehlt es an Praxiskonzepten, die dem Desiderat Rechnung tragen, sowohl basale sprachliche Grundkenntnisse zu vermitteln als auch gleichzeitig auf die besonderen sprachlichen Anforderungen von Schule vorzubereiten.

2. Das Konzept „Sommerschule DaZ"

Der vorliegende Band basiert auf einem Förderkonzept, das diesem doppelten Fokus, dem nach einer entsprechenden Sprachförderung von neu zugewanderten Kindern und Jugendlichen und dem der Ausbildung von Lehrkräften, gerecht zu werden versucht. Es wurde vom Seminar für Sprachlehrforschung der Ruhr-Universität Bochum (RUB) im Sommer 2015 als Lehrveranstaltung und Projektpraktikum konzeptioniert und gemeinsam mit drei Partnerschulen, einer Gesamt- und zwei Hauptschulen, der benachbarten Stadt Witten sowie der dortigen Volkshochschule erprobt.[2] Den konkreten Anlass lieferten einerseits drängende Anfragen von Schulen aus der Region, denen Ressourcen, aber auch Kompetenzen fehlten, um die große Zahl von neu aus Krisengebieten zugewanderten Schülerinnen und Schülern sprachlich zu fördern. Andererseits war im Rahmen der Lehramtsausbildung an der Ruhr-Universität von Studierendenseite verstärkt der Bedarf geäußert worden, in dieser Thematik ausgebildet zu werden, wobei insbesondere ein Ausbildungskonzept mit starkem Praxisbezug nachgefragt wurde.

Ziel der „Sommerschule DaZ" war es, ein Format zu entwickeln, das Lern- und Entwicklungsangebote im Sinne nachhaltiger Lehr-, Lern- und Unterrichtserfahrungen für zwei unterschiedliche Zielgruppen bietet – für die Gruppe der Lehramtsstudierenden der RUB und die Gruppe der neu zugewanderten Kinder und Jugendlichen.

Das Konzept der „Sommerschule DaZ" fußt auf der Grundidee, dass Studierende aller lehramtsausbildenden Fächer neu zugewanderten Kindern und Jugendlichen während der Sommerferien projektorientierten Förderunterricht erteilen, mit einem besonderen Fokus auf der frühzeitigen Anbahnung bildungssprachlicher

---

2 Im Sommersemester 2016 läuft der zweite Durchgang.

Kompetenzen. Zuvor werden die Studierenden in Blocklehrveranstaltungen von Expertinnen und Experten verschiedener Fachrichtungen für unterschiedliche Themenfelder sensibilisiert, die in der Arbeit mit neu zugewanderten Kindern und Jugendlichen von Bedeutung sein können. Zentrale Merkmale dieses hochschuldidaktischen Konzepts sind die folgenden:

a) Es ist offen für Lehramtsstudierende aller Fächer, also auch für solche, die keine Vorbildung in der Vermittlung von Sprache(n) haben. Dieser Punkt begründet sich vor allem vor der Grundauffassung, dass Sensibilität für besondere Bedarfe von Deutschlernenden auch nach der Eingliederung von Seiteneinsteigerinnen und Seiteneinsteigern in den Regelunterricht von besonderer Bedeutung ist.
b) Es geht über traditionelle, stark am Gemeinsamen Europäischen Referenzrahmen für Sprachen (GeR) orientierte Ansätze von Deutsch als Fremdsprache bzw. Deutsch als Zweitsprache hinaus, indem es in Hinblick auf eine durchgängige und fachintegrierte Sprachförderung Aspekte der Integration von Fach- und Sprachlernen von vornherein in den Blick nimmt. Hier ist vor allem von Bedeutung, dass nicht nur alltagssprachliche, sondern auch schul- und bildungssprachliche Kompetenzen sehr schnell entwickelt werden müssen[3].
c) Es geht weiterhin über traditionelle DaF-/DaZ-Ansätze hinaus, indem es grundlegend interdisziplinär angelegt ist. Vorbereitend auf die Arbeit mit Schülerinnen und Schülern mit Fluchterfahrungen ist es zentral, neben grundlegender Expertise aus dem Feld DaF/DaZ und fachintegrierter Sprachförderung auch Expertinnen und Experten aus dem Bereich der Psychologie und Traumatherapie, aus der Praxisarbeit mit alleingereisten minderjährigen Geflüchteten sowie aus den Rechtswissenschaften in die Ausbildung der Studierenden an zentraler Stelle mit einzubinden.

3. Ablauf und konkrete Umsetzung

Um diese doppelte Stoßrichtung des hochschuldidaktischen Lehrkonzeptes nachzuzeichnen, sollen an dieser Stelle zunächst die mit dem Konzept angestrebten Ziele für die unterschiedlichen beteiligten Gruppen gesondert ausgewiesen werden. Im Folgenden wird daher differenziert zwischen den Zielen, die mit dem hochschuldidaktischen Lehrkonzept für die Studierenden angestrebt wurden, und den Zielen, die für die neu zugewanderten Kinder und Jugendlichen fokussiert wurden.

---

3 Da die Ruhr-Universität nur für Sekundarstufe I und II ausbildet und auf diesen Schulstufen stets auch Aspekte der Verzahnung von Bildungssprache und kognitiv anspruchsvollen Denkhandlungen im Blick stehen, war hier eine Weiterentwicklung notwendig, die sich auch im Konzept der „Sommerschule DaZ" niederschlägt.

Mit Blick auf die Lehrer- und Lehrerinnenausbildung wurden mit der „Sommerschule DaZ" folgende Ziele für die Studierenden unterschiedlicher Fachrichtungen verfolgt:

- Befähigung zur eigenständigen Planung und Durchführung von kultur- und sprachsensiblen, handlungs- und projektorientierten größeren Unterrichtseinheiten sowie Erfahrungen in der Arbeitsform des Teamteaching und in gruppendynamischen, planerisch-organisatorischen Prozessen
- Entwicklung zentraler methodisch-didaktischer Kompetenzen, die den ganzheitlichen Sprachförderansatz abbilden, sowie Befähigung zur Anbahnung von elementaren bildungssprachlichen Kompetenzen bei den Schülerinnen und Schülern bereits ab einem sehr niedrigen Sprachniveau
- Befähigung zur Auswahl, Adaption und Erstellung geeigneter Lehr- und Lernmaterialien
- Erfahrung im Umgang mit sprachlicher und kultureller Heterogenität
- Sensibilisierung für die spezifischen lebensweltlichen Hintergründe von Seiteneinsteigerinnen und Seiteneinsteigern und den daraus resultierenden Belastungen, aber auch für die Ressourcen und Stärken dieser Kinder und Jugendlichen und Befähigung zur Übertragung dieses Wissens in die Unterrichtspraxis sowie Befähigung zur Reflexion des eigenen unterrichtlich-pädagogischen Handelns durch Erfahrungen mit dem Instrument der Supervision.

Folgende Ziele wurden hinsichtlich der Bedarfe der Seiteneinsteigerinnen und Seiteneinsteiger formuliert:

- Anbahnung elementarer Deutschkenntnisse zur Vorbereitung auf den Schuleinstieg nach den Sommerferien bzw. Ausbau bereits vorhandener elementarer Deutsch-Kenntnisse durch gezielte sprachliche Förderung mit Blick auf die individuellen Kompetenzprofile
- Eine möglichst frühzeitige, integrierte und gezielte Anbahnung von bildungssprachlichen Kompetenzen von einem geringen Sprachniveau an
- Lernen lernen und Vermittlung von Selbstwirksamkeitserfahrungen
- Erreichen eines integrativen Aspekts durch Zugehörigkeits- und Gruppenerfahrungen, das Gefühl sozialer Anbindung, die Strukturierung des Alltags unter Berücksichtigung traumapädagogischer Aspekte.

Das Format einer Sommerschule wurde in Absprache mit den Partnern für das Pilotprojekt gewählt, um das Zeitfenster der Sommerferien als Möglichkeit des Kompetenzgewinns für die bereits in den internationalen Klassen der Schulen unterrichteten Kinder und Jugendlichen zu nutzen und um gleichzeitig schon solche Kinder und Jugendliche fördern zu können, die erst zum neuen Schuljahr von den Schulen aufgenommen wurden. Schließlich bot sich das Sommerschulformat an, um ein projektorientiertes Konzept umsetzen zu können.

Damit der Übergang der Schülerinnen und Schüler aus dem Regelunterricht in den projektorientierten Förderunterricht durch die Lehrkräfte der Schulen und eine Sozialpädagogin möglichst eng begleitet werden konnte, wurden als Projektzeitraum die ersten drei Wochen der Sommerferien angesetzt. Mit dieser Maßnahme sollte einem Motivationsverlust der Kinder vorgebeugt werden, der durch einen zeitversetzten Beginn von Ferien und Sommerschule hätte entstehen können.

Zu Beginn der Sommerschule fand zunächst ein Einstufungstest zur Sprachstandserhebung statt. Ziel war es, mittels des Einstufungsinstruments präzise Förderhorizonte für alle beteiligten Kinder und Jugendlichen zu entwickeln und darüber hinaus möglichst homogene Lerngruppen zu bilden.

Während der dreiwöchigen Förderphase gestaltete sich die Wochenstruktur der „Sommerschule DaZ" wie folgt:

Tabelle 1: Wochenplan/Ablauf/Struktur der „Sommerschule DaZ"

Praktikum

Zeit	Montag	Dienstag	Mittwoch	Donnerstag	Freitag
9:30–12:30	Förderunterricht	Förderunterricht	Förderunterricht	Förderunterricht	Förderunterricht
12:30–13:30	Mittagessen	Mittagessen	Mittagessen	Mittagessen	Mittagessen
13:30-14:30	Vor-/Nachbereitung Materialentwicklung	Projektarbeit	Vor-/Nachbereitung Materialentwicklung	Projektarbeit	Vor-/Nachbereitung Materialentwicklung
14:30–16:00	Gruppensitzung				Gruppensitzung/ Supervision

Wie dem Wochenplan (Tabelle 1) zu entnehmen ist, wurde der morgendliche, dreistündige Unterricht der Schülerinnen und Schüler an zwei Tagen der Woche durch Nachmittagsunterricht ergänzt. Durch diese Struktur sollte gewährleistet werden, dass im Rahmen des projektorientierten Unterrichtskonzeptes Exkursionen und zusätzliche Aktivitäten stattfinden konnten. Unabhängig vom Nachmittagsunterricht fand an sämtlichen Tagen ein gemeinsames Mittagessen statt, dem neben der reinen Versorgungsfunktion die Aufgabe zukam, alltägliche Kommunikationsanlässe auf natürliche Weise mit einzubeziehen und ein Gemeinschaftsgefühl in den Gruppen über den unterrichtlichen Rahmen hinaus zu schaffen.

Für die Studierenden wurden neben Phasen, die der Vor- und Nachbereitung dienten, zweimal wöchentlich Gruppensitzungen angeboten, in denen methodisch-didaktische Fragen besprochen werden konnten und Unterstützung bei der Materialentwicklung geleistet wurde. Daneben wurde in Kooperation mit einer Diplom-Pädagogin und Ärztin aus dem Bereich der Kinder- und Jugendpsychiatrie in einer der beiden wöchentlichen Gruppensitzungen die Möglichkeit geboten, zusätzlich zur Unterstützung in methodisch-didaktischen und pädagogischen Fragen, auch das Instrument der Supervision zu nutzen.

Neben der zeitlichen Strukturierung wurde von Seiten der Organisatorinnen hinsichtlich der inhaltlichen Struktur ein gewisses Orientierungsraster vorgegeben. Um den Vormittags- und Nachmittagsunterricht im Sinne des projektorientierten Förderunterrichts möglichst sinnvoll aufeinander beziehen zu können und um angesichts der vielfältigen Herausforderungen des unterrichtlichen Handelns eine gewisse Komplexitätsreduktion bezüglich der Unterrichtsplanung für die teilnehmenden Studierenden zu erzielen, wurde ihnen eine thematische Vorstrukturierung der drei Sommerschulwochen vorab an die Hand gegeben. Diese Strukturierung wurde durch eine Einteilung des Förderunterrichts in Themenwochen erreicht. Während die erste Förder- und Projektunterrichtswoche dem Thema „Alltag" vorbehalten war, stand die zweite Woche unter dem Fokus „Natur" und die dritte Woche unter dem Motto „Kultur". Durch dieses Mittel sollte gewährleistet werden, dass alle Gruppen in einer Woche im weitesten Sinne zu einem Themenfeld arbeiten, Synergien nutzen und die nachmittäglichen bzw. ganztägigen Aktivitäten und Exkursionen sinnvoll im Vormittagsunterricht vor- und nachbereiten können.

4. Struktur des Bandes

Das interdisziplinär ausgerichtete hochschuldidaktische Lehrkonzept soll über die Gesamtstruktur und die Beiträge dieses Bandes umfassend abgebildet werden. Neben Beiträgen aus der Sprachdidaktik, die mögliche Grundlagen und Zugänge für die sprachliche Förderung und Diagnose vorschlagen und diskutieren, finden sich Beiträge von Expertinnen und Experten anderer Fachdisziplinen, die insbesondere über die Lebenssituation junger Geflüchteter informieren. Mit Blick auf den Anwendungsbezug der thematisierten Inhalte im Rahmen des Lehrkonzeptes verbindet der Sammelband bewusst praxisorientierte mit wissenschaftlich ausgerichteten Beiträgen.

Der erste Beitrag von *Monika Größl, Anne-Kathrin Kenkmann* und *Kevin Wilms* (unter Mitarbeit von Niklas Bellendorf, Inga Oldenburg und David Schnitzler) greift die rechts- und asylpolitische Situation von geflüchteten Kindern und Jugendlichen auf und liefert somit ein Puzzlestück für ein umfassendes Hintergrundwissen zur Lebensituation neu zugewanderter Schülerinnen und Schüler. In ihrer detaillierten Darstellung der aktuellen Rechtslage von begleiteten sowie unbegleiteten minderjährigen Geflüchteten thematisieren sie die verschiedenen Stationen des Asylverfahrens und greifen rechtliche Regelungen hinsichtlich Unterbringung, Zuständigkeiten und Alterfestsetzung ebenso auf wie die Frage, welche Kriterien für die Anerkennung des Schutzstatus greifen und welche Rechtsfolgen damit für die Kinder und Jugendlichen (und ihre Familien) verbunden sind. Darüber hinaus wird die Situation von neu zugewanderten Kindern und Jugendlichen in der Schule genauer beleuchtet und u. a. auf die rechtlichen Grundlagen beispielsweise hinsichtlich Schulpflicht und sprachlicher Förderung zurückgeführt. Die beschreibende Zusammenfassung wird durch fiktive Fallbeispiele und konkrete Fragen nach den Auswirkungen der Rechtslage auf den Lebensalltag der Geflüchteten kritisch eingeordnet.

Cinur Ghaderis Beitrag trägt dem Umstand Rechnung, dass für eine möglichst umfassende und an den konkreten Bedarfen von neu zugewanderten Kindern und Jugendlichen ausgerichtete individuelle Förderung fundiertes Wissen im Bereich der Sprachdiagnostik und -förderung nicht ausreicht. Gleichermaßen notwendig ist Wissen über die lebensweltlichen Hintergründe junger Flüchtlinge ebenso wie psychotraumatologisches Grundwissen bzw. Wissen über die Möglichkeiten und Grenzen der eigenen Handlungsoptionen im Umgang mit traumatisierten Schülerinnen und Schülern. Hier setzt ihr Beitrag an. Nach beispielhaften Einblicken in die lebensweltlichen Hintergründe von jungen Flüchtlingen anhand von authentischen Fallbeispielen werden psychotraumatologische Grundlagen dargestellt. Traumadefinitionen, Traumasymptomatiken und traumaspezifische Interaktionsformen werden ebenso beleuchtet wie die Auswirkungen von Traumafolgestörungen auf Gedächtnis- und Lernleistungen. Darüber hinaus werden mit Blick auf den institutionellen Kontext Schule Möglichkeiten des traumasensiblen Handelns aufgezeigt und Faktoren benannt, die wesentlich zur Stabilisierung von traumatisierten Kindern und Jugendlichen beitragen. Komplementär hierzu werden Rahmenbedingungen umrissen, die notwendig sind, um die Psychohygiene von Lehrenden zu gewährleisten. Der Beitrag schließt mit einer kritischen Reflexion des Verhältnisses von Kultur und Traumatisierungsprozessen.

Lena Heine präsentiert in ihrem Beitrag zentrale Erkenntnisse aus der Erforschung des Fremd- und Zweitsprachenerwerbs und formuliert eine Reihe von didaktischen Prinzipien und Implikationen für den DaF-/DaZ-Unterricht mit neu zugewanderten Kindern und Jugendlichen. Je nach Blickrichtung auf das Konstrukt *Sprache* ergeben sich andere Konsequenzen für die Formulierung von Kompetenzen, die Analyse von Bedarfen und Lernzielen. Die Autorin illustriert dies zunächst, indem Sprache aus verschiedenen theoretischen Perspektiven thematisiert wird – Sprache als System, Sprache als Kommunikationsmittel, Sprache als „sozialer Kitt" und Sprache als Mittel zum Denken; es wird dargelegt, wie diese Perspektiven sich in Lernzielen teilweise überlappen und sich in konkreten Aktivitäten manifestieren. Anschließend werden eine Reihe von Implikationen für den Fremd- und Zweitsprachenunterricht dargestellt, die sich z. B. mit den Fragen beschäftigen, welche Rolle (verständlicher) Input, Interaktion und authentische Kommunikation spielen sollen, welche Funktion Schreiben hat, ob Grammatikregeln explizit vermittelt werden sollen oder wie es um den Nutzen von Vorwissen in anderen Sprachen steht. Der Beitrag versteht sich als Orientierung für die Gestaltung einer möglichst erfolgreichen sprachlichen Förderung.

Anja Kittlitz analysiert in ihrem Beitrag Analphabetismus nicht nur als individuelles, sondern als strukturelles gesamtgesellschaftliches Phänomen. Sie beleuchtet unterschiedliche Definitionen und Formen von Analphabetismus und deren jeweilige Entstehungskontexte. Darüber hinaus diskutiert sie insbesondere die spezifischen Herausforderungen, die sich im Alphabetisierungsunterricht mit Deutsch-als-Zweitsprache-Lernenden mit Fluchterfahrungen ergeben, und stellt Aspekte einer Pädagogik der Anerkennung vor, die für die Arbeit in Alphabetisierungsklassen (nicht nur) mit jungen Flüchtlingen grundlegend sind. In einem zweiten Teil bespricht sie beispielhaft Möglichkeiten eines curricularen Aufbaus für den Alphabetisierungsunterricht mit jungen Flüchtlingen und stellt erprobte Unterrichtskonzepte und Förderansätze aus der Praxis der ISuS- (Integration durch Sofortbeschulung und Stabilisierung) und SchlaU-Schule (Schulanaloger Unterricht für junge Flüchtlinge) vor, die der doppelten Herausforderung eines parallel zum Fremd- bzw. Zweitspracherwerb zu meisternden Schriftspracherwerbs Rechnung tragen. Abgerundet wird ihr Beitrag durch konkrete Empfehlungen aus und für die Unterrichtspraxis.

Da bei der Beschulung von jungen Flüchtlingen eine präzise Erfassung der jeweiligen Lernausgangslage für eine gezielte und erfolgreiche Sprachförderung ebenso bedeutsam ist wie eine den Spracherwerbsverlauf begleitende pädagogische Diagnostik, stellt *Melanie Weber* ein hierzu geeignetes und an der ISuS- und SchlaU-Schule erprobtes Einstufungs- und Diagnoseverfahren vor. Das besprochene Verfahren erlaubt es nicht nur, die jeweiligen Sprachstände der Schülerinnen und Schüler so umfassend wie möglich zu erheben, sondern darüber hinaus weitere individuelle Faktoren, wie z. B. die bereits erfolgte Bildungssozialisation, die jeweilige psychosoziale Belastung, motivationale und lernhinderliche Aspekte, um – darauf aufbauend – eine möglichst individuelle Förderung gewährleisten zu können. Daher wird es auch in seinem Potential für eine den Lernprozess begleitende pädagogische Diagnostik untersucht und anhand von Einstufungsmaterialien und authentischen Lernertexten aus der Praxis der SchlaU-Schule vorgestellt. Mit Blick auf eine ganzheitliche Förderung der Lernenden werden darüber hinaus Lern- und Entwicklungsgespräche als ein weiteres Instrument mit großem Potential bei der individuellen Förderung und der Ausbildung von kognitiven und metakognitiven Lernstrategien besprochen und die Wichtigkeit einer pädagogischen Haltung der Wertschätzung und Anerkennung sowie einer multiprofessionellen Zusammenarbeit betont.

Verena Cornely Harboe und *Mirka Mainzer-Murrenhoff* gehen der Frage nach, ob und wie schulrelevante Sprache bereits auf einem niedrigen Sprachstand in der L2 angebahnt werden kann, – um frühzeitig auf die sprachlichen Anforderungen im Regelunterricht vorzubereiten. Ihre Ausführungen sind im praxisorientierten Teil des hochschuldidaktischen Konzeptes verortet und befassen sich mit der Gestaltung des projektorientierten Sprachförderunterrichts der „Sommerschule DaZ". Die Darstellung der theoretisch-konzeptionellen Grundlagen des Förderunterrichts bildet den ersten Teil ihrer Ausführungen. Als Eckpfeiler des integrativen und projektorientierten Konzeptes identifizieren und diskutieren sie erstens allgemeine Prinzipien guten Fremd- und Zweitsprachenunterrichts sowie didaktisch-methodische Grundsätze der durchgängigen Sprachförderung, zweitens eine ganzheitliche Vorstellung von Spacherwerb und drittens eine genauer spezifizierte Vorstellung davon, wie bildungsssprachliche Fertigkeiten bereits auf einem niedrigen Sprachstand angebahnt werden können. Der zweite Teil des Beitrags richtet den Blick auf die Praxis und illustriert exemplarisch anhand einer Unterrichtswoche im Rahmen der Sommerschule, wie die grundlegenden Prinzipien des Konzeptes und insbesondere eine frühe Vermittlung bildungssprachlicher Kompetenzen – parallel zur Entwicklung basaler Kommunikationsfähigkeiten – umgesetzt werden können.

Carolin Kull widmet sich in ihrem Beitrag der Entwicklung der Schreibkompetenz von neu zugewanderten Kindern und Jugendlichen in Vorbereitungsklassen. Auch sie legt damit einen Vorschlag für eine frühe Entwicklung schriftsprachlicher Kompetenzen vor und geht darüber hinaus der Frage nach, wie Lehrkräfte Ziele und Inhalte des Regelunterrichts für die Arbeit in Vorbereitungsklassen dem Erwerbsstand entsprechend anpassen können und was dabei zu beachten ist. Beispielhaft veranschaulicht die Autorin dies anhand des Unterrichtsgegenstandes *Wegbeschreibungen*, der ein obligatorischer Inhaltsaspekt des Kernlehrplans Deutsch für die Sek I in NRW ist. Neben einem kurzen allgemeinen Überblick über den aktuellen Stand zur Förderung von Schreibkompetenz durchläuft sie die verschiedenen Ebenen und damit verbundenen Überlegungen der Unterrichtsplanung. Dabei thematisiert sie die Lernausgangslage der Schülerinnen und Schüler, identifiziert die sprachlichen Erwartungen und Ziele, die mit der Erstellung von Beschreibungen verbunden sind, diskutiert methodisch-didaktische Herangehensweisen und macht Vorschläge für eine binnendifferenzierte Aufarbeitung der Thematik.

Judith Weissflog und *Florian Mundt* schließlich beleuchten das Thema der sprach- und kultursensiblen Arbeit mit neu zugewanderten Schülerinnen und Schülern im Rahmen der Sommerschule aus studentischer Perspektive. In ihrem Beitrag greifen sie die vielfältigen Herausforderungen auf, die die große Heterogenität der Schülerschaft mit Blick auf den Förderunterricht und das Unterrichtsgeschehen mit sich gebracht hat. Sie reflektieren den Einsatz des zur Einstufung der Lernausgangslage eingesetzten Diagnoseinstruments und geben ausschnitthafte Einblicke in von den Studierenden in der Sommerschule umgesetzte unterrichtliche Zugänge. Darüber hinaus reflektieren sie ihre eigene Rolle als studentische Sprachförderlehrerinnen und -lehrer, die Notwendigkeit der Arbeit an der eigenen Haltung, das Potential kooperativen Arbeitens sowie die Bedeutung der begleitenden Supervisionssitzungen im Rahmen der Sommerschule.

Vertreterinnen und Vertreter unterschiedlicher Fachrichtungen haben sich auf den Weg gemacht, um angehende Lehrkräfte möglichst umfassend auf die Heterogenität im Klassenzimmer vorzubereiten und gleichzeitig eine möglichst gezielte und an den Bedarfen der Schülerinnen und Schüler orientierte (sprachliche) Förderung zu gewährleisten. Wir möchten Sie dazu einladen, diese ersten Schritte mit uns zu gehen, die Beiträge als Impulse für die eigene Arbeit und als Ausgangspunkt für weitere notwendige Überlegungen und Auseinandersetzungen zu nutzen.

Darstellung der aktuellen rechtlichen Situation von geflüchteten Kindern und Jugendlichen

Monika Größl, Anne-Kathrin Kenkmann und Kevin Sebastian Wilms unter Mitarbeit von Niklas Bellendorf, Inga Oldenburg und David Schnitzler

Vor der Lehrerin steht plötzlich ein neuer Schüler – mit Fluchterfahrungen. Viele Fragen tauchen auf: Welchen Weg hat er gemacht? Was hat er seit seiner Einreise nach Deutschland erlebt? Wo wohnt er? Wer ist für ihn zuständig, wer ist Ansprechpartner bei Fragen oder Problemen? Was hat er für Pläne und Ziele? Sind sie angesichts seiner Aufenthaltsaussichten realistisch, oder wird er plötzlich wieder ausreisen müssen? All diese Fragen hängen eng zusammen mit dem rechtlichen Status eines jungen Geflüchteten, der – ob zusammen mit seiner Familie oder als sog. unbegleiteter minderjähriger Flüchtling (UMF) – Schutz im deutschen Rechtssystem und eine Aussicht auf eine neue Zukunft sucht. Junge Geflüchtete sehen sich dabei mit einer komplizierten Rechtslage konfrontiert.[1] Da diese direkte Auswirkungen auf die Lebenssituation von Schülerinnen und Schülern mit Fluchterfahrungen haben kann, ist es für Lehrerinnen und Lehrer und andere Personen, die mit diesen Kindern und Jugendlichen in ihrem professionellen Arbeitsalltag umgehen, zentral, die wichtigsten Aspekte in diesem Spannungsfeld zu kennen. Bei diesem Beitrag handelt es sich um eine beschreibende Zusammenfassung der Rechtslage, wobei fiktive Fallbeispiele zur Veranschaulichung herangezogen werden. Ziel des Artikels ist es, den komplexen Prozess des Asylverfahrens zu veranschaulichen und die teils ungesicherte rechtliche Ausgangslage der Kinder und Jugendlichen zu beleuchten. Hierzu soll die Bedeutung rechtlicher Verfahren für die Lebenssituation aufgezeigt werden. Zudem werden häufig gestellte Fragen im Kontext der Beschulung beantwortet und es wird die Frage nach der sozialen Teilhabe behandelt. Dieser Beitrag fokussiert sowohl die Lebenssituation junger Geflüchteter, die im Familienverbund einreisen, als auch die Situation von UMF.

---

1 Zur Einarbeitung in die rechtliche Thematik: Tiedemann, 2012; besonders anschaulich und praxisorientiert: Der Paritätische Gesamtverband, 2015; ausführlich zu unbegleiteten minderjährigen Flüchtlingen: Deutscher Caritasverband e. V., 2014. Zur aktuellen Verschärfung und Beschleunigung des Asylverfahrens durch das Asylverfahrensbeschleunigungsgesetz: Kluth, 2015; Thym, 2015.

1. Asylverfahren

Fallbeispiel Zohra: Die achtjährige Zohra ist mit ihrer Mutter aus Syrien geflüchtet. Mutter und Tochter sind kurdischer Abstammung und wurden wegen ihrer politischen Ansichten von der Miliz „Islamischer Staat" verfolgt. Beide reisen über Griechenland in die EU ein und flüchteten weiter auf dem Landweg nach Deutschland. Zohras Mutter will in Deutschland einen Asylantrag für ihre Tochter und sich selbst stellen.

Fallbeispiel Karim: Die Eltern des 17-jährigen Karim wurden in Afghanistan von den Taliban erschossen. Später mussten sich die Taliban aus seinem Heimatdorf zurückziehen, so dass Karim keine weitere Gefahr durch diese Gruppe droht. Da er keine Verwandten mehr hat und sich in Europa eine bessere Zukunft erhofft, entschloss er sich zur Flucht und betrat Europa über Italien. Karim zog es auf dem Landweg weiter nach Deutschland, wo auch er einen Asylantrag stellen will.

Wenn eine junge Geflüchtete bzw. ein junger Geflüchteter[2] nach Deutschland kommt, beginnt das Asylverfahren – ein langwieriger Vorgang mit vielen Stationen, welcher mit der Ankunft in Deutschland beginnt und mit der Entscheidung des Bundesamtes für Migration und Flüchtlinge (BAMF) endet. Im Folgenden werden diese einzelnen Stationen beleuchtet.

1.1 Ankunft und Beginn des Verfahrens

Das Asylverfahren bestimmt sich nach dem AsylG[3]. Mit welch einer komplexen rechtlichen Lage ein Geflüchteter in Deutschland konfrontiert ist, erfährt er gleich bei seiner Ankunft in Deutschland, wenn er oder seine Eltern einen Schutzwunsch vorbringen möchte/n, denn das deutsche Recht unterscheidet zwischen einem Asyl*gesuch* und einem Asyl*antrag*. Für das Asylgesuch reicht es aus, dass das Nachsuchen um Schutz in irgendeiner Weise kundgetan wird. Einer besonderen Form bedarf dies folglich nicht („schriftlich, mündlich oder auf andere Weise", § 13 Abs. 1 AsylG). Es besteht z. B. die Möglichkeit, das Gesuch bei der Ausländerbehörde oder der Polizei zu äußern. Für diese besteht gem. § 19 Abs. 1 AsylG die Pflicht, den Asylsuchenden der zuständigen oder nächstgelegenen Aufnahmeeinrichtung zuzuführen. Bei UMF hat hingegen eine vorläufige Inobhutnahme durch das Jugendamt (s. u. Kapitel 4) zu erfolgen. Sodann wird dem Asylsuchenden eine Bescheinigung über

---

[2] Im Folgenden wird aus Gründen der sprachlichen Vereinfachung nur die männliche Form verwendet. Unter dem Begriff „junge" Geflüchtete werden hier Minderjährige verstanden.

[3] Mit Wirkung zum 24.10.2015 erhielt das „Asylverfahrensgesetz" durch Art. 1 Nr. 1 des Asylverfahrensbeschleunigungsgesetzes die Neubezeichnung „Asylgesetz", s. BGBl. I S. 1722.

die Meldung als Asylsuchender (BüMA) ausgestellt. Mit dieser wird ihm bereits bescheinigt, dass er sich nicht illegal, sondern im Rahmen des Asylverfahrens gestattet in Deutschland aufhält (Der paritätische Gesamtverband, 2015, S. 10).[4] Bisher wurde diese von den Behörden in einfacher Papierform ausgegeben. Erst bei der offiziellen Asylantragstellung wurde dann ein formeller Ausweis, die Aufenthaltsgestattung, ausgestellt. Da Monate bis zur offiziellen Asylantragstellung vergehen konnten, verfügten Geflüchtete bis dahin nur über die BüMA, um sich auszuweisen. Dies wurde nun durch das Gesetz zur Verbesserung der Registrierung und des Datenaustausches zu aufenthalts- und asylrechtlichen Zwecken (Entwurf zum Datenaustauschverbesserungsgesetz) geändert. Bei der Meldung als Asylsuchender wird nun ein Ankunftsnachweis erteilt, ein papierbasiertes Dokument mit fälschungssicheren Elementen. Zudem erfolgt die Registrierung in einer zentralen Datenbank. Damit sollen Mehrfachregistrierungen und Fälschungen verhindert werden (Bundestag 2015, S. 3).

Der förmliche Asylantrag ist bei der Außenstelle des BAMF zu stellen. Eine solche soll bei jeder dezentralen Aufnahmeeinrichtung, die für mindestens 500 Asylbewerber bestimmt ist, errichtet werden (§ 5 Abs. 3 AsylG).[5] Wenn das geflüchtete Kind im Familienverbund einreist, gilt der Antrag als für das Kind gestellt, wenn die Eltern ihren Asylantrag stellen (§ 14a AsylG). Es wird dann in vollem Umfang so behandelt, als habe es einen eigenen Asylantrag gestellt (Bergmann, 2016, § 14 AsylG). Reist das Kind als UMF ein, muss es einen eigenen Asylantrag stellen und eigene Verfolgungsgründe vortragen. Da bei Minderjährigkeit keine Handlungs- und Verfahrensfähigkeit vorliegt, das Kind also nicht selbstständig das Asylverfahren betreiben kann,[6] stellt der Vormund den Asylantrag (Deutscher Caritasverband e. V., 2014, S. 101).

1.2 Zuteilung in die Aufnahmeeinrichtung

Ist der Asylantrag bzw. das Asylgesuch gestellt, wird dem jungen Geflüchteten eine Unterkunft zugewiesen. Sie aufzusuchen ist für ihn verpflichtend. Für die Unterkunft haben die Bundesländer Erstaufnahmeeinrichtungen bereitzustellen (§ 44

---

4 Zu der Problematik, dass Asylsuchende zunehmend länger auf den Termin zur Stellung des förmlichen Antrages warten müssen und in dieser Zeit nur die BüMA vorweisen können, siehe Runderlass MIK NRW, 2015.

5 Eine Übersicht der Außenstellen findet sich unter: http://www.bamf.de/DE/DasBAMF/Aufbau/Aussenstellen/aussenstellen-node.html.

6 Hier sei auf die lange Zeit geltende und scharf kritisierte, nunmehr überholte, Rechtslage hingewiesen: Junge Geflüchtete galten nach deutschem Recht ab 16 Jahren im Asylverfahren als handlungsfähig, was konkret bedeutete, dass sie wie Erwachsene behandelt wurden; sie mussten z. B. selbstständig einen Asylantrag stellen. Dieser Zustand wurde aus Gründen des Jugendschutzes scharf kritisiert: Hofmann, 2016, § 80 AufenthG Rn. 1. Mit dem Asylverfahrensbeschleunigungsgesetz wurde diese Regelung aber aufgehoben.

Abs. 1 AsylG). In der Regel besteht die Verpflichtung, in einer Erstaufnahmeeinrichtung zu leben, für längstens sechs Monate (§ 47 Abs. 1 AsylG). § 47 Abs. 2 AsylG sieht für ein minderjähriges lediges Kind, das selbst dieser Verpflichtung nicht mehr unterliegt – etwa weil sein Asylverfahren bereits beschieden wurde –, zumindest das Recht vor, bei seinen Eltern zu bleiben, wenn für diese die Verpflichtung noch besteht (Bergmann, 2016, § 47 AsylG). Ist das Verfahren nach Ablauf dieses Zeitraumes noch nicht beschieden, sollen die Asylbewerber in einer Gemeinschaftsunterkunft wohnen (§ 53 Abs. 2 AsylG).[7] Die Zuteilung zu einer Gemeinde erfolgt mittels Zuweisungsbescheid, wobei ausdrücklich Rücksicht auf die Haushaltsgemeinschaft von Familienangehörigen zu nehmen ist (§ 50 Abs. 4 AsylG). UMF werden nicht in den allgemeinen Unterkünften untergebracht. Um ihrer Schutzbedürftigkeit gerecht zu werden, werden sie vom Jugendamt in Obhut genommen (s. u.).

Mit dem Gesetz zur Einführung beschleunigter Asylverfahren wurde ein solches schnelleres Verfahren vor allem für Geflüchtete aus sicheren Herkunftsstaaten eingeführt. Da Geflüchtete aus sicheren Herkunftsstaaten kaum Chancen auf einen positiven Ausgang des Asylverfahrens haben (s. Kapitel 2.2), soll das Verfahren für diese Personengruppe vereinfacht und beschleunigt werden. Das Verfahren ist damit an das Flughafenverfahren angelehnt (s. u.). Eine strenge Wohnverpflichtung bis zum Abschluss des Asylverfahrens besteht in besonders dafür vorgesehenen Aufnahmeeinrichtungen, in welchen ausschließlich Asylbewerber, die Zielgruppe des beschleunigten Verfahrens sind, untergebracht werden. Junge Geflüchtete im Familienverbund, die aus einem sicheren Herkunftsstaat kommen, sollen zusammen mit ihrer Familie in diesen besonderen Aufenthaltseinrichtungen wohnen. UMF werden hingegen vom Jugendamt in Obhut genommen und somit nicht in den besonderen Aufenthaltseinrichtungen untergebracht. Für sie kommt damit auch das beschleunigte Verfahren nicht zur Anwendung (Bundestag 2016, S. 16).

Da in allen Aufnahmeeinrichtungen geflüchtete Kinder und Jugendliche zusammen mit ihrer Familie leben, versucht der Gesetzgeber, ihren Aufenthalt besser zu schützen. Deshalb wurde für die dort dauerhaft beschäftigten ehrenamtlichen Helfer die Verpflichtung zur Vorlage eines erweiterten Führungszeugnisses eingeführt (Bundestag 2016, S. 17).

---

7 Hier ist zu beachten, dass viele Städte eine dezentrale Unterbringung planen und gezielt im privaten Wohnungsmarkt nach Wohnungen suchen, exemplarisch: https://www.essen.de/rathaus/fluechtlinge/wohnungen_fuer_fluechtlinge_1.de.html, http://www.dortmund.de/de/leben_in_dortmund/familie_und_soziales/fluechtlinge_in_dortmund/wohnungen_vermieten/index.html, http://duesseldorf.de/fluechtlingsbeauftragte/faq/index.shtml#q05; beachte auch die Förderung von Wohnraum für Geflüchtete durch Darlehen an Private durch die NRW.BANK: http://www.nrwbank.de/de/foerderlotse-produkte/Foerderung-von-Wohnraum-fuer-Fluechtlinge/15761/nrwbankproduktdetail.html.

1.3 Flughafenverfahren

Reist der Asylbewerber ohne gültigen Pass bzw. Passersatz oder aus einem sicheren Herkunftsland gem. § 29a AsylG über den Luftweg ein, so ist ein differenziertes Verfahren durchzuführen (§ 18a Abs. 1 AsylG). Die Grenzbehörde hat den Asylbewerber der Außenstelle des BAMF innerhalb des Transitbereiches zu überstellen, wo dieser dann untergebracht wird. Die örtlichen Voraussetzungen sind allerdings nicht an jedem Flughafen gegeben, da nicht jeder Flughafen in seinem Transitbereich über Unterbringungsmöglichkeiten verfügt[8] und selbst wenn diese gegeben sind, ist dieses Verfahren auf UMF nur anwendbar, wenn die Unterbringung kind- bzw. jugendgerecht ist.[9]

Das Verfahren zeichnet sich insbesondere durch seine relative Schnelligkeit aus. Bescheidet das Bundesamt den Antrag als „offensichtlich unbegründet", beläuft sich die Frist für den vorläufigen Rechtsschutz auf nur drei Tage (§ 18a Abs. 4 S. 1 AsylG). Kann der Antrag seitens der Behörde nicht binnen zweier Tage beschieden werden oder hat das Gericht nicht binnen 14 Tagen über das Rechtsschutzersuchen entschieden, ist der Transitbereich allerdings zu verlassen. Gleiches gilt, wenn die Grenzbehörden den für die Zurückweisungshaft notwendigen Antrag nicht stellen oder die Richter diese Anordnung bzw. die Verlängerung dieser ablehnen (§ 18a Abs. 6 AsylG). Summiert man die Tage, die bis zur „unverzüglich[en]" (§ 18a Abs. 1 S. 3 AsylG) Anhörung vergehen, mit der dreitägigen Rechtsschutzfrist und den 14 Tagen, die das Gerichtsverfahren für sich beanspruchen kann, so dauert das Flughafenverfahren in der Regel maximal 19 Tage (Deutscher Caritasverband e. V., 2014, S. 51). Nach Verlassen des Transitbereichs und Einreise in das Bundesgebiet unterliegt der Asylbewerber dem regulären Asylverfahren.

Wie wird Zohra bei ihrer Ankunft in Deutschland untergebracht?
Da Zohra mit ihrer Mutter im Familienverbund eingereist ist, werden Mutter und Tochter zusammen in einer Aufnahmeeinrichtung untergebracht, bis sie einer Gemeinde zugewiesen werden.

Wie erfolgt die Unterbringung von Karim?
Karim ist als UMF besonders schutzbedürftig und wird nicht in den allgemeinen Aufnahmeeinrichtungen untergebracht, sondern vom Jugendamt in Obhut genommen (s. u.).

---

8 So aber in Berlin-Schönefeld, Düsseldorf, Frankfurt/Main, Hamburg und München, vgl.: http://www.bamf.de/DE/Migration/AsylFluechtlinge/Asylverfahren/BesondereVerfahren/FlughafenDrittstaaten/flughafen-drittstaaten.html?nn=1363268.
9 Seit 2007 besteht in Hessen das Übereinkommen mit dem BAMF, dass zumindest UMF unter 16 Jahren nach kurzer Zeit den Transitbereich verlassen dürfen, vgl. Hessischer Landtag, Drs. 18/722, S. 1–6.

1.4 Zuständigkeit der Bundesrepublik Deutschland

Reist der junge Geflüchtete über einen Staat der Europäischen Union, über Norwegen, Island oder die Schweiz ein, können sich Besonderheiten bezüglich der Zuständigkeit ergeben. Als Mitgliedstaat der Europäischen Union hat sich die Bundesrepublik Deutschland zu einem Gemeinsamen Europäischen Asylsystem (kurz: GEAS) verpflichtet (Erwägungsgrund Nr. 2 zur der EU-Verordnung VO (EU) Nr. 604/2013). Dieses System zeichnet sich dadurch aus, dass grundsätzlich der Mitgliedstaat für das Asylverfahren zuständig ist, den der Asylbewerber aus einem Drittstaat kommend *zuerst* aufsucht (Art. 13 Abs. 1 DublinVO).[10] Damit soll eine mehrmalige Antragstellung in verschiedenen sog. Dublinstaaten verhindert werden (Bundesministerium des Innern).

Allerdings soll die „Achtung des Familienlebens eine vorrangige Erwägung der Mitgliedstaaten sein, wenn sie diese Verordnung anwenden", so heißt es im Erwägungsgrund 14 zur VO. Daher ist es geboten, dass zugunsten UMF das System der Zuständigkeit des „Eintritts-Staates" durchbrochen wird, indem der Staat zuständig ist, in welchem der UMF seinen Asylantrag gestellt hat (Art. 8 Abs. 4 DublinVO). Hat er gleich in mehreren Staaten einen Antrag gestellt, ist der Staat zuständig, in dem sich der Minderjährige aufhält (EuGH EZAR NF 95 Nr. 28). Im Hinblick auf das Wohl des Minderjährigen muss ein UMF seinen Aufenthaltsort nicht verlassen. Wenn sich bereits ein Angehöriger in einem Dublinstaat rechtmäßig aufhält, ist dieser Staat zuständig (Art. 8 Abs. 1 DublinVO). Auf Antrag kann der Staat für zuständig erklärt werden, der bereits zuständig für das Verfahren eines Familienangehörigen ist (Art. 10 DublinVO). Doch selbst wenn der Minderjährige in einen anderen Mitgliedstaat überstellt werden soll, unterlässt das BAMF dies bis zur Bestellung eines Vormundes, dem es dann möglich ist, zu den Belangen des Kindeswohls nochmals Stellung zu nehmen (Müller, 2014, S. 18). In einem persönlichen Gespräch ist mit Hilfe des Antragstellers in Erfahrung zu bringen, welcher Staat für sein Verfahren zuständig ist (Art. 5 DublinVO). Dies erfolgt auch unter Hinzunahme der EURODAC-Datenbank (eingeführt mit VO (EG) Nr. 2725/2000, novelliert durch VO (EU) Nr. 603/20139). In dieser werden die Fingerabdrücke aller Personen gespeichert, die internationalen Schutz beantragen, jedoch nur, sofern sie mindestens 14 Jahre alt sind (Art. 9 VO (EU) Nr. 603/2013).

> Karim hat bei seiner Flucht Europa über Italien betreten. Er erzählt, dass er in Italien registriert wurde. Ihm wurden Fingerabdrücke abgenommen. Zudem hat

---

10 Diese Zuständigkeit ist allerdings zeitlich auf zwölf Monate befristet. Nach deren Ablauf überträgt sie sich auf den Staat, in dem der Asylsuchende zuvor für mindestens fünf Monate einen illegalen Aufenthalt begründet hatte (Art. 13 Abs. 2 DublinVO). Sofern sich der Asylsuchende in keinem anderen Staat des Dublin-Systems zuvor über fünf Monate aufgehalten hat, ist der Mitgliedstaat für das Asylverfahren zuständig, in dem er das erste Mal um Schutz nachsucht (Art. 3 Abs. 2 DublinVO).

er in Italien das erste Mal einen Antrag auf Asyl gestellt. Karim hat nun auch in Deutschland einen Asylantrag gestellt. Karim fragt, ob er jetzt nach Italien zurückreisen muss?
Fraglich ist, welcher Staat für die Bearbeitung von Karims Asylantrag zuständig ist. Karim betrat – aus einem Drittstaat kommend – zuerst das italienische Territorium. Grundsätzlich ist daher nach Art. 13 Abs. 1 DublinVO Italien zuständig. Die deutschen Behörden können dies durch die Einsicht in die EURODAC-Datenbank auch nachvollziehen. Das Anfertigen der Fingerabdrücke war, da Karim bereits 17 Jahre alt ist, zudem rechtmäßig. Es käme damit eine Rückführung nach Italien in Betracht. Eine Ausnahme zur Zuständigkeit besteht allerdings, wenn der Asylsuchende – wie hier – minderjährig ist. Art. 8 Abs. 4 DublinVO sieht hier die Zuständigkeit bei dem Staat vor, in dem der Minderjährige seinen Asylantrag gestellt hat. Einen solchen hat Karim allerdings sowohl in Italien als auch in Deutschland gestellt. Gleichwohl hat der EuGH entschieden, dass auch in diesen Fällen zum Wohle des Kindes der Staat des gegenwärtigen Aufenthalts zuständig ist. Zuständig für die Bearbeitung des Asylantrages ist daher vorliegend die Bundesrepublik Deutschland. Karim muss nicht nach Italien zurück.

1.5 Termin der Anhörung

Im Rahmen des Asylverfahrens ist der Geflüchtete verpflichtet, persönlich bei der Außenstelle des BAMF zwecks Anhörung vorstellig zu werden (§ 23 Abs. 1 AsylG). Hier ist es die „Pflicht […] des Bundesamtes", den Sachverhalt zu klären und Beweise zu erheben (§ 24 Abs. 1 AsylG), doch muss der Ausländer[11] selbst die Gründe seiner Flucht und auch seine Wohnsitze, Reisewege und Aufenthalte in anderen Staaten offenbaren (§ 25 Abs. 1 AsylG). Auf Grund der persönlichen Schilderung entscheidet das BAMF über den Schutzstatus (s. u. 2.1). Das Bundesverwaltungsgericht legt hier einen strengen Beweismaßstab an (BVerwG NVwZ 1996, 199). Da ein späteres Vorbringen von Fluchtgründen nicht mehr berücksichtigt wird (§ 25 Abs. 3 AsylG), ist dieser Termin der wohl wichtigste für den Geflüchteten.

Bis die Jugendlichen ihren Termin zur Anhörung bekommen, können in der aktuellen Situation mehrere Monate vergehen. Nach der Anhörung beginnt für die UMF eine lange und beunruhigende Wartephase, die von der Angst eines negativen Ausgangs und der Abschiebung beherrscht wird. Da völlig unklar ist, zu welchem Zeitpunkt die Entscheidung fällt, wünschen sich viele Jugendliche eine Angabe, zu welchem Zeitpunkt sie in etwa mit einer Entscheidung rechnen können. Erschwerend kommt hinzu, dass eine große Zahl der UMF traumatische Erfahrungen gemacht hat. Auch die UNHCR-Richtlinien stellen heraus, dass das psychische Leid bei Kindern als besonderer Faktor zu berücksichtigen ist (Berthold & Espenhorst,

---

11 Das Gesetz kennt verschiedene Begrifflichkeiten. In der Terminologie folgen wir hier dem Asylgesetz.

2011, S. 5). Dem soll aber dadurch Rechnung getragen werden, dass Anhörungen von UMF durch speziell auf diese Situationen geschultes Personal des BAMF vorgenommen werden, zudem werden geringere Anforderungen an die Glaubwürdigkeit des Vortrages gestellt als bei erwachsenen Asylbewerbern (Parusel, 2010, S. 235).

2. Flüchtlingsschutz im deutschen Recht

2.1 Schutzstatus

Nach dem Termin der Anhörung überprüft das BAMF, ob die im Rahmen der Anhörung vorgetragenen sogenannten *Fluchtgründe* die Anerkennung eines Schutzstatus rechtfertigen. Die Entscheidung wird durch offiziellen Bescheid des BAMF mitgeteilt. Die verschiedenen Entscheidungsmöglichkeiten können jedoch erhebliche unterschiedliche rechtliche und tatsächliche Folgen für das Leben des Geflüchteten aufweisen. Darf er in Deutschland bleiben, steht der Weg in den Arbeitsmarkt offen, kann er Familienangehörige nach Deutschland nachholen? Diese und weitere Fragen entscheiden sich mit Abschluss des Asylverfahrens (s. u.). Grundsätzlich soll zwischen der Möglichkeit der zuerkennenden und der ablehnenden Entscheidung über das Schutzgesuch und ihren tatsächlichen Folgen differenziert werden.

Auch wenn im allgemeinen Sprachgebrauch von Geflüchteten oder Asylsuchenden gesprochen wird, kann das BAMF drei verschiedene Status, die Asylberechtigung, den Flüchtlingsschutz nach Genfer Flüchtlingskonvention[12] *oder* den subsidiären Schutz, vergeben, die jeweils unterschiedliche Auswirkungen auf das Leben des Geflüchteten haben.[13] Hierfür muss man zunächst verstehen, was die Entscheidung des BAMF aus juristischer Perspektive grundsätzlich bedeutet: An die Anerkennung eines *Schutzstatus* knüpft sich ein ganzes Bündel von positiven Rechten, welche dem Geflüchteten verliehen werden, u. a. das Recht, eine Aufenthaltserlaubnis zu erhalten und damit in Deutschland rechtmäßig leben zu dürfen, das Recht zu arbeiten, das Recht auf Sozialleistungen (s. u.) (Tiedemann, 2015, 3.1 Rn. 5). Da es aber drei verschiedene Schutzstatus gibt, könnte es potentiell drei verschiedene Arten von „Rechtsbündeln" mit unterschiedlichen Folgen geben. Dies soll im Folgenden weiter ausgeführt werden.

Unter der Asylberechtigung verstehen wir unseren nationalen, im Grundgesetz verankerten Schutz für Flüchtlinge (Art. 16a GG). Flüchtlingsschutz (§ 3 AsylG)

---

12 GFK amtlich unter dem Titel Abkommen über die Rechtsstellung der Flüchtlinge vom 28. Juli 1951, verkündet durch Gesetz vom 01.09.1953 (BGBl. II S. 559).
13 Hier sei kurz auf die unterschiedliche juristische Terminologie hingewiesen: Die Asylberechtigung wird *anerkannt*, Flüchtlingseigenschaft und subsidiäre Schutzberechtigung jedoch *zuerkannt*. Für diese verschiedenen Begrifflichkeiten gibt es keine praktische Notwendigkeit (Tiedemann, 2015, 3.1 Rn 5). Im Folgenden wird diese Unterscheidung nicht beibehalten, sondern nur von Anerkennung gesprochen.

und subsidiärer Schutz (§ 4 AsylG) werden hingegen als internationaler Schutz[14] bezeichnet.[15] Die nationale Asylberechtigung und der Flüchtlingsschutz ähneln sich insofern, als dass der Antragsteller in beiden Fällen eine *„begründete Furcht vor Verfolgung aus Gründen der Rasse, Religion, Nationalität, politischen Überzeugung oder Zugehörigkeit zu einer bestimmten sozialen Gruppe"* plausibel vortragen muss.[16] Sowohl für die Anerkennung der Asylberechtigung als auch für die Flüchtlingseigenschaft muss eine individuelle Verfolgung, also eine Verfolgung des Einzelnen, vorliegen (BVerwG v. 17.05.1983, BVerwGE 67, 184, 186). Der wesentliche Unterschied zwischen den beiden Anerkennungsvarianten zeigt sich im Verfolgungsakteur: Im Rahmen von Art. 16a GG muss der Verfolgungsakteur *der Staat selbst* sein; um hingegen als Flüchtling nach GFK anerkannt zu werden, reicht eine *Verfolgung durch „wen auch immer"*, z. B. durch Oppositionelle, eine private Gruppe, Milizen oder Minderheiten, aus. Wenn das BAMF die Eigenschaft als Asylberechtigter und Flüchtling verneint hat, bleibt noch die Möglichkeit, den „subsidiären Schutzstatus" anzuerkennen. Wie die Bezeichnung „subsidiär" schon andeutet, ist dieser Schutz nachrangig. Voraussetzung ist, dass dem Geflüchteten im Herkunftsland *„ein ernsthafter Schaden"* droht. Somit wird hier keine Verfolgung wie bei den ersten zwei Schutzstatus verlangt. Relevant ist insbesondere eine ernsthafte individuelle Bedrohung des Lebens oder der Unversehrtheit einer Zivilperson infolge willkürlicher Gewalt im Rahmen eines internationalen oder innerstaatlichen Konflikts. Hierunter fallen vor allem Bürgerkriegssituationen.[17]

Ob junge Geflüchtete selbst eigene Fluchtgründe geltend machen müssen, hängt davon ab, ob sie im Familienverbund oder unbegleitet einreisen. Im Familienverbund werden Kinder durch die Regelung des § 26 AsylG besonders geschützt. Reist ein Kind zusammen mit seinen Eltern ein, besteht die Wirkung des Familienasyls darin, dass das Kind gem. § 26 Abs. 2 AsylG den gleichen Rechtsstatus

---

14 Flüchtlingseigenschaft und subsidiärer Schutz gehen auf die sogenannte Qualifikationsrichtlinie des europäischen Parlaments (RL 2011/95/EU) zurück (Marx, 2015, § 9 Rn. 73 f.).

15 Dieser internationale Schutz wurde im Rahmen des Aufbaus eines gemeinsamen europäischen Asylsystems auf Grundlage der GFK in nationales Recht transformiert (§ 3 AsylVfG) (Hailbronner, 2013, Rn. 28 ff.). Zu den Anfängen der europäischen Harmonisierung und den Hintergründen, auch mit Blick auf geflüchtete Kinder: Löhlein, 2010.

16 Diese Definition geht auf die GFK zurück und wurde für die Flüchtlingseigenschaft in § 3 des AsylG übernommen. Obwohl der Verfolgungsbegriff nur in § 3 AsylG normiert ist und sich nicht in Art. 16a GG wiederfindet, bestimmt die Rechtsprechung den Begriff der Verfolgung im Rahmen des Art. 16a GG weitgehend identisch, BVerwG v. 17.05.1983, BVerwGE 67, 184, 186.

17 Jedoch reicht eine allgemeine Gefahrenlage wie ein Bürgerkrieg oder ein Klima grober Menschenrechtsverletzungen nicht aus, die Gefahr muss sich vielmehr gegen den einzelnen Fliehenden richten und sich zu einer *konkreten, individuellen* Gefahr verdichten (BVerwG v. 14.07.2009, 10 C 9.08, Rn. 15). Näher zur Auslegung des Begriffes „bewaffneter Konflikt": Marx, 2014, § 4 Rn. 44–46.

wie die sog. stammberechtigten Asylberechtigten (Eltern, die als Asylberechtigte anerkannt wurden) gem. Art. 16a GG erhält, ohne dass es selbst Verfolgungsgründe nachweisen muss.[18] Somit wird die ansonsten glaubhaft zu machende politische Verfolgung fingiert, selbst wenn feststeht, dass das Kind selbst nicht politisch verfolgt ist (Hailbronner, 2016, § 26 AsylG Rn. 3). § 26 AsylG begründet damit einen vollwertigen, jedoch von der Asylberechtigung des Stammberechtigten abgeleiteten Asylanspruch von ledigen, minderjährigen Kindern. Der Familienschutz umfasst alle drei Schutzstatus: das gleiche Prinzip gilt auch für die Anerkennung des internationalen Schutzes (GFK-Flüchtlingsschutz und subsidiärer Schutz), sogenannter internationaler Schutz für Familienangehörige (§ 26 Abs. 5 AsylG).[19] Die Vorschrift führt insgesamt zum Schutz der Familieneinheit, aber auch zur Verfahrenserleichterung und Entlastung des BAMF, das die langwierige und komplizierte Prüfung der eigenen Verfolgungsgründe dann nicht mehr vornehmen muss (Hailbronner, 2016, § 26 AsylG Rn. 10, 22; Günther, 2015, § 26 AsylG Rn. 1). Damit muss nicht mehr für jede Person im Familienverbund einzeln geprüft werden, ob sie verfolgt wird. Es findet nur eine Prüfung des Stammberechtigten statt.[20] Dadurch, dass der Anspruch aus § 26 AsylG zwar ein vollwertiger, aber abgeleiteter Anspruch ist, bleibt dieser inhaltlich vom Anspruch des Stammberechtigten abhängig. Sollte also der Flüchtlingsschutz des Stammberechtigten widerrufen werden, so entfällt auch der Familienschutz (Günther, 2015, § 26 AsylG Rn. 4).[21]

---

18 Zudem müssen die Personen, die den Schutz erhalten wollen, entweder vor Zuerkennung des Schutzstatus an den Stammberechtigten eingereist sein (z. B. bei gemeinsamer Einreise) oder den Asylantrag nach der Einreise gestellt haben (vgl. § 26 Abs. 3 Nr. 3 AsylG).

19 Wenn Kinder zwar zusammen im Familienverbund einreisen, aber bei Stellung ihres Asylantrages volljährig geworden oder aber verheiratet sind, kommt ein Anspruch auf Familienasyl oder internationaler Schutz für Familienangehörige nicht in Betracht (vgl. § 26 Abs. 2 AsylG). Hier kann es aber möglich sein, dass das Kind eine eigene Schutzposition nach Art. 16a GG oder §§ 3 und 4 AsylG erhalten kann. Zwar muss das Kind dann eine eigene Verfolgung nachweisen, jedoch entwickelte das BVerwG eine Nachweiserleichterung für Familienangehörige: Wenn ein Familienangehöriger (z. B. der Familienvater) verfolgt wird, so wird vom Gericht regelmäßig vermutet, dass ein enger Familienangehöriger (z. B. das Kind) auch persönlich verfolgt wird, sog. Lehre von der Drittbetroffenheit: BVerwG vom 13.01.1987, BVerwG 9 C 53.86, BVerwGE 75, 304; BVerwG vom 26.04.1988, BVerwG 9 C 28.86, BVerwGE 79, 244.

20 Dieser zusätzliche Schutz ist rechtlich nicht zwingend erforderlich, kann aber mit den Vorgaben des Art. 6 GG, Schutz der Ehe und Familie, gerechtfertigt werden. OVG NRW vom 28.05.2008, 8 A 1101/08.A Nr. 28 unter Hinweis auf BVerfG vom 03.06.1991, 2 BvR 720/91, NVwZ 1991, 978.

21 Fraglich ist, ob dem Kind (gleichlautend das Problem beim Ehegatten gem. Abs. 1) eine Wahlmöglichkeit zwischen dem Familienschutz aus § 26 AsylG und einer eigenen, von der Familie unabhängigen Schutzposition aus Art. 16a GG oder §§ 3,4 AsylG verbleibt: Für die Wahlmöglichkeit, da aus § 26 AsylG eine abgeleitete und damit mindere Rechtsposition entstehe: Kloesel, 2015, § 26 AsylVfG Rn. 5–8; gegen die Wahlmöglichkeit, da diese dem Zweck der Regelung, eine Verfahrensbeschleunigung zu erzielen, zuwiderlaufe

Reisen Minderjährige unbegleitet ein, müssen sie Fluchtgründe in eigener Person geltend machen, die die Vergabe eines Schutzstatus rechtfertigen können. Bei den Fluchtgründen Minderjähriger werden, ähnlich wie bei Erwachsenen, oft die Flucht vor Kriegen, Krisen oder Unruhen, vor Naturkatastrophen oder Armut, auch wegen Verfolgung aufgrund von Zugehörigkeit zu einer ethnischen oder religiösen Gruppe genannt. So kann die Verfolgung wegen Zugehörigkeit zu einer ethnischen oder religiösen Gruppe unter eine Verfolgung wegen der Rasse oder Religion fallen, so dass Flüchtlingsschutz gem. § 3 AsylG in Betracht kommt, wohingegen die individuelle, konkrete Gefahr eines Krieges unter den subsidiären Schutz fallen kann (s. o.). Die Flucht wegen Naturkatastrophen oder Armut rechtfertigt, genau wie bei Erwachsenen, in der Regel keinen Schutzstatus (Parusel, 2010, S. 233 ff. (S. 235 f.); ders., 2009; Breithecker & Fressemann, 2009, S. 8 f.; Cremer, 2006, S. 28–32). Gerade Kinder und Jugendliche fliehen zusätzlich aufgrund sogenannter *kinder- und jugendspezifischer Fluchtgründe*: Dazu zählen bei Jungen die Zwangsrekrutierung als Kindersoldat (z. B. aus Somalia und anderen afrikanischen Staaten), bei Mädchen z. B. die Zwangsprostitution und Genitalverstümmelung. Bei diesen besonderen spezifischen Kinderfluchtgründen besteht häufig eine Schutzmöglichkeit (Parusel, 2010, S. 233 ff. (S. 235 f.); ders., 2009, S. 19 f.; Marx, AsylVfG, 2014, § 3a Rn. 45–49; Deutscher Caritasverband e. V., 2014, S. 23; Berthold & Espenhorst, 2011, S. 5).

2.2 Ausschlussgründe

Als Ausschlussgrund ist exemplarisch die *Drittstaatenregelung* zu nennen. Wenn jemand über einen sogenannten sicheren Drittstaat nach Deutschland einreist, kann ihm keine Asylberechtigung erteilt werden, selbst wenn er i. S. d. Art. 16a GG verfolgt wird.[22] Zu den sicheren Drittstaaten gehören alle Länder der EU, zudem Norwegen und die Schweiz (Art. 16a Abs. 2 GG, §§ 26a, 29 AsylG i. V. m. Anlage I; näher zur Drittstaatenregelung: Moll & Pohl, 2012, S. 102). Die Bundesrepublik Deutschland ist von sicheren Drittstaaten umgeben. Somit kann sich nur ein Geflüchteter, der auf dem See- oder Luftweg einreist und auch entsprechende Nachweise hierüber liefert, auf Art. 16a GG berufen (Hailbronner, 2016, § 26 AsylG Rn. 36 ff.; Tiedemann, 2015, 3.3.2.1 Rn. 153 ff.).

Ein weiterer Ausschlussgrund besteht im Rahmen des Art. 16a Abs. 3 GG für Geflüchtete, die aus einem *sicheren Herkunftsland* stammen. Dieser Ausschlussgrund ist von der sicheren Drittstaatenregelung zu unterscheiden. Zu den sicheren Herkunftsländern zählen Albanien, Bosnien und Herzegowina, Ghana, Kosovo, Mazedonien, Montenegro, Senegal und Serbien (Art. 16a Abs. 3 GG, § 29a AsylG i. V. m.

---

und zudem die abgeleitete Rechtsposition nicht minderwertig sei: Günther, 2015, § 26 AsylG Rn. 4, Hailbronner, 2016, § 26 AsylG Rn. 15–16, Bergmann, 2016, § 26 AsylG Rn. 18.

22 Zur Anwendbarkeit der Drittstaatenregelung über die Asylberechtigung hinaus: Hailbronner, 2016, § 26a AsylG Rn. 3 unter Hinweis auf BVerfGE 94, 49, 87.

Anlage II zu § 29a AsylG). In dieser Regelung ist jedoch kein strenger Ausschluss (wie bei der Drittstaatenregelung), sondern eine gesetzliche Vermutung für die Sicherheit des Herkunftsstaates zu sehen, die vom Geflüchteten bei einem atypischen Fall auch widerlegt werden kann (Hailbronner, 2016, Art. 16a GG Rn. 377 ff.).

2.3 Rechtsfolgen

An die Schutzstatus knüpfen sich nun bestimmte Rechtsfolgen, die große Auswirkungen auf das Leben des jungen Geflüchteten haben. Wenn es drei verschiedene Schutzmöglichkeiten gibt, drängt sich die Frage auf, ob es z. B. für den Geflüchteten nachteilig ist, wenn er „nur" als Genfer Flüchtling anerkannt wird, nicht jedoch als Asylberechtigter. Und wie sieht es mit dem subsidiären Schutz aus, der doch schon nach dem Wortlaut Nachrangigkeit ausdrückt – schützt er damit auch weniger?

Keinen Unterschied macht es, ob dem jungen Geflüchteten das Asylgrundrecht oder der Flüchtlingsschutz nach GFK anerkannt wird, da die Rechtsfolgen bei beiden die gleichen sind. Zwar ist die gesetzliche Rechtsgrundlage verschieden: Bei Anerkennung als Asylberechtigter wird eine humanitäre Aufenthaltserlaubnis gem. § 25 Abs. 1 AufenthG, bei Zuerkennung der Flüchtlingseigenschaft eine humanitäre Aufenthaltserlaubnis nach § 25 Abs. 2 1. Var. AufenthG erteilt. In beiden Fällen erhält der Geflüchtete aber eine *Aufenthaltserlaubnis* für drei Jahre. Mit Erteilung der Aufenthaltserlaubnis ist der Aufenthalt in Deutschland nun grundsätzlich rechtmäßig. Diese Sicherheit besteht jedoch nur so lange, wie die Verfolgungsgründe weiterhin bestehen. Geht es z. B. um eine Verfolgung aus einem Land, in dem ein Bürgerkrieg herrscht, kann die Aufenthaltserlaubnis widerrufen werden, wenn eine Befriedung des Landes erreicht ist. Damit wird der Aufenthaltsberechtigte erst bei Erteilung einer Niederlassungserlaubnis (s. u.) vom Fortbestehen der Verfolgungsgefahr unabhängig (Hailbronner, 2013, Rn 503).

Neben dem Asylberechtigten haben weiterhin die Personen, denen im Rahmen des § 26 AsylG Familienasyl oder Familienschutz zugesprochen wurde, einen Anspruch auf Erteilung einer Aufenthaltserlaubnis nach § 25 Abs. 1 oder 2 AufenthG. Weitere positive Konsequenzen der Erteilung einer Aufenthaltserlaubnis sind freier Zugang zum Arbeitsmarkt, ggf. Erhalt von Sozialleistungen (Tiedemann, 2015, 3.1 Rn. 5).

Nach drei Jahren wird eine *Niederlassungserlaubnis* erteilt, ein unbefristeter Aufenthaltstitel, der dann eine gesicherte Lebensperspektive in Deutschland darstellt (Marx, 2015, S. 132–146). Innerhalb der drei Schutzmöglichkeiten Asylberechtigung, Flüchtlingsschutz und subsidiärer Schutz hat die praktische Bedeutung des Asylgrundrechts extrem nachgelassen. Das liegt vor allem daran, dass die Einreise nach Deutschland meist aus einem sicheren Drittstaat erfolgt und damit der Ausschluss der Drittstaatenregelung greift (Göbel-Zimmermann & Masuch, 1996, S. 417; Gusy, 1993, S. 509; Renner, 1993, S. 128). Außerdem ist die bei Art. 16a GG geforderte staatliche Verfolgung schwieriger nachzuweisen (Tiedemann, 2009, S. 165). Statt Asylberechtigung wird vermehrt Flüchtlingsschutz nach GFK vergeben (mit den gleichen Rechtsfolgen). Trotz der geringen praktischen Bedeutung des Asylgrundrechts gehört dieses „leere Ritual" immer noch zum Prüfprogramm des BAMF (Tiedemann, 2014, S. 28 f.).[23] Aus praktischer Sicht besteht damit kein Bedürfnis nach einer Unterscheidung zwischen Asylberechtigung und Flüchtlingsschutz (Hailbronner, 2009, S. 375 f.; Tiedemann, 2009, S. 167; für die Unterscheidung aus juristischer Sicht: v. Arnauld, 2012, Art. 16a GG Rn. 62; Wittreck, 2013, Art. 16a GG Rn. 39).

Nur die subsidiäre Schutzberechtigung vermittelt ungünstigere Rechtsfolgen, da hier eine Aufenthaltserlaubnis nur für ein Jahr statt für drei Jahre vergeben wird. Diese muss dann verlängert werden, bis eine Niederlassungserlaubnis – erst nach sieben Jahren – erlangt werden kann (§ 26 Abs. 4 AsylG: Kloesel, Christ & Häußer, 2015, § 26 AsylVfG Rn. 17 ff.).[24]

Bei allen Schutzstatus ist im Grundsatz *Familiennachzug* möglich, d. h. dass im Heimatland zurückgebliebene minderjährige, ledige Kinder oder Eltern nachgeholt werden können und ebenfalls eine Aufenthaltserlaubnis erhalten.[25] In der aktuellen Neuregelung im Rahmen des Gesetzes zur Einführung beschleunigter Asylverfahren wurde der Familiennachzug für Geflüchtete mit subsidiärem Schutzstatus für zwei Jahre ausgesetzt.[26] Dies gilt mit Datum des Inkrafttretens des Gesetzes ab dem 17. März 2016 (BGBl. I, 2016, S. 390). Auch wenn aus politischen und praktischen Gründen ein umfassender Familiennachzug wegen des Gelingens der Integration wünschenswert ist, besteht aus juristischer Sicht kein genereller Anspruch auf Familiennachzug, so dass eine Aussetzung zur Steuerung der Migration vertretbar erscheint (Kluth, 2016, S. 13 ff.; Thym, 2016, S. 9 ff.).[27]

---

23 So wurde von den 282.726 im Jahr 2015 vom BAMF bearbeiteten Asylanträgen lediglich in 0,7% der Fälle die Asylberechtigung, jedoch in 48,5 % der Fälle der Flüchtlingsschutz nach GFK vergeben (BAMF 2015, S. 11).

24 Aufenthaltserlaubnis gem. § 25 Abs. 2 2. Var. AufenthG nur für ein Jahr, bei Verlängerung für zwei weitere Jahre (§ 26 Abs 1 S. 3 AufenthG).

25 Der Anspruch auf Familiennachzug besteht gem. § 29 AufenthG, dazu näher: Deibel, 2013, S. 411 ff.; Der Paritätische Gesamtverband, 2015, S. 37 f.

26 Auch wenn man zunächst denken könnte, dass die Aussetzung des Familiennachzugs nur sehr wenige Geflüchtete betrifft, da nur eine geringe Minderheit der Asylbewerber derzeit diesen Schutzstatus erhält (vgl. für 2015 nur 0,6%, BAMF 2015, S. 11), ist zu erwarten, dass wieder deutlich mehr Geflüchtete den subsidiären Schutzstatus erhalten werden. Die geringe Vergabe des subsidiären Schutzes hat mit der großzügigen Praxis des BAMF für Syrer zu tun, deren Asylantrag zuletzt ohne persönliche Anhörung auf Grundlage eines Fragebogens entschieden wurde und zur häufigen Vergabe des Flüchtlingsschutzes führte. Die reguläre Einzelfallprüfung findet für Syrer nun aber wieder statt, wenn sie nach dem 1. Januar 2016 eingereist sind. Demnach ist zu erwarten, dass künftig mehr Personen den subsidiären Schutzstatus erhalten werden (Thym, 2016, S. 9).

27 Ein aktuelles Problem stellt sich im Rahmen des Familiennachzugs: Für diesen müssen die betreffenden Personen Visa bei den deutschen Botschaften im Ausland beantragen. Ein solcher Termin ist aufgrund der Überlastung der Behörden im Moment nur mit erheblich langen Wartezeiten, für syrische Geflüchtete mit Wartezeiten von ca. 14 Monaten,

Zudem zeigt sich im Rahmen des Asylverfahrens die für den Laien diffizile deutsche Behördenzuständigkeit. Die Anerkennung des Schutzstatus prüft das *BAMF*, wohingegen die *Ausländerbehörde* die Aufenthaltserlaubnis erteilt. Gerade wenn es um UMF geht, werden die Zuständigkeiten noch komplexer, da hier noch das *Jugendamt* mitwirkt (im Rahmen der Jugendhilfe), oftmals noch zusätzlich ein Mitarbeiter des Jugendamts als Amtsvormund. Problematisch hierbei ist, dass den UMF – die in ihren Heimatländern kaum mit Verwaltungen zu tun hatten oder teilweise schlechte Erfahrungen mit wenig vertrauenswürdigen oder korrupten behördlichen Instanzen und Vertretern von Institutionen gemacht haben – die verschiedenen Zuständigkeiten oft gar nicht klar sind. Sie wissen oft gar nicht, in welchem Stadium des Verfahrens sie sich befinden, wofür der Ansprechpartner überhaupt zuständig ist, und nehmen eher den sanktionsmäßigen Charakter, gerade der Ausländerbehörde, wahr. Demnach plädiert Berthold für die Notwendigkeit, den UMF die verschiedenen Zuständigkeiten immer wieder zu verdeutlichen und genau zu erklären, wer gerade für welchen Verfahrensschritt zuständig ist (Berthold, 2014, S. 260 f.).

Zohras Mutter stellt einen Asylantrag. Kann Zohra auf eine positive Entscheidung des Asylverfahrens hoffen?
Zohra ist mit ihrer Familie geflüchtet, so dass das BAMF im Rahmen des Asylantrages der Mutter eine Verfolgung aufgrund der politischen Überzeugung und damit die Flüchtlingseigenschaft gem. § 3 AsylG bejaht. Zohra ist als Kind der Stammberechtigten gem. § 26 Abs. 2 AsylG im Zuge des Familienschutzes ebenfalls die Flüchtlingseigenschaft zuzuerkennen. Eine eigene Prüfung, ob Zohra selbst verfolgt wird, findet dann nicht mehr statt. Als Rechtsfolge wird die zuständige Ausländerbehörde Zohra nun eine Aufenthaltserlaubnis aus humanitären Gründen gem. § 25 Abs. 2 1. Var. AufenthG mit der Geltungsdauer von drei Jahren erteilen.

3. Flüchtlingskinder ohne Schutzstatus in Deutschland

Was passiert, wenn der Asylantrag abgelehnt wurde oder wenn ein solcher erst gar nicht gestellt wurde? Ob die Asylantragstellung gerade für UMF sinnvoll ist, entscheidet sich im aufenthaltsrechtlichen Clearingverfahren (s. Kapitel 6.) Denn gerade UMF haben oft Schwierigkeiten, verfahrensrelevante Fluchtgründe geltend zu machen. Deshalb raten mitunter soziale Dienste und Beratungsstellen davon ab, einen Asylantrag zu stellen und damit das oft langwierige und belastende Asylverfahren zu durchlaufen (Reimann, 2012, S. 80–82; 96 f.; Müller, 2014, S. 16).[28] Wenn die Entscheidung gegen das Asylverfahren getroffen wird oder wenn der Asylantrag

---

zu erhalten. Pro Asyl kritisiert, dass damit Familien trotz eines Rechtsanspruchs auf Familiennachzug über Jahre getrennt sein könnten (Pro Asyl, 2016).
28 Insgesamt ist auf die hohe Belastung der Wartezeiten hinzuweisen, die nicht nur beim Warten auf den Anhörungstermin beginnt, sondern beim Warten auf die Entscheidung des BAMF weitergeht, die auch Monate umfassen kann (Noske, 2015, S. 13).

abgelehnt wurde, ist nicht mehr das BAMF der richtige Ansprechpartner, sondern die örtliche Ausländerbehörde, die andere Aufenthaltserlaubnisse[29] erteilen oder den jungen Flüchtling vor einer Abschiebung schützen kann, indem sie ihm eine Duldung ausstellt.[30]

3.1 Die Duldung gem. § 60a Abs. 2 AufenthG

In der rechtlichen Terminologie versteht man unter einer Duldung die Bescheinigung der Ausländerbehörde über die vorübergehende Aussetzung der Abschiebung. Tatsächlich ist darunter zu verstehen, dass der Ausländer eigentlich zwangsweise ausreisen müsste, aber von der Durchsetzung dieser Pflicht, der Abschiebung, (vorübergehend) abgesehen wird. Geduldete erhalten eine Duldungsbescheinigung. Diese ist zeitlich zu befristen (Bauer, 2016, § 60a AufenthG Rn. 52). Die Duldung ist gerade kein Aufenthaltstitel. Gem. § 60a Abs. 2 AufenthG können die Ausländerbehörden von der Vollziehung absehen, wenn die Abschiebung aus *„rechtlichen oder tatsächlichen Gründen"* unmöglich ist. Bei UMF ist die Abschiebung häufig deshalb tatsächlich unmöglich, weil Pässe fehlen (Reimann, 2012, S. 82). Eine rechtliche Unmöglichkeit kommt wegen Beeinträchtigung des Kindeswohls in Betracht, so gerade bei Kleinkindern und Jugendlichen, wenn keine hinreichende familiäre Betreuung gesichert ist. Somit können Kinder und Jugendliche im Allgemeinen nicht abgeschoben werden (Hailbronner, 2016; § 60a AufenthG Rn. 37 f.), so dass sie stattdessen geduldet werden.[31]

Eine Duldung vermittelt jedoch gerade keinen legalen Aufenthalt wie eine Aufenthaltserlaubnis, sondern eine zeitlich befristete unsichere Bleibeperspektive, die einen hohen psychischen Druck auf die Jugendlichen ausübt (Deutscher Caritasverband e. V., 2014, S. 125). Ein sicherer Aufenthalt ist jedoch „Dreh- und Angelpunkt" für Geflüchtete. Bis junge Geflüchtete einen sicheren Aufenthaltsstatus erreichen,

---

29 Eine Aufenthaltserlaubnis kann wegen Vorliegens eines Abschiebungsverbots aus § 60 Abs. 5 oder 7 AufenthG erteilt werden, wenn z. B. eine konkrete erhebliche Gefahr für Leib, Leben oder Freiheit im Abschiebestaat besteht. Auch wenn gerade unbegleitete Kinder im Falle ihrer Abschiebung allein altersbedingt einer größeren Gefährdung im Zielstaat der Abschiebung ausgesetzt sind, wird diese Situation auch im Rahmen der verwaltungsgerichtlichen Rechtsprechung nur selten als Abschiebungshindernis berücksichtigt (Cremer, 2006, S. 44–47). Zusätzlich wird in der Praxis häufig die Erteilung dieser Aufenthaltserlaubnis, z. B. wegen fehlenden Passes, abgelehnt und stattdessen „nur" eine Duldung erteilt (Müller, 2012, S. 368) (s. u.).
30 Zu weiteren Alternativen zum Asylantrag: Müller, 2011, S. 358 f.
31 Darüber hinaus kann eine Duldung im Ermessenswege erteilt werden, wenn „dringende humanitäre oder persönliche Gründe oder erhebliche öffentliche Interessen" es erfordern (§ 60a Abs. 2 S. 3 AufenthG). Dies ist insbesondere der Fall, wenn der Jugendliche vor dem 21. Lebensjahr eine qualifizierte Berufsausbildung begonnen hat und nicht aus einem sicheren Herkunftsstaat stammt (§ 60a Abs. 2 S. 4 AufenthG).

befinden sie sich in einer Art Warteschleife, in der keine gesicherte Zukunftsperspektive entwickelt werden kann. Damit fehlt häufig auch die Motivation für die Integration im Rahmen des Schulbesuchs, die Motivation für das Erlernen der Sprache oder den Übergang in die Arbeitswelt. Dazu können Konzentrationsstörungen in der Schule kommen (Noske, 2015, S. 19 f., 21; Meißner, 2003, S. 145 ff., vgl. zudem den Beitrag von Prof. Dr. Cinur Ghaderi in diesem Band). Gerade bezogen auf den Zusammenhang zwischen Duldung und Schulpflicht wird ein starker Widerspruch deutlich: auf der einen Seite sollen junge Geflüchtete integriert werden und unterliegen deshalb der Schulpflicht (s. Kapitel 7), auf der anderen Seite drückt die Erteilung einer Duldung aus, dass der Aufenthalt nur ein kurzfristiger und damit gerade nicht auf Integration ausgelegt ist (Schroeder, 2003, S. 237 – Müller beschreibt ihn gar als „prekären, integrationsfeindlichen Aufenthaltsstatus": Müller, 2012, S. 368). Zusätzlich fällt neben der Perspektivlosigkeit auch der Start in oder der Abschluss einer Berufsausbildung schwerer, weil sich mögliche Ausbildungsbetriebe nicht auf diesen unsicheren Status einlassen wollen (Angenendt, 2000, S. 101). Auch der Zugang zur Arbeitswelt ist schwierig: nach drei Monaten mit Duldung dürfen junge Geflüchtete zwar arbeiten, jedoch zwölf Monate nur „nachrangig", was bedeutet, dass sie eine Stelle nur besetzen dürfen, wenn es keine deutschen oder Arbeitnehmer aus der EU gibt, die die Stelle ebenfalls besetzen können. Das gleiche gilt, wenn Jugendliche während des andauernden Asylverfahrens schon arbeiten wollen (Bundesagentur für Arbeit, 2016, S. 1–5). Wie belastend diese Lebenssituation ist, zeigt der nachgewiesene Zusammenhang zwischen dem Auftreten einer posttraumatischen Belastungsstörung und dem unsicheren Aufenthaltsstatus der Duldung (Gerlach & Pietrowsky, 2012, S. 11 ff.). Auch eine Verstärkung der Angst- und Depressionssymptomatik bei unsicherem Aufenthaltsstatus wurde beobachtet (Ruf, Lehmann, Schauer, Eckart, Kolossa, Catani & Neuner, 2007, S. 7).

3.2 Die Abschiebung gem. § 58 AufenthG

Die Abschiebung von minderjährigen Geflüchteten wird im Regelfall ausgesetzt (s. o.), was jedoch nur bis zum Erreichen der Volljährigkeit gilt.[32] Dies kann dazu führen, dass der zuvor geduldete Minderjährige mit Erreichen der Volljährigkeit plötzlich eine Abschiebungsandrohung erhält und daher mit der Angst vor der Volljährigkeit leben muss (Parusel, 2010, S. 236; Müller,[33] 2014, S. 41). Sollte einem

---

32 Selbst wenn in einem Ausnahmefall die Abschiebung eines minderjährigen Geflüchteten im Raum steht, gestaltet sich diese in der Praxis so schwierig, dass die Ausländerbehörden bis zur Volljährigkeit warten und dann eine Abschiebung mit vergleichsweise geringerem Aufwand durchführen (Angenendt, 2000, S. 102). Näher zum Abschiebungsschutz mit weiteren Problemen, auch besonders bezogen auf die Situation unbegleiteter Minderjähriger: Tiedemann, 2015, 3.5 Rn 201–213.

33 Müller merkt unter Hinweis auf Experten des BUMF an, dass trotz Erreichens der Volljährigkeit in der Praxis nicht abgeschoben wird (Müller, 2014, S. 41 f.).

Minderjährigen eine Abschiebung – trotz der o. g. Restriktionen – im Ausnahmefall drohen, wird der Minderjährige zusätzlich über die Vorschrift des § 58 Abs. 1a AufenthG geschützt. Denn die Ausländerbehörden sind dazu verpflichtet, sich im Vorfeld einer geplanten Abschiebung Gewissheit darüber zu verschaffen, ob der betreffende Minderjährige im Rückkehrstaat in „sichere Hände", z. B. eines Mitglieds seiner Familie oder einer anderen zur Personensorge berechtigten Person, übergeben werden kann.[34] Erst dann ist eine Abschiebung zulässig.[35]

Um eine Abschiebung durchzusetzen, kann der Jugendliche im absoluten Ausnahmefall in Haft genommen werden, sog. Abschiebungshaft (§ 62 AufenthG). Diese Maßnahme, die aber nur als *ultima ratio*, als letztes mögliches Mittel, angewendet werden darf, ist besonders restriktiv auf Jugendliche anzuwenden (BGH v. 29.09.2010, V ZB 233/10, NVwZ 2011, 320; Hailbronner, 2016; § 62 AufenthG Rn. 61).[36] Aus der Praxis wird die Möglichkeit der Abschiebungshaft für Jugendliche heftig kritisiert[37] (BUMF, 2014 S. 9; Apitzsch, 2010, S. 86), aus juristischer Perspektive verstößt die Praxis gegen die Kinderrechtskonvention (Cremer, 2011, S. 8 ff.).

Karim hat von anderen Geflüchteten gehört, dass er überhaupt „keine Chance auf Asyl" hätte. Er ist verwirrt und will wissen, ob es sich überhaupt für ihn lohnt, einen Asylantrag zu stellen. Karim hat große Angst vor einer Abschiebung und will unbedingt in Deutschland bleiben.
Das Stellen eines Asylantrages ist für Karim nur sinnvoll, wenn er Chancen auf einen Schutzstatus hat. Karim drohte in seinem Heimatstaat selbst keine Verfolgung. Die ehemalige Besetzung durch die Taliban ist durch ihren Weiterzug entfallen. Karim entschloss sich als Waise zur Flucht, da er keine Verwandten in Afghanis-

---

34 Diese Pflicht ergibt sich zudem aus Art. 20 der Kinderrechtskonvention, einem völkerrechtlichen Vertrag zum Schutz von Kindern, dem Deutschland im Jahr 1992 zugestimmt hat (Cremer, 2006, S. 171–173).

35 Obschon die Frage nach dem genauen Verständnis dieser Vorschrift bereits einer höchstrichterlichen Entscheidung (BVerwG, Urt. v. 13.06.2013 – 10 C 13/12) zugeführt worden ist, besteht insoweit Uneinigkeit. Im Wesentlichen geht es dabei um die Frage, mit welchen aufenthaltsrechtlichen Mechanismen der besagte Schutz erreicht werden soll. Anders als das BVerwG entschieden zuvor das VG Stuttgart (Urt. v. 11.10.2011 – 6 K 10 K 1088/11) sowie der VGH Mannheim (Urt. v. 27.04.2012 – A 11 S 3392/11). Kritisch vor allem Müller, die darauf hinweist, dass der Jugendliche aus Schutzgesichtspunkten eine Aufenthaltserlaubnis erhalten solle, aber in der Praxis auf die Duldung verwiesen wird (Müller, 2012, S. 368); kritisch auch Hailbronner, 2016, § 58 AufenthG Rn. 52 ff.

36 In einigen Bundesländern (u. a. NRW) ist davon abzusehen, unter 16-Jährige zu inhaftieren, vgl. Richtlinien für den Abschiebungsgewahrsam im Land Nordrhein-Westfalen, Rund-Erlass des Nordrhein-Westfälischen Innenministeriums vom 19.01.2009.

37 Im Jahr 2005, 2007 befanden sich in Deutschland insgesamt mindestens 377 UMF in Abschiebungshaft, die meisten in Berlin (155), dabei handelte es sich um 12- bis 15-Jährige (vgl. Bundestag, 2008, S. 23.). Bayern, Hamburg, Hessen, Niedersachsen und Thüringen hatten keine Angaben über die Abschiebungshaft von UMF gemacht, weshalb die Dunkelziffer noch wesentlich höher liegen dürfte, vgl. Bundestag, 2008, S. 23.

tan hatte, die ihn hätten unterstützen können. Zudem erhoffte er sich eine bessere Zukunft in Europa. Karim kann daher keine Verfolgungsgründe oder einen ernsthaften Schaden für Leib oder Leben im Sinne des Asylrechts geltend machen, so dass Schutzstatus (Art. 16a GG, §§ 3, 4 AsylG) ausscheiden. Zudem sind keine Abschiebungsverbote gem. § 60 Abs. 5 und 7 AufenthG erkennbar. Somit ist ein langwieriges Asylverfahren wenig erfolgversprechend. Das bedeutet aber nicht, dass Karim dann direkt abgeschoben würde. Karim sollte sich an die örtliche Ausländerbehörde wenden. Aufgrund seiner Minderjährigkeit und der Tatsache, dass er keine Verwandten in seinem Herkunftsland hat, verstößt eine Abschiebung gegen das Kindeswohl, so dass er in Deutschland zumindest geduldet wird gem. § 60a AufenthG. Karim kann also vorerst in Deutschland bleiben.

3.3 Von der Duldung doch noch in den legalen Aufenthalt?

Auch für geduldete junge Geflüchtete bestehen Möglichkeiten, ein sicheres Aufenthaltsrecht zu erlangen. Gem. § 25 Abs. 5 AufenthG *soll* eine Aufenthaltserlaubnis erteilt werden, wenn die Abschiebung eines Ausländers seit 18 Monaten ausgesetzt ist (Parusel, 2010, S. 236 f.). Eine 18-monatige Duldung fällt darunter, da sie die Abschiebung aussetzt. Diese Vorschrift kann Kettenduldungen und damit eine Verfestigung einer unsicheren Bleibeperspektive verhindern (Maaßen, 2016; § 25 AufenthG Rn. 123 f.). Ausgestaltet als „Soll"-Vorschrift begründet sie jedoch keinen Anspruch auf Erteilung einer Aufenthaltserlaubnis, sondern nur eine Erteilungsmöglichkeit. Diese Möglichkeit, einen lange Zeit geduldeten Aufenthalt zu „legalisieren", wird in der Praxis häufig missachtet bzw. führt aufgrund restriktiver Ausschlussgründe nicht zur Erteilung der Aufenthaltserlaubnis (Gutmann, 2010, S. 666; Der paritätische Gesamtverband, 2015, S. 35; Gag & Voges, 2014, S. 9). Gerade junge Geflüchtete könnten von dieser Vorschrift profitieren, gehen aber in der Praxis oftmals leer aus. Auch aus juristischer Perspektive wird die restriktive Vergabepraxis der Ausländerbehörden kritisiert, da ein Verstoß gegen die Kinderrechtskonvention, welche das Kindeswohl auf völkerrechtlicher Ebene schützt (Schmahl, 2013, S. 29 ff.), wegen dauerhafter Erteilung von Duldungen und Verweigerung des § 25 Abs. 5 AufenthG vorliegt (Müller, 2012, S. 367 ff.; Heinold, 2012, S. 89 f.; Apitzsch, 2010, S. 89 ff.).

Gute Aussichten auf eine Aufenthaltserlaubnis haben Jugendliche, die sich in Deutschland spürbar integrieren konnten. Denn einem geduldeten Jugendlichen, der sich seit vier Jahren ununterbrochen erlaubt, geduldet oder mit einer Aufenthaltsgestattung im Bundesgebiet aufhält, soll unter folgenden Voraussetzungen eine Aufenthaltserlaubnis erteilt werden: Er muss im Bundesgebiet seit vier Jahren erfolgreich eine Schule besuchen oder einen anerkannten Schul- oder Berufsabschluss erworben haben,[38] außerdem muss der Antrag auf Erteilung der Aufenthaltserlaubnis vor Vollendung seines 21. Lebensjahres gestellt werden. Darüber hinaus muss es als gewährleistet erscheinen, dass er sich in die Lebensverhältnisse der Bundesrepublik Deutschland einfügen kann (§ 25a AufenthG). Ziel der Vorschrift ist es, in Deutschland geborenen oder aufgewachsenen Jugendlichen mit vielversprechender Integrationsprognose eine gesicherte Aufenthaltsperspektive zu eröffnen und deren rechtliche Stellung abzusichern (Neundorf & Brings, 2015, S. 147). Gerügt wurde im Rahmen der Neubestimmung des § 25a AufenthG jedoch das Festhalten an der Höchstaltersgrenze von 21 Jahren, die bewirke, dass Jugendliche vor ihrem 17. Lebensjahr eingereist sein müssten, um sich überhaupt auf die Bleiberechtsregelung berufen zu können. Eine Benachteiligung der UMF zwischen 16 und 18 Jahren sei zu befürchten, vgl. dazu die Stellungnahmen einiger Sachverständiger im Rahmen der öffentlichen Anhörung zum Gesetz zur Neubestimmung des Bleiberechts und der Aufenthaltsbeendigung (Kliebe, 2015, S. 9; Habbe, 2015, S. 18; Allenberg, 2015, S. 4).[39]

Karim hat von der Ausländerbehörde schon mehrmals eine Duldungsbescheinigung erhalten, die jeweils auf drei Monate befristet war. Zur Verlängerung musste er wieder zur Ausländerbehörde. Karim hat Angst vor dieser unsicheren Situation. Er möchte wissen, wie er aus dem Stadium der dauernden Duldungen herauskommen kann.
Karim hat gute Chancen, einen sicheren Aufenthalt zu erreichen, wenn er sich in Deutschland integriert. Wichtig ist für ihn also ein Schulbesuch und das Erlernen der deutschen Sprache. Wenn Karim eine Berufsausbildung beginnt, wird er aufgrund der Ausbildung geduldet, wobei die Duldungszeiträume hier länger sind. Die Duldung wird für ein Jahr ausgestellt und ggf. um je ein Jahr verlängert (§ 60 Abs. 2 S. 4-6 AufenthG). Wenn er sich voll integriert hat und u. a. seinen Lebensunterhalt in Deutschland selbstständig bestreiten kann, ist die Erteilung einer Aufenthaltserlaubnis möglich.

---

38 Dazu Deibel, 2011, S. 241 (242), vgl. auch 1.3 des RdErl. des Ministeriums für Inneres und Kommunales, Anwendungshinweise zu § 25a AufenthG, – 15-39.08.01-1- 11-354 (2603) vom 29.09.2011 (mit Stand vom 23.11.2015).

39 Als „letzter Ausweg" bleibt nur noch das Ersuchen der Härtefallkommission des jeweiligen Bundeslandes, die eine Aufenthaltserlaubnis in besonders gelagerten Fällen gem. § 23a AufenthG erteilen kann (Reimann, 2012, S. 83 f.). Diese entscheidet nach genauer Prüfung des individuellen Falls, ob ausnahmsweise eine Aufenthaltserlaubnis erteilt werden kann. Entscheidend sind die Integrationsbemühungen, Aufenthaltsdauer in Deutschland, gesicherter Lebensunterhalt und ein öffentliches Interesse an der Aufenthaltsgewährung (Noske, 2015, S. 15).

4. Jugendhilfe

Die Jugendhilfe ist im SGB VIII gesetzlich geregelt. Ausgangspunkt ist § 1 SGB VIII: Aufgabe der Jugendhilfe ist es, zur Verwirklichung des Rechts von jungen Menschen auf Förderung ihrer Entwicklung und auf Erziehung zu eigenverantwortlichen und gemeinschaftsfähigen Persönlichkeiten beizutragen (§ 1 SGB VIII). Die Jugendhilfe umfasst *Leistungen* (abschließend aufgeführt in § 2 Abs. 2 SGB VIII) und *andere Aufgaben* (abschließend aufgeführt in § 2 Abs. 3 SGB VIII) zugunsten junger Menschen und Familien (vgl. § 2 Abs. 1 SGB VIII). Zu den *Leistungen* der Jugendhilfe zählen beispielsweise die Förderung von Kindern in Tageseinrichtungen und in Kindertagespflege, die Hilfen zur Erziehung und die Eingliederungshilfe für seelisch behinderte Kinder und Jugendliche[40]. Zu den *anderen Aufgaben* der Jugendhilfe zählt etwa die Inobhutnahme[41] (§ 42 SGB VIII) als vorläufige Maßnahme zum Schutz von Kindern und Jugendlichen, bei der das Jugendamt etwa für eine vorläufige Unterbringung zu sorgen und ein Clearingverfahren (siehe näher unter 6.) durchzuführen hat. Des Weiteren ist das Jugendamt verpflichtet, unverzüglich die Bestellung eines Vormunds oder Pflegers durch das Familiengericht zu veranlassen (§ 42 Abs. 3 S. 4 SGB VIII).

Damit auch junge Geflüchtete durch die Jugendhilfe gefördert werden, muss allerdings zunächst der Anwendungsbereich des SGB VIII für sie eröffnet sein. Bei dieser Frage ist zwischen Ansprüchen der jungen Geflüchteten auf *Leistungen* der Jugendhilfe und *sonstigen Aufgaben* der Jugendhilfe zu unterscheiden. Für *Leistungen* gibt es eine Spezialregelung (s. u.).

Für die Erfüllung von *anderen Aufgaben* der Jugendhilfe gilt hingegen die allgemeine Regelung: Junge Geflüchtete müssen ihren tatsächlichen Aufenthalt im Inland haben (§ 6 Abs. 2 S. 2, Abs. 1 S. 2 SGB VIII). Allein die physische Anwesenheit der Geflüchteten im Inland ist hierfür ausreichend (Winkler, 2015, § 6 Rn. 5; Kern, 2012, § 6 Rn. 7). Ist diese gegeben, muss die Jugendhilfe diese Aufgaben gegenüber jungen Geflüchteten genauso erfüllen wie gegenüber jedem anderen jungen Menschen. Besonders hinzuweisen ist im Zusammenhang mit anderen Aufgaben der Jugendhilfe auf die vorläufigen Maßnahmen zum Schutz von Kindern und Jugendlichen (geregelt in §§ 42–42f. SGB VIII), die jüngst umfassend novelliert wurden.[42] Hierzu zählt beispielsweise die vorläufige Inobhutnahme von ausländischen Kindern und Jugendlichen nach unbegleiteter Einreise gemäß § 42a SGB VIII, bei der ein minderjähriger Geflüchteter vom Jugendamt in Obhut zu nehmen ist, sobald dessen unbegleitete Einreise festgestellt wird. Der junge Geflüchtete wird in diesem

---

40 Gesetzliche Überschrift des § 35a SGB VIII.
41 Im Jahr 2013 wurden in Deutschland insgesamt 6.584 UMF in Obhut genommen (Statistisches Bundesamt, 2014, S. 34).
42 Novellierung durch das Gesetz zur Verbesserung der Unterbringung, Versorgung und Betreuung ausländischer Kinder und Jugendlicher vom 28. Oktober 2015 (BGBl. I, S. 1802).

Rahmen bei einer geeigneten Person, in einer geeigneten Einrichtung oder in einer sonstigen Wohnform vorläufig untergebracht und das Jugendamt entscheidet, nach gemeinsamer Einschätzung mit dem jungen Geflüchteten, darüber, ob eine Anmeldung zum Verteilungsverfahren[43] erfolgt oder ob das Verteilungsverfahren ausgeschlossen wird. Während der vorläufigen Inobhutnahme erfolgt grundsätzlich keine Bestellung eines Vormunds, sondern das Jugendamt ist berechtigt und verpflichtet, alle Rechtshandlungen vorzunehmen,[44] die zum Wohl des jungen Geflüchteten notwendig sind (vgl. § 42a Abs. 3 SGB VIII).

Leistungen können junge Ausländer – und damit auch Geflüchtete – grundsätzlich nur beanspruchen, wenn sie rechtmäßig[45] oder auf Grund einer ausländerrechtlichen Duldung ihren gewöhnlichen Aufenthalt im Inland haben (§ 6 Abs. 2 S. 1 SGB VIII). Junge Geflüchtete müssen also mehrere Voraussetzungen erfüllen, damit der Anwendungsbereich des SGB VIII eröffnet ist. Etwas anderes kann jedoch gelten, sofern über- oder zwischenstaatliche Regelungen eingreifen, denn diese bleiben von der Regelung des § 6 Abs. 2 S. 1 SGB VIII unberührt (§ 6 Abs. 4 SGB VIII). Solche Regelungen finden sich etwa im Haager Kinderschutzübereinkommen[46] (KSÜ). Das KSÜ ist ein von der Bundesrepublik Deutschland ratifizierter völkerrechtlicher Vertrag, dessen Anwendungsbereich sich auf alle Kinder von der Geburt bis zur Vollendung des 18. Lebensjahres erstreckt (Art. 2 KSÜ). Nach Art. 5 Abs. 1 KSÜ sind die Behörden des Vertragsstaates, in dem das Kind seinen gewöhnlichen Aufenthalt hat, zuständig, Maßnahmen insbesondere zum Schutz der Person des Kindes zu treffen. Es genügt hier also allein der gewöhnliche Aufenthalt.[47] Weitere Voraussetzungen sind nicht erforderlich. Der gewöhnliche Aufenthalt ist dort, wo das Kind seinen Lebensmittelpunkt, seine zentralen sozialen Bindungen hat (Fasselt & Kepert, 2014,

---

43 Das mit der Novellierung eingeführte Verteilungsverfahren sieht vor, dass UMF nicht mehr – wie zuvor – in der Kommune verbleiben, in deren Bereich ihre unbegleitete Einreise erstmals festgestellt wurde, sondern auf die Bundesländer nach einem bestimmten Verfahren quotal verteilt werden. Ziel der Einführung des Verteilungsverfahrens war es, sicherzustellen, dass in allen Ländern UMF ihrem Wohl und ihren spezifischen Bedürfnissen entsprechend untergebracht, versorgt und betreut werden und die mit der Aufnahme und Betreuung verbundenen Belastungen der Kommunen gerechter verteilt werden (Veit, 2016, S. 94).

44 Bei der sich der vorläufigen Inobhutnahme anschließenden eigentlichen Inobhutnahme (§ 42 SGB VIII) ist hingegen die Bestellung eines Vormunds zu veranlassen (s. o.).

45 Rechtmäßiger Aufenthalt ist bei einer Aufenthaltsgestattung zur Durchführung des Asylverfahrens (§ 55 AsylG) oder bei Vorliegen eines Aufenthaltstitels zu bejahen (Kern, 2012, § 6 Rn. 12).

46 Übereinkommen über die Zuständigkeit, das anzuwendende Recht, die Anerkennung und Zusammenarbeit auf dem Gebiet der elterlichen Verantwortung und der Maßnahmen zum Schutz von Kindern vom 19.10.1996, abrufbar unter: https://www.hcch.net/de/instruments/conventions/full-text/?cid=70; zuletzt abgerufen am 07.12.2015.

47 § 6 Abs. 2 SGB VIII ist daher nur für junge Volljährige relevant (Münder, 2013, § 6 Rn. 8). Zur Jugendhilfe für junge Volljährige siehe näher Kunkel, 2015, Rn. 214 f.

§ 6 Rn. 16). Jedenfalls nach Ablauf von sechs Monaten[48] wird davon ausgegangen, dass gewöhnlicher Aufenthalt begründet wurde (Fasselt & Kepert, 2014, § 6 Rn. 10; Kern, 2012, § 6 Rn. 15). Für Flüchtlingskinder gibt es eine spezielle Regelung im KSÜ.[49] Danach sind die Behörden des Vertragsstaates, in dessen Hoheitsgebiet sich die Kinder demzufolge befinden, insbesondere zuständig, Maßnahmen zum Schutz der Person der Kinder zu treffen (Art. 6 KSÜ). Hier genügt also sogar der tatsächliche Aufenthalt. Zu den Schutzmaßnahmen können grundsätzlich alle individuellen jugendhilferechtlichen Maßnahmen zählen, also auch Leistungen nach dem SGB VIII (vgl. Art. 3d-f KSÜ).

Sofern der Anwendungsbereich des SGB VIII bezüglich der Leistungen eröffnet ist, können junge Geflüchtete alle Leistungen nach dem SGB VIII beanspruchen,[50] wie etwa die Hilfen zur Erziehung (§§ 27–35 SGB VIII), beispielsweise in Form einer Hilfe zur Erziehung in einer Pflegefamilie (§ 33) oder in einer betreuten Wohnform (§ 34 SGB VIII), oder die Eingliederungshilfe für seelisch behinderte Kinder und Jugendliche (§ 35a SGB VIII)[51]. Bei bestimmten Leistungen (vgl. § 39 SGB VIII), wie etwa der Hilfe zur Erziehung in einer betreuten Wohnform, ist als Annex der Unterhalt des jungen Geflüchteten sicherzustellen. Das heißt konkret, dass, wenn einem jungen Geflüchteten beispielsweise eine Hilfe zur Erziehung in einer betreuten Wohnform gewährt wird, diese auch den notwendigen Unterhalt, wie etwa die Kosten für Ernährung und Kleidung, umfasst (v. Koppenfels-Spies, 2014, § 39 Rn. 1, 14; Stähr, 2015, § 39 Rn. 5, 9).

Karim wird nach seiner Einreise nach Deutschland von der Bundespolizei am Hauptbahnhof in Köln kontrolliert und dem Jugendamt überstellt. Ist Karim vom Jugendamt vorläufig in Obhut zu nehmen?
Die vorläufige Inobhutnahme nach § 42a SGB VIII zählt nicht zu den Leistungen, sondern zur Erfüllung von anderen Aufgaben der Jugendhilfe. Maßgeblich für die Eröffnung des Anwendungsbereichs des SGB VIII ist mithin der tatsächliche Aufenthalt von Karim in Deutschland. Karim wurde in Köln von der Bundespolizei kontrolliert, und damit in Deutschland. Der Anwendungsbereich des SGB VIII ist daher eröffnet. Karim ist auch ein unbegleitet eingereister ausländischer Minderjähriger. Die Voraussetzungen des § 42a SGB VIII sind daher erfüllt. Karim ist vom Jugendamt vorläufig in Obhut zu nehmen.

---

48 Dies unter Zugrundelegung der Rechtsprechung zum Übereinkommen über die Zuständigkeit der Behörden und das anzuwendende Recht auf dem Gebiet des Schutzes von Minderjährigen vom 05.10.1961 (MSA), dem Vorläufer des KSÜ, die wohl auf das KSÜ zu übertragen ist.

49 Allerdings ist umstritten, ob diese Regelung für alle Flüchtlingskinder gilt oder nur für unbegleitete minderjährige Flüchtlinge.

50 Unter der Prämisse, dass die jeweiligen Anspruchsvoraussetzungen erfüllt sind.

51 Siehe hierzu etwa das Urteil der 2. Kammer des VG Aachen vom 18.11.2014, Az. 2 K 2798/12, in dem über die Übernahme von Privatschulkosten für ein traumatisiertes Flüchtlingskind im Rahmen der Eingliederungshilfe entschieden wurde.

5. Altersfestsetzung

Vom Alter bzw. der Minderjährigkeit eines Geflüchteten hängen in erheblichem Maße Rechtsfolgen ab (BUMF, 2015b, S. 7). So ist die Minderjährigkeit Voraussetzung für eine Inobhutnahme durch das Jugendamt nach § 42 SGB VIII. Auch ist ein minderjähriger Geflüchteter nicht fähig zur Vornahme von Handlungen zum Asylverfahren (vgl. § 12 AsylG), sondern es ist eine Vertretung durch den gesetzlichen Vertreter erforderlich (Bergmann, 2016, § 12 Rn. 5; s. u. 1.2). Ein Minderjähriger muss das Verfahren also nicht selbst führen. Junge unbegleitete Geflüchtete können ihr Alter häufig nicht belegen, weil sie entweder keine gültigen Ausweisdokumente bei sich tragen oder Dokumente haben, die von deutschen Behörden als nicht zuverlässig eingestuft werden (Berthold, Espenhorst & Rieger, 2011, S. 26; BUMF, 2015a, S. 4). Dementsprechend entscheidend ist das Ergebnis einer Alterseinschätzung bei jungen Geflüchteten. Die Alterseinschätzung ist dabei Mittel zum Zweck, um eine Schutzlosigkeit von möglichen Minderjährigen zu verhindern und ein Alter festzulegen (BUMF, 2015a, S. 4).

Eine exakte Altersfeststellung auf Grund von Schätzungen oder medizinischen Maßnahmen ist nicht möglich (BUMF, 2015b, S. 7; VG Freiburg, Beschluss vom 04.05.2015, Az. 4 K 804/15). Es gibt keine Methode, mit der das genaue Alter bestimmt werden kann (BUMF, 2015a, S. 4). Dies gilt insbesondere auch für die hochumstrittene medizinische Methode der Altersdiagnostik durch Handröntgen, bei der die Abweichung zwischen dem ermittelten und dem tatsächlichen Alter in der Regel 28 Monate beträgt (Nowotny, Eisenberg & Mohnike, 2014, S. A 786; Deutscher Caritasverband e. V., 2014, S. 39 f.). Des Weiteren gibt es keine objektiven Kriterien zur Einschätzung des Alters auf Grund der äußeren Erscheinung, da beispielsweise graue Haare, Haarausfall oder Bartwuchs wegen hormoneller Störungen oder psychisch belastender Fluchterfahrungen auftreten können (BUMF, 2015a, S. 7).

Gleichwohl ist eine Altersfestsetzung auf Grund der damit verknüpften Rechtsfolgen zum Wohl des Kindes/Jugendlichen bei Zweifeln unerlässlich. Es gibt verschiedene gesetzliche Regelungen zur Alterseinschätzung bzw. -festsetzung. Etwa wird § 49 Abs. 3, 6 AufenthG angewendet, wenn die Bundespolizei einen UMF bei einer Kontrolle aufgreift (Deutscher Bundestag, 2011, S. 3; Deutscher Caritasverband e. V., 2014, S. 36). Zur Feststellung des Alters sind nach dieser Regelung die erforderlichen Maßnahmen zu treffen, etwa das Aufnehmen von Lichtbildern oder Messungen[52]. Für eine Altersfeststellung muss der Geflüchtete allerdings 14 Jahre alt sein, wobei Zweifel zu seinen Lasten gehen (§ 49 Abs. 6 S. 2 AufenthG).[53] Des Weiteren gibt es seit dem 01.11.2015 erstmals eine Regelung im SGB VIII, mit der das

---
52 Unter Messungen fallen beispielsweise die Registrierung von Größe oder Gewicht (Hörich, 2016, § 49 Rn. 32).

53 Das hat zur Folge, dass, sofern Zweifel daran bestehen, dass ein Minderjähriger unter 14 Jahre alt ist, dieser Altersfeststellungsmaßnahmen nach § 49 Abs. 6 S. 1 AufenthG dulden muss (Hörich, 2016, Rn. 37).

behördliche Verfahren zur Altersfeststellung durch das Jugendamt und eine damit verbundene verbindliche Altersfeststellung geregelt werden, § 42f SGB VIII. Das Jugendamt muss das Alter in eigener Verantwortung feststellen, auch wenn das Alter in einer Asylbewerberbescheinigung enthalten ist (Winkler, 2015, § 42 Rn. 31b). Wenn die Minderjährigkeit in Frage steht, ist das Alter von Amts wegen aufzuklären (§ 20 Abs. 1 SGB X, Kirchhoff, 2014, § 42 Rn. 40; Deutscher Caritasverband e.V., 2014, S. 36). Nach § 42f SGB VIII hat das Jugendamt im Rahmen der vorläufigen Inobhutnahme (§ 42a SGB VIII) die Minderjährigkeit einer ausländischen Person durch Einsichtnahme in deren Ausweispapiere oder hilfsweise mittels einer qualifizierten Inaugenscheinnahme festzustellen. In Zweifelsfällen hat das Jugendamt eine ärztliche Untersuchung zur Altersbestimmung nach Maßgabe von § 42f Abs. 2 SGB VIII zu veranlassen, wobei die betroffene Person umfassend über Untersuchungsmethode und mögliche Folgen der Altersbestimmung aufzuklären ist.

Die Alterseinschätzung durch das Jugendamt nach § 42f SGB VIII soll allerdings nicht bindend gegenüber Dritten, wie beispielsweise der Ausländerbehörde, sein, da eine solche vorgreifliche Prüfung zu Verfahrensverzögerungen bei den Ausländerbehörden führen und in diesem Sinne genutzt werden könnte (Deutscher Bundestag, 2015, S. 20). Eine entsprechende Regelung zur Altersfestsetzung existiert im AsylG nicht (Heinold, 2012, S. 87) und demgemäß nicht für die Frage, ob die asylrechtliche Handlungsfähigkeit besteht. Das BAMF übernimmt jedoch in der Regel das vom Jugendamt festgesetzte Alter (BAMF, 2015, S. 27). Bestehen nach einer Alterseinschätzung Restzweifel, so ist von der Minderjährigkeit auszugehen (EASO, 2013, S. 16; BUMF, 2015a, S. 13; FRA, 2010, S. 65, 94; Riedelsheimer, 2010a, S. 73; OLG Karlsruhe, Beschluss vom 26.08.2015, Az. 18 UF92/15, über juris; BVerwG, NVwZ-RR 2006, 702).

6. Clearingverfahren

Die Bezeichnung Clearingverfahren (übersetzt: Abklärungsverfahren) wird für eine Vielzahl von unterschiedlichen Fragestellungen verwendet (Riedelsheimer, 2010b, S. 63). Im Kontext mit jungen Geflüchteten dient es der Klärung der Situation und der Perspektiven eines UMF (Brämer, El-Mafaalani, Heufers & Wirtz, 2013, S. 236; Riedelsheimer, 2010b, S. 63). Während der Inobhutnahme hat das Jugendamt mit den minderjährigen Geflüchteten die Situation, die zur Inobhutnahme geführt hat, zu klären und Möglichkeiten der Hilfe und Unterstützung aufzuzeigen (§ 42 Abs. 2 S. 1 SGB VIII). Damit eine fundierte Entscheidung darüber getroffen werden kann, was im konkreten Fall im Interesse des Kindeswohls liegt, ist etwa eine klare, umfassende Feststellung der Identität des Geflüchteten einschließlich der Nationalität, seines Entwicklungs- und Bildungsstandes, seines familiären Hintergrundes und seiner Gesundheit erforderlich (Deutscher Caritasverband e.V., Clearingverfahren; Brämer & al., 2013, S. 236; AWO SH, Caritasverband SH, Der Beauftragte für Flüchtlings-, Asyl- und Zuwanderungsfragen SH, Der Paritätische SH, DRK SH, Diakonisches Werk SH, Flüchtlingsrat SH, Fachhochschule Kiel, lifeline Vormundschaftsverein im Flüchtlingsrat SH, 2008, S. 5).[54] Herzstück des Clearingverfahrens ist es, den Bedarf an Hilfen zur Erziehung nach dem SGB VIII zu ermitteln und festzulegen, welche dieser Hilfemaßnahmen erforderlich für den UMF sind, beispielsweise welcher Art die im Anschluss an das Clearingverfahren vorgesehene Unterbringung sein soll (Ritgen, 2015, 636). Hierbei gibt es z. B. die Möglichkeit der Unterbringung bei einer Pflegefamilie (§ 33 SGB VIII) oder in einer Einrichtung der Heimerziehung bzw. einer sonstigen betreuten Wohnform (§ 34 SGB VIII).

Außer der Abstimmung des weiteren Vorgehens nach der Inobhutnahme dient das Clearingverfahren auch dazu, den jungen Geflüchteten eine Stabilisierungsphase nach den Strapazen der Flucht zu verschaffen (Müller, 2014, S. 35). Für die Unterbringung während des Clearingverfahrens gibt es keine bundeseinheitlichen Vorgaben, was zur Folge hat, dass sich die Situation in den Bundesländern z. T. sehr unterscheidet (Ritgen, 2015, S. 636). In einigen Bundesländern gibt es spezielle Clearinghäuser, in denen die unbegleiteten minderjährigen Geflüchteten zunächst wohnen (Diakonie Deutschland, 2015, S. 2). Die Clearingphase bei UMF dauert in der Regel etwa drei Monate, in Einzelfällen sogar sechs Monate (AWO SH et al., 2008, S. 17; Deutscher Caritasverband e. V., 2014, S. 62).

Neben diesem jugendhilferechtlichen Clearingverfahren erfolgt zumeist ein asyl- und aufenthaltsrechtliches Clearing, zum Teil ebenfalls Clearingverfahren genannt, bei dem abgeklärt wird, wie der weitere Aufenthalt des jungen Geflüchteten zu sichern ist, etwa ob eine Asylantragstellung sinnvoll ist oder ob es andere Alternativen, wie Weiterwanderung oder Rückkehr in den Heimatstaat, gibt (Rieger, 2015, S. 118 f.).

7. Junge Geflüchtete in der Schule

7.1 Schulpflicht

Die erste Frage, die sich bei jungen Geflüchteten im Zusammenhang mit Schule stellt, ist die Frage, ob diese denn überhaupt der Schulpflicht[55] unterliegen, d.h., ob sie verpflichtet sind, regelmäßig am schulischen Unterricht und an den sonstigen für verbindlich erklärten Veranstaltungen der Schule teilzunehmen (Avenarius &

---

54 Seit dem 01.11.2015 gibt es zudem – korrespondierend mit der vorläufigen Inobhutnahme – ein vorläufiges Clearingverfahren, in dem nach der vorläufigen Inobhutnahme eine Einschätzung über die Auswirkungen für das Kind/den Jugendlichen am Verteilungsverfahren getroffen werden soll, und nach der eine Entscheidung über die Anmeldung oder den Ausschluss des Kindes/Jugendlichen am Verteilungsverfahren erfolgt.

55 Dies unter der Voraussetzung, dass sie die übrigen Voraussetzungen für die Schulpflicht, etwa die altersmäßigen, erfüllen. Auch diese Voraussetzungen sind in den Ländern unterschiedlich geregelt (näher zur Schulpflicht allgemein: Avenarius & Füssel, S. 345 ff.; Rux & Niehues, 2013, Rn. 129 ff.).

Füssel, 2010, S. 346). Die Kultusminister gehen davon aus, dass mit den bereits 2014 eingeschulten und den neu ankommenden Geflüchteten gut 325.000 der Schulpflicht unterliegen (Kultusministerkonferenz, 2015). Da Schulrecht Landesrecht ist, gibt es keine bundeseinheitliche Regelung. Die Frage der Schulpflicht wird vielmehr von jedem Bundesland eigenständig normiert mit der Konsequenz, dass die Frage, ab welchem Zeitpunkt nach ihrer Einreise junge Geflüchtete schulpflichtig sind, unterschiedlich geregelt ist (Golla, 2013, S. 273; Stenger, 2010, S. 183). Etwa die Hälfte der Bundesländer hat für Geflüchtete keine besonderen Regelungen erlassen. Es gelten daher die allgemeinen Regelungen, bei denen die Schulpflicht in der Regel an Wohnsitz und/oder gewöhnlichen Aufenthalt im jeweiligen Bundesland geknüpft ist, so etwa in Schleswig-Holstein, Hamburg und Mecklenburg-Vorpommern. Hingegen gibt es bei den übrigen Bundesländern spezielle Regelungen zur Schulpflicht von Kindern von Asylbewerbern und UMF, die einen Asylantrag gestellt haben, so etwa in Thüringen (§ 17 Abs. 1 S. 2 ThürSchulG), Nordrhein-Westfalen (§ 34 Abs. 6 SchulG NRW) oder Bayern (Art. 35 Abs. 1 S. 2 BayEUG).

Grundsätzlich ist beispielsweise im Fall von Nordrhein-Westfalen schulpflichtig, wer dort seinen Wohnsitz oder gewöhnlichen Aufenthalt hat (§ 34 Abs. 1 SchulG NRW). Junge Geflüchtete haben in Nordrhein-Westfalen allerdings weder gewöhnlichen Aufenthalt noch Wohnsitz, solange über ihre Asylanträge nicht oder nicht bestandskräftig entschieden ist oder wenn sie nach Abschluss des Asylverfahrens mit ihrer Abschiebung rechnen müssen (Kumpfert, 2015, § 34 Rn. 6; Minten, 2015, § 34 Rn. 18). Daher gibt es eine Sonderregelung: Für Kinder von Asylbewerbern und UMF, die einen Asylantrag gestellt haben, beginnt die Schulpflicht, sobald sie einer Gemeinde zugewiesen sind (§ 34 Abs. 6 S. 1 SchulG NRW). Das hat zur Konsequenz, dass die Schulpflicht in Erstaufnahmeeinrichtungen oder zentralen Unterbringungseinrichtungen noch nicht besteht (Bildungsportal NRW, Schulpflicht). Der Aufenthalt in solchen Einrichtungen kann derzeit bis zu sechs Monate andauern (s. u. 1.2). In dieser Zeit werden die jungen Geflüchteten nicht beschult. Für den Fall, dass der Asylantrag abschlägig beschieden wird, gilt die Schulpflicht bis zur Erfüllung der Ausreisepflicht (§ 34 Abs. 6 S. 2 SchulG NRW). Wenn dem Asylantrag stattgegeben wird, gilt der allgemeine Grundsatz nach § 34 Abs. 1 SchulG NRW, d. h. die Frage der Schulpflicht richtet sich nach dem Wohnsitz bzw. gewöhnlichen Aufenthalt des jungen Geflüchteten.

> Zohra und ihre Mutter wurden der Stadt Dortmund zugewiesen. Über den Asylantrag wurde bislang noch nicht entschieden. Unterliegt Zohra der Schulpflicht?
> *Da Zohra der Stadt Dortmund (Nordrhein-Westfalen) zugewiesen wurde, findet das SchulG NRW Anwendung. Zohra ist das Kind einer Asylbewerberin. Ihre Mutter hat bereits einen Asylantrag gestellt und beide wurden einer Gemeinde (Dortmund) zugewiesen. Die Voraussetzungen für die Schulpflicht nach § 34 Abs. 6 S. 1 SchulG NRW sind dementsprechend erfüllt. Zohra unterliegt der Schulpflicht.*

7.2 Sprachförderung

Junge Geflüchtete haben regelmäßig wenig bzw. gar keine Deutschkenntnisse, wenn sie nach Deutschland kommen. Sofern sie eine schulische Ausbildung aufnehmen oder ihre schulische Laufbahn in Deutschland fortsetzen, haben sie keinen Anspruch auf Teilnahme an einem Integrationskurs (vgl. § 44 Abs. 3 Nr. 1 AufenthG). Zwar können sie im Rahmen verfügbarer Kursplätze nach Maßgabe des § 44 Abs. 4 AufenthG zur Teilnahme zugelassen werden. Allerdings wird das in der Praxis mit Verweis auf den Schulbesuch regelmäßig abschlägig beschieden (Deutscher Caritasverband e.V., 2014, S. 138). Die Sprachförderung schulpflichtiger Geflüchteter findet dementsprechend allein in deren jeweiliger Schule statt. Es gilt der Vorrang der schulischen Förderung (Eichenhofer, 2015, § 44 AufenthG Rn. 13).

Die schulische Sprachförderung wird von den Bundesländern nicht einheitlich gehandhabt (Weiser, 2013, S. 16). Für diese existieren im Wesentlichen zwei Modelle: Zum einen gibt es die Variante, dass für junge Geflüchtete spezielle Klassen (Willkommensklassen, Vorbereitungsklassen, DaZ-Klassen u. ä. genannt)[56] eingerichtet werden, in denen diese so lange unterrichtet werden, bis sie die deutsche Sprache so gut beherrschen, dass sie am Regelunterricht teilnehmen können. Zum anderen können junge Geflüchtete in Regelklassen beschult werden und zusätzliche Deutschförderung in kleinen Fördergruppen erhalten (Mercator-Institut/Zentrum für LehrerInnenbildung, 2015, S. 6f.; Weiser, 2013, S. 16f.). Für diese sprachliche Förderung wurden von den Ländern viele neue Stellen geschaffen.[57] Beispielsweise wurden in Baden-Württemberg zu Beginn des Schuljahres 2015/16 ungefähr 550 neue Lehrer eingestellt, 600 weitere Stellen sind geplant (Ministerium für Kultus, Jugend und Sport Baden-Württemberg, 2015). In Sachsen waren es 300 neue Stellen (Sächsisches Staatsministerium für Kultus, 2015). Teilweise wird jedoch als problematisch angesehen, dass Standards fehlen, die den Schulen Orientierung bieten (Mercator-Institut/Zentrum für LehrerInnenbildung, 2015, S. 6f.). Auch bräuchten die Lehrkräfte mehr Unterstützung bei der Beschulung von schwer traumatisierten Kindern aus Kriegsgebieten. Es sei daher wichtig, dass die betroffenen Schulen von Schulpsychologinnen und -psychologen, Schulsozialarbeiterinnen und -sozialarbeitern und Dolmetscherinnen und Dolmetschern unterstützt würden (Avci-Werning, 2015, S. 7; tlv, LEV Thüringen & LSV Thüringen, 2015, S. 2).

---

56 In Schleswig-Holstein gibt es spezielle DaZ-Zentren für Deutsch als Zweitsprache, in welche die jungen Flüchtlinge eingeschult werden (näher hierzu: Schleswig-Holstein, 2015).

57 Zu den besonderen Herausforderungen für die Lehramtsausbildung am Beispiel von Schülerinnen und Schülern mit Fluchterfahrungen siehe näher: Heine & Cornely Harboe, 2015.

7.3 Keine Meldepflicht der Schulen

Eine Besonderheit, die sich noch im Zusammenhang mit dem Verhältnis zwischen Schulen und jungen Geflüchteten ergibt, ist die Tatsache, dass Schulen – im Gegensatz zu anderen öffentlichen Stellen – nicht die Pflicht haben, die zuständige Ausländerbehörde zu unterrichten, wenn sie im Zusammenhang mit der Erfüllung ihrer Aufgaben beispielsweise Kenntnis von dem Aufenthalt eines Ausländers erlangen, der keinen erforderlichen Aufenthaltstitel besitzt und dessen Abschiebung nicht ausgesetzt ist (vgl. § 87 I, II AufenthG).

8. Das Asylbewerberleistungsgesetz

Mit Inkrafttreten des Asylbewerberleistungsgesetzes am 01.11.1993 (BGBl. I, S. 1074) regelte der Bundesgesetzgeber abschließend, welche Leistungen Asylbewerbern, Ausreisepflichtigen und Ausländern, die sich nur vorübergehend in Deutschland aufhalten dürfen, zuteilwerden sollen (§ 1 Abs. 1 Nr. 1–7 AsylbLG). Akzessorisch ergibt sich eine Leistungsberechtigung für Ehegatten, Lebenspartner und minderjährige Kinder, selbst wenn sie keine Merkmale des § 1 Abs. 1 Nr. 1–5 AsylbLG aufweisen (§ 1 Abs. 1 Nr. 6 AsylbLG). Eine Krankenversicherung besteht in den ersten Monaten nicht, eine Behandlung wird nur bei akuten Erkrankungen und Schmerzzuständen durchgeführt. Erschwerend kommt hinzu, dass Jugendliche erst das Sozialamt aufsuchen müssen, um einen Behandlungsschein zu erhalten, und danach erst einen Arzt aufsuchen können. Diese „bürokratische Hürde" und die Tatsache, dass Sozialarbeiter über das Vorliegen einer ernsthaften Erkrankung entscheiden können, wird kritisiert (BUMF, 2013, S. 23 f.). Dieser Umstand ist aber dadurch abgemildert, dass für die Kommunen nunmehr die Möglichkeit besteht, elektronische Gesundheitskarten auszugeben. Mit diesen kann der Geflüchtete unmittelbar einen Arzt aufsuchen, der dann diagnostizieren kann, ob die genannten Voraussetzungen einer Behandlung, namentlich eine akute Erkrankung oder ein Schmerzzustand, vorliegen.

Die Entscheidung, ob eine elektronische Gesundheitskarte eingeführt wird, überlässt das Land NRW dabei den einzelnen Gemeinden. Dem ist es auch geschuldet, dass sie erst vergeben wird, wenn der Geflüchtete bereits einer Gemeinde zugewiesen ist, also die Erstaufnahmeeinrichtung bereits verlassen hat (Gesundheitsministerium NRW).

Nach einem 15-monatigen Aufenthalt in Deutschland ist eine stärkere Angleichung an die Lebensverhältnisse in Deutschland geboten (§ 2 Abs. 1 AsylbLG, Deutscher Bundestag, 1993, S. 15). Folgerichtig wird das SGB XII für entsprechend anwendbar erklärt, wobei sich auch hier der Kreis der Leistungsberechtigten auf minderjährige Kinder erstrecken kann (§ 2 Abs. 3 AsylbLG). Ab diesem Zeitpunkt besteht Krankenversicherungsschutz (§ 264 Abs. 2 SGB V).

Seit die Bedarfe für Bildung und Teilhabe am sozialen und kulturellen Leben in der Gemeinschaft von Kindern, Jugendlichen und jungen Erwachsenen Eingang in den Anspruchskanon des § 3 AsylbLG gefunden haben, kommen diesen 70 Euro zu Beginn des Schuljahres und 30 Euro zu Beginn des zweiten Schulhalbjahres zu (§ 34 Abs. 3 SGB XII). Zudem werden für Mitgliedschaften etwa in Sport- oder Kulturvereinen, für den Musikunterricht u. Ä. monatlich zehn Euro an jeden Minderjährigen ausgezahlt (vgl. § 34 Abs. 7 SGB XII). Wenn es zur Deckung besonderer Bedürfnisse von Kindern notwendig ist, sieht § 6 Abs. 1 AsylbLG zudem die Möglichkeit vor, dass die Behörde die Leistungen um „sonstige" ergänzt.

Zohra und ihre Mutter fragen sich, wie sie sich als Neuankömmlinge in Deutschland finanzieren können. Haben Zohra und ihre Mutter Anspruch auf Leistungen nach dem Asylbewerberleistungsgesetz?
Während des Asylverfahrens wird der Bedarf von Zohra und ihrer Mutter an Mitteln zur Ernährung, Unterkunft, Heizung, Kleidung, Gesundheitspflege sowie an Gebrauchs- und Verbrauchsgütern des Haushalts (der sog. „notwendige Bedarf") in Form von Sachleistungen gedeckt. Auch die persönlichen Bedürfnisse sollen vorrangig mit Sachleistungen befriedigt werden. Lediglich wenn dies einen unvertretbaren Verwaltungsaufwand erfordert, ist Bargeld zu gewähren. Für die achtjährige Zohra könnte zur Deckung der persönlichen Bedürfnisse eine Leistung in maximaler Höhe von 83€, für ihre Mutter in maximaler Höhe von 135€ monatlich gezahlt werden. Solange Zohra eine allgemein- oder berufsbildende Schule besucht, erhält sie zu Beginn des Schuljahres zudem 70€ und zu Beginn des zweiten Schulhalbjahres ergänzend 30€.
Sobald Zohra und ihre Mutter als Flüchtlinge nach GFK anerkannt sind, erhalten sie – wenn Zohras Mutter noch nicht erwerbsfähig ist – das sogenannte Arbeitslosengeld II, also Leistungen nach dem SGB II, oder die sogenannte „Sozialhilfe" nach dem SGB XII, deren Regelsätze sich für volljährige Alleinerziehende auf 404€ und für Kinder zwischen dem sechsten und 14. Geburtstag auf 270€ belaufen.

9. Fazit

Im deutschen Rechtssystem ist erkennbar, dass junge Flüchtlinge einen stärkeren Schutz erfahren als erwachsene Flüchtlinge. Dies gilt insbesondere für UMF im Hinblick auf die Jugendhilfe. Jedoch wird das Kindeswohl – trotz Verbesserungen – immer noch nicht ausreichend geschützt. So können junge Geflüchtete – nach ihrer Ankunft in Deutschland – oft monatelang nicht die Schule besuchen. Die unsichere Perspektive innerhalb eines langen Asylverfahrens stellt eine harte Belastung gerade für junge Geflüchtete dar. Für eine gelungene Integration erscheint vor allem eine gesicherte Aufenthaltsperspektive notwendig, sodass junge Geflüchtete während ihrer Schulbildung und Ausbildung die Sicherheit eines Aufenthaltstitels genießen sollten. Der Gesetzgeber privilegiert die gelungene Integration an vielen Stellen, indem Aufenthaltserlaubnisse erlangt werden können. Diese Privilegierung setzt aber deutlich zu spät ein: denn die vorherigen langen Zeiträume der Duldung fördern eine Integration gerade nicht. So wird das Ziel des Gesetzgebers durch die aktuelle Gesetzeslage wieder konterkariert.

Literatur

Allenberg, N., Sachverständigenstellungnahme Deutscher Bundestag. Ausschuss-Drs. 18(4)269-E,4. In *Wortprotokoll der 42. Sitzung. Protokoll Nr. 18/42.* Verfügbar unter: https://www.bundestag.de/blob/376132/.../protokoll-data.pdf [22.12.2015].

Angenendt, S. (2000). *Kinder auf der Flucht. Minderjährige Flüchtlinge in Deutschland.* Im Auftrag des Deutschen Komitees für UNICEF. Opladen.

Apitzsch, G. (2010). Das deutsche Zuwanderungsgesetz und seine Bedeutung für Kinderflüchtlinge. Zur ununterbrochenen Kontinuität in der Missachtung der Kinderrechte von Flüchtlingskindern und Kinderflüchtlingen in Deutschland. In: Dieckhoff, P. (Hrsg.). *Kinderflüchtlinge. Theoretische Grundlagen und berufliches Handeln.* Wiesbaden: VS Verlag für Sozialwissenschaften, S. 81–93.

Arbeiterwohlfahrt Landesverband Schleswig-Holstein e. V.:, Caritasverband für Schleswig-Holstein e. V., Der Beauftragte für Flüchtlings-, Asyl- und Zuwanderungsfragen des Landes Schleswig-Holstein, Der Paritätische Schleswig-Holstein, Deutsches Rotes Kreuz Landesverband Schleswig-Holstein e. V., Diakonisches Werk Schleswig-Holstein, Landesverband der Inneren Mission e. V., Flüchtlingsrat Schleswig-Holstein e. V., Fachhochschule Kiel, lifeline Vormundschaftsverein im Flüchtlingsrat SH e. V. (2008). *Handreichung zum Umgang mit unbegleiteten minderjährigen Flüchtlingen in Schleswig-Holstein.* Rendsburg. Verfügbar unter: http://www.diakonie-sh.de/assets/PDF/Migration/Handreichung-UMF.pdf [22.12.2015].

Arnauld v., A. (2012). Art. 16a GG. In Münch, I. v. & Kunig, P. (Hrsg.). *Grundgesetz, Kommentar, Band 1* (6. Aufl.). München: C.H. Beck.

Avci-Werning, M. (2015). Flüchtlinge in der Beratung. *Praxis Schulpsychologie*, 1, S. 6–7.

Avenarius, H. & Füssel, H.-P. (2010). *Schulrecht* (8. Aufl.). Köln/Kronach: Wolters Kluwer Deutschland.

Bauer, I. (2016). § 60a AufenthG. In: Bergmann, J. M. & Dienelt, K. (Hrsg.). *Ausländerrecht.* 11. Aufl. München: C. H. Beck.

Bergmann, J. (2016). §§ 14, 26, 47 AsylG. In: Bergmann, J. M. & Dienelt, K. (Hrsg.). *Ausländerrecht.* 11. Aufl. München: C. H. Beck.

Berthold, T. (2014). Roter Faden Kindeswohl – Unbegleitete minderjährige Flüchtlinge im täglichen Verwaltungshandeln. In: Trappe, T. (Hrsg.). Ausgewählte Probleme der Verwaltungsethik (II). Frankfurt: Verlag für Polizeiwissenschaft.

Berthold, T. & Espenhorst, N. (2011). Mehr als eine Anhörung – Perspektiven für das Asylverfahren von unbegleiteten minderjährigen Flüchtlingen. *Asylmagazin*, 1–2/2011, S. 3 ff.

Bezirksregierung Arnsberg (2016). *Häufig gestellte Fragen der ankommenden Flüchtlinge, Wie lange verbleibe ich in der zentralen Unterbringungseinrichtung?* Verfügbar unter: http://www.bezreg-arnsberg.nrw.de/themen/h/hgf_fluechtlinge/index.php [22.12.2015].

Brämer, M.-C., El-Mafaalani, A., Heufers, P. & Wirtz, S. (2013). Dilemmata in der pädagogischen Arbeit mit unbegleiteten minderjährigen Flüchtlingen. *Zeitschrift für Ausländerrecht und Ausländerpolitik* (ZAR) 2013/7, S. 235–239.

Breithecker, R. & Fressemann, O. (2009). *Unbegleitete minderjährige Flüchtlinge – eine Herausforderung für die Jugendhilfe. Abschlussbericht der wissenschaftlichen Begleitung der Aufnahmegruppe für junge Migranten (AJUMI) und der Aufnahmegruppe für Kinder und Jugendliche (AKJ) des Kinder- und Jugendhilfezentrums der Heimstiftung Karlsruhe.* Verfügbar unter: http://www.heimstiftung-karlsruhe.de/files/abschlussbericht_der_wissenschaftlichen_begleitung_der_aufnahmegruppe_fuer_junge_migranten_ajumi_application_pdf_199_kb.pdf [22.12.2015].

BUMF. Bundesfachverband unbegleitete minderjährige Flüchtlinge e. V. (2013). *Kinder zweiter Klasse. Bericht zur Lebenssituation junger Flüchtlinge in Deutschland an die Vereinten Nationen zum Übereinkommen über die Rechte des Kindes.* Berlin. Verfügbar unter: http://www.b-umf.de/images/parallelbericht-bumf-2013-web.pdf [22.12.2015].

BUMF. Bundesfachverband Unbegleitete Minderjährige Flüchtlinge e. V. (2014). *Kinderrechte für junge Flüchtlinge umsetzen! Konsequenzen aus den Abschließenden Beobachtungen des UN-Ausschusses für die Rechte der Kinder.* Berlin. Verfügbar unter: http://www.b-umf.de/images/kinderrechte_umsetzen_2014_web.pdf [22.12.2015].

BUMF. Bundesfachverband Unbegleitete Minderjährige Flüchtlinge e. V. (2015a). *Alterseinschätzung. Verfahrensgarantien für eine kindeswohlorientierte Praxis.* Berlin. Verfügbar unter: http://www.b-umf.de/images/alterseinschtzung_2015.pdf [22.12.2015].

BUMF. Bundesfachverband Unbegleitete Minderjährige Flüchtlinge e. V. (2015b). *Stellungnahme zum Entwurf eines Gesetzes zur Verbesserung der Unterbringung, Versorgung und Betreuung ausländischer Kinder und Jugendlicher.* Berlin. Verfügbar unter: http://fluechtlingsrat-thr.de/sites/fluechtlingsrat/files/pdf/umF/BUMF_Stellungnahme_GE_Umverteilung_26Juni2015.pdf [22.12.2015].

Bundesagentur für Arbeit (2016). *Potenziale nutzen – geflüchtete Menschen beschäftigen Informationen für Arbeitgeber.* Verfügbar unter: https://www.arbeitsagentur.de/web/wcm/idc/groups/public/documents/webdatei/mdaw/mjc3/~edisp/l6019022dstbai771709.pdf?_ba.sid=L6019022DSTBAI771708 [20.04.2016].

Bundesamt für Migration und Flüchtlinge (2015a). *Aktuelle Zahlen zu Asyl, Tabellen, Diagramme, Erläuterungen.* Verfügbar unter: http://www.sachsen.de/assets/2015_06_BAMF_statistik-anlage-teil-4-aktuelle-zahlen-zu-asyl.pdf [22.12.2015].

Bundesamt für Migration und Flüchtlinge (2015b). *Das deutsche Asylverfahren – ausführlich erklärt.* Verfügbar unter: https://www.bamf.de/SharedDocs/Anlagen/DE/Publikationen/Broschueren/das-deutsche-asylverfahren.pdf?__blob=publicationFile [22.12.2015].

Bundesministerium des Innern. *Glossareintrag zur Dublin-Verordnung.* http://www.bmi.bund.de/SharedDocs/Glossareintraege/DE/D/dublin-verordnung.html?view=renderHelp[CatalogHelp]&nn=405478 [22.12.2015].

Cremer, H. (2006). *Der Anspruch des unbegleiteten Kindes auf Betreuung und Unterbringung nach Art. 20 des Übereinkommens über die Rechte des Kindes. Seine Geltung und Anwendbarkeit in der Rechtsordnung der Bundesrepublik.* Baden-Baden: Institut für Internationale Angelegenheiten der Universität Hamburg.

Cremer, H. (2011). *Abschiebungshaft und Menschenrechte. Zur Dauer der Haft und zur Inhaftierung von unbegleiteten Minderjährigen in Deutschland, Deutsches Institut für Menschenrechte.* Verfügbar unter: http://www.institut-fuer-menschenrechte.de/uploads/tx_commerce/Policy_Paper_17_Abschiebungshaft_und_Menschenrechte_01.pdf [22.12.2015].

Deibel, K. (2011). Die neue Aufenthaltserlaubnis für Jugendliche und Heranwachsende in § 25 a AufenthG. In: *Zeitschrift für Ausländerrecht und Asylpolitik* (ZAR) 2011/8, S. 241–247.

Deibel, K. (2013). Die aufenthaltsrechtliche Stellung minderjähriger Ausländer – Überblick und aktuelle Probleme. In: *Zeitschrift für Ausländerrecht und Ausländerpolitik* (ZAR) 2013/11–12, S. 411–419.

Der Paritätische Gesamtverband (2015). *Grundlagen des Asylverfahrens – Eine Arbeitshilfe für Beraterinnen und Berater*. 3. Aufl. Berlin. Verfügbar unter: http://www.ggua-projekt.de/fileadmin/downloads/tabellen_und_uebersichten/A4_asylverfahren_AUFL-2_web.pdf [22.12.2015].

Deutscher Bundestag (1993). *Gesetzentwurf der Fraktionen der CDU/CSU und FDP Entwurf eines Gesetzes zur Neuregelung der Leistungen an Asylbewerber. Drucksache 12/4451*. Verfügbar unter: dipbt.bundestag.de/doc/btd/12/044/1204451.pdf [22.12.2015].

Deutscher Bundestag (2011). *Bundestag-Drucksache 17/7433, Antwort der Bundesregierung auf die Kleine Anfrage der Abgeordneten Ulla Jelpke, Jan Korte, Sevim Dagdelen, weiterer Abgeordneter und der Fraktion DIE LINKE – Drucksache 17/7262*. Verfügbar unter: http://dipbt.bundestag.de/dip21/btd/17/074/1707433.pdf [22.12.2015].

Deutscher Bundestag (2015a). *Bundestag-Drucksache 18/6392, Beschlussempfehlung und Bericht des Ausschusses für Familie, Senioren, Frauen und Jugend (13. Ausschuss)*. Verfügbar unter: http://dip21.bundestag.de/dip21/btd/18/063/1806392.pdf [22.12.2015].

Deutscher Bundestag (2015b). *Gesetzentwurf der Fraktionen der CDU/CSU und SPD zur Verbesserung der Registrierung und des Datenaustausches zu aufenthalts- und asylrechtlichen Zwecken (Datenaustauschverbesserungsgesetz) – Drucksache 18/7043*. Verfügbar unter: http://dip21.bundestag.de/dip21/btd/18/070/1807043.pdf [22.12.2015].

Deutscher Bundestag (2016). *Beschlussempfehlung des Innenausschusses (4. Ausschuss) – Drucksache 18/7645*. Verfügbar unter: http://dipbt.bundestag.de/dip21/btd/18/076/1807645.pdf [22.12.2015].

Deutscher Bundestag (2016). *Gesetzentwurf der Fraktionen CDU/CSU und SPD zur Einführung beschleunigter Asylverfahren – Drucksache 18/7538*. Verfügbar unter: http://dip21.bundestag.de/dip21/btd/18/075/1807538.pdf [22.12.2015].

Deutscher Caritasverband e.V. *Caritas-Glossar, Clearingverfahren*. Verfügbar unter: http://www.caritas.de/glossare/clearingverfahren [22.12.2015].

Deutscher Caritasverband e.V., Referat Migration und Integration (2014). *Unbegleitete minderjährige Flüchtlinge in Deutschland. Rechtliche Vorgaben und deren Umsetzung*. Freiburg im Breisgau: Lambertus.

Diakonie Deutschland (2011). Abschiebungshaft in Deutschland, Positionen und Mindestanforderungen der Diakonie. Verfügbar unter: http://www.diakonie.de/media/Texte-03-2011-Abschiebungshaft.pdf [22.12.2015].

Diakonie Deutschland/Zurwonne, M., Pape, U. & Schneider, S. (2015). *Thema kompakt: Unbegleitete minderjährige Flüchtlinge*. Berlin. Verfügbar unter: http://www.diakonie.de/media/2015_Thema_kompakt_Unbegleitete_minderjaehrige_Fluechtlinge.pdf [22.12.2015].

EASO. European Asylum Support Office (2013). *Praxis der Altersbestimmung in Europa*. Luxemburg: Amt für Veröffentlichungen der Europäischen Union. Verfügbar unter: http://www.refworld.org/cgi-bin/texis/vtx/rwmain/opendocpdf.pdf?reldoc=y&docid=563714964 [21.12.2015].

Eichenhofer, J. (2016). § 44 AufenthG. In: Kluth, A. & Heusch, W. (Hrsg.). *Beck'scher Onlinekommentar zum Ausländerrecht*. 10. Edition. München: C.H. Beck.

Fasselt, U. & Kepert, J. (2014). § 6 SGB VIII. In: Kunkel, P.-C. (Hrsg.). *Sozialgesetzbuch VIII, Kinder- und Jugendhilfe, Lehr- und Praxiskommentar.* 5. Aufl. Baden-Baden: Nomos.

FRA. European Union Agency for Fundamental Rights (2010). Unbegleitete asylsuchende Kinder in den Mitgliedstaaten der Europäischen Union. Vergleichender Bericht. Verfügbar unter: http://fra.europa.eu/sites/default/files/fra-2013-sepac_comparative-report_de.pdf [22.12.2015].

Gag, M. & Voges, F. (2014). *Inklusion auf Raten. Zur Teilhabe von Flüchtlingen an Ausbildung und Arbeit: Inklusion als Chance? Eine Einführung.* Münster: Waxmann.

Gerlach, C. & Pietrowsky, R. (2012). Trauma und Aufenthaltsstatus: Einfluss eines unsicheren Aufenthaltsstatus auf die Traumasymptomatik bei Flüchtlingen. *Verhaltenstherapie & Verhaltensmedizin*, 33 (1), S. 5–19.

Göbel-Zimmermann R. & Masuch T. (1996). Das Asylrecht im Spiegel der Entscheidungen des Bundesverfassungsgerichts. In: *Informationsbrief Ausländerrecht*, S. 404 (417).

Golla, M. (2013). Das Recht auf Bildung für junge Flüchtlinge. *Forum Erziehungshilfen*, 5, S. 273–278.

Günther, C. (2015). § 26 AsylG. In: Kluth, W. & Heusch, A. (Hrsg.). *Beck'scher Onlinekommentar Ausländerrecht.* 10. Edition. München: C.H. Beck.

Gusy, C. (1993). Neuregelung des Asylrechts. *Juristische Ausbildung* (JURA), S. 509 ff.

Gutmann, R. (2010). Die ausländerrechtliche Duldung. *Neue Juristische Wochenschrift* (NJW), S. 666–667.

Habbe, H. (2015). Sachverständigenstellungnahme Deutscher Bundestag. Ausschuss-Drs. 18(4)269-H,18. In: *Wortprotokoll der 42. Sitzung. Protokoll Nr. 18/42.* Verfügbar unter: https://www.bundestag.de/blob/376132/…/protokoll-data.pdf [21.12.2015].

Hailbronner, K. (2009). Das Grundrecht auf Asyl – unverzichtbarer Bestandteil der grundgesetzlichen Wertordnung, historisches Relikt oder gemeinschaftsrechtswidrig? *Zeitschrift für Ausländerrecht und Ausländerpolitik* (ZAR) 2009/11–12, S. 369–376.

Hailbronner, K. (2014). *Asyl- und Ausländerrecht.* 3. Aufl. Stuttgart: Kohlhammer.

Hailbronner, K. (2016). §§ 26, 26a AsylG; §§ 58, 60a, 62 AufenthG; Art. 16a GG. *Kommentar Ausländerrecht.* (85. Erg.-Lfg.). Heidelberg: C.F. Müller.

Heine, L. & Cornely Harboe, V. (2015). Besondere Herausforderungen für die Lehramtsausbildung am Beispiel von Schülerinnen und Schülern mit Fluchterfahrungen: Ein Blick aus der DaZ-Perspektive. *Recht der Jugend und des Bildungswesens* (RDJB), S. 185–193.

Heinold, H. (2012). *Alle Kinder haben Rechte. Arbeitshilfe für die Beratung von Kindern und Jugendlichen mit Migrationshintergrund.* In: Katholische Arbeitsgemeinschaft Migration KAM (Hrsg.). Freiburg im Breisgau: Lambertus. Verfügbar unter: http://www.forum-illegalitaet.de/mediapool/99/993476/data/Arbeitshilfe_Alle_Kinder_haben_Rechte_2012.pdf?d=a [22.12.2015].

Hofmann, R. (2016). § 80 AufenthG. In: Hofmann, R. M. & Hoffmann, H. (Hrsg.). *Ausländerrecht. Handkommentar.* 2. Aufl. Baden-Baden: Nomos.

Hörich, C. (2016). § 49 AufenthG. In: Kluth, A. & Heusch, W. (Hrsg.). *Beck'scher Online Kommentar Ausländerrecht.* 10. Edition. München: C.H. Beck.

Kern, C. (2012). § 49 SGB VIII. In: Schellhorn, W., Fischer, L., Mann, H., Schellhorn, H. & Kern, C. (Hrsg.). *SGB VIII, Kinder- und Jugendhilfe. Kommentar.* 4. Aufl. Köln: Luchterhand.

Kliebe, T. (2015). Sachverständigenstellungnahme Deutscher Bundestag. *Ausschuss-Drs.* 18(4)269-F. Verfügbar unter: https://www.bundestag.de/blob/366098/…/18-4-269-f-data.pdf [22.12.2015].

Kloesel, A., Christ, R. & Häußer, O. (2015). § 26 AsylVfG. *Deutsches Aufenthalts- und Ausländerrecht*. (5. Aufl.). Stuttgart: Kohlhammer.

Klunkel, P.-C. (2015). *Jugendhilferecht* (8. Auflage). Baden-Baden: Nomos.

Kluth, W. (2015). Das Asylverfahrensbeschleunigungsgesetz. Zielsetzungen, wesentliche Inhalte, Kritikpunkte. *Zeitschrift für Ausländerrecht und Ausländerpolitik (ZAR)* 2015/10, S. 337–343.

Kluth, W. (2016). *Schriftliche Stellungnahe zur Anhörung im Innenausschuss des Deutschen Bundestages am 22.02.2016 – Drucksache 18 (4)511 F*. Verfügbar unter: https://www.bundestag.de/blob/409446/2b06cd239753dcc5759488dea3fcae66/18-4-511-f-data.pdf [22.12.2015].

Kultusministerkonferenz (2015). *Mit Bildung gelingt Integration. Pressemitteilung vom 09.10.2015*. Verfügbar unter: http://www.kmk.org/presse-und-aktuelles/meldung/kultusministerkonferenz-mit-bildung-gelingt-integration.html [22.12.2015].

Kumpfert, V. (2015). § 34. In: *Schulgesetz für das Land Nordrhein-Westfalen. Gesamtkommentar*. Band 1: § 1- § 99 (15. Erg.-Lfg.). Essen: Verlag für Wissenschaft und Verwaltung Hubert Wingen.

Löhlein, H. (2010). Fluchtziel Deutschland. In: Dieckhoff, P. (Hrsg.). *Kinderflüchtlinge. Theoretische Grundlagen und berufliches Handeln*. Wiesbaden: Springer, S. 27–33.

Maaßen, H.-G. (2016). § 25 AufenthG. In: Kluth, A. & Heusch, W. (Hrsg.). *Beck'scher Online Kommentar Ausländerrecht*. 10. Edition. München: C.H. Beck.

Marx, R. (2014). *AsylVfG, Kommentar zum Asylverfahrensgesetz*. 8. Aufl. Köln: Luchterhand.

Marx, R. (2015). *Aufenthalts-, Asyl- und Flüchtlingsrecht, Handbuch*. 5. Aufl. Baden-Baden: Nomos.

Meißner, A. (2003). Zur besonderen Situation unbegleiteter junger Flüchtlinge. In: von Balluseck, H. (Hrsg.). *Minderjährige Flüchtlinge. Sozialisationsbedingungen, Akkulturationsstrategien und Unterstützungssysteme*. Obladen: Springer, S. 144–147.

Mercator Institut für Sprachförderung und Deutsch als Zweitsprache/Zentrum für LehrerInnenbildung der Universität zu Köln (2015). *Neu zugewanderte Kinder und Jugendliche im deutschen Schulsystem*. Köln. Verfügbar unter: http://www.mercator-institut-sprach foerderung.de/fileadmin/Redaktion/PDF/Publikationen/MI_ZfL_Studie_Zugewander te_im_deutschen_Schulsystem_final_screen.pdf [22.12.2015].

Ministerium für Gesundheit, Emanzipation, Pflege und Alter des Landes Nordrhein-Westfalen (2015). *Pressemitteilungen vom 28.08.2015 und 25.09.2015*. Verfügbar unter: http://www.mgepa.nrw.de/gesundheit/versorgung/Gesundheitskarte-fuer-Fluechtlinge/index.php [22.12.2015].

Ministerium für Kultus, Jugend und Sport Baden-Württemberg (2015). *Bildungsbereich wird im zweiten Nachtragshaushalt deutlich gesteigert – 600 neue Lehrerstellen für den Unterricht von jungen Flüchtlingen geplant*. Verfügbar unter: http://www.km-bw.de/Kultusministerium,Lde/Startseite/Service/29_10_2015+Massnahmen+zweiter+Nachtrag [22.12.2015].

Minten, G. (2015). § 34 SchulG. In: Jülich, C. & van den Hövel, W. (Hrsg.). *Schulrechtshandbuch Nordrhein-Westfalen* (46. Erg.-Lfg.). Köln: Carl Link.

Moll, F. & Pohl, C. (2012). Das Drittstaatenkonzept im unionsrechtlichen Kontext. *Zeitschrift für Ausländerrecht und Ausländerpolitik (ZAR)* 2012/4, S. 102–110.

Müller, A. (2014). In Bundesamt für Migration und Flüchtlinge (Hrsg.), *Unbegleitete Minderjährige in Deutschland. Fokus-Studie der deutschen nationalen Kontaktstelle für das Europäische Migrationsnetzwerk*. Verfügbar unter: https://www.bamf.de/SharedDocs/

Anlagen/DE/Publikationen/EMN/Nationale-Studien-WorkingPaper/emn-wp60-min derjaehrige-in-deutschland.pdf?__blob=publicationFile [22.12.2015].

Müller, K. (2011). Unbegleitete minderjährige Flüchtlinge – Alternativen zum Asylantrag. *Asylmagazin,* 11, S. 358–363.

Müller, K. (2012). Die Verweigerung des Schutzes für unbegleitete Minderjährige. § 58 Abs. 1a AufenthG oder wie der Kindeswohlgedanke ins Gegenteil verkehrt wird. *Asylmagazin,* 11, S. 366–370.

Münder, J. (2013). § 6 SGB VIII. In: Münder, J., Meysen, T. & Trenczek, T. (Hrsg.). *Frankfurter Kommentar zum SGB VIII.* 7. Aufl. Baden-Baden: Nomos.

Neundorf, K. & Brings, T. (2015) Neubestimmung des Bleiberechts und der Aufenthaltsbeendigung. *Zeitschrift für Rechtspolitik* (ZRP) 2015/5, S. 145–148.

Nordrhein-Westfalen. *Bildungsportal des Landes Nordrhein-Westfalen. Schulsystem, Beschulung von Flüchtlingen, Schulpflicht.* Verfügbar unter: https://www.schulministerium.nrw.de/docs/Schulsystem/Integration/Fluechtlinge/index.html [22.12.2015].

Nordrhein-Westfalen. *Bildungsportal des Landes Nordrhein-Westfalen, Schulsystem, Beschulung von Flüchtlingen, Vermittlung der Kinder und Jugendlichen in die Schulen.* Verfügbar unter: https://www.schulministerium.nrw.de/docs/Schulsystem/Integration/Fluechtlinge/index.html [22.12.2015].

Noske, B. (2015). In: Bundesfachverband Unbegleitete Minderjährige Flüchtlinge e. V. (Hrsg.); *Die Zukunft im Blick. Die Notwendigkeit, für unbegleitete minderjährige Flüchtlinge Perspektiven zu schaffen.* Verfügbar unter: http://www.b-umf.de/images/die_zukunft_im_blick_2015.pdf [22.12.2015].

Nowotny, T., Eisenberg, W. & Mohnike, K. (2014). Strittiges Alter – strittige Altersdiagnostik. *Deutsches Ärzteblatt* 2014, A 786, A 788, A 3. Verfügbar unter: http://www.aerzteblatt.de/archiv/159516 [22.12.2015].

Parusel, B. (2009). In: Bundesamt für Migration und Flüchtlinge (Hrsg.), *Unbegleitete minderjährige Migranten in Deutschland- Aufnahme, Rückkehr und Integration. Studie II/2008 im Rahmen des Europäischen Migrationsnetzwerks (EMN).* Verfügbar unter: https://www.bamf.de/SharedDocs/Anlagen/DE/Publikationen/EMN/Nationale-Studien-WorkingPaper/emn-wp26-unbegleitete-minderjaehrige-de.pdf?__blob=publicationFile [22.12.2015].

Parusel, B. (2010). Unbegleitete minderjährige Flüchtlinge – Aufnahme in Deutschland und Perspektiven für die EU. *Zeitschrift für Ausländerrecht und Ausländerpolitik* (ZAR) 2010/7, S. 233–239.

Pro Asyl (2016). *Familiennachzug verhindert: Familien auf Jahre getrennt.* Verfügbar unter: https://www.proasyl.de/news/familiennachzug-wird-systematisch-verhindert/[22.12.2015].

Reimann, R. (2012). Kinder und Kindeswohl im aufenthaltsrechtlichen Verfahren. In: Deutsches Rotes Kreuz, Bundesfachverband Unbegleitete Minderjährige Flüchtlinge e. V. (Hrsg.). *Kindeswohl und Kinderrechte für minderjährige Flüchtlinge und Migranten.* S. 57–65. Verfügbar unter: http://www.dgfpi.de/tl_files/pdf/medien/2010-11-03_DRK_Kindeswohl_Online.pdf [22.12.2015].

Renner, G. (1993). Asyl- und Ausländerrechtsreform. *Zeitschrift für Ausländerrecht und Ausländerpolitik* (ZAR) 1993/3, S. 118 (128).

Riedelsheimer, A. (2010a). Altersfestsetzung bei Unbegleiteten Minderjährigen. In: Dieckhoff, P. (Hrsg.). *Kinderflüchtlinge. Theoretische Grundlagen und berufliches Handeln.* Wiesbaden: VS Verlag für Sozialwissenschaften, S. 64–69.

Riedelsheimer, A. (2010b). Clearingverfahren bei Unbegleiteten Minderjährigen. In: Dieckhoff, P. (Hrsg.). *Kinderflüchtlinge. Theoretische Grundlagen und berufliches Handeln*. Wiesbaden: VS Verlag für Sozialwissenschaften, S. 63–70.

Rieger, U. (2015). Aufgaben und Möglichkeiten für Vormünder bei der Vertretung unbegleiteter Minderjähriger im Asylverfahren. *Das Jugendamt* (JAmt), 3, S. 118–123.

Ritgen, K. (2015). Aufnahme und Unterbringung von Flüchtlingen in Deutschland. *Der Landkreis*, 10, S. 633–644.

Ruf, M., Lehmann, K., Schauer, M., Eckart, C., Kolossa, I., Catani, C. & Neuner, F. (2007). Psychische Gesundheit und Aufenthaltssituation bei Flüchtlingen in Deutschland – Ergebnisse einer Längsschnittstudie. In: *9. Jahrestagung der Deutschsprachigen Gesellschaft für Psychotraumatologie (DeGPT) in Hamburg, Deutschland*.

Runderlass des Ministeriums für Inneres und Kommunales (2015). *Bescheinigung über die Meldung als Asylsuchender (BüMA)*. 122/123-39.11.00-15-206(2603). Verfügbar unter: https://recht.nrw.de/lmi/owa/br_bes_text?anw_nr=1&gld_nr=2&ugl_nr=2603&bes_id=32944&val=32944&ver=7&sg=0&aufgehoben=N&menu=1 [22.12.2015].

Rux, J. & Niehues, N. (2013). *Schulrecht*. 5. Aufl. München: C.H. Beck.

Sächsisches Staatsministerium für Kultus, Pressestelle (2015). *Deutsch als Zweitsprache – Lehrer dringend gesucht*. Verfügbar unter: https://www.bildung.sachsen.de/blog/index.php/2015/10/06/deutsch-als-zweitsprache-lehrer-dringend-gesucht/ [22.12.2015].

Schleswig-Holstein (2015). *Deutsch als Zweitsprache*. Verfügbar unter: https://www.schleswig-holstein.de/DE/Fachinhalte/S/sprachbildung/daz.html [22.12.2015].

Schmahl, S. (2013). *Kinderrechtskonvention mit Zusatzprotokollen*. 1. Aufl. Baden-Baden: Nomos.

Schroeder, J. (2003). „Man kann nicht lernen mit so einem Problem". Auswirkungen der Lebenslagen auf die Bildungskarrieren. In: Neumann, U., Niedrig, H., Schroeder, J. & Seukwa, L.H. (Hrsg.). *Lernen am Rande der Gesellschaft. Bildungsinstitutionen im Spiegel von Flüchtlingsbiographien*. Münster/NY u. a.: Waxmann, S. 237–262.

Stähr, A. (2015). § 39 SGB VIII. In: Hauck, K. & Noftz, W (Hrsg.). *Sozialgesetzbuch (SGB) VIII: Kinder- und Jugendhilfe Apartwerk. Kommentar*. Berlin: Erich Schmidt Verlag.

Statistisches Bundesamt (2015). *Statistiken der Kinder- und Jugendhilfe. Vorläufige Schutzmaßnahmen*. 2014. Verfügbar unter: https://www.destatis.de/DE/Publikationen/Thematisch/Soziales/KinderJugendhilfe/VorlaeufigeSchutzmassnahmen5225203147004.pdf?__blob=publicationFile [22.12.2015].

Stenger, M. (2010). Die Schule fürs Leben. Das Potenzial junger Flüchtlinge bei entsprechender Betreuung. In: Dieckhoff, P. (Hrsg.). *Kinderflüchtlinge. Theoretische Grundlagen und berufliches Handeln*. Wiesbaden: VS Verlag für Sozialwissenschaften, S. 183–188.

Thüringer Lehrerverband/Landeselternvertretung Thüringen/Landesschülervertretung Thüringen (2015). *Flüchtlingskinder an Thüringens Schulen: so schaffen wir das! Gemeinsame Resolution von tlv, LEV und LSV*. Erfurt. Verfügbar unter: http://bildungsklick.de/dateiarchiv/51915/151112_fluechtlingskinder_resolution_02.pdf [22.12.2015].

Thym, D. (2015). Schnellere und strengere Asylverfahren. Die Zukunft des Asylrechts nach dem Beschleunigungsgesetz. *Neue Zeitschrift für Verwaltungsrecht* (NVwZ) 23, S. 1625–1633.

Thym, D. (2016). *Stellungnahme für die Öffentliche Anhörung des Innenausschusses des Deutschen Bundestages am Montag, den 22. Februar 2016 – Drucksache 18 (4)511 D*. Verfügbar unter https://www.bundestag.de/blob/409436/b38534c0b99439fe72cf9c72bfbd0c6d/18-4-511-d-data.pdf [22.12.2015].

Tiedemann, P. (2009). Das konstitutionelle Asylrecht in Deutschland – Ein Nachruf. *Zeitschrift für Ausländerrecht und Ausländerpolitik* (ZAR) 2009/5–6, S. 161–167.

Tiedemann, P. (2015). *Flüchtlingsrecht, Die materiellen und verfahrensrechtlichen Grundlagen.* Berlin [u. a.]: Springer.

Veit, B. (2016). Das Gesetz zur Verbesserung der Unterbringung, Versorgung und Betreuung ausländischer Kinder und Jugendlicher, *Zeitschrift für das gesamte Familienrecht* (FamRZ) 2, S. 93–98.

Weiser, B. (2013). Recht auf Bildung für Flüchtlinge, In: Beilage zum *Asylmagazin*, 11, S. 1–77.

Winkler (2015). § 6 SGB VIII, § 42 SGB VIII. In: Rolfs, C., Geisen, R., Kreikebohm, R. & Udsching, P. (Hrsg.). *Beck'scher Onlinekommentar Sozialrecht, Sozialgesetzbuch (SGB) Achtes Buch (VIII) – Kinder- und Jugendhilfe.* 40. Edition. München: C.H.Beck.

Wittreck, F. (2015). Art. 16a GG. In: Dreier, H. & Wittreck, F. (Hrsg.). *Grundgesetz*. 9. Aufl. Tübingen: Mohr Siebeck.

Träume und Traumata junger Flüchtlinge
Einführung in traumaspezifische Aspekte für die Arbeit mit potentiell traumatisierten Kindern und Jugendlichen

Cinur Ghaderi

Im Jahr 2015 waren ca. 60 Mio. Menschen weltweit auf der Flucht, 51 % der Flüchtlinge sind Kinder und Jugendliche unter 18 Jahren (UNHCR 2015). Auch Deutschland hat Zehntausende der Geflüchteten aufgenommen. Die Kinder und Jugendlichen sind aus Krisen- und Kriegsgebieten geflohen, viele von ihnen wurden verfolgt oder haben die Verfolgung von Angehörigen miterlebt. Einige wurden Zeugen von Misshandlungen und Folter oder wurden selbst mit dem Tode bedroht. Teils sind sie verwaist, da ihre Familienangehörigen getötet wurden, teils wurden sie als Kindersoldaten selbst zum Töten gezwungen. Nicht selten wurden sie unter diesen Umständen vernachlässigt und haben keine Zuwendung erfahren. Nicht wenige gehörten in ihrer Heimat einer Minderheit an und wurden diskriminiert. Auf der Flucht erlebten sie sexualisierte Gewalt bis hin zu erzwungener Prostitution. Und nun sind sie in Deutschland angekommen und haben neben den traumatisierenden Erfahrungen zahlreiche Ressourcen, Hoffnungen und Träume im Gepäck. Getragen von dem Willen, ein neues Leben zu beginnen, sind die meisten motiviert zu lernen. Die hiesige Gesellschaft steht vor der Herausforderung, die Schwere der traumatischen Reaktionen zu verringern und die vorhandenen Kräfte der Kinder und Jugendlichen zu stärken, damit sie ein gesunder, glücklicher und ein hoffnungsträchtiger Teil der Gemeinschaft werden. Die wichtigste Profession, die täglich mit diesen Kindern und Jugendlichen in Berührung kommt und sie auf diesem Weg begleitet, sind neben den Fachkräften und Ehrenamtlichen in den Wohngruppen und Flüchtlingsunterkünften vor allem die Lehrerinnen und Lehrer. Damit sie diese Aufgabe angemessen bewältigen können, benötigen sie psychotraumatologisches Grundwissen. In diesem Sinne befasst sich dieser Beitrag zunächst mit den lebensweltlichen Hintergründen von Flüchtlingskindern, bevor die Grundlagen der Psychotraumatologie anhand von Traumadefinitionen, Traumasymptomatiken, traumaspezifischen Interaktionsformen und Auswirkungen von Traumafolgestörungen auf Gedächtnis- und Lernleistungen dargestellt werden. Schließlich soll in einem dritten Teil das Verhältnis von Traumatisierungsprozessen und Kultur kritisch reflektiert werden.

1. Lebensweltliche Hintergründe von jungen Flüchtlingen

Wer sind junge Flüchtlinge in Deutschland und wie leben sie? Einige Stimmen von geflüchteten Kindern und Jugendlichen in einer Betreuungsgruppe des Jugendmigrationsdienstes Düsseldorf erlauben einen ersten Einblick in ihre Träume:

- *Xeir, 13-jähriger ezidischer Junge aus dem Irak:* „Mein Wunsch ist Fußballspielen, Schwimmen und Studieren, Deutsch studieren."
- *Jorge, 15-jähriger rumänischer Junge:* „Mein Traum ist Computerspiele herstellen, Deutsch lernen und (lacht) viel Geld haben."
- *Boris, 11-jähriger bulgarischer Junge:* „Ich möchte sehr gut Deutsch lernen, das ist mein größter Traum."
- *Selma, 14-jähriges syrisches Mädchen:* „Ich möchte Software-Ingenieurin werden, das ist mein Traum. Und dass ich die ganze Welt, gucke, sehe, in zwei Tagen aber."
- *Arin, 12-jähriges kurdisches Mädchen aus Syrien:* „Ich möchte als Ärztin arbeiten. Ich möchte ein schönes Leben haben."

Junge Flüchtlinge in Deutschland unterscheiden sich in ihren Biografien. Vor allem aber sind sie Kinder. Wenn sie nicht „Deutsch Lernen" als übergeordnetes Ziel nennen würden, könnten diese Träume und Zukunftsvisionen ebenso von anderen Kindern und Jugendlichen in diesem Land sein.

Ihre weniger traumhaften Traumata beeinflussen sie jedoch im Alltag und gelegentlich werden sie in der Schule auf ganz unterschiedliche Weise sichtbar:[1]

Der 9-jährige Roni aus Syrien fällt auf, weil er das Bild eines überfüllten untergehenden Schiffes malt. Er hat seine Großmutter und die jüngere Schwester auf der Überfahrt verloren. Der Lehrer ist unsicher, ob und wie er das im Bild zum Ausdruck Gebrachte thematisieren soll. Er entscheidet sich, die Eltern zu einem Gespräch einzuladen. Beim Elterngespräch übersetzt die 13-jährige Schwester. Schnell wird dabei deutlich, die Eltern können nur bedingt helfen, denn sie sind selbst traumatisiert. Die Schwester sorgt sich um den jüngeren Bruder und hilft den Eltern, sie übersetzt für ihre Eltern auch bei Ärzten und Behörden. Daher fehlt sie oft in der Schule und verpasst den Unterrichtsstoff.

Der 16-jährige Abdulla kann ein charmanter Junge sein, doch manchmal wirkt er traurig und kraftlos, manchmal bedrohlich. Er ist nach Europa geschickt worden, um die Mutter und die behinderte Schwester eines Tages nachzuholen. Sein Vater ist getötet worden. Auf dem Fluchtweg von Afghanistan nach Deutschland ist Abdulla mehrfach vergewaltigt worden. Immer wieder hat er suizidale Impulse und

---

1 Danken möchte ich Dr. Diana Rahmos Dehn aus dem Psychosozialen Zentrum für Flüchtlinge in Düsseldorf, Kamil Basergan vom Jugendmigrationsdienst Düsseldorf und Soma Altikulac, Lehrerin an der Paulus-Canisius-Schule. Sie haben durch ihre Fallbeispiele und Anregungen dazu beigetragen, das Thema inhaltlich besser nachvollziehbar zu machen. Die Namen sind Pseudonyme. Die Fallgeschichten sind fiktiv, sie verbinden typische Elemente realer Lebenswege von geflüchteten Kindern und Jugendlichen.

war deswegen mehrfach in der Psychiatrie. Mal ist er sehr depressiv, mal extrem aggressiv sich und seinen Mitbewohnern im Wohnheim gegenüber. Vieles macht ihn ängstlich und wütend: die unkontrolliert wiederkehrenden Erinnerungsfetzen an die erlebten Traumata im Zaum zu halten, die Unsicherheit, ob er in Zukunft seine Familie nachholen kann, und Lernblockaden in der Schule. Eine Schule hatte er zuvor nie besucht und fühlt sich überfordert, Lesen und Schreiben in einer fremden Sprache zu lernen.

Der 10-jährige libanesische Junge Mohamed ist häufig aggressiv und emotional. Er lebt allein bei einer Tante, die ihn nicht haben möchte. Der Vater lebt in Deutschland, doch sieht er sich nicht in der Lage, ihn zu versorgen. Die Mutter ist gestorben. Mohamed wirkt unversorgt und vernachlässigt, was sich an seiner Kleidung und dem Essen bemerkbar macht.

Die 14-jährige Sarah aus Syrien lebt in einem Wohnheim für unbegleitete minderjährige Flüchtlinge. Sie war Augenzeugin, als ihre Eltern und Geschwister auf der Flucht ertrunken sind. Sie hat überlebt und ist allein weitergekommen bis nach Deutschland. Sie spricht leise und ruhig, ist verschlossen, aber bemüht. Sie geht mit geducktem Oberkörper.

Das 13-jährige syrische Mädchen Yasemin lebt mit ihrem Vater und zwei Schwestern in Deutschland. Sie trägt als Mutterersatz Verantwortung für die zwei jüngeren Schwestern. Sie kocht, putzt, kommt zu den Elterngesprächen. Die Mutter ist mit den zwei jüngsten Kindern noch in der Türkei. Die 12-jährige Schwester weint häufig auch im Unterricht und sagt, sie vermisse die Mutter. Die 11-jährige Schwester kotet ein und fällt durch aggressives Verhalten auf. Yasemin versucht stark zu sein, doch in der letzten Unterrichtsstunde ist sie zusammengebrochen und hatte einen Flashback.

Die 11-jährige Lina fällt im Unterricht auf, weil sie unkonzentriert und „verträumt" ist. Linas Familie stammt aus Syrien. Sie besteht aus den Eltern und fünf Kindern. Wegen des Krieges in Syrien haben sie ihre Heimat verlassen müssen. Die 13-jährige Tochter erzählt, was sie erlebt hat: dass sie bei einer Explosion in ihrer Schule einen blutenden sterbenden Mann gesehen habe. Er sei im Kopf getroffen worden und sei überall blutig gewesen. Alle Schülerinnen und Schüler hätten das Schulgebäude nicht verlassen können. Erst als die Bombardierungen beendet worden seien, hätten sie nach Hause gehen können. Das Mädchen habe große Angst gehabt, ihr Herz habe sehr schnell geschlagen, ihr ganzer Körper habe fürchterlich gezittert, und für einen kurzen Moment habe sie nicht mehr gewusst, wo sie sich gerade befinde – sie habe das Gefühl gehabt, sie sei nicht lebendig. Seitdem wolle sie nicht mehr in die Schule gehen. Eines Tages habe sie erfahren, dass ihre beste Freundin tot sei. Die Eltern wollten ihr nicht sagen, wie sie gestorben sei. Es sei sehr traurig und furchtbar für sie gewesen. Auch heute noch habe sie große Angst, rauszugehen. Oft denke sie, dass die Bombardierungen vielleicht nochmals passieren würden. Sie betont, dass dieses Gefühl der Unsicherheit aber hier in Deutschland etwas weggegangen sei. Sie seien mit dem Flugzeug von Syrien nach Ägypten geflogen, dann mit dem Auto durch die Wüste nach Libyen gefahren. Diese stundenlange Fahrt sei von Schleppern organisiert worden. In Libyen habe die Familie etwa zwei Wochen lang am Strand gewartet, bis sie in ein kleines Boot für die Überfahrt über das Mittelmeer eingestiegen seien. Das Boot sei sehr alt und mit Menschen überfüllt gewesen. Unterwegs sei das Boot von einem italienischen Kriegsschiff aufgebracht worden, auf dem Misshandlungen seitens der italienischen Soldaten stattgefunden hätten. Sie hätten kein Essen und Trinken bekommen; nur wenn Journalisten im Boot seien, gäbe es etwas zu Essen und zu Trinken. Es habe sehr wenig Platz im Schiff gegeben und sie hätten wie Sardinen nebeneinander schlafen müssen. Sie habe miterlebt, wie ihr Vater von Soldaten geschlagen und auf den Boden geschmissen worden sei. Sie habe erlebt, dass ihre Mutter bewusstlos geworden sei, als die Soldaten sie mit Gewalt gezwungen hätten, Fingerabdrücke abzugeben. Die Soldaten hätten sie auch geschubst, ihren Kopf nach unten gedrückt und versucht, ihr Kopftuch wegzunehmen. Sie habe starke Angst gehabt. Es sei sehr schwer gewesen, auf dem Boden des Schiffes zu schlafen. Die Kinder hätten die ganze Zeit geweint. Sie seien fünf Tage lang auf dem Schiff gewesen. Auf dem Festland angekommen, hätten sie viele ihrer Sachen nicht mitnehmen dürfen. Dann hätten die Soldaten die Menschen auf dem Schiff ins Gefängnis, ein Gebäude mit großer Metalltür, gebracht. Von dort aus sei die Familie nach Deutschland geflohen. Aktuell lebten sie in einer überfüllten Turnhalle. Nachts könne sie nicht gut schlafen, manchmal werde sie wach und höre die anderen Stimmen und Geräusche und müsse sich orientieren, dass sie nicht auf dem Schiff sei. Dann erinnere sie sich, dass sie in der Turnhalle einer Schule sei.

Die Beispiele zeigen, dass die Erlebnisse von Flüchtlingskindern belastend bis hin zu traumatisierend sein können. Vor diesem Hintergrund können sich Beschwerden zeigen, wie:

- Vergesslichkeit und Konzentrationsschwäche, wodurch schulische Leistungen beeinträchtigt werden können
- Gefühle von Angst, ob vor Dunkelheit oder dem Alleinsein, die durch teils anklammerndes Verhalten zu vermeiden versucht werden
- regressives Verhalten wie Bettnässen, Daumenlutschen oder aus der Flasche Trinken und der Verlust von prätraumatisch bereits erworbenen Fähigkeiten
- aggressives Verhalten und Wutausbrüche (und häufige Prügeleien)
- sozialer Rückzug, das Bedürfnis, nicht über traumatische Erlebnisse reden zu wollen oder häufiges Weinen
- störendes Verhalten im Unterricht wie zappelig, abwesend und unkonzentriert Sein
- Schlafprobleme und Alpträume
- psychosomatische Beschwerden (Kopf-, Bauch-, Magen-, Beinschmerzen)
- Menstruationsprobleme (FGM)
- Suizidgedanken oder gar Suizidversuche

Diese Symptome gehen einher mit weiteren familiären und interpersonellen Belastungen, insbesondere dann, wenn die Eltern selbst traumatisiert und der deutschen Sprache nicht mächtig sind. Die Kinder übernehmen die elterlichen Aufgaben und Rollen, sie kümmern sich um die jüngeren Geschwister, übersetzen und finden kaum Zeit für Freizeit und Freunde. Diese sogenannte Parentifizierung erhöht Kind-Eltern-Konflikte. Die belasteten Eltern können den Kindern wenig emotionale Unterstützung geben. Die Kinder meiden ihre erkrankten Eltern wegen ihrer Wutausbrüche bzw. schämen sich gar für ihre Eltern. Wenn die Kinder nicht bereits auffällig sind, so entwickeln sie durch diese Bedingungen ein hohes Risiko, psychisch krank zu werden.

Zu den innerfamiliären Bedingungen durch die Traumatisierung entstehen durch die Fluchtmigration zusätzliche folgenreiche Belastungen wie ein unsicherer Aufenthaltsstatus, die Arbeitslosigkeit der Eltern aufgrund von Arbeitsverboten, der Verlust der Freunde, der Verwandten und des alten sozialen Netzes, schwierige Wohnbedingungen oder stigmatisierende Erfahrungen. Diese Faktoren beeinflussen die Gesundheit und können eine Integration in die Aufnahmegesellschaft erschweren.[2]

2. Grundlagen der Psychotraumatologie

Die Geschichte der Psychotraumatologie ist etwa 150 Jahre alt (Flatten, 2011) und charakterisiert von abwechselnden Phasen intensiver Forschung und Phasen von Vergessenheit. Ursache für diese Dialektik von Sprechen und Schweigen ist, dass Traumatisierungen verknüpft sind mit kontroversen, heißen gesellschaftlichen Themen, bei denen die Entdeckenden nicht selten die Aufgabe der Enttabuisierung zu leisten hatten, die Täter und Opfer sichtbar wurden und je nach Zeichen der Zeit unterschiedlich bewertet wurden. So galten die sogenannten „Kriegszitterer" im Ersten Weltkrieg als moralische Invaliden und Simulanten. Es dauerte lange, bis Wissenschaftlerinnen und Wissenschaftler Worte fanden für die Verbrechen an den Opfern des Zweiten Weltkrieges (Lifton, 1986, 2004). Forschungen, zunächst über Vietnam-Veteranen und später über das Leiden traumatisierter heimkehrender Soldaten in weltweiten Konflikten, stellten bis heute wiederholt politische Kriegslogiken in Frage und zeigten die Folgen von Gewalt, Krieg und Hilflosigkeit. Die Frauenbewegungen forderten die gesellschaftliche Enttabuisierung sexualisierter Gewalt gegen Frauen (Herman, 2003). Die Bindungsforschung fokussierte die Folgen von Gewalt gegenüber Kindern (Brisch & Hellbrügge, 2012) und wies nach, dass

---

2 In diesem Text geht es um die in Deutschland registrierten und damit sichtbaren geflüchteten Kinder und Jugendlichen. Laut Europol sind europaweit schätzungsweise 10.000 unbegleitete Minderjährige in den letzten 18–24 Monaten verschwunden, diese werden unsichtbar bleiben.

sichere Bindung ein menschliches Grundbedürfnis ist und unsichere Bindung die Vulnerabilität für Traumata begünstigt.

Durch diese Entwicklungen, parallel befördert mit Erkenntnissen aus der neurophysiologischen Gedächtnisforschung, konnte sich der Begriff Trauma (altgriechisch *Wunde*) soweit etablieren, dass er über das medizinische Konzept „Posttraumatische Belastungsstörung" in die Klassifikationssysteme für psychische Störungen (ICD und DSM) Eingang gefunden hat.

Im Alltag wird der Begriff „Trauma" sehr beliebig und unspezifisch verwendet, so z. B. für Ereignisse (11. September, Tsunami, Love-Parade, Köln, aber auch für die letzte Mathe-Arbeit oder Lehrerkonferenz), für alltägliche Erlebnisse („das war für mich voll traumatisch, als ich den Bus nicht bekommen habe") und Erkrankungen („die Eltern haben sich scheiden lassen, seitdem ist er traumatisiert"). Aus wissenschaftlicher Sicht bezeichnet Trauma nicht das auslösende Ereignis, besser ist von einem Prozess der Traumatisierung zu sprechen, der im Folgenden näher beschrieben werden soll und der sich sowohl auf individueller intrapsychischer Ebene (Fischer & Riedesser, 2009) als auch auf sozialpolitischer Ebene (Becker, 2006, 2014) abspielt. Gerade die junge Flüchtlingsforschung (vgl. u. a. http://fluechtlingsforschung.net/) schafft ein Bewusstsein für die verflochtenen globalen politischen, sozialen und juristischen Verhältnisse, die dazu führen, dass Menschenrechte, Gesundheit und Bildung eher als uneingelöste Versprechen erscheinen und Geflüchtete nur defizitär Zugang zu diesen Rechten erhalten. Traumatisierte Kinderflüchtlinge haben einen Anspruch auf Gesundheit und Bildung, ihre Erfahrungen werden durch traumsensible pädagogische Arbeit sichtbar als individuelle Geschichten, aber auch als Teil unserer globalen Realität und Verantwortung.

2.1 Doch wie ist konkret „Traumatisierung" definiert? Wie entsteht eine Traumatisierung?

Eine häufig zitierte Definition im deutschsprachigen Raum ist die von Fischer und Riedesser, die Traumatisierung beschreiben als ein „vitales Diskrepanzerlebnis zwischen bedrohlichen Situationsfaktoren und individuellen Bewältigungsmöglichkeiten, das mit Gefühlen von intensiver Angst, Hilflosigkeit und schutzloser Preisgabe einhergeht und zu einer dauerhaften Erschütterung des Selbst- und Weltverständnisses führt" (Fischer & Riedesser, 2009, S. 84). D. h. die Autoren problematisieren die terminologische Unschärfe der Begriffe „Trauma" und „Traumatisierung". Sie betonen die Wechselwirkung zwischen objektivem Ereignis und subjektivem Erleben. Weiterhin machen sie über diese Definition deutlich, dass Traumatisierung ein dynamischer Prozess ist, abhängig von dem Zusammenwirken der Ereignisfaktoren, der Person, ihrer individuellen Vulnerabilität und der Situation. Denn die Ereignisse treffen auf biografischen und situativen Boden, der stabil oder fragil sein kann. In ihrem Verlaufsmodell psychischer Traumatisierung unterteilen Fischer und Riedesser (2009, S. 131) diesen Prozess in drei Momente, den der traumatischen Situation, der zu einem Abbruch, einem Riss innerhalb bisheriger Erfahrungsbestände führt, den Moment der traumatischen Reaktion, mit dem Versuch, das Unfassbare zu fassen, und schließlich den Moment des traumatischen Prozesses, in dem es zu schematischen „Neubildungen" und Veränderungen der Informationsverarbeitung und Strukturbildung[3] kommt.

Dieses komplexe Zusammenspiel von Verlauf und biopsychosozialem Bedingungsgefüge lässt sich vereinfacht und anschaulich mit dem Vulnerabilität-Stress-Modell erklären (Wittchen & Hoyer, 2011, S. 21). Nach diesem Modell werden die *individuelle Verletzbarkeit und Bewältigungsmöglichkeiten der Person*, das *traumatische Ereignis* und die *Umweltbedingungen nach dem Ereignis* betrachtet. Es handelt sich um ein dynamisches Modell, in dem deutlich wird, dass Traumatisierung kein determinierter Weg ist, sondern von einem Zusammenspiel folgender Faktoren abhängig ist:

Ereignisfaktoren

Potentiell traumatisierende Ereignisse können sehr unterschiedlich sein. In der Fachliteratur werden Trauma-Typen hinsichtlich der Häufigkeit ihres Auftretens (Quantität), ihrer Verursachung (Landolt, 2004) und dem Grad der Betroffenheit (Qualität) klassifiziert. So werden kurz dauernde, einmalige, zufällige Ereignisse wie ein Überfall oder Unfall als akzidentelle Monotraumatisierung bzw. Typ I (Terr, 1991) bezeichnet. Demgegenüber werden lang andauernde, wiederholte Gewalteinwirkungen wie „kumulierte Erfahrungen" (Khan, 1963) bei Kindesmisshandlung oder „sequentielle" bei Kriegserlebnissen (Keilson, 1979, 2005) unter Polytraumatisierungen bzw. Typ II subsumiert. Die Auswirkungen für letztere sind diffuser, gravierender und komplexer, zumal sie als sogenannte „man-made-desaster" von anderen Menschen intendiert zugefügt werden. Besonders tiefgreifend wirken sie, wenn die Gewalt von einer nahen Bezugsperson ausgeübt wurde. Das kann zu einer grundsätzlichen Erschütterung des Selbstverständnisses und zu einem Vertrauensverlust gegenüber der Welt und anderen Menschen führen und ist für die Betroffenen besonders schwer zu verarbeiten. Auf der Symptomebene kommt es bei dieser

---

3   Psychologische Konzepte der Strukturbildung argumentieren, dass die Psyche des Menschen ein System ist, eine Struktur mit Anordnungen, die sich lebenslang entwickelt und verändert. Diese können sich auf organische Vorgänge, auf Konflikte, Triebe, Identifikationen und Repräsentationen beziehen. Einerseits charakterisiert die Struktur den Stil, die persönliche Disposition, mit Erfahrungen und Konflikten zwischen Individuum und Umwelt umzugehen, und ist damit verbunden mit Identität. Anderseits verändert sie sich bei diesem fortwährenden Bemühen, zwischen intrapsychischen und interpersonellen Prozessen ein Gleichgewicht herzustellen. Denn neue Erfahrungen und Erlebnisse müssen fortwährend integriert werden in die bisherige Struktur und verändern diese. Strukturbildung ist quasi Kompromissbildung, Symptome sind als Ausdruck des Ringens nach Gleichgewicht zu werten und symbolisieren diese (vgl. Schneider, 2013, S. 26 ff.).

Form von Traumatisierungen häufig zu dissoziativen Prozessen mit schwerwiegenden Auswirkungen auf Identität, Gedächtnis und Beziehungen. Zu berücksichtigen ist ferner, ob die Gewalt allein und individualisiert oder aber als Teil einer Gruppe bzw. als Teil eines Kollektivs erfahren wurde. Bei Kindern kann der Verlust einer Bindungsperson je nach Entwicklungsstand ein Traumatisierungsrisiko darstellen, wenn noch eine existentielle Abhängigkeit besteht und weitere Bindungspersonen nicht zur Verfügung stehen (Scherwath & Friedrich, 2012, S. 48).

Bezüglich des Grades der Betroffenheit ist ausschlaggebend, ob eine Person direkt oder indirekt durch Zeugenschaft involviert wurde. Menschen können nicht allein durch selbst erlebte, sondern auch durch beobachtete traumatische Ereignisse verwundet werden. In diesem Zusammenhang gilt es zu berücksichtigen, dass auch Fachkräfte wie Lehrerinnen und Lehrer, Sozialarbeiterinnen und Sozialarbeiter oder Feuerwehrleute von dieser Form der sekundären Traumatisierung betroffen sein können. Daniels (2008) differenziert zwischen einer primären Traumatisierung für den Umstand, dass ein Mensch selbst direkt betroffen wurde bzw. direkte Zeugin oder direkter Zeuge mit sensorischen Eindrücken eines traumatischen Ereignisses wurde und einer sekundären Traumatisierung (auch stellvertretende Traumatisierung), wenn keine eigenen sensorischen Eindrücke vorlagen, durch das Erzählen von Sachverhalten jedoch Gefühle übertragen wurden. Abhängig von der Art des Traumas steigt das Risiko für ein posttraumatisches Störungsbild. So entwickeln nach einem Unfall je nach Schwere des Unfalls und der Verletzungen ca. 10 % der Menschen eine Posttraumatischen Belastungsstörung (PTBS), nach einer Vergewaltigung weist die Mehrzahl der Opfer Symptome einer PTBS in den ersten Wochen auf und bei ca. 30 % entwickelt sich ein chronischer Verlauf. Besonders ungünstig ist die Prognose bei Folter mit 50 % (Flatten et al., 2011).

Bei Flüchtlingen in Deutschland ist die Prävalenz für die Entwicklung einer Posttraumatischen Belastungsstörung im Vergleich zur Allgemeinbevölkerung (Baron & Schriefers, 2015) um das Zehnfache erhöht. Laut einer Studie von Gäbel et al. (2006) liegt sie bei 40 %. Neuere Studien kommen auf eine Prävalenz von Posttraumatischen Belastungsstörungen bei neu aufgenommenen Flüchtlingen (Niklewski, Richter & Lehfeld, 2012) von 33,2 %. Die deutschsprachigen Fachgesellschaften für Psychotraumatologie gehen in ihrer aktuellen Leitlinie sogar von 50 % Prävalenz der PTBS unter Kriegs-, Vertreibungs- und Folteropfern aus (Flatten et al., 2013). Wissenschaftliche Untersuchungen zeigen somit, dass nahezu die Hälfte der Flüchtlinge unter den Symptomen einer Posttraumatischen Belastungsstörung (PTBS) leidet und damit an Symptomen wie sich aufdrängenden lebhaften Erinnerungen an die traumatischen Ereignisse, sozialem Rückzug, Schlafstörungen, Reizbarkeit und Konzentrationsschwierigkeiten. Kinder mit Fluchterfahrungen sind vor allem Zeugen von körperlichen Angriffen gewesen (41 %) oder mussten miterleben, wie Gewalt an Mitgliedern ihrer Familie ausgeübt wurde, insbesondere durch militante Gruppierungen (18 %) (vgl. Ruf et al., 2010). 19 % der Kinderflüchtlinge leiden an dem Vollbild einer Posttraumatischen Belastungsstörung (ebd.) und damit 15 Mal häufiger als in Deutschland geborene Kinder (1,2 %). Darüber hinaus ist fast die Hälfte dieser Kinder deutlich psychisch belastet (Gavranidou et al., 2008) und dadurch in wichtigen Lebensbereichen wie zum Beispiel dem schulischen Lernen und den sozialen Beziehungen eingeschränkt.

Wie beschrieben, entstehen Traumafolgestörungen in besonders hohem Maße bei durch Menschen zugefügter Gewalt (man-made-disaster) und in Abhängigkeit vom Grad der Häufigkeit von traumatischen Erfahrungen, d. h., bei kumulierter und sequentieller Traumatisierung (dose-response-effect). Übertragen auf geflüchtete Kinder und Jugendliche ist davon auszugehen, dass ein großer Teil von ihnen Gewalt in Herkunftsländern ausgesetzt war und Gewalt und Lebensgefahr in Transitländern sowie auf dem Fluchtweg nach Europa erlebt hat. Erwähnung finden soll zudem, dass diese jungen Menschen in ihren Beziehungsstrukturen auch von transgenerationaler Weitergabe von Traumata betroffen sind und mit diesen Folgen aus Nachkriegsgesellschaften sowohl über ihre Herkunftsländer als auch über Deutschland involviert werden. Die Lebensumstände im Aufnahmeland (Deutschland) sind nun entscheidend dafür, ob das neue Leben eine Phase nach der Traumatisierung darstellt oder gar selbst als weitere traumatische Sequenz zu werten ist (Zito, 2015, S. 295).

Personenfaktoren

Doch längst nicht alle Menschen, ob Erwachsene oder Kinder, die ein traumatisches Ereignis erleben, entwickeln eine Traumafolgestörung. Dies geschieht dann, wenn es eine Diskrepanz zwischen den bedrohlichen Ereignisfaktoren und den individuellen Bewältigungsmöglichkeiten der Person gibt. Diese individuellen Mechanismen sind über die Risiko- und Schutzfaktoren geformt.

Zu den individuell-biografischen prätraumatischen Risikofaktoren gehören ein jüngeres Alter, frühere belastende Erfahrungen, frühere psychische Störungen und körperliche Vorerkrankungen, belastende Lebensbedingungen wie traumatische Vorbelastung in der Familie, die Zugehörigkeit zu einer sozialen Randgruppe, ein niedriger sozioökonomischer Status und weibliches Geschlecht (nach Pielmaier & Maerker, 2015). Frauen entwickeln doppelt so häufig wie Männer eine PTBS, die Ursachen werden kontrovers diskutiert. Eine der Annahmen lautet, dass Frauen zwar seltener als Männer Traumata ausgesetzt sind, dafür aber vermehrt pathogenen Arten wie sexualisierter Gewalt. Dies erfolgt häufig im jungen Alter, wodurch sich die Wahrnehmung von Bedrohung und Kontrollverlust verstärkt. Allerdings lässt sich kein Geschlechtereffekt bei extremer Traumatisierung beobachten, wie sie z. B. bei Kriegsveteranen vorliegt (Pielmaier & Maerker, 2015), insofern können auch hier die Effekte über eine bio-psycho-soziale Erklärungsmatrix erklärt werden (Spitzer, Wingenfeld & Freyberger, 2015).

Zu den individuellen Schutzfaktoren gehören u. a. die Resilienz, die wahrgenommene Selbstwirksamkeit (Bandura, 1997) und der Kohärenzsinn (Antonovsky, 1997),

d. h. die persönlichen Kompetenzen und Haltungen wie z. B. eine positive Lebenseinstellung, Religiosität oder kognitive Fähigkeiten können als aktive Bewältigungsstrategien genutzt werden. Darüber hinaus ist Wissen um Traumatisierung und damit Vorhersehbarkeit von Entwicklungen ein elementarer Schutz. Ein Mensch, der aufgrund seiner politischen Aktivität erwartet, möglicherweise festgenommen und gefoltert zu werden, oder eine Soldatin oder ein Feuerwehrmann können sich anders auf ein traumatisches Ereignis vorbereiten als eine Person, die aus subjektiver Sicht unerwartet mit einer traumatischen Erfahrung konfrontiert wird. Als Schutzfaktor kann auch gewertet werden, wenn in der traumatischen Situation Bezugs- und Bindungspersonen zur Verfügung stehen, die Sicherheit vermitteln und dadurch die Schwere der Traumatisierung abmildern. Dieser Fall kann u. a. für Kinder mit Fluchterfahrungen relevant sein, deren individuelles Gefühl von Sicherheit in der Situation über die Bezugspersonen vermittelt wird. Somit kann es unabhängig von den oben beschriebenen objektiven Ereignisfaktoren ein subjektives Moment geben, das die Interpretation des Geschehens beeinflusst und eine mentale Selbstaufgabe verhindert.

Umweltbedingungen

Für die Pathogenese einer traumatischen Störung ist nicht nur das Bedingungsgefüge zwischen einer traumatischen Situation als Stressauslöser und der individuellen Vulnerabilität wichtig, sondern in hohem Maße auch die Umwelt. Die posttraumatische Umwelt ist eine der wichtigsten Variablen in diesem Prozess (Brewin et al., 2000). Zu den relevanten schützenden Umweltbedingungen gehören das Vorhandensein von Sicherheit und Ruhe, die wahrgenommene soziale Unterstützung, gesellschaftliche Wertschätzung (u. a. über juristische Anerkennung oder Entschädigung) sowie die Offenlegung und Enttabuisierung der Erfahrung in einem geschützten und von der Person kontrollierbaren Rahmen (der schulische Kontext ist hierfür nicht geeignet) und das damit verbundene Gefühl von „Gerechtigkeit". Demgegenüber besteht ein signifikanter Zusammenhang zwischen der Entwicklung einer PTBS-Symptomatik und einem Mangel an sozialer Unterstützung sowie belastenden Lebensbedingungen nach dem Trauma.

Interessante Einsichten bietet hierfür die Studie zur Sequentiellen Traumatisierung von Hans Keilson (1979, 1997). Bei der Untersuchung von überlebenden niederländischen Juden, die als Kinder den Holocaust erlebten, fand Keilson drei Phasen von Traumatisierungen:

1. traumatische Sequenz: Beginnende Ausgrenzung von und zielgerichtete Gewalt gegen niederländische Juden während der deutschen Besatzung
2. traumatische Sequenz: direkte Verfolgung (Deportation, Trennung von Eltern und Kindern, KZ)
3. traumatische Sequenz: nach der Verfolgung, Vormundschaft und Heim

Wesentlich ist, dass selbst schwerste Verfolgungserlebnisse (2. Phase) kompensiert werden konnten, wenn nach der Verfolgung (3. Sequenz) ein stabiles Umfeld erreicht werden konnte. Dies bedeutet, dass posttraumatische Umweltverhältnisse einen prägenden Einfluss auf die Genesung ausüben.

Für Flüchtlinge in Deutschland ist die psychosoziale Umwelt hinsichtlich der Postmigrationsstressoren zu untersuchen. Zu den Risikofaktoren für eine posttraumatische Störungsentwicklung gehören erwiesenermaßen eine schlechte Qualität der Aufnahmecamps, ein verzögertes Verfahren bzw. die Verzögerung des Asylprozesses, das Fehlen eines legalen Aufenthaltsstatus, die Einsamkeit und Eintönigkeit in den Flüchtlingsunterkünften, gesellschaftliche Marginalisierung und fehlende Partizipation (Johnson & Thompson, 2008). Der eingeschränkte Zugang zu gesundheitlicher Versorgung begünstigt eine Verschlechterung der psychischen Gesundheit (Baron & Schriefers, 2015).

Die Umwelt wirkt hingegen protektiv, wenn sie Sicherheit und Ruhe bietet, wenn erlittenes Unrecht offengelegt und nicht verschwiegen wird und juristisch sowie gesellschaftlich anerkannt wird, was den Betroffenen widerfahren ist. Auf diese Weise stärkt sie das subjektiv erlebte Gefühl von Kontrolle, Handhabbarkeit und Sinnhaftigkeit des Erlebten, bietet soziale Unterstützung und Orientierung.

2.2 Was bedeutet Traumatisierung als neurobiologische Stressreaktion? Welche Auswirkungen hat Traumatisierung auf Gedächtnis und Emotion?

Von Traumatisierung sprechen wir, wenn bislang erworbene psychische Verarbeitungsmöglichkeiten überstiegen werden und es zu einer Störung kommt. Diese Störung unterbricht die gängige Informationsverarbeitung, löst neuroendokrine Notfallreaktionen aus, die überlebenswichtig sind, aber zugleich nachhaltig neuronale Hirnstrukturen verändern (Fischer & Riedesser, 2009).

Grundsätzlich ist der Mensch durchaus dafür angelegt, in stressigen Situationen neurobiologisch zu reagieren. Diese automatisierte Regulation ist überlebenswichtig. Die körperliche Stressreaktion lässt sich in drei Stufen beschreiben: Bei geringem Stress, z. B. während eines Referates oder Bewerbungsgesprächs wird das Nervensystem aktiviert und Adrenalin ausgeschüttet. Die Herzfrequenz und die Blutzufuhr in den Muskeln steigen, der Mensch schwitzt. Ist der Stressfaktor größer, wie z. B. bei einem Beinahe-Autounfall, kommt es zu einer weiteren Aktivierung: Noradrenalin wird ausgeschüttet und dadurch die Wachsamkeit erhöht. Erst in der höchsten Stressstufe sprechen wir von einer Traumatisierung. Hier werden in hohem Maße Stresshormone, u. a. Cortisol, ausgeschüttet und der Körper ist auf Alarm ausgerichtet. Das heißt, es handelt sich um die körperliche Vorbereitung auf Kampf, Flucht oder Erstarrung, bei der, beeinflusst durch eine Überaktivität im Bereich des limbischen Systems, die Verarbeitung von Wahrnehmungen, Erinnerungen und Emotionen beeinflusst werden. Traumatisierungen können somit nicht allein mit dem Stresskonzept erklärt werden und verlangen nach weiteren neurobiologischen Zugängen: So wurden bei Menschen mit Traumafolgestörungen typische Veränderungen der Amygdala sowie des Hippocampus beobachtet. Diese haben zentrale Funktionen für Lern- und Gedächtnisprozesse und sind bei Traumatisierten beeinträchtigt. Die Traumatisierung beeinflusst nicht nur die Konsolidierung/Abspeicherung der Ereignisse, sondern auch den Abruf der Erinnerungen (Kirsch, Michael & Lass-Hennemann, 2015, S. 20).

Konkret lässt sich der Unterschied zwischen dem Gedächtnissystem eines Gesunden im Vergleich zu dem eines Traumatisierten am besten nachvollziehen, wenn man sich die Erinnerung an konkrete Ereignisse beispielhaft vor Augen führt, wie z. B. das Mittagessen des Vortages, die letzte Familienfeier oder die Erinnerung an den ersten Schultag. Im gesunden Fall werden im Hippocampus die Fakten über das Ereignis gespeichert: Wann war es? Wo war es? Wer war dabei? Die Einbettung des Erlebnisses in Kontext, Raum und Zeit (im Hippocampus) geschieht gleichzeitig mit den emotionalen Informationen (Stimmung, Gefühle, Atmosphäre) in der Amygdala. Die Erinnerungen im Faktengedächtnis und die dazu gehörigen emotionalen Bewertungen und Körpererinnerungen sind präsent und als Ganzes gespeichert. Im Falle einer Traumatisierung wird durch die Kampf- und Fluchtbereitschaft der Hippocampus jedoch teilweise oder vollständig blockiert, wodurch die emotionalen und Körpererinnerungen unverbunden mit dem Ereignis gespeichert werden. Statt die Reize im expliziten Gedächtnis (Hippocampus) zu speichern, werden sie „im impliziten Gedächtnis (Amygdala) fragmentiert als zusammenhanglose Sinneseindrücke olfaktorischer, akustischer, visueller oder kinästhetischer Art gespeichert" (Landolt & Haensel, 2007, S. 15).

Die Einordnung von Gedächtnisinhalten im Raum- und Zeit-Kontext ermöglicht sowohl die Regulation von Stress und intensiven Gefühlen als auch eine narrative Symbolisierung (Schauer et al., 2005). Während einer traumatischen Situation ist durch das hohe Erregungsniveau und die entsprechende Sekretion endogener Stresshormone der Prozess der Informationsverarbeitung gestört. Diese Dysregulation hat zur Folge, dass Auslösereize (Trigger), die die Personen an das traumatische Ereignis erinnern, intrusive Gefühle, Bilder und Körperempfindungen unkontrollierbar auslösen und als fragmentierte Erinnerungen und Flashbacks wiederholen können. Damit verbunden ist, dass die kognitive Einbettung in die semantische Repräsentation gestört ist. Das Broca-Areal, neben dem Wernicke-Areal die wichtigste Komponente für die Sprachverarbeitung im Gehirn, ist in seiner Aktivität unterdrückt und hemmt die Versprachlichung bzw. „die Übertragung von Erfahrungen in kommunizierbare Sprache" (Hofmann 2014, S. 24).

Diese traumareaktiven neuropsychologischen Veränderungen wirken sich ebenfalls auf das Lernen im schulischen Kontext aus. Die Beeinträchtigungen umfassen Gedächtnisleistungen, die Konzentrationsfähigkeit und die Fertigkeit, Aufgaben planvoll in Schritten anzugehen (Möhrlein & Hoffart, 2016, S. 92). Bei gesunden Menschen wird die Amygdala über den präfrontalen Cortex heruntergeregelt. Dieser Mechanismus ist im Falle einer Traumatisierung oft gestört und hat zur Folge, dass die Amygdala permanent überaktiviert ist, mit dem Effekt, dass eingehende Informationen leicht unspezifisch als bedrohlich bewertet werden. Als Gegenmaßnahme empfehlen die Autorinnen u. a. als Gegengewicht zu den erlebten Schreckensbildern und der erlebten Angst angenehme Gefühle herzustellen. Auf diese Weise entstehen positive Bahnungen, die den „Zugriff auf den linken präfrontalen Cortex" (ebd., S. 99) deutlich verbessern und damit die Lernfähigkeit und das Gefühl von Selbstwirksamkeit erhöhen.

2.3 Traumafolgestörungen: Bandbreite und Komorbidität

Traumatisierungen können sehr unterschiedliche Störungen zur Folge haben, am bekanntesten ist die Posttraumatische Belastungsstörung. Theoretisch umfassen Traumafolgestörungen ein breites Spektrum möglicher Diagnosen, wie depressive Störungen, Angststörungen, somatoforme Störungen, dissoziative Störungen oder Substanzabhängigkeiten. Dabei sind komorbide Störungen, d. h. die Entwicklung verschiedener psychischer Störungen, eher die Regel als die Ausnahme. Folglich können Menschen, die unter einer Posttraumtischen Belastungsstörung leiden, parallel auch andere behandlungsbedürftige psychische Störungen aufweisen.

Sowohl das ICD 10, als auch das DSM V benennen Traumafolgestörungen. Das DSM V benennt konkret folgende Störungen im Zusammenhang mit Traumata und Stressoren (Falkai & Wittchen, 2014):

- Reaktive Bindungsstörung
- Bindungsstörung mit sozialer Enthemmung
- Posttraumatische Belastungsstörung
- Akute Belastungsstörung
- Anpassungsstörung

Notwendiges Kriterium für die Bindungsstörungen sind soziale Vernachlässigung, d. h. extrem unzureichende Fürsorge im Kindesalter (bezogen auf Kinder vor dem 5. Lebensjahr). Zu den Kernsymptomen einer Posttraumatischen Belastungsstörung (F43.10), die für Kinder ab 6 Jahren beschrieben werden kann, gehören:

- *Intrusionen* (ungewollte und wiederholt einschießende Bilder, Gerüche, Gedanken; können durch Trigger ausgelöst werden; belastende Träume und Alpträume; Flashbacks)
- *Vermeidung* (von traumaassoziierten Stimuli: Orte, Personen, Gefühle; Numbing als Gefühl der Entfremdung und emotionale Taubheit, allgemeiner Rückzug, Interesseverlust, innere Teilnahmslosigkeit, Gefühl wie abgestorben und erstarrt zu sein)
- *Negative Veränderungen in traumaassoziierten Gedanken und Stimmungen*

- *Hyperarousal* (Übererregungssymptome wie Schreckhaftigkeit, Konzentrationsstörungen, Reizbarkeit, Schlafstörungen, übermäßige Wachsamkeit, Affektintoleranz)

Im Kindesalter kommt es teilweise zu veränderten Symptomausprägungen (z. B. wiederholtes Durchspielen des traumatischen Erlebens, teilweise aggressive Verhaltensmuster, Verhaltensauffälligkeiten). Zu beachten ist, dass Kinder in den ersten Lebensjahren aufgrund der erhöhten Neuroplastizität und Sensibilität für neue Erfahrungen besonders vulnerabel sind (Scherwath & Friedrich, 2012, S. 29 ff.), wodurch es zu komplexen Traumafolgestörungen, Bindungsstörungen und Entwicklungsverzögerungen kommen kann.

2.4 Traumabewältigung

Traumainduzierte psychische Störungen werden durch Erfahrungen von Todesangst und extremer Hilflosigkeit evoziert und führen zu Veränderungen neuronaler Verbindungen und intrapsychischer Strukturen mit Folgen für interpersonelle Beziehungsmuster. Oberstes Prinzip im Kontakt mit traumatisierten Menschen ist daher die Stressreduktion, indem äußerlich und innerlich stabile, „sichere Orte" geschaffen werden. So sind traumaadaptierte psychotherapeutische Behandlungen in der Regel in die folgenden drei Phasen gegliedert:

1. Herstellen von Sicherheit und Stabilisierung

Basal für die Bewältigung traumatischer Erfahrungen ist die Herstellung äußerer und innerer Sicherheit. Was unter äußerer Sicherheit zu verstehen ist, kann individuell unterschiedlich sein und z. B. verknüpft sein mit Fragen, wie sicher die Wohnsituation ist, ob es Täterkontakte gibt, Abschiebung droht, ein Klinikaufenthalt notwendig ist, Medikamente benötigt werden usw. Diese psychosoziale Sicherheit zu schaffen ist die Voraussetzung für eine körperliche und psychische Stabilisierung, denn so kann dem traumatischen Material eine sichere Gegenwart entgegengestellt werden. Innere Sicherheit zu empfinden bedeutet, über ausreichend eigene Selbsthilfestrategien zu verfügen, angefangen vom Wissen über bis hin zum kontrollierten Umgang mit dem traumatischen Material.

2. Traumakonfrontation

Von zentraler Bedeutung ist es für traumatisierte Menschen, den traumatischen fragmentierten Erinnerungsspuren im geschützten Raum der Therapie zu begegnen. Dafür bieten sich eine Reihe von Methoden an, die in ihrer Wirksamkeit empirisch gut belegt sind, wie kognitiv-behaviorale Methoden, hypno-imaginative Verfahren zum Aufspüren und Ankern prätraumatischer Ressourcen, EMDR, künstlerische und traumaadaptierte körperorientierte Verfahren. Ziel aller Verfahren ist es letztlich, die sensomotorischen Erinnerungsfragmente und damit verbundenen Affekte in das Gedächtnis zu integrieren und die vergangene traumatische Situation kognitiv neu und der Gegenwart angemessen zu bewerten.

Eine Kontraindikation für konfrontative Traumabearbeitung liegt dann vor, wenn äußere Sicherheit und eine hinreichend gute Emotionsregulierung (ausreichende Stabilisierung) noch nicht vorhanden sind. Über diese Tatsache hat sich eine erhitzte politisierte Debatte entwickelt, die um die Frage kreist, ob und wie Traumatherapie mit geflüchteten traumatisierten Menschen ohne sicheren Aufenthaltstitel durchgeführt werden kann.

3. Integration und Neuorientierung nach Überwinden des Traumas

Die Phase der Neuorientierung nach Traumakonfrontation und Überwindung des Traumas ist verbunden mit der Fähigkeit, aufkommende Affekte zu regulieren und Kontrolle über das eigene Verhalten zu erlangen. Die traumatischen Erlebnisse sind als Teil eines neuen und konstruktiven Selbst- und Weltbildes integriert. Dies bedeutet jedoch nicht, dass das Überwinden des Traumas einem „Ungeschehenmachen" gleichkommt, sondern die Integration des schmerzhaft Erlebten in Erinnerung und Gedächtnis und eine konstruktive Neuausrichtung mit Blick auf Alltagsbewältigung und Zukunft. In dieser Phase können Sinnfragen ihren Platz und Trauer-, Schuld- und Schamgefühle einen Raum finden. Zudem können Veränderung im Umgang mit sich und anderen erprobt und mögliche Grenzen bewusst werden. Integration und Neuorientierung bedürfen der Verbindung mit einer sozialen Gemeinschaft und sind auf die soziale Anerkennung der zugefügten Gewalterfahrungen angewiesen. Idealerweise wird die eigene Geschichte wieder angeeignet und erzählbar und damit der Zustand der Sprachlosigkeit beendet, der sich selbst neuronal verankert hatte (vgl. Reddemann, 2008; Becker, 1992; Loch & Schulze, 2012).

Insbesondere Kinder und Jugendliche sind auf die Unterstützung der sozialen Umwelt fundamental angewiesen, denn erst wenn die Lebensumstände tatsächlich „post"-traumatisch sind und sie sich real verändert haben, können Kinder und Jugendliche an ihre entwicklungsspezifischen Aufgaben anknüpfen und mögliche sekundäre Traumafolgen wie Schulversagen, Verlust von Freunden usw. aufarbeiten.

Vor diesem Hintergrund sollte die soziale Umwelt im Idealfall sowohl als Setting als auch in den Beziehungsangeboten strukturierend, sicherheitsgebend und ressourcen-orientiert gestaltet sein.

2.5 Traumasensible pädagogische Handlungskompetenz

Sicherlich ist es wünschenswert, wenn traumatisierte geflüchtete Kinder und Jugendliche Zugang zu psychotherapeutischen Einzelsettings erhalten. Für ihr tägliches Leben entscheidend sind jedoch die Qualität des Alltags und die Begegnungen und Beziehungen in Institutionen wie Schulen, Kindergärten etc. Pädagogische Fachkräfte neigen gerade in Überforderungssituationen dazu, therapeutische Möglichkeiten zu mystifizieren und die eigenen Wirkungs- und Verantwortungsbereiche zu unterschätzen (Kühn, 2016, S. 20). Traumasensible Handlungskompetenz bei pädagogischen Fachkräften impliziert Wissen um die Relevanz von professioneller Beziehungsgestaltung und um die Struktur der jeweiligen Institution als (alltäglichem) Lebensraum (Schulze, 2012, S. 115 ff.). Diese beiden Dimensionen werden im Folgenden in den Blick genommen:

Professionelle Beziehungsgestaltung

Bei Traumatisierten ist das grundlegende Vertrauen in menschliche Beziehungen erschüttert. Neue, zumal professionelle Beziehungen ermöglichen neue Erfahrungen und können durch ihre Gestaltung heilen und die Verbindung zum Mensch-Sein und zur sozialen Umwelt wieder herstellen.

Hierbei ist die Basisstrategie im Umgang mit traumatisierten Menschen, den größtmöglichen Kontrast zur traumatischen Situation herzustellen. Dies bedeutet, Sicherheit und Würde zu geben (Reddemann, 2008, 2011). Klare Informationen, Transparenz und Durchschaubarkeit im Setting und in der Beziehung vermitteln das Gefühl von Sicherheit, ermöglichen Kontrolle, nehmen Angst und Unsicherheit. Ein verlässlicher, offener, berechenbarer Rahmen impliziert zugleich eine respektvolle, rücksichtsvolle Haltung. Ideal ist eine Interaktion in freundlicher Atmosphäre mit einem erwachsenen, höflich-zugewandten Menschen. Würdigung der Person meint, wenn Kinder und Jugendliche von sich aus erzählen, ohne Bewertung zuhören zu können und zugleich, sie nicht auf das traumatische Geschehen zu reduzieren.

Traumasymptome zeigen sich jedoch nicht nur im therapeutischen Rahmen, sondern können jederzeit im Alltag auftreten. So haben Traumatisierte durch das Hyperarousal einen erhöhten Stresslevel, wodurch es zu Reizbarkeit und Schreckhaftigkeit kommen kann oder unwillkürlich intrusive Erinnerungsfragmente auftauchen können. Da traumatisierte Menschen in der Vergangenheit verletzt und verwundet wurden, kann sie das in manchen Bereichen verletzlich machen. Es erhöht die Qualität ihres Alltags, wenn körperliche, soziale und psychische Stabilisierung unter Einbezug der Lebenswelt hergestellt werden kann, denn Sicherheit findet im Alltag statt. Hierfür sind die jeweils bestehenden Ressourcen der Betroffenen zu aktivieren und die jeweils eigenen Selbsthilfestrategien anzuerkennen. Auch traumatherapeutische Prinzipien können achtsam auf weitere alltägliche Begegnungen übertragen werden.

Das folgende Beispiel zum Umgang mit intrusiven Erinnerungsfragmenten soll diese grundlegenden Prinzipien veranschaulichen:

Yasemin bekommt am Ende der Unterrichtsstunde einen Flashback. Das sind kurzandauernde, häufig alle Sinnesqualitäten beinhaltende Erinnerungsattacken, die mit dem Gefühl einhergehen, das Trauma noch einmal zu durchleben. Sie fängt an schwer zu atmen, schwitzt, ihre Augen wirken glasig abwesend, ihre Hände zittern. Sie ist kurz nicht ansprechbar.
Was sollte die Lehrerin tun? Bereits kleine Interventionen können eine große Hilfe sein. In erster Linie geht es darum, Realitätskontrolle herzustellen, um die überflutenden Bilder und Gefühle zu kontrollieren. Hilfreich sind jegliche Wege, um aus „dem Film" herauszukommen und Orientierung im Hier und Jetzt zu gewinnen (Mit Namen ansprechen, Ort, Wochentag, Tageszeit nennen „X, du bist in der Schule …"). Manchmal sind auch sogenannte Grounding-Übungen ausreichend, die die Sinneswahrnehmung anregen, z. B. die Füße auf dem Boden spüren, einen Gegenstand in die Hand nehmen, etwas Angenehmes riechen. Manchmal hilft ein Fokuswechsel: „Was brauchen Sie/brauchst Du jetzt?", einen Schluck Wasser trinken, beschreiben lassen, was die Person im Raum sieht, denn die Konzentration auf andere Bilder, Gerüche und Geräusche lenkt die Aufmerksamkeit um.

Die Traumasymptomatik beeinflusst intrapsychische Strukturen und interpersonelle Beziehungen und kann damit in jede Beziehung – ob therapeutisch, pädagogisch oder freundschaftlich – eingreifen. Die Auseinandersetzung mit extremen Ereignissen menschlicher Aggressivität und Destruktivität führt bei beiden/allen Beteiligten zu Gefühlen von Angst, Grauen und existentieller Bedrohung durch diese sonst meist verleugneten Seiten menschlicher Existenz. Gemeinsam werden regelmäßig vor allem Gefühle von Ohnmacht und Hilflosigkeit abzuwehren versucht, so dass leicht eine Atmosphäre diffuser Unruhe und Aggression entstehen kann. Emotionale Erleichterung verschaffen in solchen Situationen häufig die Konstruktion dichotomer Imaginationen vom Guten und Schlechten, vom Eigenen und Fremden (überspitzt formuliert: Flüchtling gut, Politik schlecht, Therapeutin gut, Behörden schlecht). Die Folgen können eine Überidentifikation mit Traumatisierten oder erhöhte Distanz und mangelnde Empathie sein. Es kommt zu Reinszenierungen, die aus psychodynamischer Sicht als typische Übertragungs- und Gegenübertragungsmuster eingeordnet werden können.

Typische Gegenübertragungsmuster bei Traumatisierung sind Mitgefühl, intensive Wut auf Täter, Rettungsimpulse, das Gefühl von Ohnmacht und Hilflosigkeit, das Gefühl des Ungenügens oder der Inkompetenz, das Gefühl der Abneigung und des Abgestoßenseins, keinen Glauben schenken und Schuld zuweisen, das Gefühl manipuliert, kontrolliert, ausgebeutet, abgewertet zu werden, und Impulse, die Person zu meiden, verbunden mit Schuld- und Schamgefühlen.

Auf Seiten der Fachkräfte kann es daher zu empathischen Über-Reaktionen kommen, wie dem Fehlen einer angemessenen Distanz, der Verletzung von Grenzen (z. B. Zeit[4], Berührung), der Idealisierung, einem auf das Trauma Fokussiert-Sein, dem Träumen von der Person oder der Übernahme von Verantwortung. Die Kehrseite ist die empathische Unter-Reaktion, wie Verleugnung, Vermeidung, Misstrauen, Verharmlosung des Traumas, Scham, Distanz, Indifferenz oder Ablehnen von Verantwortung. Eine hilfreiche Formel, um mit diesen ambivalenten Gefühlen umzugehen und eine adäquate Balance zwischen Nähe und Distanz zu finden, lautet: „größtmögliche Empathie im Verbund mit größtmöglicher Distanz" (Lansen, 1996).

Die professionelle Beziehungsgestaltung bei Traumatisierung sollte charakterisiert sein von Würdigung, Vertrauen, Berechenbarkeit, Anregung zur Selbsthilfe, aber auch, wenn nötig, zu Hilfe bereit sein, helfen, real bedrohliches Äußeres von innerer Bedrohung unterscheiden lernen, Bedürfnisse beachten, bei Angst beruhigend wirken und vor allem das Gefühl von Sicherheit fördern.

Eine bewusste Kommunikation der Fachkräfte trägt entscheidend zur Stabilisierung traumatisierter Kinder und Jugendlicher bei. Bewusste Kommunikation heißt, innerlich und äußerlich präsent sein. Das drückt sich in einer zugewandten Körperhaltung, durch Blickkontakt, den Tonfall und durch die Sprache als verbale Resonanz aus. Sicherlich ist ein verstehender dialogischer Kontakt eine pädagogische Herausforderung, gerade wenn es zu Impulsdurchbrüchen und Aggressionen der traumatisierten Kinder und Jugendlichen kommt oder wenn durch familiäre Loyalitäten der Reichweite fachlichen Handelns Grenzen gesetzt sind.

Die Herausforderung besteht darin, den pädagogischen Spagat umzusetzen zwischen dem Verstehen einerseits und dem Einhalten von Regeln und Konsequenzen andererseits sowie zwischen angemessener Nähe und Distanz. Diese Balance erfordert eine ausgeprägte soziale Kompetenz und ein hohes Maß an Selbst- und Stressregulation (z. B. bei überflutenden Emotionen) seitens der pädagogischen Fachkräfte. Hier schützt die eigene Selbstfürsorge vor Burn-out und sekundärer Traumatisierung. Sie sollte ein Bestandteil der beruflichen Identität sein. Wesentlich ist jedoch, dass der Umgang mit Stress nicht allein in der persönlichen Verantwortung der Einzelnen liegt und liegen darf, sondern entscheidend von der Teamstruktur und von institutionellen Faktoren beeinflusst wird.

Institutionelle Perspektive

Professionelle Beziehungen finden nicht im luftleeren Raum statt, sondern in Institutionen, wie Beratungsstellen oder Schulen. Diese Orte sollten idealerweise als „sichere Orte" gestaltet sein. Denn eine stabile, sichere Organisation hat Einfluss auf die Fachkräfte und ihre Zusammenarbeit, ihre Interaktion mit den Adressatin-

---

4   Mit Zeit ist gemeint, dass z. B. sehr viel Zeit in den Kontakt, die Beratung oder Beziehung investiert wird. Diese Zeit steht nicht in einem direkten Zusammenhang mit einer Notwendigkeit für die traumatisierte Person, sondern „stillt" eher Bedürfnisse der Fachkraft.

nen und Adressaten, ihre Zufriedenheit und Gesundheit (Schulze & Kühn, 2012, S. 170 ff.). Ein institutionell „sicherer Ort" wird auf eine übergreifende interdisziplinäre Vernetzung und ggf. Delegation angewiesen sein (z. B. über den Einbezug von Sprach- und Integrationsmittlerinnen und -mittlern, einer sozialpädagogischen Familienhilfe, Schulsozialarbeiterinnen und -sozialarbeitern oder Schulpsychologinnen und -psychologen, von Psychosozialen Zentren usw.).

Ein traumasensibles Organisationsprinzip impliziert, insbesondere auf die Mitarbeiterinnen und Mitarbeiter zu achten und im Blick zu halten, dass sie durch Erfahrungen von Hilflosigkeit und Überforderung auch ohne unmittelbare Konfrontation mit einem Ereignis stellvertretend traumatisiert werden können oder aber, dass die Überlastung zu Burn-out führen kann. Es wäre fatal, Traumasensibilität einzufordern, ohne wahrzunehmen, dass durch diese Empathiefähigkeit emotionsverarbeitetende Gehirnregionen sensitivisiert werden (Scherwath & Friedrich, 2012, S. 180). Psychotraumatologisches Wissen schützt, da es den Fachkräften Sicherheit und Kontrolle vermittelt, die sie weitergeben können. Hierfür sind Angebote und Raum für Supervision, Fortbildungen und Maßnahmen für ihre Psychohygiene notwendig anzubieten.

Die aktuellen Rahmenbedingungen, die z. B. bereits Lehramtsstudentinnen und -studenten hemmen, eine Psychotherapie in Anspruch zu nehmen, aus Sorge, nicht mehr verbeamtet werden zu können, sind demgegenüber kontraproduktiv.

Hinzu kommt, dass sich, wenn es langfristig zu einem Generationenwechsel in der Lehrerschaft kommt, der Anteil der Lehrenden mit eigener Flucht- und Migrationsgeschichte verändern wird. Hier kann es durch die doppelte biografische Realität (Freyberger & Freyberger, 2015, S. 87) zu Prozessen der Identifizierung mit den geflüchteten Kindern und Jugendlichen kommen, teils verstärkt über transgenerationale Traumatransmission.

3. Transkulturelle Sensibilität

Die Forderung nach kultureller Sensibilität, meist versehen mit einem weiteren Präfix wie inter-, trans- oder multi-, wird in der pädagogischen Arbeit mit traumatisierten Kindern- und Jugendlichen mit Migrations- und Fluchtgeschichte häufig gestellt (Baierl, 2016, S. 225 ff.). In der Regel werden damit eine Bandbreite von Themen (Fakten zu Migration, bikulturelle Identitätsentwicklung, Destabilisierung familiärer Verhältnisse, Diskriminierungserfahrungen usw.) und Zugängen (Inklusion, Diversity, Intersektionalität usw.) eröffnet. In diesem thematischen Kontext der traumasensiblen und kultursensiblen pädagogischen Arbeit sollen folgende zwei Fragen im Fokus stehen: a) Gibt es eine Relevanz von Kultur für das Entstehen einer Traumatisierung und den Umgang mit ihr? b) Was macht eine hohe oder geringe transkulturelle Sensibilität im Umgang mit geflüchteten traumatisierten Menschen in der Interaktion und Kommunikation aus?

Sicherlich gibt es soziokulturelle Wirkfaktoren bei psychischen Erkrankungen. Bei der Genese/Ätiologie von psychischen Störungen werden in der klinischen Psychologie multifaktorielle Modelle wie das bio-psycho-soziale Modell oder das bereits genannte Vulnerabilität-Stress-Modell diskutiert. Grundsätzlich ist jedoch davon auszugehen, dass, je biologischer eine Störung verursacht wird und je ubiquitärer die Wirkfaktoren sind, sie umso universeller zu diagnostizieren und zu therapieren sein wird. Je mehr Umweltfaktoren relevant sind, desto soziokultureller muss die Verortung der Störung erfolgen.

Die Posttraumatische Belastungsstörung ist eine neurobiologische Entgleisung, die weltweit insbesondere in Krisenregionen mit einer hohen Prävalenz vorzufinden ist. Ihre Symptomatik ist im Kern universell und unabhängig von der Herkunft des oder der Betroffenen. Gleichwohl können die Bewertung, der Umgang und der Ausdruck der Symptome kulturell jedoch unterschiedlich sein (Assion et al., 2015, S. 528). Jede Expression, aber auch jede Therapie und sogar die vermeintlich universellen internationalen Klassifikationssysteme psychischer Störungen sind Ausdruck von Kultur und nicht kulturfrei (De Jong, 2010). Insofern ist es möglicherweise hilfreicher zu fragen, in welchem Kontext Kultur wie thematisiert wird und welche Betrachtungsweise handhabbar ist. Und: An welcher Stelle sagen kulturelle Irritationen (Ghaderi & Van Keuk, 2011, S. 73) mehr über den Befremdeten als über den Fremden aus?

Kultur ist relevant in ihrem expressiven Moment, als Taktgeber für Handlungen, für die Regulation des sozialen Miteinanders, allerdings nicht im veralteten essentialistischen Sinne, der zu Kulturalisierung verleitet. Dieser veraltete Kulturbegriff, der im wissenschaftlichen Sprachgebrauch als „essentialistischer" oder „klassischer Kulturbegriff" bezeichnet wird, stammt noch aus dem 19. Jahrhundert. Damals versuchten Ethnologen Völker nach Kulturen zu ordnen, in der Annahme, dass jedes Volk über bestimmte Wesensmerkmale und Charakteristika verfüge, die als „Mentalität" und „Temperament" zu fassen seien. Der moderner Kulturbegriff hingegen fasst Kultur dynamisch auf, als Kontext bzw. als Rahmen, in dem Verhalten verständlich wird, veränderbar und prozesshaft ist (vgl. Van Keuk et al., 2011). Kultur ist relevant, Kulturalisierung führt in die Irre. Hierbei bedeutet Kulturalisierung die Reduzierung von Konflikten auf eine vermeintliche Kultur der Anderen. Wege aus der Kulturalisierungsfalle können z. B. sein:

- das Zugrundelegen einer dynamischen Kulturdefinition
- die Achtsamkeit für die eigene (sozio)kulturelle Eingebundenheit
- das Fragen nach der Funktion von „Kultur" in der Kommunikation (Nassehi, 2011)
- das Wahrnehmen von Machtverhältnissen, Minderheiten- und Mehrheitserfahrungen im Setting
- die Beachtung von Diversität innerhalb und jenseits von Kulturen (Van Keuk et al., 2011), z. B. durch einen Blick auf gesellschaftliche Milieus oder intersektionale Verbindungen

Eine kultursensitive Gestaltung von Setting, Interaktion und Kommunikation impliziert eine erhöhte Reflexionsbereitschaft, Offenheit, die Haltung einer „warmen" Neugier sowie ein hohes Maß an Ambiguitätstoleranz. Transkulturelle Kompetenz wird von verschiedenen Autorinnen und Autoren mitunter als die Kompetenz zur Kompetenzlosigkeit umschrieben, im Sinne des Aushaltens von Unwissenheit und Unsicherheit und der Vorsicht vor vorschnellen Bewertungen. Priorität für die Kommunikation hat, Beziehung zu ermöglichen, *individualisiert vorzugehen* und dabei den Kontext – sozial, rechtlich, gesellschaftlich, ökonomisch, familiär und milieubedingt – zu beachten. Diese weite Perspektive schützt auch vor kollektiven Übertragungen (Idealisierung, Abwertung). Sie ermöglicht eine Kontextualisierung der Wahrnehmung für die realen Lebensbedingungen von potentiell traumatisierten Schülerinnen und Schülern mit Fluchthintergrund, zu denen auch Ausgrenzungserfahrungen gehören können.

Beispiel: Eine Lehrerin berichtet, dass einige der geflüchteten Kinder ungern nach der Schule „nach Hause" gehen, insbesondere vor Wochenenden und Ferien. Denn ihr Zuhause ist ein Raum in einer Unterkunft, in der sie sich wie eingesperrt fühlen, der aber aus Sicherheitsgründen nie abgeschlossen werden darf. Der Raum bietet keinen Schutz einer Privatsphäre, zugleich erzählen die Kinder, dass die Eltern Sorge haben, dass sie außerhalb ihres Raumes mit kriminellen Personen in Kontakt kommen. Einige Kinder berichten, nach den Vorfällen von Köln häufiger rassistischen verbalen Attacken auf dem Weg zur Schule ausgesetzt zu sein.

Eine hilfreiche Haltung in der Arbeit mit traumatisierten, geflüchteten Kindern und Jugendlichen ist, die limitierenden gesellschaftlichen und politischen Kontexte wahrzunehmen (durch die Asylgesetze bestehende Vorgaben, Wohnbedingungen, Wertkonflikte usw.), vorhandene kulturelle Ressourcen zu nutzen (wie lebensgeschichtliche Erfahrungen, Mehrsprachigkeit, familiäre Netzwerke), sich eigene Unsicherheit zuzugestehen und gleichzeitig ruhig und fachlich fundiert zuzupacken – das schafft Stabilität und Sicherheit.

Literatur

Antonovsky, A. (1997). *Salutogenese. Zur Entmystifizierung der Gesundheit*. Erweiterte deutsche Ausgabe von A. Franke. Tübingen: dgvt-Verlag.
Baierl, M. (2016). Traumpädagogik für Kinder und Jugendliche mit Migrationserfahrung. In: Gahleitner, S., Hensel, T. & Baierl, M. (2016). *Traumapädagogik in psychosozialen Handlungsfeldern*. 2. Auflage, Göttingen: V & R, S. 225–239.
Bandura, A. (1997). *Self-Efficacy. The Exercise of Control*. New York: Freeman.
Baron, J. & Schriefers, S. (2015). *Versorgungsbericht zur psychosozialen Versorgung von Flüchtlingen Folteropfern in Deutschland*. Verfügbar unter: http://www.baff-zentren.org/wp-content/uploads/2015/09/Versorgungsbericht_mit-Umschlag_2015.compressed.pdf [31.01.16].

Becker, D. (2006/2014). *Die Erfindung des Traumas – Verflochtene Geschichten*. Berlin: Freitag. Neu aufgelegt 2014, Gießen: Psychosozial Verlag.

Bering, R. (2011). *Verlauf der Posttraumatischen Belastungsstörung*. Shaker Verlag: Aachen.

Biberacher, M. (2003). Traumaberatung in der Sozialarbeit. In: Huber, M. (Hrsg.) (2003). *Viele sein. Komplextrauma und dissoziative Identität – verstehen, verändern, behandeln. Ein Handbuch*. Paderborn: Junfermann, S. 416–432.

Brewin C.R., Andrews B. & Valentine, J.D. (2000). Meta-analysis of risk factors for posttraumatic stress disorder in trauma-exposed adults. *Journal of Consulting and Clinical Psychology*, 68 (5), S. 748–766.

Brisch, K. H. & Hellbrügge, Th. (Hrsg.) (2012). *Bindung und Trauma*. Stuttgart: Klett-Cotta.

Daniels, J. (2008). Sekundäre Traumatisierung. Interviewstudie zu berufsbedingten Belastungen von Therapeuten. *Psychotherapeut*, 53(2), S. 100–107.

De Jong, J. (2010). Klassifizieren oder nuancieren? Ein kritischer Blick auf DSM und ICD am Vorabend des DSM-V. In: Hegemann, T. & Salman, R. (Hrsg.). *Handbuch Transkulturelle Psychiatrie*. Köln: Psychiatrie Verlag, S. 142–169.

Fischer, G. & Riedesser, P. (2009). *Lehrbuch der Psychotraumatologie*. München: Reinhardt.

Flatten, G. (2011). 150 Jahre Psychotraumatologie. *Trauma & Gewalt* 5, (3), S. 190–199.

Flatten, G. (2013). *Posttraumatische Belastungsstörung: S3-Leitlinie – In Abstimmung mit den AWMF-Fachgesellschaften DeGPT, DGPM, DKPM, DGPs, DGPT, DGPPN*. Stuttgart: Schattauer.

Flatten, G., Gast, U., Hofmann, A., Knaevelsrud, Ch., Lampe, A., Liebermann, P., Maercker, A., Reddemann, L. & Wöller, W. (2011). S3 – Leitlinie Posttraumatische Belastungsstörung. ICD 10: F 43.1. *Trauma & Gewalt*, 5, (3), S. 202–210.

Freyberger, F., Glaesmer, H., Kuwert, P. & Freyberger, H. J. (2015). Transgenerationale Traumatisierungsmission am Beispiel der Überlebenden des Holocaust. In: Seidler, G. H., Freyberger, H. J. & Maercker, A. (Hrsg.). *Handbuch der Psychotraumatologie*. Stuttgart: Klett-Cotta, S. 93–108.

Gäbel, U., Ruf, M., Schauer, M., Odenwald, M. & Neuner, F. (2006). Prävalenz der Posttraumatischen Belastungsstörung (PTSD) und Möglichkeiten der Ermittlung in der Asylverfahrenspraxis. *Zeitschrift für Klinische Psychologie und Psychotherapie*, 35 (1), S. 12–20.

Gavranidou, M., Niemiec, B., Magg, B. & Rosner, R. (2008). Traumatische Erfahrungen, aktuelle Lebensbedingungen im Exil und psychische Belastung junger Flüchtlinge. *Kindheit und Entwicklung*, 17 (4), S. 224–231.

Seidler, G., Freyberger, H. J. & Maercker, A. (Hrsg.) (2015). *Handbuch der Psychotraumatologie*. 2. Auflage, Stuttgart: Klett-Cotta.

Herman, J. (2003). *Die Narben der Gewalt*. Paderborn: Junfermann.

Hofmann, A. (2014). *EMDR. Praxishandbuch zur Behandlung traumatisierter Menschen*. Stuttgart: Thieme, S. 16–44.

Huber, M., (2003). *Trauma und die Folgen. Trauma und Traumabehandlung. Teil 1*. Paderborn: Junfermann.

Johnson, H. & Thompson, A. (2008). The development and maintenance of posttraumatic stress disorder (PTSD) in civilian adult survivors of war trauma and torture: A review. *Clinical Psychology Review*, 28 (1), 36–47.

Keilson, H. (1979/2005). *Sequentielle Traumatisierung bei Kindern. Untersuchung zum Schicksal jüdischer Kriegswaisen*. Gießen: Psychosozial-Verlag.

Khan, M. M. (1963). The concept of cumulative trauma. *Psychoanalytic Study of the Child*, 18, S. 286–306.

Kirsch, A., Michael, T. & Lass-Hennemann, J. (2015). Trauma und Gedächtnis. In: Seidler, G. H., Freyberger, H. J. & Maercker, A. (Hrsg.). *Handbuch der Psychotraumatologie*. Stuttgart: Klett-Cotta, S. 15–22.

Kühn, M. (2016). Traumapädagogik – von einer Graswurzelbewegung zur Fachdisziplin. In: Gahleitner, S., Hensel, T. & Baierl, M. (2016). *Traumapädagogik in psychosozialen Handlungsfeldern*. 2. Auflage, Göttingen: V & R, S. 19–27.

Landolt, M. A. (2004). *Psychotraumatologie des Kindesalters*. Göttingen: Hogrefe.

Lansen J. (1996). Was tut „es" mit uns? In: Graessner, S., Gurris, N. & Pross, C. (Hrsg.) *Folter. An der Seite der Überlebenden*. München: Beck, S. 253–270.

Lifton, R. J. (1986). *The Nazi Doctors: Medical Killing and the Psychology of Genocide*. New York: Basic Books.

Lifton, R. J. (2004). Doctors and Torture. *New England Journal of Medicine*, 351, S. 415–416. Verfügbar unter: http://www.nejm.org/doi/full/10.1056/NEJMp048065 [31.01.2016].

Möhrlein, G. & Hoffart, E.-M. (2016). Traumapädagogische Konzepte in der Schule. In: Gahleitner, S., Hensel, T. & Baierl, M. (2016). *Traumapädagogik in psychosozialen Handlungsfeldern*. 2. Auflage, Göttingen: V & R, S. 91–103.

Nassehi, A. (2011). *Soziologie. Zehn einführende Vorlesungen*, Wiesbaden: VS-Verlag.

Niklewski, G., Richter, K. & Lehfeld, H. (2012). *Abschlussbericht im Verfahren Az.: Z2/0272.01–1/14 für „Gutachterstelle zur Erkennung von psychischen Störungen bei Asylbewerberinnen und Asylbewerbern -Zirndorf"*. Nürnberg: Klinikum Nürnberg.

Peter F. & Wittchen, H. U. (Hrsg.). *Diagnostisches und statistisches Manual psychischer Störungen DSM-5*. 1. Auflage. Göttingen: Hogrefe, S. 361–396.

Pielmaier, L. & Maerker, A. (2015). Risikofaktoren, Resilienz und posttraumatische Reifung. In: Seidler, G. H., Freyberger, H. J. & Maercker, A. (Hrsg.). *Handbuch der Psychotraumatologie*. Stuttgart: Klett-Cotta, S. 74–84.

Reddemann, L. (2008). *Würde – Annäherung an einen vergessenen Wert in der Psychotherapie*. Stuttgart: Klett-Cotta.

Reddemann, L. (2011). Stabilisierung in der Traumatherapie – Eine Standortbestimmung. *Trauma und Gewalt*, 5 (3), S. 256–263.

Ruf, M., Schauer, M. & Elbert, T. (2010). Prävalenz von traumatischen Stresserfahrungen und seelischen Erkrankungen bei in Deutschland lebenden Kindern von Asylbewerbern. *Zeitschrift für Klinische Psychologie und Psychotherapie*, 39 (3), S. 151–160.

Scherwath, C. & Friedrich, S. (2012). *Soziale und pädagogische Arbeit bei Traumatisierung*. München: Reinhardt.

Schneider, G. & Seidler, G. H. (Hrsg.) (1995/2013). *Internalisierung und Strukturbildung. Theoretische Perspektiven und Klinische Anwendungen in Psychoanalyse und Psychotherapie*. (2. Aufl.). Gießen: Psychosozial-Verlag.

Schulze, H. & Kühn, M. (2012). Traumaarbeit als institutionelles Konzept: Potentiale und Spannungsfelder. In: Schulze, H., Loch, U. & Gahleitner, S. B. (Hrsg.). *Soziale Arbeit mit traumatisierten Menschen*. Reihe: Grundlagen der sozialen Arbeit – Band 28. Baltmannsweiler: Schneider Hohengehren, S. 166–189.

Schulze, H., Loch, U. & Gahleitner, S. B. (Hrsg.) (2012). *Soziale Arbeit mit traumatisierten Menschen*. Reihe: Grundlagen der sozialen Arbeit – Band 28. Baltmannsweiler: Schneider Hohengehren.

Spitzer, C., Wibisono, D. & Freyberger, H. J. (2015). Theorien zum Verständnis von Dissoziation. In: Seidler, G. H., Freyberger, H. J. & Maercker, A. (Hrsg.). *Handbuch der Psychotraumatologie*. Stuttgart: Klett-Cotta, S. 22–38.

Standpunktpapier der Bundespsychotherapeutenkammer „Psychische Erkrankungen bei Flüchtlingen" vom 16.09.2015. Abrufbar unter: http://www.bptk.de/uploads/media/20150916_BPtK-Standpunkt_psychische_Erkrankungen_bei_Fluechtlingen.pdf [31.01.2016].

Terr, L. (1991). Childhood Traumas. An Outline and Overview. *American Journal of Psychiatry*, 148 (1), S. 10–20.

UNHCR (2015). *Mid-year-Trends 2015*. Abrufbar unter: http://www.unhcr.de/service/zahlen-und-statistiken.html [13.02.2016].

Wagner, F. (2015). Die Posttraumatische Belastungsstörung. In: Seidler, G. H., Freyberger, H. J. & Maercker, A. (Hrsg.). *Handbuch der Psychotraumatologie*. Stuttgart: Klett-Cotta, S. 182–196.

Wittchen, H.-U. & Hoyer, J. (2011). *Klinische Psychologie & Psychotherapie*. Berlin: Springer.

Yehuda, R. (2012). Zur Bedeutung der Epigenetik für die Posttraumatische Belastungsstörung und ihre intergenerationale Weitergabe. In: Özkan, I., Sachsse, U. & Streeck-Fischer, A. (Hrsg.). *Zeit heilt nicht alle Wunden. Kompendium zur Psychotraumatologie*, Göttingen: Vandenhoeck und Ruprecht, S. 22–38.

Zimmermann, D. (2012). Die Beziehung nutzen … Verstehen und Handeln in der schulischen Arbeit mit jungen traumatisierten Flüchtlingen. *Trauma & Gewalt*, 6 (4), S. 306–317.

Zito, D. (2015). *Überlebensgeschichten. Kindersoldatinnen und Kindersoldaten als Flüchtling ein Deutschland*. Weinheim, Basel: Beltz Juventa.

Erkenntnisse aus der Fremd- und Zweitsprachenforschung und didaktische Implikationen mit besonderem Blick auf neu zugewanderte Deutschlernende

Lena Heine

Immer mehr Lehrkräfte, die keine grundständige DaF-/DaZ-Ausbildung haben, sehen sich in der aktuellen Situation mit der Herausforderung konfrontiert, Schülerinnen und Schüler unterrichten zu sollen, die noch keine oder nur wenige Deutschkenntnisse haben. Häufig werden Deutschlehrkräfte für dieses Feld eingesetzt, die allerdings in ihrem Studium nicht auf den besonderen Bereich „Deutsch als Fremd- und Zweitsprache" vorbereitet worden sind und somit nicht wissen, wie sie Lernanfängern im Deutschen möglichst effizient und schnell „Starthilfe" beim Einstieg in die neue Sprache geben können. Der vorliegende Beitrag richtet sich an Personen, die bisher noch wenig Einblick in die Fremdsprachenerwerbsforschung haben, und will Hilfen für eine Orientierung bieten. Mittlerweile gibt es bereits eine Reihe von Handreichungen im Internet, die praxiserprobte Ideen enthalten.[1] Die folgenden Ausführungen wollen in Komplettierung dazu einen knappen Überblick über zentrale Erkenntnisse der Fremdsprachenforschung geben und eine Auswahl von didaktischen Prinzipien darstellen, für die sich eine wissenschaftliche Grundlage nachzeichnen lässt. Er gliedert sich grob in zwei Bereiche: Zunächst werden verschiedene Perspektiven auf das Fremdsprachenlernen gerichtet, aus denen sich Kompetenzdefinitionen, Bedarfe und Lernziele ergeben. Anschließend wird eine Reihe von didaktischen Implikationen für den Fremdsprachenunterricht dargestellt.

1. Terminologische Klärung: Fremd- und Zweitsprache bei Seiteneinsteigern

Beginnen möchte ich mit einer terminologischen Klärung: Traditionell wird zwischen Fremdsprachenlernenden (Lernen einer Sprache in erster Linie in unterrichtlichen Kontexten, nicht im Zielsprachenland) und Zweitsprachenlernenden (Lernen einer Umgebungssprache im Land, in dem man lebt, vor allem auf ungesteuertem Weg) unterschieden. Der Begriff „Fremdsprachenforschung" wird im deutsch-

---

[1] Hilfreich für den Einstieg sind beispielsweise das „DaZ-Portal" unter http://www.daz-portal.de/ [11.05.2016] mit einer Vielzahl an Materialtipps, der „Sprachanker", https://bildung.erzbistum-koeln.de/.content/.galleries/downloads/SPRACHANKER-Handreichung.pdf [11.05.2016] oder auch die Handreichungen der Kommunalen Integrationszentren, http://www.kommunale-integrationszentren-nrw.de/handreichungen-fuer-lehrkraefte [11.05.2016] mit vielen Materialien zum Download.

sprachigen Raum übergeordnet verwendet (Hufeisen & Riemer, 2010) (übrigens genau anders herum ist dies im Englischen, wo „Second Language Acquisition" der Oberbegriff ist und auch „Foreign Language Acquisition" mit umschließt). Im Falle der Seiteneinsteigerinnen und Seiteneinsteiger, insbesondere solcher mit Fluchterfahrungen, verschwimmen die Abgrenzungen zwischen diesen beiden Konzepten: Zwar ist Deutsch die Umgebungssprache, mit der sie nicht nur in unterrichtlichem Kontext in Berührung kommen; andererseits spielt vor allem bei Personen, die gerade neu zugereist und noch wenig in die Gesellschaft integriert sind, der unterrichtliche Kontakt mit der neuen Sprache eine ganz besondere Rolle. Die Ansätze zur Vermittlung des Deutschen bei Lernerinnen und Lernern mit keinen oder wenigen Vorkenntnissen stammen somit vorrangig aus dem Kontext DaF. Gleichzeitig sind diese Lernenden unmittelbar mit Aspekten der Einwanderungsgesellschaft, der Notwendigkeit zum Bestehen im deutschen Schulsystem und der Gesellschaft etc. konfrontiert. Auf Seiteneinsteigerinnen und Seiteneinsteiger trifft damit das gesamte Spektrum von DaF–DaZ zu – im Folgenden wird in dieser Konsequenz auch bewusst keine klare Abgrenzung vorgenommen.

2. Sprachliche Dimensionen und Spracherwerb: Lernziele und Kompetenzvorstellungen

Bevor man beginnt, sich mit konkreten Fragen der Vermittlung des Deutschen an neu zugewanderte Kinder und Jugendliche zu befassen, die für einen erfolgreichen Bildungsgang schnell die erforderlichen schulsprachlichen Anforderungen meistern müssen, ist es sinnvoll, sich vor Augen zu führen, was man unter „Deutsch Lernen" in diesem Zusammenhang eigentlich alles versteht – und was nicht.

„Eine Sprache zu können" kann nämlich Verschiedenes bedeuten. Was also streben wir an, wenn wir Deutschlernerinnen und -lerner unterrichten? Sollen sie am Ende der Maßnahme möglichst wenig Fehler machen? Oder sollen sie primär im Alltag zurechtkommen können, auch, wenn das viele Fehler bedeutet? Oder sollen sie in erster Linie befähigt sein, im spezifischen Unterrichtsdiskurs der Schulfächer mitzukommen? Soll der Unterricht in der neuen Sprache sie insbesondere auch auf kulturelle Erwartungen und damit eine Integration auf sozialer und kultureller Ebene vorbereiten? Soll er die Schülerinnen und Schüler gezielt in ihrem Selbstwirksamkeitsempfinden bestärken? Und: Wenn mehrere dieser Ziele von Bedeutung sind, gibt es eine interne Hierarchie? Sind also manche wichtiger als andere?

Eine Lernzielbestimmung steht damit am Anfang jeglicher Planung einer unterrichtlichen Intervention.[2] Für jede professionelle didaktische Arbeit ist es dabei zentral, dass die konkreten Aktivitäten im Unterricht eine klare Begründung

---

2   Wie Lernziele im Deutsch-als-Fremdsprache-Unterricht bestimmbar werden und sich in konkreten Unterrichtsaktivitäten manifestieren können, illustrieren beispielsweise sehr anschaulich Bimmel, Kast & Neuner (2003) oder auch Cornely Harboe & Mainzer-

in den Lernzielen haben, also ausgehend von den Kompetenzdimensionen, die bei den Lernerinnen und Lernern angebahnt werden sollen, gedacht werden. Alle konkreten unterrichtlichen Entscheidungen hängen davon ab. Dies können Fragen nach den fokussierten Gegenständen und Inhalten (Lasse ich die Schülerinnen und Schüler Grammatikübungen machen? Oder lasse ich sie im Rollenspiel Situationen nachspielen? etc.), aber auch konkrete Aktivitäten um diese Gegenstände und Inhalte herum sein (Wie führe ich ein neues Thema ein/wie entlaste ich eine Lernaktivität vor? Wie bereite ich sie nach? etc.).

Um zu entscheiden, auf welche Bereiche eine konkrete Unterrichtsaktivität hinführen soll, ist es hilfreich, sich die verschiedenen Dinge, die man mit Sprache machen kann, einmal vor Augen zu führen. Sprache kann nämlich als ein Werkzeug, oder vielleicht eher als ein Set an Werkzeugen, verstanden werden, mit dem man eine Reihe von Zielen erreichen kann; sie hat unterschiedliche Funktionen, die sie häufig gleichzeitig ausübt. Ein Verständnis davon, auf welche dieser Funktionen man sich im jeweiligen Lehr-Lernkontext bezieht, hat Auswirkungen darauf, aus welchen Beweggründen unterrichtliche Aktivitäten durchgeführt und Entscheidungen auf der konkreten Umsetzungsebene begründbar werden.

Ich will in den folgenden Abschnitten in kurzen Schlaglichtern die verschiedenen Perspektiven aufzeigen, unter denen man Sprache betrachten kann.

2.1 Perspektive 1: Sprache als System

Sprache ist ein Zeichensystem, mit dem wir mit einer endlichen Anzahl an Elementen eine unendliche Menge an Sachverhalten kodieren können. In dieser Hinsicht dient sie dem Austausch von Informationen, oder, anders gesagt, dem Ausdruck von Gedanken. Mittels Sprache sind wir in der Lage, Bedeutungszusammenhänge, auf die wir im jeweiligen Moment unsere Aufmerksamkeit richten, an einen Kommunikationspartner zu vermitteln oder das, was wir beispielsweise in einem Schriftstück an Informationen vorfinden, zu verstehen und uns daraus eine Vorstellung über einen Sachverhalt aufzubauen. Zentraler Fokus liegt hierbei auf Wortschatz- und Wortbildungswissen und Wissen über den Satzbau. Auf diese Dimension zielen beispielsweise Lese- oder Hörverstehenstests ab, in denen nach zentralen Informationen im Text – also nach Bedeutungszusammenhängen, die sich vor allem in Lexik und Grammatik manifestieren – gefragt wird.[3] Ein Curriculum, das stark um

---

Murrenhoff (in diesem Band). Für weitere Grundlagen s. De Florio-Hansen (2014, insb. Kapitel 5) oder Studer (2010).

3   Ein Beispiel dafür stellt der Leseverstehensteil des TestDaF dar, exemplarisch einzusehen unter https://www.testdaf.de/zielgruppen/fuer-teilnehmende/vorbereitung/modellsaetze/modellsatz-02/leseverstehen/ms02-lv2/: Nach der Lektüre eines Informationstextes zum Thema „Nüsse" sollen die Testteilnehmer beispielsweise die Frage: „Was wird im Text empfohlen?" mit der Auswahl der richtigen Antwortalternative beantworten: „Nüsse für das Weihnachtsgebäck zu verwenden."; „Nüsse möglichst roh zu essen."; „Nüsse

Wortschatz- und Grammatiklernen herum aufgebaut ist, stellt ebenfalls die Systemperspektive in den Vordergrund.

2.2 Perspektive 2: Sprache als Kommunikationsmittel

Man kann Sprache aber auch unter einem etwas anderen Blickwinkel als diesem systemlinguistischen Fokus betrachten: Denn mit Sprache kann man nicht nur die Bedeutung von Dingen und Sachverhalten kodieren, sondern sie stellt eben auch ein Kommunikationsmittel dar, mit dessen Hilfe Ziele erreicht werden können, die zumeist nichtsprachlicher Art sind; funktionale Ansätze, etwa die linguistische Pragmatik, befassen sich mit diesem Bereich.

Korrektheit auf Wortschatz- und Grammatikebene, die in traditionellen Konzeptionen von Fremdsprachenunterricht noch stark im Vordergrund stand (= ein erfolgreicher Lerner ist, wer wenig Fehler macht – das Ausrechnen eines Fehlerquotienten zur Notenfestlegung gehört beispielsweise zu solch einem veralteten Ansatz), weicht unter diesem handlungsorientiert-funktionalen Blickwinkel einer Vorstellung von „kommunikativer Angemessenheit" als zentralem Lernziel. Diese spiegelt sich beispielsweise prominent im zentralen Dokument für die im Fremdsprachenunterricht zu erreichenden Kompetenzen, dem Gemeinsamen europäischen Referenzrahmen für Sprachen (GeR) (Europarat, 2001), wider. Kompetent ist nach dieser Perspektive, wer Sprache effizient in dieser Funktion verwenden kann – das kann durchaus auch gelingen, wenn Abweichungen von der Norm der Zielsprache vorkommen. Wenn das kommunikative Ziel beispielsweise ist: „Telefonisch einen Termin beim Arzt vereinbaren können", dann ist der kommunikative Erfolg des Sprachenlerners gegeben, wenn der entsprechende Termin zur abgesprochenen Zeit auch tatsächlich eingerichtet wurde. Ob und wie viele lexikogrammatische Fehler der Sprecherin/ dem Sprecher beim Telefonat unterlaufen sind, ist in dieser Konzeption zweitrangig, sofern die Kommunikation nicht zusammengebrochen ist und letztlich funktioniert hat. Dies bedeutet nicht, dass lexikogrammatisches Wissen unwichtig ist, aber ein kommunikativ orientierter Fremd- oder Zweitsprachenunterricht betrachtet dessen Erwerb nicht als Selbstzweck, sondern immer im Dienste einer erfolgreichen Kommunikationsfähigkeit.

In der Tat hat sich mit der sogenannten „kommunikativen Wende" Anfang der 70er Jahre die kommunikative Kompetenz als übergeordnetes Lernziel des Fremdsprachenunterrichts (nicht nur im Bereich DaF/DaZ) etabliert (zentral waren hier die Beiträge von Hymes, 1972; in Deutschland vor allem Piepho, 1974); auch wenn hierzu z. T. sehr kritische Debatten geführt worden sind, lässt sich grundlegend sagen, dass im Bereich des (Deutsch-als-)Fremdsprachenunterrichts mittlerweile

---

wegen der Vitamine vor allem im Winter zu essen." Das Ankreuzen der richtigen Antwort indiziert hier, dass der Leser in der Lage ist, die im Text transportierte semantische Aussage zu dekodieren – nicht mehr und nicht weniger.

übergreifend eine starke Orientierung an handlungsorientierten, kommunikativen Lernzielen besteht (die sich für die Schulfremdsprachen z. B. auch in den Bildungsstandards widerspiegeln). Ein kompetenzorientiertes Lernerinnen- und Lernerbild fokussiert nicht darauf, was Schülerinnen und Schüler „falsch" machen, sondern darauf, was sie (schon) können (dies spiegelt sich deutlich beispielsweise in den „Kann-Beschreibungen" im GeR). Eng mit diesem Ansatz verbunden sind Lernaufgaben, die gezielt einen Bezug zu authentischen oder zumindest realitätsnahen Kommunikationssituationen herstellen und für die Lernerinnen und Lerner einen klar erkennbaren Lebensweltbezug haben.

2.3 Perspektive 3: Sprache als „sozialer Kitt"

Sprache hat darüber hinaus auch eine soziale Funktion. Sie ist nämlich auch eines der wesentlichen Mittel, mit dem wir signalisieren, wie wir wahrgenommen werden möchten (z. B. höflich, reserviert, dominant, aus einer bestimmten sozialen Schicht, aus einer bestimmten Region stammend, …), zu welcher Gruppe wir gehören (wollen) und von welchen anderen wir uns abzugrenzen versuchen. Erfolgreiche Sprachbenutzerinnen und -benutzer sind in Hinsicht auf diesen Aspekt also Personen, denen ihre begrenzten sprachlichen Kompetenzen nicht dabei im Wege stehen, sich einer gewünschten Gruppe anzuschließen. Sprachlichen Erfolg kann man also auch am Gelingen dieser Integration bemessen; insbesondere im Kontext von Zuwanderung ist dieser Bereich einer, der häufig stark im öffentlichen Blick liegt, denn die Lernersprache von neu Zugewanderten lässt sie „anders" und in der Wahrnehmung häufig „nicht zugehörig" erscheinen.

In schulischen Kontexten bleibt dieser Bereich aber auch bis ins fortgeschrittene Sprachniveau relevant – und ist es übrigens auch bei monolingual deutsch aufgewachsenen Lernerinnen und Lernern – wenn es nämlich darum geht, Fachaufgaben nicht nur zu verstehen, um sie gedanklich lösen zu können, sondern wenn gleichzeitig eine Angemessenheit in der Darstellung von Ergebnissen erwartet wird. Bestimmte Aufgaben, die auch neu zugewanderte Kinder und Jugendliche nach der Integration in die Regelklassen in schulischen Kontexten durchführen können müssen, beispielsweise eine Quellenanalyse im Geschichtsunterricht, erfordern als adäquate Lösung eine bestimmte Textsorte. Das Wissen darüber, wie viel man dabei angemessenerweise zu schreiben hat, dass man keine alltagssprachlichen Ausdrücke verwenden sollte und worauf man den Fokus im zu schreibenden Text zu wenden hat, sind alles sprachliche Kompetenzen auf Textebene, die nicht nur signalisieren: Ich habe die Aufgabe verstanden und kann sie inhaltlich lösen, sondern gleichzeitig auch: Ich kenne die Konventionen und Erwartungen an mein sprachliches Verhalten, die der fachliche Kontext stellt, und kann sie erfüllen – ich kann zeigen, dass ich mitmachen kann und dazugehöre. Im schulischen Kontext werden viele dieser Kompetenzen stillschweigend vorausgesetzt und selten thematisiert, was als ein Grund für die Benachteiligung von Schülerinnen und Schülern insbesondere aus bildungsfernen Hintergründen gesehen wird. Die aktuellen Entwicklungen im Bereich „Sprachförderung in allen Fächern" (s. für einen Überblick z. B. Michalak, Lemke & Goeke, 2015) arbeiten derzeit besonders diesen Ansatz heraus. Seiteneinsteigerinnen und Seiteneinsteigern einen Zugang zu diesen verschiedenen sprachlichen Dimensionen zu bieten, stellt in Anbetracht der verfügbaren Zeit und der oft sehr heterogenen Lerngruppen eine große Herausforderung dar (vgl. für einen Ansatz, der bereits auf Sprachanfängerniveau diesen Bereich in den Blick nimmt Cornely Harboe & Mainzer-Murrenhoff in diesem Band); die Lernenden gezielt darauf vorzubereiten erfordert aber mindestens, diese Dimensionen als Zielsetzungen überhaupt in den Blick zu nehmen.

2.4 Perspektive 4: Sprache als Mittel zum Denken

Schließlich sollte man insbesondere für schulische Kontexte die kognitive Funktion von Sprache kennen: Diese Dimension spielt an auf die Eigenart von Sprache, mit unserem Denken in Wechselwirkung zu stehen, und hier insbesondere auf ihre Funktion, bestimmte Gedanken überhaupt erst denkbar zu machen. Es ist sinnvoll, ein wenig weiter auszuholen, um sich eine Vorstellung davon zu machen, wie sprachliches und nichtsprachliches Wissen miteinander in Verbindung stehen (vgl. hierzu vertiefend Heine im Druck):

Sprache kann als Mittel dienen, um Wissensstrukturen und ihre Verbindung zu Gedanken stellvertretend für eine direkte Erfahrung über die Sinneskanäle zu aktivieren – so weiß man beispielsweise, dass das Hören z. B. des Wortes „Hund" dieselben Strukturen im Gehirn aktiviert wie die tatsächliche Wahrnehmung (über visuelle, auditorische, haptische, olfaktorische etc. Reize) eines Hundes (s. ausführlich z. B. Barsalou et al., 2008) – die Wortbedeutung ist damit nichts Abstraktes, sondern etwas, das aus der direkten Erfahrung erwachsen ist und sich in Erinnerungsmustern an die entsprechenden sensuellen Erfahrungen kognitiv manifestiert. Dies bezieht sich nun allerdings auf konkrete Dinge, die der unmittelbaren Erfahrung auch zugänglich sind. Wie steht es aber mit abstrakten Begriffen? Sie aufzubauen und damit Denkwerkzeuge für Gedanken, die nicht in der konkreten Umwelt verankert und damit direkt erfahrbar sind, zu schaffen, ist ein wesentliches schulisches Ziel. In der Kognitiven Psychologie und Neurolinguistik ist eine häufig angenommene Position, dass konkrete Begriffe in modaler Form kognitiv repräsentiert sind (also in den kognitiven Strukturen, die auch bei ihrer sensuellen Wahrnehmung aktiv sind), während – und das ist in unserem Kontext besonders wichtig – abstrakte Begrifflichkeiten, die ja keine Anschauung in der realen Welt haben, in ihrer Repräsentation an Sprache gebunden sind (Paivio, 1986; Schwanenflugel, 1991). Konsensuell ist hierbei, dass Sprache eine spezielle kognitive Funktion ausübt, indem sie Sinneseindrücke ersetzen kann und ein kognitives Werkzeug darstellt, mit dessen Hilfe konzeptuelle Repräsentationen organisiert, aktiviert und stimuliert werden können. Sprache, so die didaktisch relevante Übertragung, bietet damit eine besondere Möglichkeit, abstrakte Begrifflichkeiten zu verankern und besser – oder überhaupt erst – denkbar zu machen.[4] Dies ist für Spracherwerb in schulischen Kontexten relevant, in denen es um den Erwerb des Registers „Bildungssprache" (z. B. Köhne et al., 2015) geht, für das Bildungseinrichtungen wie die Schule ein wesentlicher Erwerbsort sind – und für viele Schülerinnen und Schüler überdies der einzige. Es ist daher wichtig zu beachten, dass nicht nur Lernerinnen und Lerner mit Deutsch als Fremd- oder Zweitsprache dabei vor Herausforderungen stehen, sondern auch einsprachig in Deutschland aufgewachsene Kinder und Jugendliche Spracherwerbsprozesse bezüglich dieser Registerebenen durchlaufen müssen, um schulisch erfolgreich zu sein. Lernerinnen und Lerner aus bildungsfernen Schichten profitieren hierbei von einer gezielten Fokussierung und didaktischen Aktivitäten, die bildungssprachliche Kompetenzdimensionen fördern.

Dieser Bereich schneidet auch das Themenfeld der kognitiven Reife und des Sprachstandes an, die bei Seiteneinsteigerinnen und Seiteneinsteigern stark auseinanderklaffen können – kognitiv ist der Lernende reif genug, um Abstraktionen, Übertragungen, Standpunktwechsel etc. auszuführen, sprachlich fehlen ihm oder ihr aber noch die Grundlagen, um das, was er gedanklich zu erfassen vermag, adäquat in der neuen Sprache ausdrücken zu können. Hier stellen sich Fragen nach der Auswahl von Sprachlernmaterialien, die inhaltlich-kognitiv für Lernerinnen und Lerner angemessen sind, aber genügend stützende Elemente enthalten, um sie sprachlich nicht zu überfordern. Für Schülerinnen und Schüler, die in einer anderen Lernkultur sozialisiert worden sind oder denen z. B. aufgrund eines langen Fluchtweges lange Phasen von schulischer Sozialisation fehlen, kann es aber auch zentral sein, bestimmte gedankliche Zusammenhänge in ihrer Bedeutung für eine angemessene wissenschaftspropädeutische Handlung explizit zu machen und ihre Bedeutsamkeit zu erläutern. So ist beispielsweise die Notwendigkeit, einen eigenen Standpunkt einzunehmen und durch geeignete sachliche Argumente zu untermauern, eine Handlung, die im deutschen Schulkontext häufig gefordert wird (vgl. z. B. Becker-Mrotzek et al., 2015) und in der schulischen Sozialisation eine wichtige Rolle ausübt (und übrigens auch auf wissenschaftlicher Ebene eine Entsprechung hat und somit als wissenschaftspropädeutische Aktivität eingestuft werden kann). Ein solcher Umgang mit Informationen ist allerdings eine kulturgebundene Anforderung – in anderen Bildungskulturen ist eine Kompetenz im überzeugenden Argumentieren und Position Beziehen weniger wichtig, z. B. gegenüber dem reproduzierenden Lernen. Hier wird einmal mehr deutlich, dass bei einer Zielsetzung, Schülerinnen und Schülern das Handwerkszeug für eine erfolgreiche Schullaufbahn zur Verfügung zu stellen, ein alleiniger Fokus auf die Vermittlung von Wortschatz und Grammatik nicht ausreichend sein kann.

---

4 Diese Annahme wird mittlerweile ein Stück weit abgeschwächt, vgl. Barsalou et al. (2008). Hier werden Ergebnisse vorgestellt, die darauf hinweisen, dass Abstrakta, genau wie Konkreta, stark in situative und erfahrungsbasierte Information eingebettet sind und wesentlich vor diesem Hintergrund verstanden werden.

2.5 Lernziele

Wie bereits einführend angedeutet, können die soeben geschilderten Perspektiven auf Sprache bestimmend für die Lernziele im Fremdsprachenunterricht sein. Für einen Anfangsunterricht, der Kindern möglichst schnell eine basale Handlungskompetenz in der neuen Sprache vermitteln muss, ist es sicherlich sinnvoll, sich zunächst stark auf den Erwerb von Wortschatz und im (Schul-)Alltag der Lernerinnen und Lerner häufig verwendbare Wendungen zu konzentrieren und formalsprachliche Aspekte wie verschiedene Flexionsendungen etc. zunächst in den Hintergrund zu rücken. Da der vorbereitende DaF-/DaZ-Unterricht aber auch auf die möglichst schnelle Eingliederung in die Regelklassen vorbereiten soll und Schule ein Ort mit besonderen sprachlichen Anforderungen ist, bei denen ein großer Schwerpunkt auf Schriftsprachlichkeit und Bildungssprache liegt, ist ein Bezug auf alltagssprachliche Handlungskompetenz für ein Curriculum in Vorbereitungsklassen nicht ausreichend: Der Erwerb einer normgerechten Grammatik, aber auch die Anbahnung von Textkompetenzen sind zumindest nach einer Anfangsphase ebenfalls von großer Bedeutung (s. hierzu ausführlich Cornely Harboe & Mainzer-Murrenhoff in diesem Band). In der kommunikativ und lernerzentriert ausgerichteten Fremdsprachenforschung gibt es Ansätze, die beim Identifizieren von Lernzielen sehr stark von einer Analyse des kommunikativen Bedarfs der Lerner ausgehen – also die inhaltliche Progression nicht vorgeben, sondern sie aus den Sprachhandlungen heraus, die die Lernenden ausführen wollen bzw. sollen, festlegen. Im schulischen Kontext reicht es dabei sicherlich nicht aus, die Lernenden entscheiden zu lassen, welche sprachlichen Dimensionen für sie besonders sinnvoll sind – denn die geforderten Strukturen, vor allem auf Textebene, sind häufig sehr implizit und Lernerinnen und Lerner haben Schwierigkeiten, sie zu identifizieren. Die Lernziele für den DaF-/DaZ-Einstiegsunterricht sind somit einerseits funktional auszurichten – (Also: Was wird die Lernenden am ehesten befähigen, im Alltag, aber auch im schulischen Regelunterricht gut zurechtzukommen?) und an die realen Anforderungen anzupassen (Welche Sprachhandlungen werden von ihm oder ihr im außerschulischen und schulischen Alltag und in den Fächern erwartet?). Eine solche Bedarfsanalyse erfordert einen Austausch mit dem gesamten Kollegium.

Wichtig ist mir an dieser Stelle, darauf aufmerksam zu machen, dass sich Lehrkräfte über die Anforderungen, die an die Schülerinnen und Schüler gestellt werden, bewusst werden müssen und diese dann auch den Lernenden verdeutlichen. Insbesondere für den Umgang mit heterogenen Lernergruppen ist eine klare Formulierung von Erfolgskriterien eine der maßgeblichen Grundlagen für gleiche Lernchancen, und besonders bei solchen, die nicht im deutschen Bildungssystem sozialisiert worden sind. Für faire Prüfungssituationen, die allen Lernern möglichst gleiche Chancen auf Erfolg lassen, bedeutet dies u. a., dass die Erwartungen, aber auch die Bewertungskriterien bei Leistungskontrollen offen gelegt werden müssen.

3. Grundsätzliche Zusammenhänge und Prinzipien zur Vermittlung einer Fremdsprache

Nach diesen ersten theoretischen Klärungen soll im nun folgenden Teil eine Auswahl von Aspekten besprochen werden, die für den DaF-/DaZ-Unterricht für neu zugewanderte Kinder und Jugendliche didaktische Relevanz besitzen und sich mit wissenschaftlichen Erkenntnissen aus der Fremdsprachenforschung verbinden lassen. Dies ist kein leichtes Unterfangen, da empirische Forschung selten eindeutige und direkt auf konkrete Lehr-Lern-Kontexte übertragbare Ergebnisse liefern kann.[5] Wir haben es mit komplexen, sich oft widersprechenden theoretischen Sichtweisen auf Fremdsprachenerwerb zu tun, und empirische Untersuchungen sind oft durch Relativität und Kontextbezogenheit ihrer Ergebnisse gekennzeichnet. Das bedeutet allerdings nicht, dass wir völlig unwissend darüber sind, was Lernerfolg wahrscheinlich macht. So sind wir nach dem derzeitigen Kenntnisstand durchaus in der Lage, gewisse allgemeine Prinzipien für erfolgversprechenden Unterricht zu formulieren. Allerdings ist Vorsicht geboten: Diese können nur als Vorlage verstanden werden, die von Lehrenden flexibel gehandhabt und an die konkreten Gegebenheiten ihres Unterrichts adaptiert werden müssen – Allgemeingültigkeit für alle Lernenden, alle Lernkontexte etc. gibt es nicht.

Für das Fremdsprachenlernen lassen sich, genau wie für andere Formen von Lernen auch, allgemeine Prinzipien formulieren, von denen man aus der Lehr-Lernforschung und Pädagogischen Psychologie weiß, dass sie lernförderlich wirken (können). Zu nennen sind hier beispielsweise, dass Motivation eine zentrale Variable für Lernerfolg ist, deshalb sind motivationssteigernde Aktivitäten und eine die Lernerinnen und Lerner ansprechende Themenauswahl wichtig. Ein anderer Aspekt ist die Aktivierung von Lernern: Neues Wissen wird individuell konstruiert, deshalb ist es wichtig, Lernende aktiv in die Konstruktion von Wissen einzubinden; neues Wissen wird dabei auf der Basis von Vorwissen aufgebaut; deshalb ist es sinnvoll, Vorwissen zu aktivieren, um neues Wissen daran verankern zu können. Außerdem sind positive Emotionen sinnvoll, weil man weiß, dass unter entspannten Bedingungen besser gelernt werden kann. Zum Umgang mit heterogenen Lerngruppen sind binnendifferenzierende Maßnahmen wichtig usf.

Diese allgemeinen, prinzipiell[6] lernbefördernden Aspekte sind didaktisch vorgebildeten Personen (und an die richtet sich dieser Beitrag) weitgehend bekannt.

---

5 In der Fremdsprachenforschung gibt es eine durchaus kritische Auseinandersetzung darüber, inwiefern sich die Ergebnisse aus der angewandten Forschung überhaupt sinnvoll auf konkrete Lehr-Lern-Kontexte übertragen lassen (vgl. Ellis, 2010).

6 Noch einmal will ich hier darauf hinweisen, dass zu pauschalisierende Aussagen nicht dem verfügbaren Erkenntnisstand entsprechen und Zusammenhänge im Zweifelsfall immer kompliziert sind: So muss man einschränkend sagen, dass bestimmte Faktoren „prinzipiell" als lernbefördernd angesehen werden können, aber es gelten immer gewisse Einschränkungen: z. B. kann der kulturelle Hintergrund bedingen, dass lerneraktivie-

Deshalb soll im Folgenden vor allem in erster Linie der Blick auf solche Zusammenhänge vertieft werden, die spezifisch für das Lernen von Fremdsprachen sind – auch wenn sich dabei immer wieder Bezüge zu allgemein didaktisch-pädagogischen Prinzipien herstellen lassen.

Ich will unter den folgenden Punkten grundlegende Prinzipien skizzieren, die Ideen für Unterrichtsgestaltung beinhalten. Ich möchte hier noch einmal betonten, dass diese keine allgemeinen „Rezepte" darstellen können – neben den grundlegenden Übertragungsschwierigkeiten von Forschungskontexten auf konkrete Lehr-Lern-Situationen, die ich eingangs angesprochen habe, müssen die Prinzipien noch gezielt auf die Ebene der Unterrichtsplanung heruntergebrochen und mit konkreten Inhalten gefüllt werden. Dies kann im Rahmen eines kurzen Überblicksartikels wie diesem nur ansatzweise illustriert werden (hier nochmals der Verweis auf die Ausarbeitung in Cornely Harboe & Mainzer-Murrenhoff in diesem Band).

Kommen wir also vor diesem Hintergrund zur Formulierung ausgewählter grundlegender Prinzipien und ihrer Implikationen.

3.1 Lassen Sie die Lernenden regelmäßig schreiben. Bahnen Sie, wo immer es geht, schulrelevante Sprachverwendung an[7]

Soeben habe ich in meinen Hinweisen bezüglich der zu setzenden Lernziele darauf verwiesen, dass ein schulbezogener DaF-Unterricht sich an den anzubahnenden Kompetenzen und diese wiederum an den sprachlichen Bedarfen (insbesondere auch) von typischen schulischen Aktivitäten auszurichten hat. Die Anbahnung von Schriftlichkeit und von schriftsprachenbezogenen Kompetenzen spielt für Schulerfolg eine zentrale Rolle, stellt aber – u. a., weil der außerschulische Alltag wenig Gelegenheit zu ihrer Übung und Verfeinerung bietet – häufig besondere Schwierigkeiten dar. Dem gegenüber steht das besondere Gewicht, das Schreiben vor allem für Prüfungszusammenhänge hat.

Grundlegend gilt: In der Entwicklung der Lernersprache von Fremdsprachenlernerinnen und -lernern sind typischerweise die rezeptiven Fertigkeiten stärker ausgebildet als die produktiven Kompetenzen. Man kann also davon ausgehen, dass Schülerinnen und Schüler mehr verstehen, als sie selbst zu sagen und insbesondere zu schreiben in der Lage sind. Wie schon oben unter Punkt 2 angesprochen ist sprachliche Kompetenz ein komplexes Konstrukt, das sich aus einer Vielzahl

---

rende Settings unter Umständen nicht gut funktionieren (z. B. Hu, 2002) – dies könnte auch bei Lernerinnen und Lernern in schweren Lebenslagen der Fall sein, vgl. Ghaderi in diesem Band; oder: Obgleich ein entspanntes und positives Lernsetting grundsätzlich lernbegünstigend ist, kann ein gewisser Druck bei bestimmten Lernergruppen zunächst motivationssteigernd sein etc.

7 Bei Lernenden, die parallel zum Zweitspracherwerb noch alphabetisiert werden müssen, ergeben sich u. U. zunächst andere Bedarfe im Umgang mit Schriftlichkeit, vgl. Kittlitz in diesem Band.

an Dimensionen zusammensetzt. Die offensichtlichsten sind die vier Fertigkeiten: Hören und Lesen als rezeptive Fertigkeiten, Sprechen und Schreiben als produktive Fertigkeiten. Diese wiederum untergliedern sich in eine Vielzahl an Bereichen, für die man z. B. im GeR in den verschiedenen Einzelskalen detaillierte Ausführungen findet (Europarat, 2001). Es ist nun wichtig, die Kompetenzniveaus in den verschiedenen Fertigkeiten getrennt zu verstehen und nicht aus guten Verstehensleistungen darauf zu schließen, dass auch gute Produktionsleistungen erbracht werden können; denn die Fertigkeiten entwickeln sich typischerweise unterschiedlich schnell und übertragen sich nur begrenzt aufeinander.

Aus der (fremdsprachlichen) Schreibprozessforschung ist dabei gut belegt, dass dem Prozess des Schreibens selbst ein großes Lernpotenzial innewohnt (z. B. Krings, 1992), denn er führt u. a. zur Wahrnehmung von strukturellen Merkmalen, aber auch zu einer tieferen Verarbeitung von Inhalten. Bei Sprachlernanfängerinnen und -anfängern, die noch mit den Grundlagen der neuen Sprache zu kämpfen haben, stellt sich die Frage, wie auf der kleinen zur Verfügung stehenden Sprachbasis Schreiben angebahnt werden kann. Im Kontext des fachintegrierten Sprachlernens (Michalak et al., 2015) wird hierbei insbesondere auf das Prinzip des Scaffolding verwiesen, das in der Zweitsprachenforschung vor allem in der Konzeption nach Gibbons (2002) verstanden wird. Es dient in seiner zentralen Funktion dazu, Lernerinnen und Lerner zur Auseinandersetzung und Lösung mit Aufgaben zu befähigen, die sie ohne Hilfestellung noch nicht lösen könnten – und in diesem Tun schließlich die notwendigen Kompetenzen sowohl in fachlich-inhaltlicher als auch in sprachlicher Sicht auszubilden. Scaffolding beinhaltet neben einer Bedarfsanalyse und einer Sprachstandserfassung der Lernenden, dass zusätzliche Materialien für das Lösen einer Aufgabe bereitgestellt werden bzw. zusätzliche Aktivitäten eingebunden werden, die eine Lösung vorbereiten. Eine einfache Form derartiger Unterstützung ist die Vorentlastung durch das Erklären von Vokabeln oder durch das Hinzuziehen von Abbildungen für bestimmten Wortschatz, aber auch für grammatikalische Relationen. Sehr anschauliche Beispiele für sprachfördernde Materialien werden in großer Sammlung in Leisen (2013) vorgestellt, auch in Kurz, Hofmann, Biermas, Back & Haseldiek (2014) oder in Schmölzer-Eibinger, Dorner, Langer & Helten-Pacher (2013) sind viele Anregungen zu finden.

3.2 Nutzen Sie das Sprachwissen, das die Lernenden bereits mitbringen

Eine gut gesicherte Erkenntnis der Fremdsprachenforschung besteht darin, dass die Erstsprache(n) einen Einfluss darauf ausübt (bzw. ausüben), was wie schnell in der neuen Sprache gelernt werden kann. Sprachen aus derselben Sprachfamilie, die strukturell sehr ähnlich aufgebaut sind und deren Wortschatz zu großen Teilen übereinstimmt, bedürfen weniger Lernzeit und Fokussierung auf bestimmte sprachliche Elemente als solche, die in ihrer Struktur weiter auseinanderliegen. Eine Deutschlernerin mit Holländisch oder Dänisch als Erstsprache wird aufgrund der lexikogrammatischen Ähnlichkeiten zwischen Erst- und Zielsprache weniger Zeit brauchen, eine funktionale Sprachkompetenz im Deutschen zu erreichen als einer, der z. B. Arabisch oder Farsi spricht. Pauschal lässt sich dies in die fast schon banal klingende Aussage fassen: Was ähnlich ist, ist leicht, was unterschiedlich ist, ist schwer zu lernen. Das ist insbesondere in Hinblick auf eine funktionale, nicht unbedingt eine strukturelle Ähnlichkeit von Bedeutung: Gibt es in Hintergrund- und Zielsprache dieselbe grammatikalische Kategorie – beispielsweise wird in beiden Sprachen der Plural durch eine Endung ausgedrückt, oder beide haben eine S-V-O-Standardwortstellung o. ä. –, sie wird aber jeweils durch unterschiedliche Formen (Laute, Endungen, Wörter, …) realisiert, so sind zwar die Formen zu lernen, die Kategorie kann aber mehr oder weniger unverändert übernommen werden. Wenn allerdings in der neu zu lernenden Sprache eine ganz andere Fokussierung oder Aufteilung von Realität vorgenommen wird, so müssen auch diese unterliegenden kognitiven Kategorien bzw. neuartigen Sichtweisen neu erlernt werden. Aus diesem Grund stellt beispielsweise das Präpositionssystem des Deutschen für Sprecherinnen und Sprecher des Türkischen eine spezifische Lernschwierigkeit dar (vgl. z. B. anschaulich Bryant, 2014): Hier müssen nicht nur neue Bezeichnungen für einen Lokalisierungsausdruck gelernt, sondern neue kognitive Kategorien angelegt werden, für die es in der Herkunftssprache keine direkte Entsprechung gibt – die Fremdsprachenlernerin bzw. der Fremdsprachenlerner muss also nicht nur neuen Wortschatz lernen, sondern gleichzeitig auch neue Wahrnehmungskategorien aufbauen. Dies ist ein kognitiv größerer Erweiterungsvorgang. Hier ist die zunächst banal klingende Aussage „gleich = leicht, anders = schwer" didaktisch nun nicht mehr ganz so banal: Es ist vor diesem Hintergrund nämlich letztlich nicht ausreichend – wie in vielen Lehrwerken anzutreffen ist –, lediglich in Vokabelgleichungen auf ein scheinbar identisches Konzept zu verweisen, denn dies nimmt Lernern die Möglichkeit, Unterschiede im unterliegenden Konzept zu erkennen.[8] Vielmehr ist Input sinnvoll, in dem Bedeutungsnuancen erläutert und Sprachstrukturen in ihrer kontextuellen Verwendung und damit auch ihrer Reichweite erkennbar werden, sowie Aktivitäten, die die Aufmerksamkeit der Lernerinnen und Lerner auf solche Unterschiede richten.

Die Sprache(n), die im frühen Kindesalter erworben worden ist (bzw. sind), stellt (bzw. stellen) allerdings nicht die einzigen Quellen von Wissenstransfer dar: Es gibt mittlerweile einen gut gesicherten Kenntnisstand aus der Fremdsprachenforschung, der auch zeigt, dass die Erfahrung mit vorher gelernten Fremdsprachen sich auf das aktuelle Fremdsprachenlernen auswirkt. Arabischsprachige Deutschlerner, die mit Englisch bereits vorher eine germanische Sprache erworben haben, können durch

---

8 Ellis & Shintani (2014, S. 111) fassen allerdings den Forschungsstand in dieser Hinsicht so zusammen, dass insbesondere für Lernanfänger eine anfängliche Zuordnung eines Wortes in der Erstsprache und der neu zu lernenden Sprache als erster Zugang hilfreich sein kann – ein relevanter Aspekt für neu zugewanderte Fremdsprachenlerner ohne Vorkenntnisse.

die vielen Strukturähnlichkeiten zwischen dem Englischen und dem Deutschen viele Kenntnisse in die Zielsprache übertragen. Auch weiß man, dass sich erfahrene Fremdsprachenlernerinnen und -lerner von unerfahrenen z. B. in ihrem Strategiegebrauch unterscheiden. Didaktisch gesehen bedeutet dies, dass man im Fremdsprachenunterricht gut von den vorher gelernten Fremdsprachenlernerfahrungen Gebrauch machen und das Transferpotenzial gezielt nutzen kann.[9] Kontrastierende Gegenüberstellungen darüber, wie Strukturen in bereits beherrschten und der neuen Sprache realisiert werden, können beim Spracherwerb helfen; auch gibt es aus dem Ansatz der Interkomprehension und Mehrsprachigkeitsdidaktik (z. B. Meißner, o. J.) Hinweise darauf, dass besonders rezeptive Kompetenzen gut durch strategischen Rückgriff auf bereits beherrschte Sprachen gefördert werden können.

Für den Unterricht von Seiteneinsteigerinnen und Seiteneinsteigern ist es daher sinnvoll, sich einen groben Überblick darüber zu verschaffen, in welchen Bereichen der Aussprache oder Grammatik die Herkunftssprachen der Lernenden von der des Deutschen abweichen. Wissen darüber ermöglicht es zu antizipieren, wo besondere Schwierigkeitsbereiche beim Deutschlernen für die jeweilige Lernergruppe liegen könnten und welche sprachlichen Strukturen besondere Fokussierung im Unterricht brauchen und welche eher nicht. Auf den Seiten von ProDaZ (https://www.uni-due.de/prodaz/sprachbeschreibung.php) gibt es hierzu hilfreiche Überblicksdokumente. Für Ansätze, wie im Fremdsprachenunterricht auf das sprachliche Vorwissen zurückgegriffen werden kann, s. Fernández Ammann et al. (2015), Meißner (2011), Bermejo Muños (2014) oder auch Schader (2012).

3.3 Stellen Sie möglichst viel Input bereit; stützen Sie Lerner dabei, ihn zu verstehen. Lassen Sie Lerner aber auch gezielt Output produzieren

Man kann eine neue Sprache ganz ohne strukturierten Fremdsprachenunterricht lernen. Was es dazu braucht, ist im Wesentlichen: genügend sinnhaltigen Kontakt mit der Zielsprache, das Anliegen, sie zu verwenden, sowie eine normal funktionierende kognitive Ausstattung wie ein normal funktionierendes Gedächtnis[10], Fähigkeiten zur Erkennung von Strukturen, zur Bildung von Kategorien und Analogien.

---

[9] Vorher gelernte Fremdsprachen können zwar auch die Ursache neuer Fehlerquellen in der Zielsprache sein und bei bestimmten Lernertypen auch zeitweilig unbeabsichtigte Sprachwechsel oder sogar Wortfindungsschwierigkeiten auslösen (z. B. Hammarberg, 2010). Diese stellen ein Merkmal der Lernersprache dar, die sich dynamisch entwickelt, sind aber grundsätzlich nicht als Schwierigkeit für den Erwerb einer neuen Sprache einzuschätzen – dafür sind sie zu vorübergehend und werden durch die Vorteile von transferierbarem Struktur- und Sprachlernerfahrungswissen wieder aufgewogen.

[10] Für Lernerinnen und Lerner, die z. B. aufgrund von Kriegs- und Fluchterfahrungen traumatisiert sind, können sich insbesondere Einschränkungen auf Gedächtnisfunktionen einstellen (vgl. Ghaderi in diesem Band). Ob und unter welchen Umständen gesteuerter Fremdsprachenunterricht hier begünstigend wirken kann, ist noch nicht erforscht. In

Allerdings hat Fremdsprachenunterricht nachweislich begünstigende Wirkung auf bestimmte Bereiche des Fremdsprachenlernens. Hier sind insbesondere die Geschwindigkeit des Erwerbs zu nennen und der Erwerb von Strukturen, die in direkter Kommunikation nicht sehr auffällig sind (das können beispielsweise Flexionsendungen sein), aber auch der Sprachstand, der abschließend erreicht werden kann.

Was bedeutet das aber für einen guten Fremdsprachenunterricht? Welche Bestandteile sollte er beinhalten? Ist es wichtiger, dass Lernerinnen und Lerner die Zielsprache viel hören und ggf. lesen, oder müssen sie sie vor allem selbst produzieren? Und in welche Art von Aktivitäten sollten sie dabei involviert sein?

Um sich diese Fragen zumindest ansatzweise beantworten zu können, braucht man eine gewisse Vorstellung davon, wie man sich Sprachwissen, seinen Aufbau und Prozesse seines Abrufs vorstellen kann.

Alle aktuellen Fremdsprachenerwerbstheorien gehen davon aus, dass der Erwerb einer neuen Sprache grundlegend auf dem Input aufbaut, zu dem eine Lernerin oder ein Lerner Zugang hat (wie man sich das im Einzelnen vorstellen kann, beschreiben z. B. Ellis & Wulff, 2015). Aus diesem Input leiten Lernende – sofern sie mit dem Input eine Bedeutung verknüpfen können, also nicht einfach nur mit einer Flut unverständlicher Laute und Wörter überspült werden – induktiv Regeln darüber ab, wie die neue Sprache funktioniert. Man kann mittlerweile gut zeigen (auch wenn es andere theoretische Standpunkte gibt, z. B. White, 2015) –, dass die kognitiven Mechanismen, die diesem Prozess unterliegen, genereller Natur sind und sich in jeglicher Form von Lernen und nicht nur dem Sprachenlernen finden lassen. Dabei werden häufig im Input auftretende Elemente schneller erworben und besser verankert als seltener auftretende Elemente, und durch die wiederholte Erfahrung richten sich die Erwartungen von Sprachbenutzern auf solche sprachliche Formen aus, die mit höherer Wahrscheinlichkeit auftreten. Ein großer Teil unseres Sprachgebrauchs basiert dabei auf fixen Wendungen, die entweder als Gesamtheit memoriert werden oder bei denen bestimmte Elemente ausgetauscht werden können. Allerdings sind wir Menschen natürlich nicht auf formelartige Wendungen beschränkt, sondern können auch vorher noch nie gehörte Äußerungen neu zusammensetzen. Es ist aber doch wichtig zu bedenken, dass ein ziemlich kleiner Anteil an sprachlichen Elementen einen Großteil des tatsächlichen Sprachgebrauchs ausmacht. Das bezieht sich neben Wortschatz[11] auch auf Satzgefüge. Sprache funktioniert hier – wie viele Bereiche im Leben – nach dem organisatorischen Prinzip des Zipf'schen Gesetzes (vgl.

---

einer Übertragung der allgemeinen Erkenntnisse aus der Fremdsprachenforschung ist aber zumindest eine plausible Hypothese, dass ein Unterricht, der bestimmte sprachliche Elemente in den Vordergrund hebt, kognitiviert und durch viel Übung festigt, u. a. indem er genügend Input dieser Elemente bereit stellt sowie deren Lernen mit verschiedenen Sinneskanälen unterstützt, besonders spracherwerbsfördernd sein kann.

11 Über die Häufigkeitsverteilung von Wörtern im Deutschen kann man sich einfach unter http://wortschatz.uni-leipzig.de einen Überblick verschaffen.

z. B. Hulstijn, 2015, S. 27). Dies bedeutet, dass für den Spracherwerb solche Elemente eine besondere Relevanz besitzen, die sehr häufig im Sprachgebrauch vorkommen. Besonders hervorstehende oder für das Individuum besonders bedeutungstragende oder besonders emotional gefärbte Bereiche spielen neben dem Input allerdings auch eine gewichtige Rolle.

Für einen DaF-/DaZ-Unterricht, der eine zentrale Quelle an fremdsprachlichem Input darstellt, bedeutet dies einerseits, dass er die Aspekte, die gelernt werden sollen, auch häufig bereitstellen muss. Gerade für Sprachanfängerinnen und -anfänger können dabei formelhafte Wendungen besonders hilfreich sein. Wichtig in Bezug auf Input ist: Er muss weitgehend verständlich sein. Dies ist einer der Gründe, warum es nicht erfolgreich ist, wenn man neu Zugewanderte ohne Sprachkenntnisse in der Zielsprache direkt in ein naturalistisches Umfeld wie die Regelklasse integriert – sie gehen im „Sprachbad" unter. In allen aktuellen Fremdsprachenerwerbstheorien spielt verständlicher Input also eine zentrale Rolle. Diesen verständlichen Input bereitzustellen ist eine wesentliche Aufgabe des gesteuerten Fremdsprachenunterrichts.

Andererseits weiß man auch, dass in fremdsprachlichen Kontexten allein bedeutungstragender Input nicht zu vollständigem Erwerb führt, wie es noch in nativistischen Ansätzen, zu denen beispielsweise auch Krashens *Natural Approach* gehört (Krashen & Terrell, 1983), angenommen worden war. Nach dieser Vorstellung geschieht der Zweitspracherwerb inzidenziell und funktioniert nach denselben Prinzipien wie der Erwerb einer Erstsprache, die normalerweise ja ohne explizite Vermittlung auskommt. Allerdings wurde schließlich erkannt, dass reichhaltiger und für die Lerner bedeutungstragender Input in der Zielsprache zwar in hoher rezeptiver Kompetenz mündete, allerdings in produktiven Fertigkeiten nicht zielsprachenkonform erworben wurden (s. z. B. Swain & Lapkin, 1995 für grammatische Elemente; vgl. für Wortschatz auch Pigada & Schmitt, 2006; Laufer, 2009). Da Lernerinnen und Lerner bestimmte zielsprachliche Strukturen überhaupt bemerken müssen, um sie zu erwerben (vgl. die einflussreiche Noticing-Hypothese von Schmidt, 1990) lässt sich folgern, dass gezielte, aufmerksamkeitsfokussierende Aktivitäten in den Fremdsprachenunterricht eingeflochten werden müssen. In diesem Zusammenhang wurde die Hypothese aufgestellt, dass die Produktion von zielsprachlichem Output ein wichtiger Weg ist, um die Aufmerksamkeit von Lernern zu lenken – nämlich dann, wenn sie in ihrer Sprachverwendung an Grenzen stoßen und bemerken, dass ihnen sprachliche Mittel fehlen. Bei der Produktion müssen Lernende Entscheidungen treffen, nämlich welche Wörter sie verwenden, in welcher Reihenfolge sie diese aneinandersetzen, mit welchen Endungen sie diese versehen. Die Annahme ist hierbei folgende: Werden die entsprechenden Mittel in einer Situation zur Verfügung gestellt, in der Lernerinnen und Lerner hinsichtlich der angemessenen sprachlichen Form unsicher sind oder nicht weiter wissen, werden die entsprechenden Strukturen mit hoher Wahrscheinlichkeit gelernt (z. B. Nobuyoshi & Ellis, 1993; s. auch zusammenfassend Gass & Mackey, 2006).

Es wird derzeit noch kontrovers diskutiert, wie am besten die Aufmerksamkeit auf formalsprachliche Elemente zu lenken ist. Ein Weg ist die explizite Regelvermittlung, die im Folgenden genauer betrachtet werden soll.

3.4 Vermitteln Sie explizit Grammatikregeln; geben Sie aber auch genügend Gelegenheit, aus Beispielen zu lernen

Die Frage nach explizitem Sprachwissen und seiner Rolle für sprachliche Kompetenzen hat die Fremdsprachenforschung intensiv beschäftigt. In der Forschung zu diesem Thema (vgl. z. B. die Überblicke zum Thema in Andringa & Rebuschat, 2015; De Graaf & Housen, 2009, hier vor allem S. 727) hat sich gezeigt, dass explizites Grammatikwissen Fremdsprachenlernerinnen und -lernern durchaus hilft, insbesondere jenen jenseits des Kindesalters. Es gibt in der Forschung mittlerweile reichlich Belege dafür, dass Fremdsprachenlernende nach expliziter Grammatikerläuterung in der Lage sind, die entsprechenden Grammatikstrukturen mit höherem Grad an Korrektheit zu produzieren als ohne eine solche Intervention (zumindest in den experimentellen Settings, vgl. z. B. Überblick in Norris & Ortega, 2000).

Sprachliche Strukturregeln zu kennen ist dabei kein Lernziel an sich; vielmehr ist dann von einer Lernbegünstigung auszugehen, wenn die Lerner den Unterschied in der kommunikativen Bedeutung verschiedener sprachlicher Äußerungen erfassen können (vgl. Ellis & Shintani, 2014, S. 22 ff.) und sie durch ihr bewusstes Strukturwissen befähigt werden, kommunikative Bedürfnisse zu befriedigen, die sie auf der Grundlage von auswendig gelernten Wendungen nicht erfüllen können. Außerdem geht man davon aus, dass explizites Grammatikwissen dazu führen kann, dass Lernerinnen und Lerner die Diskrepanz zwischen ihren kommunikativen Bedürfnissen und ihren sprachlichen Fähigkeiten überhaupt wahrnehmen können. Das bedeutet: Erfolgversprechender Fremdsprachenunterricht stellt nicht nur reichhaltigen, kontextualisierten und bedeutungstragenden Input bereit, sondern fokussiert auch Regelhaftigkeiten in der sprachlichen Form und erläutert Regeln auf einer Metaebene.

Es scheint in Bezug auf die Fähigkeit, explizite Grammatikregeln für das eigene Fremdsprachenlernen nutzbar zu machen, übrigens unterschiedliche Sprachverarbeitungstypen zu geben – daraus folgt, dass eher analytische Lernerinnen und Lerner mehr von einem expliziten Grammatikwissen profitieren, weil sie dieses häufiger zum Selbstmonitoring ihrer Sprachverwendung benutzen, während andere Lernende, die Sprache eher auf der Basis von Gedächtnis und Analogiebildung produzieren und rezipieren, eher von Beispielen lernen können. Dieser Punkt weist schon auf ein zentrales Prinzip des Fremdsprachenlehrens hin, das im nächsten Abschnitt etwas genauer besprochen werden soll: Fremdsprachenlernen ist ein individueller Prozess, der durch eine Vielzahl von Faktoren beeinflusst wird. Daraus folgt für Lehrkontexte:

3.5 Machen Sie sich bewusst, dass Sie den Fremdsprachenerwerb Ihrer Lerner durch Ihre Unterrichtsaktivitäten nicht vollständig steuern können

Grundsätzlich lässt sich aus der Forschungslage ableiten: Lehrkräfte sind beim Unterrichten von Deutschlernerinnen und -lernern mit einer durch eine Vielzahl an wechselwirkenden Faktoren bestimmten Situation konfrontiert, die sie nur zum Teil beeinflussen können. Dies liegt daran, dass Fremdsprachenlernen ein äußerst komplexer und hoch individueller Vorgang ist, der Verallgemeinerungen grundsätzlich schwierig macht. Aktuell ist man deshalb in der Fremdsprachenforschung z. B. dazu übergegangen, Fremdspracherwerb mit Hilfe von komplexitätstheoretischen Modellen (z. B. Beckner et al., 2009) oder mit Ansätzen aus der Chaostheorie (z. B. Larsen-Freeman, 2012) abzubilden, um das Zusammenwirken der vielen Faktoren, von denen man weiß, dass sie eine Rolle spielen, erfassen zu können. Vor diesem Hintergrund sollten sich Lehrerinnen und Lehrer grundsätzlich auf Folgendes einstellen:

Selbst in zentralen Variablen sehr vergleichbare Lernerinnen und Lerner lernen höchst individuell, sind unterschiedlich schnell und kommen typischerweise zu unterschiedlichen Graden des Erfolgs. Es ist somit erwartbar, dass Schülerinnen und Schüler in derselben Lerngruppe unterschiedliche Lernergebnisse erzielen. Man weiß beispielsweise, dass die Motivation, eine neue Sprache zu lernen, einen wesentlichen Einfluss darauf hat, wie schnell man sich die neue Sprache aneignen kann, aber auch wie weit man insgesamt kommt.[12] Weitere Faktoren, von denen man weiß, dass sie sich auf das Fremdsprachenlernen auswirken, sind Intelligenz, Alter, Angst, Lernertyp; wobei nicht immer ganz klar ist, ob es sich um Faktoren handelt, die allgemein Lernen – und damit eben auch Fremdsprachenlernen – beeinflussen, oder ob bestimmte fremdsprachenlernspezifische Ausprägungen existieren. Die Menge des Kontakts mit der Zweitsprache, Sprachlerneignung und Sprachlernstrategien stellen spezifische auf den Lerngegenstand ausgerichtete Aspekte dar (vgl. für einen Überblick Edmondson & House, 2011).

3.6 Berücksichtigen Sie in Ihrem Unterricht, dass Strukturen entsprechend einer natürlichen Erwerbsreihenfolge gelernt werden

Die Fremdsprachenforschung kann mittlerweile auf recht solider Grundlage zeigen, dass Fremdsprachenlernerinnen und -lerner, ähnlich wie Kinder beim Erwerb ihrer ersten Sprache(n), grammatikalische Strukturen in einer bestimmten Abfolge erwerben. Allgemein geht man davon aus, dass diese Stufen durch Unterricht nicht

---

12 Wie oben bereits angesprochen beeinflussen die auf komplexe Weise zusammenwirkenden Faktoren sich gegenseitig; so kann es sein, dass bei hoher psychosozialer Belastung von Lernenden selbst bei hoher Motivation das Lernen nur langsam voranschreitet.

umkehrbar sind (vgl. jedoch Lantolf & Poehner, 2012). Es ist daher sinnvoll, sich in einer Sprachstandsdiagnose einen Überblick über den derzeitigen Stand der betreffenden Lernenden zu verschaffen und dann im Fremdsprachenunterricht diesem Stand Rechnung zu tragen. Die Profilanalyse nach Grieshaber (z. B. 2005) ist ein wichtiger Ansatz in diesem Bereich (vgl. für konkrete Beispiele den Beitrag von Weber in diesem Band).

Gerade bei sprachlich heterogenen Lerngruppen, in denen die einzelnen Lernerinnen und Lerner sich auf ganz unterschiedlichen Erwerbsstufen befinden können, kommt ein frontal gesteuerter Unterricht, der die curriculare Progression für alle vorgibt, schnell an seine Grenzen. Eine Möglichkeit, der Heterogenität gerecht zu werden ist, wie Krashen vorschlägt, der oben bereits angesprochene „Zero Grammar Approach" – also ein Ansatz, der aufbauend auf kommunikativen Aufgaben die Lerner und ihre Bedarfe bestimmen lässt, welche grammatikalischen Phänomene in den Blick genommen werden, und der darauf reagiert (dies schlagen auch Ellis & Shintani 2014, S. 24 vor).

3.7 Schaffen Sie echte und relevante Kommunikationsanlässe und die Möglichkeit, die neue Sprache in der Interaktion mit anderen anzuwenden

Die Kognitive Psychologie und die Linguistik liefern empirisch gut fundierte Modelle, aus denen hervorgeht, dass Sprachwissen eng gekoppelt an Repräsentationen von typischen Verwendungssituationen gespeichert wird (z. B. Ellis & Wulff, 2015). Die Fremdsprachenforschung komplettiert dies mit einer breiten Befundlage, die zeigt, dass Interaktion in der Fremdsprache eine wesentliche Voraussetzung für ihren Erwerb darstellt (zusammenfassend z. B. Ellis & Shintani, 2014, S. 194 ff.). Dies kann man zusammen mit dem Lernziel der kommunikativen Verwendungsfähigkeit für das Ausführen von an Sprache gekoppelten Handlungen sehen. Dies bedeutet, dass Unterricht besonders dann als lernförderlich betrachtet werden kann, wenn er die Lerner in Situationen versetzt, in denen sie ein kommunikatives Bedürfnis entwickeln und diesem nachgehen. Dass hier gut Sprache gelernt wird, kann auf der Grundlage mehrerer Argumentationsstränge begründet werden: Erstens wird die sprachliche Struktur mit ihrer Bedeutsamkeit und Funktion verknüpft, während die interaktive Situation ein Feedback des Gesprächspartners über die Verständlichkeit der Äußerung des Lerners ermöglicht, der gegebenenfalls justieren kann. Darüber hinaus bedeuten kommunikative Situationen situative, multimodale Lerngelegenheiten mit reichhaltigem Input. Dieser hilft, neues Sprachwissen komplexer zu vernetzen und damit besser zu verankern. Schließlich erfordern kommunikative Situationen ein Wechselspiel von sowohl rezeptiven als auch produktiven Kompetenzen. Neben grundlegenden Aspekten der Verankerung von Sprachwissen ist auch davon auszugehen, dass echte Kommunikationsanlässe motivationssteigernd wirken und darüber einen günstigen Zugang zu Lernprozessen eröffnen.

3.8 Seien Sie darauf vorbereitet, dass Fremdsprachenlernen eine Menge Zeit braucht

Manchmal stößt man auf Werbeprospekte von privaten Sprachschulen, die damit werben, die Teilnehmerinnen und Teilnehmer an ihren Programmen innerhalb weniger Wochen zu einer fließenden Sprachbeherrschung in der Zielsprache zu führen. Derartige Verheißungen sind auf wissenschaftlicher Basis nicht realistisch; wir wissen: Das Erlernen einer neuen Sprache ist ein längerfristiger, kumulativer Prozess, der viel Übung und Gelegenheiten zur Sprachanwendung erfordert. Als Daumenregel gilt: Haben die Fremdsprachenlerner außerhalb des Unterrichts nur sporadischen Kontakt zur Zielsprache, brauchen sie selbst bei hoher Sprachlernmotivation im Schnitt ca. eintausend Unterrichtsstunden, um auf das GeR-Niveau B2 zu gelangen (wobei hier, wie gesagt, die Nähe zwischen bereits beherrschten und der neuen Sprache in Rechnung gestellt werden muss). Auf diesem Niveau verfügen Fremdsprachenlerner über folgende Kompetenzen:

> „Kann die Hauptinhalte komplexer Texte zu konkreten und abstrakten Themen verstehen, versteht im eigenen Spezialgebiet auch Fachdiskussionen. Kann sich so spontan und fließend verständigen, dass ein normales Gespräch mit Muttersprachlern ohne größere Anstrengung auf beiden Seiten gut möglich ist. Kann sich zu einem breiten Themenspektrum klar und detailliert ausdrücken, einen Standpunkt zu einer aktuellen Frage erläutern und die Vor- und Nachteile verschiedener Möglichkeiten angeben." (Europarat, 2001, S. 35).

Dieses Sprachstandsniveau ist also eigentlich Voraussetzung für einen erfolgreichen Schulbesuch, bei dem die Fähigkeit, mit spezifischen, auch abstrakten Informationen umgehen und fachliche Zusammenhänge präzise ausdrücken zu können, für Bewertungszusammenhänge sehr bedeutsam ist. Insbesondere in Anbetracht dessen, dass sich die Gruppe der Geflüchteten häufig in einer psychosozial stark belastenden Situation befindet, von der zu erwarten ist, dass sie sich ungünstig auf Lernen generell auswirkt, sollten sich alle Akteure hier auf längere Erwerbszeiträume und die Notwendigkeit zusätzlicher Stützung einstellen. Auch, wenn Schülerinnen und Schüler noch nicht in der lateinischen Sprache oder sogar noch überhaupt nicht alphabetisiert sind, braucht es erheblich mehr Zeit.

Entgegen populären Annahmen geht der Fremdspracherwerb auch bei Kindern nicht schnell und mühelos vonstatten. Die Forschung zum Faktor „Alter" zeigt einhellig, dass im Wesentlichen die Wahrscheinlichkeit, später akzentfrei zu sprechen, höher ist, je jünger Zweitsprachenlernerinnen und -lerner zum Zeitpunkt ihrer Einreise waren. In bestimmten Bereichen, z. B. in Bezug auf Lexik, lernen erwachsene Fremdsprachenlerner aber sogar schneller als Kinder. Sie machen sich ihre altersgemäß weiter entwickelten kognitiven Fähigkeiten und allgemeine Problemlösefähigkeiten zu Nutze, während Kinder intuitiver lernen (s. für einen Überblick über den Forschungsstand zum Faktor Alter Grotjahn & Schlak, 2013).

Eine neue Sprache bedeutet also, dicke Bretter zu bohren. Nicht zuletzt aus diesem Grund ist die Forderung nach fortgesetzter Sprachförderung in allen Fächern, die sich bis zum Ende der Schulzeit erstreckt, aus Sicht der Fremdsprachenforschung unbedingt zu unterstützen.

3.9 Belassen Sie die Lernenden weitgehend in ihrer „Lern-Wohlfühlzone" und führen Sie sie sukzessive an unbekannte Lernsettings heran

Dieser Aspekt bezieht sich eigentlich auf einen sehr allgemeinen Punkt aus der Lehr-Lernforschung, ist aber für den sehr durch Handlungsorientierung und Lernerorientierung geprägten Fremdsprachenunterricht vielleicht noch einmal gesondert zu betonen.

In vielen Lernkulturen, aus denen neu zugewanderte Schülerinnen und Schüler stammen, ist die Sicht auf Sprache die unter 2.1 skizzierte Systemperspektive mit einem starken Fokus auf Korrektheit. Für solche Lernerinnen und Lerner kann ein Unterricht, in dem Lehrpersonen versuchen, sich zurückzunehmen und die Bedarfe der Schülerinnen und Schüler in den Mittelpunkt zu stellen, irritierend wirken; Sozialformen wie Rollenspiele oder Gruppenarbeit werden womöglich gar nicht als Lernsituation klassifiziert und erkannt und nicht ernst genommen; die Motivation sinkt oder die Lehrperson verliert in den Augen der Lernenden an Autorität. Hier kann es sinnvoll sein, einen unterrichtlichen Rahmen zu etablieren, innerhalb dessen sich die Schülerinnen und Schüler zurechtfinden und langsam in die neue Lernkultur hineinwachsen können. Verwenden Sie beispielsweise schnelle Wechsel der Sozialformen – den Rahmen kann eine lehrerzentrierte Unterrichtsgestaltung sein, die aber z. B. immer wieder durch kurze individuelle Reflexions- oder Austauschphasen unterbrochen werden, in denen die Lernerinnen und Lerner aktiviert werden. Dies vermittelt Sicherheit, ohne ganz auf lernerzentrierte und aktivierende Lehrformate zu verzichten.

4. Schlusskommentar

Diese Ausführungen haben einen Einblick in weitgehend gesicherte Erkenntnisse aus der Fremdsprachenforschung geben wollen. In ihren Implikationen für die konkrete Gestaltung von Lehr-Lernsituationen sind sie blitzlichtartig und praxisorientiert formuliert worden und können einen Startpunkt für die Beschäftigung mit der Thematik darstellen; es sollte aber dennoch deutlich geworden sein, dass professionelles Handeln von Lehrkräften einen umfassenden Kenntnisstand über Wechselwirkungen und Zusammenhänge erfordert, die nur ein grundständiges Studium vermitteln kann.

Literatur

Fernández Ammann, E. M., Kropp, A. & Müller-Lance, J. (Hrsg.) (2015). *Herkunftsbedingte Mehrsprachigkeit im Unterricht der romanischen Sprachen*. Berlin: Frank & Timme.

Andringa, S. & Rebuschat, P. (2015). New directions in the study of implicit and explicit learning: An introduction. *Studies in Second Language Acquisition, 37*, (Special Issue 02), S. 185–196.

Barsalou, L. B., Santos, A., Simmons, W. K. & Wilson, C. D. (2008). Language and simulation in cognitive processing. In: de Vega, M., Glenberg, A. & Graesser, A. (Hrsg.). *Symbols and Embodiment Debates on meaning and cognition*. Oxford: Oxford University Press, S. 245–284.

Becker-Mrotzek, M., Brinkhaus, M., Grabowski, J., Henneke, V., Jost, J., Knopp, M., Schmitt, M., Weinzierl, C. & Wilmsmeier, S. (2016). Kohärenzherstellung und Perspektivenübernahme als Teilkomponenten der Schreibkompetenz. Von der diagnostischen Absicherung zur didaktischen Implementierung. In: Redder, A., Naumann, J. & Tracy, R. (Hrsg.). *Forschungsinitiative Sprachförderung und Sprachdiagnostik* (FiSS). Münster: Waxmann, S. 177–205.

Beckner, C., Blythe, R., Bybee, J., Christiansen, M. H., Croft, W., Ellis, N. C., Holland, J., Ke, J., Larsen-Freeman, D. & Schoenemann, T. (2009). Language is a complex adaptive system: Position paper. *Language Learning, 59*, (Suppl. 1), S. 1–26.

Bermejo Muñoz, S. (2014). Implementierung schulischer und lebensweltlicher Mehrsprachigkeit in ein aufgabenorientiertes Unterrichtskonzept im Spanischunterricht der Sekundarstufe II. *Zeitschrift für Interkulturellen Fremdsprachenunterricht*, 19 (1), S. 120–137.

Bimmel, P., Kast, B. & Neuner, G. (2003). *Deutschunterricht planen. Arbeit mit Lehrwerkslektionen*. Fernstudieneinheit 18, Fernstudienprojekt zur Fort- und Weiterbildung im Bereich Germanistik und Deutsch als Fremdsprache. Kassel, München: Langenscheidt.

Bryant, D. (2012). *Lokalisierungsausdrücke im Erst- und Zweitsprachenerwerb. Typologische, ontogenetische und kognitionspsychologische Überlegungen zur Sprachförderung in DaZ*. Baltmannsweiler: Schneider Verlag Hohengehren.

De Florio-Hansen, I. (2014). *Fremdsprachenunterricht lernwirksam gestalten. Mit Beispielen für Englisch, Französisch und Spanisch*. Tübingen: Narr.

De Graaff, R. & Housen, A. (2009). Investigating the effects and effectiveness of L2 instruction. In: Long, M. H. & Doughty, C. J. (Hrsg.). *The handbook of language teaching*. Oxford: Wiley-Blackwell, S. 726–755.

Edmondson, W. & House, J. (2011). *Einführung in die Sprachlehrforschung*. 4., überarb. Aufl. Tübingen: Francke.

Ellis, N. & Wulff, S. (2015). Usage-based approaches to SLA. In: Van Patten, B. & Williams, J. (Hrsg.). *Theories in Second Language Acquisition. An Introduction*. New York: Routledge, S. 75–93.

Ellis, R. (2005). *Instructed Second Language Acquisition. A Literature Review. Report to the Ministry of Education*. New Zealand: Ministry of Education.

Ellis, R. (2010). Second language acquisition, teacher education and language pedagogy. *Language Teaching*, 43 (2), S. 182–201.

Ellis, R. & Shintani, N. (2014). *Exploring language pedagogy through second language acquisition research*. London: Routledge.

Europarat (2001). *Gemeinsamer europäischer Referenzrahmen für Sprachen: lernen, lehren, beurteilen*. Verfügbar unter: http://www.goethe.de/referenzrahmen, [18.11.2015].

Gass, S. M. & Mackey, A. (2006). Input, interaction and output: an overview. *AILA Review.* 19, S. 3–17.

Gibbons, P. (2002). *Scaffolding Language, Scaffolding Learning. Teaching Second Language Learners in the Mainstream Classroom.* Portsmouth, NH: Heinemann.

Grießhaber, W. (2005). Sprachstandsdiagnose im Zweitspracherwerb: Funktional-pragmatische Fundierung der Profilanalyse. Verfügbar unter: URL: http://spzwww.uni-muenster.de/griesha/pub/tprofilanalyse-azm-05.pdf [17.05.2016].

Grotjahn, R. & Schlak, T. (2013). Alter und Fremdsprachenlernen: Ein Forschungsüberblick. In: Berndt, A. (Hrsg.). *Fremdsprachen in der Perspektive lebenslangen Lernens.* Frankfurt a. M.: Peter Lang, S. 13–46.

Hammarberg, B. (2010). The languages of the multilingual: Some conceptual and terminological issues. *IRAL* 48, S. 91–104.

Heine, L. (2014). Unterrichtsbezogene Fremdsprachenerwerbstheorien und neurowissenschaftliche Erkenntnis. In: Böttger, H. & Gien, G. (Hrsg.). *The Multilingual Brain. Zum neurodidaktischen Umgang mit Mehrsprachigkeit.* Eichstätt: Eichstätt University Press, S. 33–54.

Heine, L. (im Erscheinen). Theoretische Überlegungen zur Modellierung von integrativem Fach- und Sprachenlernen. In: Hinger, B. (Hrsg.). *Begleitband zur 2. Tagung der Österreichischen Gesellschaft für Fachdidaktik 'Sprachsensibler Sach-Fach-Unterricht – Sprachen im Sprachunterricht',* 12 Seiten.

Hu, G. (2002). Potential cultural resistance to pedagogical imports: the case of communicative language teaching in China. *Language, Culture and Curriculum,* 15 (2), S. 93–105.

Hufeisen, B. & Riemer, C. (2010). Spracherwerb und Sprachenlernen: Modelle und theoretische Ansätze. In: Krumm, H.-J., Fandrych, C., Hufeisen, B. & Riemer, C. (Hrsg.). *Deutsch als Fremd- und Zweitsprache. Ein internationales Handbuch.* Berlin etc.: Mouton de Gruyter, S. 738–853.

Köhne, J., Kronenwerth, S., Redder, A., Schuth, E. & Weinert, S. (2015). Bildungssprachlicher Wortschatz – linguistische und psychologische Fundierung und Itementwicklung. In: Redder, A., Naumann, J. & Tracy, R. (Hrsg.). *Forschungsinitiative Sprachförderung und Sprachdiagnostik (FiSS).* Münster: Waxmann.S. 47–72.

Krings, H. P. (1992). Empirische Untersuchung zu fremdsprachlichen Schreibprozessen. Ein Forschungsüberblick. In: Börner, W. (Hrsg.). *Schreiben in der Fremdsprache. Prozeß und Text, Lehren und Lernen.* Bochum. AKS-Verl., S. 47–77.

Kurtz, G., Hofmann, N., Biermas, B., Back, T. & Haseldiek, K. (2014). *Sprachintensiver Unterricht. Ein Handbuch.* Baltmannsweiler: Schneider Verlag Hohengehren.

Lantolf, J. P. & Poehner, M. E. (2014). *Sociocultural Theory and the Pedagogical Imperative in L2 Education.* New York: Routledge.

Larsen-Freeman, D. (2013). Chaos/Compexity Theory for Second Language Acquisition. Chapelle, C. A. (Hrsg.). *The Encyclopedia of Applied Linguistics.* New York etc.: Blackwell, S. 1–8.

Laufer, B. (2009). Second language vocabulary acquisition from language input and from form-focused activities. *Language Teaching,* 42 (3), S. 341–354.

Leisen, J. (2013). *Handbuch Sprachförderung im Fach.* 2., unv. Aufl. Stuttgart: Klett.

Meißner, F.-J. (o. J.). EuroComprehension und Mehrsprachigkeitsdidaktik. Zwei einander ergänzende Konzepte und ihre Terminologie. Eurocom Research Net. Verfügbar unter: http://www.eurocomresearch.net/lit/meissner.pdf [13.05.2016].

Meißner, F.-J. (2011). Spanischunterricht: Interkomprehension und Kompetenzförderung mit Blick auf die Konstruktion von Lehrwerken. In: Meißner, F.-J. & Krämer, U. (Hrsg.). *Spanischunterricht gestalten. Wege zu Mehrsprachigkeit und Mehrkulturalität.* Seelze: Klett/Kallmeyer, S. 81–120.

Michalak, M., Lemke, V. & Goeke, M. (2015). *Sprache im Fachunterricht. Eine Einführung in Deutsch als Zweisprache und sprachbewussten Unterricht.* Tübingen: Narr.

Norris, J. & Ortega, L. (2000). Effectiveness of L2 instruction: A research synthesis and quantitative meta-analysis. *Language Learning* 50, S, 417–528.

Paivio, A. (1986). *Mental representations: A dual coding approach.* New York: Oxford University Press.

Piepho, H.-E. (1974). *Kommunikative Kompetenz als übergeordnetes Lernziel im Englischunterricht.* Limburg: Frankonius.

Pigada, M. & Schmitt, N. (2006). Vocabulary acquisition from extensive reading: A case study. *Reading in a foreign language, 18* (1), S. 1–28.

Samuda, V. & Bygate, M. (2008). *Tasks in Second Language Learning.* Houndmills: Palgrave MacMillan.

Schader, B. (2012). *Sprachenvielfalt als Chance. 101 praktische Vorschläge.* Zürich: Orell Füssli.

Schmidt, R. (1990). The role of consciousness in second language learning. *Applied Linguistics,* 11, S. 129–158.

Schmölzer-Eibinger, S., Dorner, M., Langer, E. & Helten-Pacher, M.-R. (2013). *Sprachförderung im Fachunterricht in sprachlich heterogenen Klassen.* Stuttgart: Klett.

Schwanenflugel, P. J. (1991). Why are abstract concepts so hard to understand? In: Schwanenflugel, P. (Hrsg.). *The psychology of word meanings.* Hillsdale, NJ: Lawrence Erlbaum Associates, S. 223–250.

Studer, T. (2010). Kompetenzmodelle und Bildungsstandards für den Bereich Deutsch als Fremd- und Deutsch als Zweitsprache. In: Krumm, H.-J., Fandrych, C., Hufeisen, B. & Riemer, C. (Hrsg.). *Deutsch als Fremd- und Zweitsprache. Ein internationales Handbuch,* 2. Halbband. Berlin/New York: de Gruyter, S. 1264–1271.

Swain, M. & Lapkin, S. (1995). Problems in Output and the Cognitive Processes They Generate: A Step Towards Second Language Learning. *Applied Linguistics,* 16 (3), S. 371–391.

White, L. (2015). Linguistic Theory, Universal Grammar, and Second Language Acquisition. In: VanPatten, B. & Williams, J. (Hrsg.). *Theories in Second Language Acquisition. An Introduction.* 2. Aufl. London, New York: Routledge, S. 34–53.

Alphabetisierung in der Flüchtlingsarbeit
Hintergründe und Hinweise für die Unterrichtspraxis[1]

Anja Kittlitz

Wenn über die Öffnung, Konzeption und Praxis von Bildungszugängen für Geflüchtete gesprochen wird, steht dabei meist der Erwerb des Deutschen als Fremd- und Zweitsprache im Zentrum. Eher außer Acht gelassen wird in diesem Zusammenhang, dass viele Lernende nicht nur den Fremdspracherwerb meistern müssen, sondern zeitgleich auch den Schriftspracherwerb und dass weitere Lernbedarfe im Bereich der Grundbildung bestehen. Im bildungspolitischen Diskurs um Fluchtmigration erfährt das Thema Alphabetisierung und Grundbildung daher bislang vergleichsweise wenig Aufmerksamkeit. Auf der praktischen Ebene spiegelt sich dies konkret im geringen Lehrmaterialangebot sowie in der Konzeption der Bildungsangebote in den einzelnen Bundesländern. Geeignete Lehrmaterialien sind rar oder fehlen vollständig, die schulischen Rahmenbedingungen sind nicht an die Lernbedarfe angepasst und das in diesem Fachbereich meist nicht ausgebildete pädagogische Personal sieht sich mit der Aufgabe konfrontiert, einzelne Schülerinnen und Schüler in das laufende Unterrichtsgeschehen zu integrieren und gleichzeitig in der Fremdsprache zu alphabetisieren, da eigene Alphabetisierungsklassen und ausgebildetes Personal fehlen. Hinzukommt wie auch in anderen Bildungsbereichen die alters- und erfahrungsbedingte Heterogenität der Gruppe der Lernenden, die ein verallgemeinertes Sprechen über Alphabetisierungsarbeit in der Flüchtlingsarbeit nicht zulässt. Personen ohne Schriftsprachkenntnisse werden im derzeitigen Diskurs demnach meist weiter ausgegrenzt statt inkludiert und dem (funktionalen) Analphabetismus[2] wird auch in dieser Schüler- und Schülerinnengruppe weiter Vorschub geleistet. Bereits bestehenden Alphabetisierungsangeboten in der Flüchtlingsarbeit kommt daher in einem ersten Schritt die Aufgabe zu, die Wichtigkeit des Themas mit dem Blick auf Partizipation und Bildungsgerechtigkeit mehr publik zu machen. In der Praxis erprobte Unterrichtskonzepte und -materialien sollten interessierten Pädagoginnen und Pädagogen zugänglich gemacht werden und Erkenntnisse aus dem Alphabetisierungsunterricht mit (jungen) Flüchtlingen und aus allgemeinen Alphabetisierungskursen sollten gewinnbringend zusammengedacht werden, um dieses spannende Arbeits- und Lernfeld weiter auf- und auszubauen,

---

1 Dieser Artikel beruht auf Fortbildungsskripten, die von der Autorin für das Fortbildungsmodul „Alphabetisierung in der Fremdsprache", angeboten im Fortbildungsprogramm des Trägerkreises Junge Flüchtlinge e. V., verfasst wurden.
2 Auf das Konzept des funktionalen Analphabetismus wird zu späterer Stelle in diesem Artikel genauer eingegangen.

ebenso wie die Wissenschaft gefordert ist, sich diesem Forschungsfeld intensiver zu widmen.

Der folgende Artikel möchte hier einen Beitrag leisten. In einem ersten Schritt sollen zunächst folgende Fragen diskutiert werden: Was ist unter dem Konzept Analphabetismus zu verstehen? Wie kann es definitorisch gefasst werden und welche Herausforderungen stellen sich im Besonderen für den Alphabetisierungsunterricht mit Deutsch-als-Zweitsprach-Lernerinnen-und-Lernern mit Fluchterfahrung? In einem zweiten Schritt wird ein beispielhafter curricularer Aufbau für den Alphabetisierungsunterricht vorgestellt, bevor abschließend wesentliche Hinweise für den Unterricht praxisnah erläutert werden.

Der praxisbezogene Teil dieses Artikels gründet auf der Unterrichtspraxis der Münchner SchlaU-Schule (schulanaloger Unterricht), einer Münchner Schule in privater Trägerschaft (Trägerkreis Junge Flüchtlinge e. V.) für junge Geflüchtete im Alter von 16 bis 21 Jahren (in Ausnahmefällen bis 25 Jahren). Aktuell bietet die Schule zusammen mit ihrer Partnerschule ISuS (Integration durch Sofortbeschulung und Stabilisierung) 300 Schulplätze. Das Schulangebot reicht von der Alphabetisierung bis hin zum Erfolgreichen Mittelschulabschluss, Qualifizierenden Mittelschulabschluss oder Mittleren Schulabschluss. Unterrichtet wird in lernstandsbezogenen Klassen, die nach einem offenen Klassenstufensystem strukturiert sind. Dies bedeutet, dass einzelne Schülerinnen und Schüler entsprechend ihren Lernfortschritten auch während des Schuljahres in höhere Niveaustufen wechseln können. Im Durchschnitt dauert ein Schulbesuch zwischen einem und vier Jahren. Vor diesem Hintergrund nimmt der Artikel im Besonderen Bezug auf die Lernbedarfe von Jugendlichen und jungen Erwachsenen in eigenständigen Alphabetisierungsklassen und behandelt nicht die Lernsituationen von Kindern im Vorschul- und Grundschulalter oder die Situation einzelner Schülerinnen und Schüler mit Alphabetisierungsbedarf in fortgeschrittenen (Sprachlern-) Klassen.

1.   Analphabetismus ausbuchstabiert

1.1   Biografische Spuren

„Hani ist 19 Jahre alt, er wurde in Afghanistan geboren und ist dort die ersten 15 Jahre seines Lebens aufgewachsen. ‚Meine Muttersprache ist Paschtu', sagt er und er habe ‚gute Kenntnisse'. Beim Besuch einer Koranschule lernte er etwa ein bis zwei Jahre lang (ausschließlich) mündlich Arabisch. Eigentlich sei er in Afghanistan auch sechs Jahre lang zur Schule gegangen, allerdings habe er so oft gefehlt, dass dieser Schulbesuch keine Rolle spiele: ‚In einem Jahr war ich vielleicht einen Monat dort'. Als Grund gibt er fehlende Lust an und dass seine Familie, soweit sie davon wusste, und besonders sein Vater, ihn als ältesten Sohn nicht gezwungen hätte, am Unterricht teilzunehmen. Mit dem Verlassen seiner Heimat nach Indien habe er begonnen, mündlich Urdu zu lernen, das er später mit Freunden in Deutschland weiter gesprochen und verbessert habe. Außerdem sei auch Panjabi zu seinem mündlichen Sprachschatz hinzugekommen, wiederum gelernt von und mit den (indischen) Freunden. Mit anderen afghanischen Jugendlichen, die in Deutschland leben, habe er dann noch begonnen, Dari zu sprechen. Seit seiner Ankunft in Deutschland im Oktober 2011 lernt Hani außerdem Deutsch. (…) In diesem Gespräch bleiben Schreib- und Leseerfahrungen in den genannten Sprachen bis dahin unerwähnt. Auf Nachfrage sagt er: ‚Ich hab's nicht versucht. Außer meinem Namen kann ich nichts schreiben" (Heuberger, 2014, S. 40 f.). Hani besuchte die Münchner SchlaU-Schule und lernte dort das lateinische Schriftsystem.

„Mehmet R. wird 1982 in Deutschland geboren. Seine Eltern stammen aus der Türkei. Mehmet R. hat fünf Geschwister. Der Vater ist Maschinenarbeiter. Die Mutter kann den Kindern nicht bei den Hausaufgaben helfen. Sie selbst hat nie die Schule besucht und ist Analphabetin. Von der Hauptschule geht Mehmet R. ohne Abschluss ab. Er spricht fließend Deutsch und Türkisch, aber hat große Probleme beim Schreiben, sowohl im Deutschen als auch im Türkischen. Eine Woche lang macht er ein Praktikum bei Mercedes. Seit 1999 nimmt er in der Volkshochschule an einer Berufsfindungsmaßnahme teil." (Döbert & Hubertus, 2000, S. 79)

„Anna K. wird 1975 als Einzelkind geboren. Beide Eltern sind berufstätig. Sie haben keine Zeit, sich um die Hausaufgaben zu kümmern. Anna K. bekommt Nachhilfeunterricht, weil sie in Deutsch nicht mitkommt. Als das Geld fehlt, wird der Nachhilfeunterricht eingestellt. Auch auf der Gesamtschule hat Anna K. viele Rechtschreibprobleme, aber sie macht dort den Hauptschulabschluss. Anna K. macht an der Berufsschule für kaufmännische Verwaltung ihre mittlere Reife, besucht dann für ein Jahr die höhere Handelsschule und schließt eine Lehre zur Bürokauffrau ab. Ihr Arbeitsverhältnis wird kurz vor Ablauf der Probezeit gekündigt, weil Anna K. zu viele Rechtschreibprobleme hat. Besonders schwer fällt es ihr auch, Briefe frei zu formulieren und zu schreiben. Über das VHS-Programm erfährt sie von den Lese- und Schreibkursen und meldet sich an. Ihr Ziel ist es, Betriebswirtin im Personal- oder Rechnungswesen zu werden." (Döbert & Hubertus, 2000, S. 78)

1.2 Analphabetismus in Zahlen

Drei unterschiedliche Geschichten, drei unterschiedliche Leben. Zwar teilen alle drei Protagonisten die Schwierigkeiten im Umgang mit der Schriftsprache, die Unterschiedlichkeit dieser biografischen Ausschnitte zeigt jedoch, dass Analphabetismus als Thema nicht ausschließlich auf die Gruppe der Seiteneinsteigerinnen und Seiteneinsteiger (mit Fluchterfahrung) zu beschränken ist, sondern dass es sich um eine vielschichtige und gesellschaftlich weitreichende Thematik handelt. Dass diesen Biografien gesellschaftliche Aufmerksamkeit geschenkt wird, ist jedoch keine Selbstverständlichkeit. Lange Zeit wurde Analphabetismus als Alltagsphänomen auch in der bundesdeutschen Gesellschaft tabuisiert. Die Gründe wurden zunächst weniger als strukturelle Problematiken erkannt, wie weiter unten erläutert wird, sondern der Diskurs verlief und verläuft teilweise bis heute defizitorientiert und subjektbasiert. Zu erkennen ist dies beispielsweise an der Diskussion um die Deutschkenntnisse von Schülerinnen und Schülern mit sogenanntem Migrationshintergrund, in der

der Fokus weniger auf die gesellschaftlich marginalisierte Position dieser Lernerinnen- und Lernergruppe gelegt wird als vielmehr der Migrationshintergrund in einer biologistischen Sprechweise für die geringen Deutschkenntnisse verantwortlich gemacht wird.

Immerhin aber ist über die Jahre ein Anstieg des gesellschaftlichen Interesses an diesem Thema zu erkennen, wofür im bundesdeutschen Raum auch die politische Arbeit des Bundesverbands Alphabetisierung e. V. verantwortlich ist, der seit einigen Jahren unter anderem durch Werbespots auf das Thema aufmerksam macht. Und auch weltweit arbeiten vielfältige Initiativen und Bündnisse daran, den Zugang zu Grundbildung (den notwendigen Kenntnissen in den Bereichen Lesen, Rechnen und Schreiben, um an Gesellschaft teilhaben zu können) zu sichern. So verabschiedete die internationale Gemeinschaft auf dem Weltbildungsforum im Jahr 2000 den Aktionsplan „Bildung für alle", der als eines seiner Ziele vorsieht, die weltweite Rate der Analphabetinnen und Analphabeten unter Erwachsenen bis zum Jahr 2015 um 50 Prozent zu reduzieren. Doch bereits vor Ablauf der Frist zeigte sich, dass dieses Ziel nicht realisiert werden kann (Deutsche UNESO Kommission, 2014, S. 3). Im Jahr 2014 lag die weltweite Zahl an erwachsenen Analphabetinnen und Analphabeten bei 774 Millionen Menschen. Dies entspricht einer Reduzierung um 12 Prozent seit dem Jahr 1990, jedoch nur einer Verringerung um ein Prozent seit dem Jahr 2000. Bis zum Jahr 2015 wird von einer Reduzierung auf 743 Millionen Menschen ausgegangen (Deutsche UNESCO Kommission, 2014, S. 7).

Zwar ist die Bundesrepublik Deutschland in der oben gezeigten Darstellung nicht vertreten, doch es lohnt sich auch hier ein Blick auf die Zahlen, wie die an der Hamburger Universität angesiedelte Level-One-Studie[3] eindrücklich zeigt. So konstatierte sie für das Jahr 2010 eine Zahl von 7,5 Millionen deutschsprechenden Erwerbsfähigen, deren Lese- und Schreibkompetenzen nicht ausreichen, um umfassend an der deutschen Gesellschaft teilhaben zu können. Dies entspricht in etwa jedem siebten Einwohner/jeder siebten Einwohnerin der Bundesrepublik im Alter von 18 bis 64 Jahren, die meisten davon sind mit Deutsch als Muttersprache aufgewachsen (58 Prozent). Eine detaillierte Aufschlüsselung der Ergebnisse zeigt weiter: 300.000 Personen sind lediglich in der Lage, einzelne Buchstaben zu lesen, zwei Millionen Menschen nur einzelne Wörter und 5,2 Millionen Menschen haben gravierende Schwierigkeiten, zusammenhängende Texte zu lesen (Grotlüschen et al., 2012). Von diesen 7,5 Millionen Menschen besuchen circa 20.000 Personen einen Alphabetisierungskurs, die meisten von ihnen gehen einer Erwerbstätigkeit

---

3 „Die leo.-Studie hatte das Ziel, eine Benchmark (dt. Bezugswert) zur Größenordnung des funktionalen Analphabetismus bei deutsch sprechenden Erwachsenen zu definieren. Zur Einordnung und Bewertung wurden Zusammenhänge zu bereits bestehenden Erhebungen zur Literalität, wie z. B. IALS hergestellt. Die Studie sollte nicht die Literalität der gesamten Bevölkerung ausdifferenzieren, sondern gezielt die Lese- und Schreibfähigkeit im niedrigsten Kompetenzbereich, dem sogenannten ‚Level One' ermitteln". Verfügbar unter: http://blogs.epb.uni-hamburg.de/leo/[08.01.2016].

nach (Nickel, 2014, S. 31). Darüber hinaus haben 25,9 Prozent (13,3 Millionen) größere Probleme beim Lesen und Rechtschreiben und verschriftlichen den geläufigen Wortschatz fehlerhaft. Die „Leichte Sprache"[4] ist für über 40 Prozent (über 20 Millionen) eine angemessene Form der Schriftlichkeit (Nickel, 2014, S. 27f.).

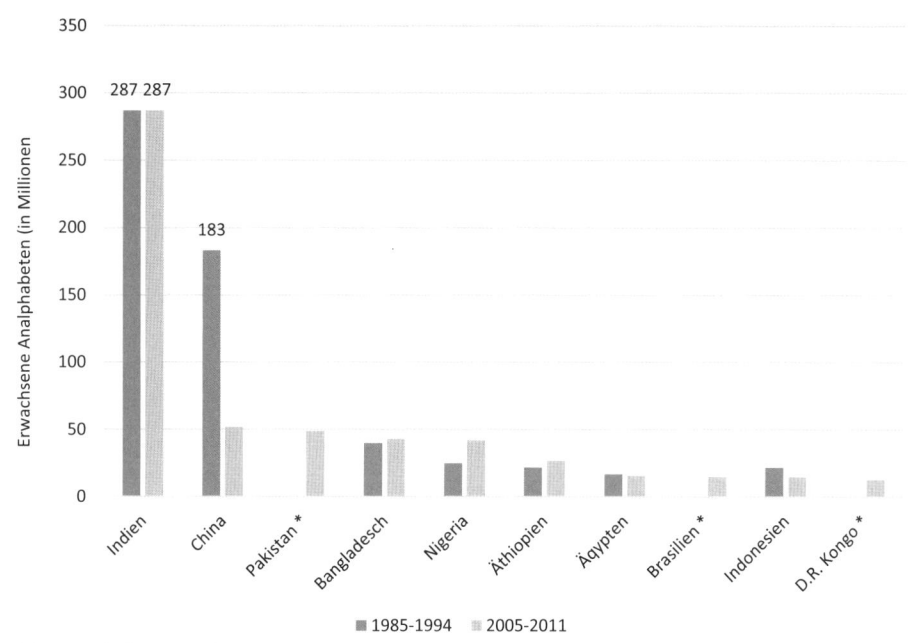

* keine verfügbaren Angaben
Quelle: EFA Global Monitoring Report 2013/14. Statistische Tabelle 2.

Abbildung 1: Anzahl der erwachsenen Analphabeten, zehn Länder mit dem höchsten Aufkommen an erwachsenen Analphabeten, 1985–1994 und 2005–2011, Quelle: Deutsche UNESCO Kommission, 2014, S. 7.

Trotz wachsender Studienzahl kann bislang von keiner gesicherten Zahlenbasis ausgegangen werden. Durch die fehlende definitorische Schärfe der Untersuchungskategorien sowie durch den Ausschluss bestimmter sozialer Gruppen wie Menschen mit Behinderungen oder Zweitschriftlernerinnen und -lerner in einzelnen Studien erfolgt bislang kein ganzheitlicher Blick!

Bis heute also ist die Verfügbarkeit von Schrift und über Schrift nicht für alle eine Selbstverständlichkeit. In der Bundesrepublik entwickelte sich sogar erst in

---

4 Der Begriff „Leichte Sprache" ist nicht geschützt und verfügt über keine eindeutige Definition. Übergeordnet soll er im Sinne der UN-Behindertenkonvention „Menschen mit Leseschwierigkeiten die Teilhabe an Gesellschaft und Politik […] ermöglichen. Sie folgt bestimmten Regeln, die unter maßgeblicher Mitwirkung des Vereins Mensch zuerst entwickelt wurden, und zeichnet sich unter anderem durch kurze Hauptsätze aus, weitgehenden Verzicht auf Nebensätze, die Verwendung von bekannten Wörtern, während schwierige Wörter erklärt werden" (Kellermann, 2014).

den 1970ern ein gesellschaftliches Bewusstsein dafür, dass trotz Schulpflicht etliche Erwachsene nur über geringe Lese- und Schreibkenntnisse verfügen (Döbert & Hubertus, 2000, S. 15). Die Einrichtung erster Alphabetisierungskurse war die Folge. Grund für den Wandel waren vor allem die sich zu dieser Zeit stark verändernden Arbeitsbedingungen und damit die gestiegenen Anforderungen an Schriftsprachkompetenzen, die Ursachen wurden allerdings nur unzureichend beschrieben. Zunächst reichte das Argument der mangelnden Anwendung, das Bildungssystem selbst wurde diesbezüglich nicht näher infrage gestellt. Ob das deutsche Schulsystem tatsächlich in der Lage ist, jeder Schülerin und jedem Schüler ausreichende Lese- und Schreibkompetenzen mit an die Hand zu geben, blieb unhinterfragt. Mit der Zeit regte sich jedoch Kritik an dieser Betrachtungsweise. Es wurde erkannt, dass manche Kinder bereits während ihrer Schulzeit über Schwierigkeiten beim Lesen und Schreiben verfügten. Die Begründung fand sich allerdings wiederum in den Biografien der Betroffenen (gestärkt wurden personenbezogene Erklärungen wie organische Beeinträchtigungen oder familiäre Verhältnisse), nicht im schulischen System. Erst langsam setzte sich die gesellschaftlich wesentlich unangenehmere Erkenntnis durch, dass auch das deutsche Bildungssystem daran seinen Anteil hat, erst langsam wurde damit begonnen, die Schule als Bildungseinrichtung und ihre Didaktik zu hinterfragen (Nickel, 2009, S. 5 f., in Orientierung an Hubertus, 1996), bis hin zur Anerkennung der Tatsache, dass „ein bestimmter Anteil von Schülerinnen und Schülern das deutsche Schulsystem verlässt, ohne hinreichend lesen und schreiben gelernt zu haben" (Nickel, 2014, S. 26).

1.3 Was ist unter dem Begriff Analphabetismus zu verstehen?

Um auf die spezielle Situation von Alphabetisierungsklassen und -kursen mit Deutsch-als-Zweitsprachlerinnen und -lernern einzugehen, ist es sinnvoll, zunächst einen Blick auf die Metaebene des Phänomens Analphabetismus zu werfen und unterschiedliche existierende Definitionen und Formen zu umreißen. Dies ermöglicht im Konkreten einen differenzierteren Blick auf die jeweiligen Lernerinnen- und Lernergruppen und ihre gesonderten oder gemeinschaftlichen Bedarfe.

Übergeordnet wird unter Analphabetismus verstanden, wenn Personen „über keine oder unzureichende Kenntnisse der Schriftsprache verfügen" (Hubertus & Nickel, 2003, S. 719). Der in der internationalen Diskussion verwendete Begriff „Illiteracy" umfasst darüber hinausgehend außerdem Rechenkompetenzen. Weiter werden Personen unterschieden, die in nicht literalen Gesellschaften aufgewachsen sind und nicht Lesen und Schreiben können (preliterates), und Personen, die in literalen Gesellschaften aufgewachsen sind und nicht Lesen und Schreiben gelernt haben (nonliterates) (Feldmeier, 2010, S. 10 f.).

Lesen und Schreiben sind Kulturtechniken, die sich in ihrer Form und Bedeutung im Laufe der Zeit verändern. „Literalität ist relational", so der Erziehungswissenschaftler und Begründer des Bundesverbands Alphabetisierung Sven Nickel

(2014, S. 27). Die Anforderungen an literale Kompetenzen ändern sich dabei nicht nur nach Alltagssituation – einen Notizzettel zu verfassen und zu verstehen, erfordert weniger komplexe literale Kompetenzen als einen Geschäftsbrief zu erstellen –, sondern sie verändern sich auch durch sich verändernde mediale Möglichkeiten. Der Umgang mit dem Computer und anderen technischen Medien erfordert andere Schriftsprachkompetenzen als der Umgang mit Füller und Tinte. Ebenso unterliegen auch Lesekompetenzen dem Wandel der Zeit: Vor der Einführung der Schulpflicht in Deutschland hatten nur wenige Menschen die Möglichkeit, Lesen und Schreiben zu lernen. Als Unterschrift reichten drei Kreuze; um 1900 konnten fast alle in Deutschland lebenden Personen ihren Namen schreiben. Damit galt eine Person zu dieser Zeit als alphabetisiert (Döbert & Hubertus, 2000, S. 17).

Wer sich heute in der schriftsprachlichen Welt zurechtfinden will, kommt damit nicht mehr zurecht. Schnelles Lesen von umfangreicher Literatur on- wie offline, gezieltes Filtern von wesentlichen Informationen und der Umgang mit Suchmaschinen sind für viele Lebensmodelle zur Voraussetzung geworden, ebenso wie der sichere Umgang mit Tastatur und Touchpad als Schreibwerkzeug, die in vielen Bereichen die Handschrift abgelöst haben (vgl. dazu auch Döbert & Hubertus, 2000). Siehe dazu weiterführend beispielsweise die Pläne der finnischen Bildungspolitik, die Schreibschrift aus den Lehrplänen der Grundschule zu tilgen und stattdessen mehr Zeit auf Tastaturschreiben zu verwenden.

Um eine Antwort auf die Frage nach der Definition von „alphabetisiert" zu finden, spielen diese Entwicklungen eine entscheidende Rolle. Denn ob eine Person als alphabetisiert gilt oder nicht, hängt maßgeblich vom Kontext der schriftsprachlichen Anforderungen ab. Eine einheitliche und vor allem zeit- und kontextunabhängige Antwort, über wie viel Lese- und Schreibkompetenz ein Mensch verfügen muss, um als alphabetisiert zu gelten, existiert demnach nicht. Eher existieren weitgefasste Definitionsmodelle, die jedoch nur die Rahmenbedingungen abstecken und weniger exakte Kompetenzen ausloten.

> „Wenn sich die Anforderungen in Bezug auf die Schriftsprachbeherrschung innerhalb weniger Jahrzehnte erhöhen, kann es passieren, dass jemand zu Beginn seiner Berufstätigkeit zwar noch über ausreichende sprachliche Fähigkeiten verfügt, die schriftsprachlichen Anforderungen der Arbeitswelt zu bewältigen. Aber schließlich reichen die vorhandenen Kenntnisse und Fähigkeiten nicht mehr aus. Der gesellschaftliche Wandel wird so zu einer Ursache von funktionalem Analphabetismus" (Döbert & Hubertus, 2000, S. 22).

Aktuelle Definitionen unterscheiden zwischen einer zeitlichen und inhaltlichen Ebene. Für eine gelingende Unterrichtspraxis ist es sinnvoll, auf derartige Definitionen zurückzugreifen, um die jeweiligen Lernausgangslagen der Lernenden besser verstehen zu können: Auf einer *zeitlichen Ebene* werden unterschieden (vgl. Hubertus & Nickel, 2003, S. 719):

1) *Primärer Analphabetismus:* Es ist kein Schulbesuch erfolgt beziehungsweise es ist kein Schriftspracherwerb aufgrund von körperlichen oder anderen Beeinträchtigungen möglich;
2) *Sekundärer Analphabetismus:* Nach einem mehr oder weniger erfolgreichen Erlernen der Schriftsprache hat ein Prozess des Verlernens eingesetzt, der so weit fortgeschritten ist, dass der gesellschaftlich festgelegte Mindeststandard an Schriftsprachlichkeit nicht mehr erfüllt wird.

Auf einer *inhaltlichen Ebene* werden unterschieden (vgl. Hubertus & Nickel, 2003, S. 719 und Feldmeier, 2010, S. 19 ff.):

1) *Totaler Analphabetismus:* Es sind keinerlei Buchstabenkenntnisse und kein Sichtwortschatz[5] vorhanden; meist gering ausgebildete Sprachbewusstheit, grammatikalische Kategorien und Begriffe sind meist unbekannt;
2) *Funktionaler Analphabetismus:* Weder die gesellschaftlich erwarteten noch die eigenen Bedürfnisse in der Schriftsprachverwendung können erfüllt werden; der Umgang mit Stift und Papier ist gewohnt; Buchstaben können langsam zu einem Wort synthetisiert werden; vergleichsweise niedrige phonologische Bewusstheit[6]; kaum geübter Umgang mit verschiedenen Lernstrategien.

Textbeispiel:

„Ich haben die Kagefagen gebutz und auch die Kearasche. Haben auch mien Zimer gebuzt und Haufgeräumt Ichhaben gestern fidofilm geschaut. Haute Fil ich Feinnburbe machen."
„Ich habe die Krankenwagen geputzt und auch die Garage. Habe auch mein Zimmer geputzt und aufgeräumt. Ich habe gestern einen Videofilm geschaut. Heute will ich eine Weinprobe machen." Aus: Döbert & Hubertus, 2000, S. 43.

Viele funktionale Analphabetinnen und Analphabeten erfüllen zwar die Leseanforderungen, aber nicht die Schreibanforderungen. Für gesicherte Zahlen wäre es daher sinnvoll, in quantitativen Erhebungen die Lese- und Schreibkompetenzen zu korrelieren (Döbert & Hubertus, 2000, S. 33). Sven Nickel kritisiert insgesamt die diagnostische Unschärfe des Begriffs, da er weder Ursachen noch Schwierigkeiten

---

5   Sichtwortschatz: Wörter, die auch ohne Buchstabenkenntnisse erkannt werden.
6   Die phonologische Bewusstheit ermöglicht einer Sprecherin oder einem Sprecher, mit den phonologischen Informationen einer Sprache handelnd umzugehen (Nickel, 2009, S. 22). Hierzu gehört die Fähigkeit, Wörter nicht nur in einzelne Buchstaben zerlegen zu können und aus einzelnen Buchstaben Wörter aufzubauen, sondern auch Wörter in Silben zerlegen zu können und aus Silben Wörter aufzubauen. Außerdem umfasst die phonologische Bewusstheit die Fähigkeit, Anlaute und Reime zu erkennen. Die phonologische Bewusstheit ist eine Grundkompetenz für das Erlernen einer alphabetischen Schrift.

im Schriftspracherwerb ausmache oder Ansatzpunkte für eine Förderung liefere. Nickel plädiert in diesem Zusammenhang – auch vor dem Hintergrund einer ressourcenorientierten und wertschätzenden Pädagogik – für eine Beschreibung der literalen Kompetenzen (Nickel, 2009, S. 7 f.) statt einer defizitorientierten Kategorisierung.

1.4 Zweitschriftlernen

Eine besondere Form im Kontext des Schriftspracherwerbs stellt die Situation des Zweitschriftlernens dar. Für den deutschsprachigen Kontext betrifft sie Personen, die bereits in einem Schriftsprachsystem alphabetisiert sind, aber nicht im lateinischen. Zweitschriftlerner und -lernerinnen verfügen meist über eine mehrjährige Schulerfahrung und dadurch über eine differenzierte Sprachbewusstheit. Die englischsprachige Literatur unterscheidet in diesem Zusammenhang außerdem (Feldmeier, 2010, S. 13 f.):

- non-roman alphabet literates: Personen, die in einer alphabetischen Schrift literalisiert sind, aber nicht in der lateinischen (z. B. Griechisch, Arabisch);
- non-alphabet literates: Personen, die in einer logografischen Schrift alphabetisiert sind (z. B. Chinesisch).

Die Erwerbsdauer der Zweitschrift variiert individuell, in jedem Fall sollte auch genügend Zeit eingeräumt werden, um einen sicheren Schriftsprachumgang zu gewährleisten. Im Vergleich zu anderen Lernendengruppen wird bei Zweitschriftlernerinnen und -lernern allerdings von einer vergleichsweise schnellen Progression ausgegangen. Bemerkenswert an ihrer Situation ist, dass hier der Prozess der Migration den Status des vorübergehenden Analphabetentums mit sich bringt. Ein alternativer Begriff, der in diesem Zusammenhang auch Anwendung findet, aber nicht bevorzugt, ist der der Umalphabetisierung. Wie viele Menschen das betrifft, wurde jedoch noch nicht genauer erhoben – es existieren keine belastbaren Zahlen (Feldmeier, 2010, S. 12).

Wichtig: Die unterschiedlichen Ausgangsvariablen und zugeschriebenen Kompetenzen durch die Zuordnung der Lernenden zu den jeweiligen Kategorien können variieren und sich überschneiden bzw. verschieben.

1.5 Funktionaler Analphabetismus[7]

Die Gründe, warum Menschen einen Alphabetisierungskurs besuchen, können vielfältig sein. Der Wunsch nach Selbstständigkeit, Handlungsfähigkeit und Unabhän-

---

7 Trotz der oben genannten Kritik findet der Begriff des funktionalen Analphabetismus hier Anwendung, da er am passgenauesten die Situation von Lernenden beschreibt,

gigkeit wird dabei meist als entscheidende Variable angegeben. Ebenso zeigt sich, dass funktionale Analphabetinnen und Analphabeten, egal welcher Muttersprache, vielfach negative Erfahrungen mit dem System Schule gemacht haben, mit einer Lehrperson, mit den Mitschülerinnen und Mitschülern, dem Unterricht selbst oder Schulbesuch und Lernerfolg wurden durch soziale Kontextfaktoren beeinträchtigt. Zu letzteren zählen beispielsweise die familiäre (Lese- und Schreib-)Sozialisation und familiäre Belastungsfaktoren, soziale Marginalisierung, Diskriminierung und Stigmatisierung, Umzüge oder gesellschaftliche Entwicklungen, die zum Abbruch des Schulbesuchs führten. Auf inhaltlicher Ebene können hinzukommen: Fehlende Professionalität des Lehrpersonals im Umgang mit Heterogenität, geringe Individualisierung und Differenzierung sowie die fehlende Passung beim Schriftspracherwerb. Diese Faktoren wirken sich gebündelt auf die Lernenden und letztlich deren Selbstwirksamkeit aus und führen zu zahlreichen Vermeidungsstrategien im Alltag und schließlich auch im Unterricht (Reese, 2011, S. 69 ff.). Darunter: Andere Personen das Lesen und Schreiben übernehmen lassen, Angeben, die Brille vergessen zu haben, nur Arbeiten anzunehmen, in denen wenig bis gar keine Schriftsprachkenntnisse gefordert sind usw. Das sich daraus entwickelnde Bedingungsgefüge für betroffene Personen wurde für den deutschsprachigen Kontext anhand von biografischen Studien festgehalten:

Die zentrale Komponente des negativen Selbstbildes sollte dabei besondere Beachtung bei didaktischen Konzeptionen finden: „Die Stärkung des Selbstkonzepts und des Zutrauens in die eigenen Fähigkeiten (heuristische Kompetenz) können als vorrangige pädagogische Ziele der Alphabetisierungsarbeit angesehen werden" (Hubertus & Nickel, 2003, S. 725). Dies gilt nicht nur für Lernende mit Deutsch als Muttersprache, sondern auch für Lernende mit Deutsch als Zweitsprache (mit und ohne Fluchterfahrung). Der Grundgedanke einer Pädagogik der Anerkennung, wie er im Konzept der SchlaU-Schule Anwendung findet, ist hier ein geeigneter Wegweiser für eigenständige Konzeptionen. Ausgehend von den migrationspädagogischen Erläuterungen des Erziehungswissenschaftlers Paul Mecheril und den Ideen des Traumapädagogen Martin Kühns zum Konzept des sicheren Ortes kann darunter Folgendes verstanden werden:

> „Eine Pädagogik der Anerkennung, (…) [stellt] den ‚Status des je Anderen als handlungsfähiges Subjekt' (Mecheril 2010: 183) ins Zentrum ihres Handelns (…): Die Handlungsfähigkeit Einzelner sollte durch pädagogische Interventionen gefördert und ermöglicht werden. Allerdings geht es dabei nicht einfach nur um eine Teilhabe an der jeweils dominanten Kultur, sondern es geht um eine aktive Gestaltung der individuellen Teilhabe unter Einbeziehung der je persönlichen spezifischen Lebensumstände, Biografie und damit kulturellen Eingebundenheiten (Mecheril 2010: 184). (…) Entscheidend für die Schaffung eines anerkennenden Raumes ist die Haltung der darin wirkenden PädagogInnen, (…). Eine anerkennende Haltung drückt sich darin aus, dass Achtsamkeit im

---

nicht den gesellschaftlichen Erfordernissen angemessen mit Schriftsprache umgehen können.

Umgang miteinander und Zugewandtheit anstelle von starren Prinzipien treten, und ehrliches Interesse in Form von Nachfragen und Verstehen gelebt wird. Sie ist geprägt von dem Bewusstsein, dass Pluralität und Differenz Normalität sind und gesellschaftlichen Mehrwert besitzen, sowie dass Realitäten und Wahrnehmungen stets subjektiv sind und jeder Gesprächspartner in seiner Perspektive und Möglichkeit ein ernstzunehmender ist. Hinter dem pädagogischen Handeln liegt die Absicht, die Handlungsfähigkeit der Beteiligten zu stärken und Fremdbestimmung sowie Ausschluss entgegenzuwirken. Im Vordergrund stehen die Prozesse von Lernen und Entwicklung, indem auch Teilschritte wahrgenommen und berücksichtigt werden, anstelle von bloßer Ergebnisorientierung. Die jeweils nächsten Handlungsschritte werden von den PädagogInnen an der konkreten Situation und den individuellen Personen festgemacht, was auch bedeutet, neue und individuelle Lösungen zuzulassen" (Kittlitz & Veramendi, 2014, S. 14 ff.).

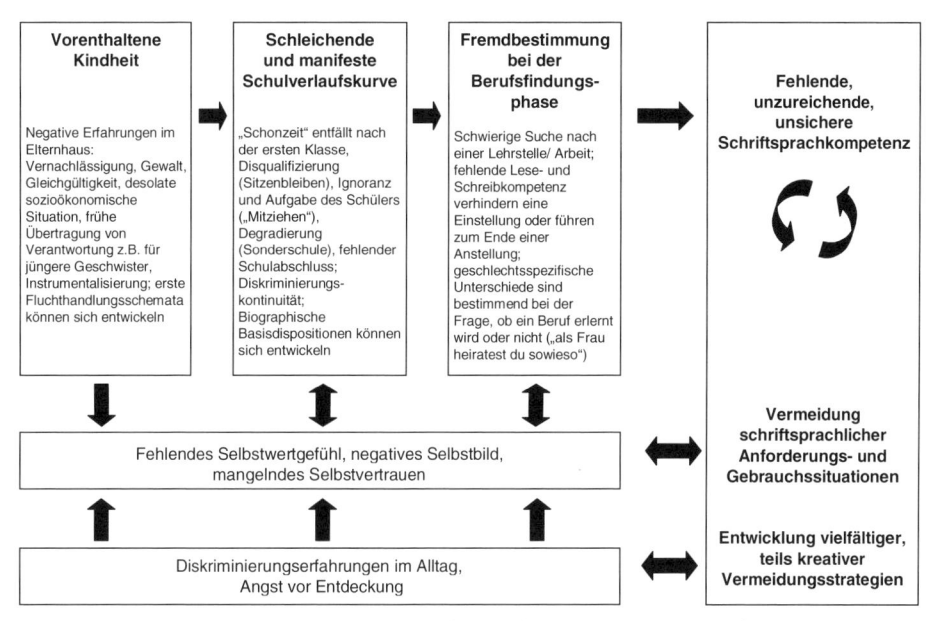

Abbildung 2: Idealtypisches Bedingungsgefüge auf der Basis von Biografien der Teilnehmenden an Alphabetisierungskursen; Quelle: Egloff (2007)

2. Alphabetisierungsunterricht für Deutsch-als-Zweitsprach-Lernende mit Fluchterfahrung

„Alphabetisierung in der Zweitsprache erfordert von den Lehrenden eine doppelte Kompetenz. Sie müssen Deutsch meistens auf Anfängerniveau unterrichten, zugleich aber müssen sie den Erwerb von Lese- und Schreibfertigkeiten (in der lateinischen Schrift) vermitteln" (Peikert & Harris Brosig, 2009, S. 162).

Der Alphabetisierungsunterricht für Deutsch-als-Zweitsprach-Lernerinnen und -Lerner zeichnet sich vor allem durch die doppelte Herausforderung des Schriftsprachlernens und des Zweitsprachlernens aus. Diese beiden Faktoren bedingen eine noch höhere Heterogenität bezogen auf schriftliche und mündliche Kompetenzen sowie Lernausgangslagen als ohnehin schon in Alphabetisierungskursen vorhanden: Einige Schülerinnen und Schüler beherrschen bereits ein Schriftsystem, aber nicht das lateinische, andere gelten auch in ihrer Muttersprache als Analphabetinnen und Analphabeten. Einige unter ihnen verfügen über vielfältige mündliche und/oder schriftliche Fremdsprachenkenntnisse, aber über verschiedene Aneignungsstrategien (gesteuerter Erwerb im Unterricht vs. ungesteuerter Erwerb im alltäglichen Sprachbad). Einige verstehen schon vergleichsweise viel von der deutschen Sprache beziehungsweise sprechen fast fließend, andere stehen auch hier noch ganz am Anfang (vgl. Peikert & Harris Brosig, 2009, S. 163). Einige verfügen über eine mehrjährige Schulerfahrung, andere besuchen zum ersten Mal einen institutionalisierten Unterricht. Hinzukommen zahlreiche soziale, kognitive und individuelle Faktoren, wie Ängste, Motivationsgrade, Einstellungen zum Lernen (Heterogenität bezüglich der Lernbedürfnisse) sowie unterschiedliche Zielvorstellungen, welche die Lernenden voneinander unterscheiden und die unterschiedliche Lehrkonzepte notwendig machen (vgl. Feldmeier, 2010, S. 18 f.).

In einer neuen Sprache alphabetisiert zu werden, bedeutet darüber hinaus nicht nur den Umgang mit Papier und Stift erstmals oder neu erlernen zu müssen, es bedeutet auch, sich fremd klingende Laute und zugehörige Umgangsweisen mit Sprache aneignen zu müssen: „Die meisten Lerner und Lernerinnen haben zunächst keinerlei Vorstellungen vom System oder von der Struktur der deutschen Sprache beziehungsweise ihrer eigenen ‚Sprache', zum Beispiel, dass im Deutschen Wörter aus Silben und Silben aus Lauten bestehen und den Lauten bestimmte Grapheme zugeordnet werden. Muttersprachlerinnen und Muttersprachler wissen – auch völlig unbewusst oder unreflektiert –, wo die Wortgrenzen liegen, wie sie Sätze bilden können, aus welchen Strukturelementen Sätze bestehen, und wie sie die einzelnen Elemente anordnen müssen" (Teepker, 2011, S. 241). Lehrende sind gefordert, auf diese Ausgangslagen einzugehen und eine Kombination aus Alphabetisierungs- und Deutsch-als-Zweitsprachunterricht anzubieten.

> „Alphabetisierung ist ein länger dauernder Prozess, der nicht in einem einzigen Kurs absolvierbar ist. Die Prozesse des Erwerbs von Lesen und Schreiben sind miteinander verwoben, Lesen und Schreiben beeinflussen sich gegenseitig. Es gibt Phasen, in denen das Lesen (die Rezeption) ausschlaggebend für das Lernen ist, und Phasen, in denen das Schreiben (die Produktion) sozusagen der Motor der Entwicklung ist" (Fritz et al., 2006, S. 33).

Zusammenfassend lassen sich folgende Globalziele des Alphabetisierungsunterrichts für DaZ-Lernerinnen und -Lerner formulieren:

- Einführung in das lateinische Schriftsystem
- Systematischer Wortschatzaufbau im Deutschen
- Erste Sprachhandlungen im Deutschen ermöglichen

- Aufbau einer Sprachlernbewusstheit
- Auf- und Ausbau der phonologischen Bewusstheit
- Systematische Entwicklung von Lese- und Schreibkompetenzen
- Einführung grammatischer Begriffe und Prinzipien
- Einführung in unterschiedliche Textsorten (Zeitungsartikel, Tabelle usw.)

Weiterführend bei noch keiner, sehr geringer bzw. negativ besetzter Schulerfahrung kommt hinzu:

- Spaß am Lernen vermitteln
- Einführung in das System Schule
- Einführung in den Umgang mit Papier und Stift
- Aufbau von Medienkompetenz
- Vermittlung von Lernstrategien
- Sicherung und Rückmeldung von Lernerfolgen
- Stärkung der Selbstwirksamkeit

Der begleitende fachliche Unterricht sollte darüber hinaus weitere Elemente der Grundbildung beinhalten, wie Aufbau von Rechenkenntnissen sowie Auf- und Ausbau eines Grundwissens in Bereichen wie Geografie, Biologie, Ethik usw.

Entscheidend für die Konzeption von Alphabetisierungskursen für DaZ-Lernende mit Fluchterfahrung sind außerdem die prekären Lebenslagen, mit denen die Lernenden außerhalb des Unterrichts konfrontiert sind. Sie nehmen maßgeblich Einfluss auf die Unterrichtssituation: Es kann davon ausgegangen werden, dass allein durch die gesellschaftlich marginalisierte Stellung „Migrantin/Migrant/Flüchtling" und den zum Großteil fehlenden Sprachkenntnissen ein ungeheurer Druck auf den Lernenden lastet, schnellstmöglich handlungsfähig zu werden (vgl. Jakschik & Pieniazeka, 2011, S. 256). Hinzukommt das geringe Angebot von passenden, erreichbaren Alphabetisierungskursen, aber auch die Unsicherheit des Bleiberechts und zahlreiche rechtliche Restriktionen, die sich aus dem Status „Asylbewerberin oder Asylbewerber" ergeben. Die belastenden Alltagssituationen erschweren konzentriertes Lernen und bedingen spezielle Interessenlagen bezüglich der Unterrichtsinhalte. Bei der Konzeption von Unterrichtsangeboten ist zu beachten, dass körperliche oder psychische Beschwerden nicht selten der Grund für den Abbruch von Kurs- und Schulangeboten sind, ebenso wie eine eventuelle Berufstätigkeit oder ein Familienleben, das sich nur schwer mit den Kurszeiten und Lernanforderungen vereinbaren lässt. Lernangebote sollten daher so gestaltet sein, dass sie entsprechend auf die Lebensumstände der Teilnehmerinnen und Teilnehmer reagieren können, um vorzeitigen Abbrüchen, aber auch einem „inneren Rückzug" und einer Lernresignation entgegenzuwirken.

Werden eigens Alphabetisierungskurse für DaZ-Lernende eingerichtet, ist also stets von einer extremen Heterogenität der Lerninnen- und Lernergruppe auszugehen. Meist bilden der Wunsch nach Fremdsprach- und Schriftspracherwerb sowie ein ungefährer altersgleicher Rahmen, wie im Fall der SchlaU-Schule das Alterssegment von 16 bis 25 Jahren oder im Fall der Beschulung in der Grundschule altersbezogene Klassenbildung, die einzigen gemeinsamen Nenner. Aber auch dies ist nicht automatisch gegeben.

3. Wie könnte der Schriftspracherwerb aufgebaut werden?

Bislang existieren kaum curriculare Leitfäden, auf die für den zweitsprachlichen Alphabetisierungsunterricht zurückgegriffen werden kann. Während ein festgezurrtes Curriculum auch nicht als erstrebenswert gilt, können Orientierungshilfen große Unterstützung leisten. Diese können bereits publizierte Lehrwerke bieten oder schulinterne Leitfäden anderer Schulen/Bildungsinitiativen. In beiden Fällen werden die Inhalte sicherlich um die Bedürfnisse der jeweiligen Lernendengruppe ergänzt, erweitert und umgeändert werden müssen, in jedem Fall aber bieten sie vor allem weniger erfahrenen Lehrkräften den notwendigen Halt, um eine angepasste Progression und eigenes Material zu entwickeln. Beispielhaft wird im Folgenden daher das im Jahr 2006 publizierte Rahmencurriculum Deutsch als Zweitsprache & Alphabetisierung vorgestellt, das gemeinsam vom Lehrstuhl für Deutsch als Fremdsprache der Universität Wien, dem Institut für Weiterbildung, dem Verband Wiener Volksbildung und dem AlfaZentrum für Migrantinnen und Migranten der Volkshochschule Ottakring erstellt wurde. Es werden insgesamt vier Kursstufen unterschieden, in denen sowohl schriftsprachliche Kompetenzen erworben werden sowie mündliche Sprachkenntnisse. *Rahmencurriculum Deutsch als Zweitsprache und Alphabetisierung* (Fritz et al., 2006, S. 34 ff.):

Phase 1: Grundlagen des Funktionsprinzips der Alphabetschrift entwickeln

- Schreiben = Laute differenzieren und als Buchstaben niederschreiben können
- Lesen = Buchstaben in Laute und Silben umsetzen und in Summe als sinnhafte Wörter wahrnehmen können

Die Teilnehmenden lernen in der ersten Phase ...

- dass in einer Alphabetschrift wie der Lateinischen bestimmte Zeichen bestimmte Laute abbilden.
- die (hörbaren) Laute eines gesprochenen Wortes zu identifizieren und seriell zu reihen: einzelne Wörter langsam zu sprechen, die darin hörbaren Laute darin einzeln zu identifizieren und diese wieder in der richtigen Reihenfolge anzuordnen; die Position der Laute (nicht der Buchstaben) im gesprochenen Wort identifizieren.

- Silben in gesprochenen Wörtern zu erkennen und diese zu klatschen oder mit der Hand in die Luft zu zeichnen oder sie mit gezeichneten Bögen zu verbinden.
- die im gesprochenen Wort wahrgenommenen Einzellaute in grafische Zeichen (Buchstaben) umzusetzen. Dafür lernen sie die wahrgenommenen Laute mit den dahinter stehenden Ideallauten in Verbindung zu bringen und erfassen mehr oder weniger intuitiv, dass „Blume" und „Sessel" mit dem gleichen „e" geschrieben werden, obwohl sie jeweils anders klingen (besonders für Menschen mit einer Muttersprache mit Vokalharmonie[8] wie Arabisch oder auch Türkisch). Bis hin zur sicheren Graphem-Phonem-Zuordnung bei den meisten Buchstaben des Alphabets.
- die Buchstaben in ihrer Form und Schreibrichtung grafisch zu schreiben.
- einen begrenzten kleinen Lernwortschatz oft geübter Wörter orthografisch richtig zu schreiben.
- erste Schritte im freien, spontanen Schreiben von ganz kleinen Texten mit Unterstützung. Dabei werden sprachlich bekannte, aber noch nie gelesene/geschriebene kurze Wörter (mitunter sehr langsam) phonetisch (lautgetreu) geschrieben, mitunter gehen dabei noch Buchstaben oder Silben verloren.
- einfache Wörter buchstabenweise oder silbenweise „er-lesen".
- einen kleinen Sichtwortschatz oft geübter Wörter zu erarbeiten.
- in einem authentischen Text bekannte Elemente zu erkennen (Namen der Mitlernenden, eigenes Herkunftsland, die bereits beherrschten „Sichtwörter" …), auch wenn der Text noch nicht zur Gänze gelesen werden kann.

Ohne sich schon mit Regeln zu befassen, wird durch die Beschäftigung mit Buchstaben, Wörtern und ersten kurzen, einfachen Texten eine erste grammatikalische und orthografische Intuition entwickelt. Z. B. Personennamen beginnen mit einem Großbuchstaben, ein Satz endet mit einem Punkt oder mit einem Fragezeichen.

Ergänzend sei aus der Unterrichtspraxis der ISuS-Schule hier angefügt, dass auf mündlicher Ebene beispielsweise folgende Themen bearbeitet werden können:

- sich begrüßen
- nach dem Wohlbefinden fragen
- Informationen zur eigenen Person angeben, Informationen zu anderen Personen erfragen (Name, Wohnort, Geburtsdatum, Beruf)
- Zahlen und Daten
- Uhrzeit
- Wochentage und Monate
- krank melden
- Gründe für Verspätungen, früheres Gehen oder Nichterscheinen angeben
- nach dem Weg fragen und weitere persönlich bedeutsame W-Fragen

---

8 Vokalharmonie: Die grammatikalische Endung orientiert sich in ihrer Form an dem im Wort vorangegangenen Vokal.

- Informationen zum Kurs, z. B. Stundenplan verstehen oder Schulregeln
- um Wiederholung bitten
- sich über Hausaufgaben informieren
- Farben
- Objekten Eigenschaften zuschreiben: klein, groß, schön, dünn, dick usw.
- Wortschatzarbeit zu Körperteilen, Lebensmitteln

Ebenso hat es sich als zielführend erwiesen, bereits in diesem frühen Lernstadium bestimmte und unbestimmte Artikel von Beginn an auf mündlicher Ebene und relativ schnell auch auf schriftlicher Ebene miteinzuführen. Ebenso wie Possessivpronomen. Dies hat unter Umständen auf die Reihenfolge der Buchstabeneinführung Einfluss.

Phase 2: Absicherung und Ausbau der in Phase 1 erlernten Grundlagen und Ausbau der mündlichen Kompetenzen

- Ausbau des Lernwortschatzes
- Schrittweise Automatisierung der Grafomotorik
- Erste eigene Texte und Selbstkorrektur
- Erster Umgang mit authentischen Texten

Die Teilnehmenden lernen in der zweiten Phase …

- Silben und Wörter buchstabierend frei zu schreiben, mit Hilfe bei langen oder schwierigen Wörtern.
- auch bisher noch nie gelesene/geschriebene Wörter langsam und lautgetreu zu schreiben (wenn diese nicht zu lang sind), wobei auch manchmal Buchstaben oder Silben „verloren" werden.
- kurze Texte frei zu schreiben, teilweise mit Unterstützung; es können auch noch manchmal Wörter „vergessen/verloren" werden oder die Interpunktion nicht immer verwendet werden.
- an den selbst frei geschriebenen Texten zu arbeiten: Mit Hilfe der Unterrichtenden oder einer orthografisch korrekt geschriebenen Version die (wichtigsten) eigenen Fehler zu finden und diese zu korrigieren.
- eine Strategie zu entwickeln, die Schreibweise von Wörtern zu analysieren und zu memorieren. Z. B. ei, eu, au, sch, ie, Kürzung und Dehnung, Groß- und Kleinschreibung können bei einem begrenzten Lernwortschatz wahrgenommen und memoriert werden (diese orthografischen Phänomene können aber noch nicht generalisiert und auf die Schreibung unbekannter Wörter übertragen werden).
- in den selbst geschriebenen Texten einfache Interpunktion zu verwenden (Punkt, Komma, Fragezeichen), mit Unterstützung.
- auch bisher noch nie gelesene/geschriebene Wörter zu erlesen.

- kurze einfache Texte Wort für Wort, mitunter buchstabierend oder silbenweise, zu erlesen.
- in alltagsrelevanten authentischen Texten vorkommende Abkürzungen als solche zu erkennen, z. B. „Dr.", „Str.".
- auch z. B. Informationen wie 8.00 Uhr – 9.00 Uhr zu verstehen.
- den Sichtwortschatz zu erweitern: Bekannte Wörter, die bereits öfter gelesen/geschrieben worden sind, unmittelbar erkennen oder schreiben.

Phase 3: Ausbau und Absichern des grundlegenden Alphabetisierungsprozesses auf Textebene

- Erste etwas längere selbst geschriebene Texte (großteils noch phonetisch, später auch orthografisch richtig geschrieben)
- Alphabetisches Lesen (Buchstabe für Buchstabe) weicht dem silbischen Lesen
- Bei immer mehr bereits bekannten Wörtern: Sichtlesen (das Wort wird nicht Buchstabe für Buchstabe erlesen, sondern ganzheitlich erfasst)
- Grundlagen der Orthografie werden weiter ausgebaut: Doppelkonsonant, Dehnung, Umlaut

Die Teilnehmenden lernen in der dritten Phase …

- sich in längeren, authentischen Texten zurechtzufinden, auch ohne den kompletten Text zu entziffern.
- Strategien für selektives, informatives Lesen (z. B. in Informations-Broschüren, Beipackzetteln u. ä. nach einer bestimmten Information suchen).
- Strategien zum selbstständigen Entdecken von orthografischen und grammatischen Regeln.
- Strategien zur Selbstkorrektur.
- freie längere (mehr als sieben kurze Sätze) Texte zu bestimmten Themen (teilweise phonetisch) zu schreiben (aber um Vieles langsamer als alphabetisierte Lernende im DaZ-Kurs).
- die selbst produzierten Texte zu überarbeiten und zu korrigieren (mit Hilfe).
- mit Unterstützung im einfachen Wörterbuch nachschlagen (in einem übersichtlichen Wörterbuch wie etwa dem österreichischen Schulwörterbuch für die Volksschule).
- ein Inhaltsverzeichnis zu verstehen und in einfachen Beispielen zu benutzen (Broschüre, Zeitschrift).
- verschiedene Textsorten kennen (z. B. Krankmeldung der Tochter für die Schule, Liste der geleisteten Arbeitsstunden, Ansichtskarte, Brief, Tagebuch, Kalender, Zeitungsartikel, Gedicht, …).
- verschiedene Textsorten zu schreiben (mit Hilfe und/oder Vorlage).

Phase 4: Selbstständiges Lesen und Schreiben

- Entspricht etwa dem zweiten bis vierten Schuljahr bei Kindern
- Schrittweise Festigung orthografischer Regeln
- Ziel: Selbstständigkeit in den Bereichen Lesen und Schreiben

Die Teilnehmenden lernen in der vierten Phase …

- Selbstständigkeit und Sicherheit beim Lesen und Schreiben zu steigern: Sie arbeiten darauf hin, sich das Schreiben auch in der Öffentlichkeit, etwa in der Arbeit, auf einem Amt, zuzutrauen.
- das Lese- und Schreibtempo zu steigern.
- steigende Selbstständigkeit bei der Überarbeitung und Korrektur eigener Texte.
- selektives (inhaltsorientiertes) Lesen komplexer Texte aus dem Alltag.
- sich mittels Inhaltsverzeichnis in einem Buch, in einer Zeitschrift, einer Broschüre zurechtzufinden.
- im Telefonbuch eine Adresse nachzuschlagen (teilw. mit Unterstützung).
- fließendes Lesen von Texten, die in Wortschatz und Satzlänge die Kompetenzen nicht überschreiten.
- Erkennen und Herausarbeiten der Textmerkmale bestimmter Textsorten und deren Übertragung auf eigene Texte (z. B. Leserbrief, in dem die eigene Meinung zu einem bestimmten Thema ausgedrückt wird, Bestellung bei Versandkaufhaus, Ansichtskarte, Krankmeldung für die Volksschule der Kinder, der eigene Lebenslauf, …)
- orthografische und grammatische Intuition (und teilweise Regelwissen, wo es „verlässliche" Regeln gibt) zu steigern.
- Lesestrategien wie z. B. das antizipierende Lesen auszubauen, etwa von einer Überschrift, einem Bild, einer Grafik auf den Inhalt eines Artikels zu schließen.

Für die Übertragung dieses Rahmencurriculums auf den eigenen Unterricht sei mit Blick auf die Unterrichtserfahrung der ISuS- und der SchlaU-Schule darauf verwiesen, dass davon auszugehen ist, dass sich Phase 1 und Phase 2 über einen Zeitraum von einem Jahr erstrecken. Die Phasen 3 und 4 entsprechen – übertragen auf das Curriculum der SchlaU-Schule – bereits der Grund- und der Mittelstufe (in etwa Schuljahr 2 und 3). Vor allem bezogen auf die eigenständige Textproduktion ist es sogar notwendig, gezielte Übungsphasen bis zum Schulabschluss und auch darüber hinaus einzuplanen. Denn mit dem Ziel, nicht nur Alltags-, sondern auch Bildungssprache zu vermitteln, ergeben sich andere Komplexitäten und Herausforderungen im Schriftsprachgebrauch für die Lernenden als in einem Jahr Alphabetisierungs- und Deutsch-als-Zweitsprach-Unterricht erlernbar sind. Das bedeutet im Konkreten, die Grundelemente der Alphabetisierung müssen auch im weiteren Lernverlauf – also nach Beendigung des offiziellen Alphabetisierungskurses – gezielt gefördert, ausgebaut und gefestigt werden.

Als weitere Grundüberlegung für didaktische Konzeptionen sollte ferner überlegt werden, welche Lernziele und welche didaktischen Perspektiven im Vordergrund stehen. Sven Nickel unterscheidet hierzu vier Perspektiven, die derzeit für die Konzeption von Alphabetisierungsunterricht herangezogen werden. Je nachdem welcher Perspektive der Vorzug gegeben wird, entsteht ein unterschiedlicher Blick auf die Lernenden und ihre Bedürfnisse (vgl. Nickel, 2009, S. 26 ff.): Die Skills-Perspektive bezieht sich auf das gezielte Nachholen nicht (ausreichend) ausgebildeter Fähigkeiten, wie beispielsweise auf die rhythmische Gliederungsfähigkeit oder die Ausbildung von Teilleistungen wie der Graphemkenntnis. Nickel weist hier insbesondere darauf hin, dass es weniger darum geht, die einzelnen Teilkenntnisse isoliert aufzubauen, sondern dass sie anwendungsbezogen erlernt werden. Die sprachstrukturelle Perspektive setzt dagegen auf eine für die Lernenden eindeutige Progression vom Einfachen zum Komplexen. Beispielhaft ist hierfür das Lehrwerk Hamburger ABC zu nennen. Befürworterinnen und Befürworter betonen die durch die klare Struktur entstehende Lernsicherheit und Orientierung, Kritikerinnen und Kritiker wenden ein, dass dieser schematische Aufbau nicht der Struktur des Lernens entspricht, so Nickel. Die schriftkulturell-entwicklungsorientierte Perspektive geht hier einen Schritt weiter. Lesen und Schreiben finden als sinnstiftende Handlungen in persönlich bedeutsamen Kontexten statt. Durch die Produktion von eigenen Texten und deren Überarbeitung gewinnen die Lernenden nach und nach Einsichten in die Logik des Schriftsystems und in seine Regelhaftigkeiten. Abschließend benennt Nickel außerdem die psychologisch-therapeutische Perspektive, die auf die Stärkung des Selbstkonzepts, das Angebot stabiler Beziehungen und die Vermittlung des Gefühls der emotionalen Sicherheit setzt. Für einen gelingenden Alphabetisierungsunterricht empfiehlt Nickel eine Kombination dieser vier genannten Perspektiven unter Berücksichtigung der Lernsituationen der jeweiligen Lernendengruppe.

4. Hinweise für den Unterricht

Die Auseinandersetzung mit dem Thema Alphabetisierung in der Fremdsprache hat in den letzten Jahren immer mehr zugenommen, der Fokus liegt dabei vermehrt auf erwachsenen Lernenden. Dennoch können Praktikerinnen und Praktiker noch auf keine vollständig entwickelte Didaktik und Methodik in diesem speziellen Lernfeld zurückgreifen – unabhängig von dem zu unterrichtenden Alterssegment. Es bietet sich an, als Grundlage auf bereits bestehende Alphabetisierungs- und DaZ/DaF-Materialien zurückzugreifen, vieles werden die Lehrkräfte jedoch selbst für ihre Klasse entwickeln. So ist die Progression in entsprechenden Lehrwerken meist nicht kleinschrittig genug und das angebotene Übungsmaterial reicht selten aus. Um diesen arbeitsreichen und intensiven Prozess der pädagogischen und didaktischen Auseinandersetzung zu unterstützen, seien daher im Folgenden einige Hinweise, die sich aus der Unterrichtspraxis des schulanalogen Unterrichts für junge Flüchtlinge an der ISuS- und an der SchlaU-Schule ergeben haben, zusammengefasst. Sie bilden auch die Basis der Unterrichtsmaterialien, die der Trägerkreis Junge Flüchtlinge e. V. im Jahr 2016 veröffentlicht:

- Ziel der Alphabetisierungsarbeit ist es, den Lernenden einen positiven Zugang zur Schriftsprache zu ermöglichen. Der Unterricht sollte dabei vor dem Hintergrund einer anerkennenden Pädagogik konzipiert sein, die in der Lage ist, emotional negativ besetze Erfahrungen mit Schriftsprache aufzufangen und sie durch neue, positive Erfahrungen zu ersetzen. Alphabetisierungsunterricht ist im Sinne einer ressourcenstärkenden und zur Eigenständigkeit befähigenden Lehrpraxis immer auch Arbeit an der Person des Lernenden und am jeweiligen Selbstbild.
- Die Alphabetisierungsarbeit in Klassen mit jungen Flüchtlingen erfordert die Kompetenz, die Fremd- bzw. Zweitsprachdidaktik mit der Schriftsprachvermittlung zu verknüpfen. Beispielsweise bietet es sich an, die für die Artikelbildung benötigten Buchstaben bereits früh einzuführen, damit ein an den Artikel gebundenes Vokabellernen von Beginn an ermöglicht wird. Vielfältige Dialogsequenzen im Unterricht bieten die Möglichkeit, Sprachhandlungen auf der mündlichen Ebene zu lernen, ohne das zugehörige Schriftbild kennen zu müssen. Dies ermöglicht zeitgleich zum Schriftspracherwerb frühe eigenständige Sprachanwendung.
- Wie in Unterrichtskonzepten für bereits alphabetisierte Schülerinnen und Schüler spielt der Faktor Zeit im Alphabetisierungsunterricht eine wesentliche Rolle. Die Lehrkräfte sind gefordert, den Klassenverbund als einen sicheren Lernort zu gestalten, an dem die Jugendlichen sich ganz dem Lernziel Schriftsprach- und Fremdspracherwerb widmen können.
- Grundlage jeglicher Unterrichtskonzeption sollten dabei die Lebensbedingungen der Jugendlichen sein. Welche sprachlichen Mittel sind für die Schülerinnen und Schüler besonders während ihrer Ankunftszeit in Deutschland von Bedeutung? Wie können schulunerfahrene Jugendliche an das System Schule herangeführt werden und wie kann der Unterricht in den restlichen, mitunter durch Behörden- und Arztbesuche reglementierten, Tagesablauf der Jugendlichen integriert werden?
- Vor allem im Alphabetisierungsunterricht hat sich gezeigt, dass die Lerngruppen eine Größe von maximal 12 Personen nicht überschreiten sollten. Noch geeigneter sind Kleingruppen von bis zu acht Personen.
- Wie auch in fortgeschrittenen Klassen hat sich das Vorgehen bewährt, möglichst wenig unterschiedliche Lehrkräfte in den Klassen einzusetzen. Vor allem in Alphabetisierungsklassen, in denen einzelne Lernschritte viel Zeit und Wiederholung benötigen, empfiehlt sich der Einsatz von höchstens drei Lehrkräften bei einem Stundenpensum von 25 Unterrichtsstunden pro Woche.
- Für eine gute Kursatmosphäre empfiehlt es sich, die ersten Tage gemeinsam das Klassenzimmer zu gestalten. Zum Beispiel könnten Plakate mit den Muttersprachen der Schülerinnen und Schüler gestaltet werden. Der Wiedererkennungseffekt schafft ein Gefühl des Willkommen- und Anerkanntseins. Achten Sie

darauf, dass sich alle gleichwertig bei derartigen Projekten einbringen können und niemand aufgrund seiner bisherigen Schrifterfahrungen ausgeschlossen ist.
- Lernstände ermitteln: Genauso wie in fortgeschrittenen Klassen, ist es für einen guten Unterricht notwendig, die Schülerinnen und Schüler von Anfang an gut kennenzulernen und ihre unterschiedlichen Lernbiografien und daraus resultierenden Lernstände zu ermitteln. Je genauer dabei ihre Ausgangsinformationen, desto besser kann der Unterricht auf die jeweiligen Bedürfnisse abgestimmt werden. Neben einem Kennenlerngespräch, das unter Umständen mit einer Dolmetscherin/einem Dolmetscher geführt werden kann, ist es von Bedeutung, durch die Übungsformen in den ersten Unterrichtstagen einen Überblick über die schriftsprachlichen und mündlichen Kompetenzen der Schülerinnen und Schüler zu gewinnen, ohne sie in eine Testsituation zu versetzen. Einfache Schwungübungen verraten beispielsweise schon viel über Stiftgewohntheit und den Umgang mit dem leeren Blatt.
- Wenn es institutionell möglich ist, sollten die Schülerinnen und Schüler nach einer ersten Lernstandseinschätzung in Klassen für absolute Deutsch- und Schriftsprachanfängerinnen und -anfänger, bereits sprachlich fortgeschrittene Lernende und Zweitschriftlernende eingeteilt werden.
- In der Lehrersprache kann zusätzlich auf die Kriterien Leichter Sprache zurückgegriffen werden (Nickel, 2014, S. 28):
  Lexik
    - Leicht verständliche, anschauliche, vertraute oder einfache Wörter
    - Abstrakta möglichst umgehen
    - Fach- und Fremdwörter, Abkürzungen sowie Redewendungen und Metaphern vermeiden

  Morphologie
    - Kurze Wörter benutzen
    - Komposita mit Bindestrichen trennen

  Syntax und Morphosyntax
    - Kurze, einfache Hauptsätze mit jeweils nur einer Aussage
    - Perfekt statt Präteritum
    - Kein Konjunktiv, kein Genitiv, kein Passiv, keine Nominalisierungen
    - Bei Pronomen auf eindeutige Referentialität achten

  Die Regeln einfacher Sprache können gerade im Anfängerunterricht helfen, die Lehrersprache zu strukturieren. Ziel ist es aber nicht, bei der einfachen Sprache zu bleiben! Sie sollte lediglich als Hilfskonstruktion verwendet werden. Wesentlich ist dabei stets eine grammatikalisch korrekte Sprechweise.

- Der Unterricht gerade für absolute Schriftsprach-, Deutsch- und Schulanfängerinnen und -anfänger sollte stets so gestaltet sein, dass kognitive Überlastungssituationen vermieden werden. Denn die Ressourcen der kognitiven Informationsverarbeitung sind bei jeder Person begrenzt und es kann immer nur eine bestimmte Anzahl von Informationen im Arbeitsgedächtnis verarbeitet werden:

„Ein beginnender Leser oder eine beginnende Leserin benötigt den überwiegenden Teil des Arbeitsgedächtnisses zum Erlesen eines Wortes oder eines Textes. Dies ist langsam und anstrengend. Mit zunehmender Übung wird das Lesen immer weiter automatisiert und die Belastung des Arbeitsgedächtnisses reduziert. Eine geübte Leserin oder ein geübter Leser, der oder die über viele Jahre Lesen geübt hat, liest völlig automatisiert, ohne sich dessen bewusst zu sein, ohne Auskunft über den Leseprozess geben und ohne diesen unterdrücken zu können" (Grosche, 2011, S. 38). Konkret bedeutet dies:
- Schrittweises Vorgehen im Unterricht hat oberste Priorität.
- Regelmäßige Wiederholungen sollten fester Bestandteil der Unterrichtsabläufe sein, um Handlungsabläufe zu automatisieren.
- Visuelle Mittel sollten gezielt zur Unterstützung eingesetzt werden, z. B. die Verwendung von unterschiedlichen Farben; der Einsatz von vielen verschiedenen visuellen Reizen zur gleichen Zeit (der Beamer wirft eine Powerpointpräsentation an die Wand, in der mit verschiedenen Farben, viel Schrift und vielen Bilder gleichzeitig gearbeitet wird), sollte vermieden werden.
- Um den Prozess sich sinnentnehmenden Lesens zu unterstützen, sollte von Beginn an schrittweise ein Sichtwortschatz aufgebaut werden. In späteren Lesesituationen entlastet dies das Arbeitsgedächtnis[9].

- Alle Lernerinnen und Lerner bringen einen vielfältigen Spracherfahrungsschatz mit in den Unterricht. Für Unterrichtskonzeptionen sollte überlegt werden, wann und wie auf muttersprachliche oder andere fremdsprachliche Kompetenzen zurückgegriffen werden kann.
- Beim Einsatz von Bildmaterial sollte nicht nur auf optische Überreizung geachtet werden, sondern auch darauf, dass das Verstehen von Visualisierungen kulturell variieren kann (visual literacy = Fähigkeit des Bilderlesens) und sich auch schulische Vorbildung auf das Verstehen von Bildern auswirken kann. Insbesondere primäre Analphabetinnen und Analphabeten haben Probleme mit abstrakten Visualisierungen wie Tabellen oder Zuordnungen. Daher sollten insgesamt Visualisierungen sparsam und bewusst eingesetzt werden (vgl. dazu auch Feldmeier, 2010, S. 68 ff.).
- Für Korrektur- und Testsituationen wichtig ist in diesem Zusammenhang, stets auf wertschätzende Rückmeldungen vor allem auch in Testsituationen zu achten und konstruktive Fehlerrückmeldungen zu formulieren. Fehler sollten als wesentlicher Bestandteil von Entwicklungsprozessen wahrgenommen werden. Jeder Fehler erzählt etwas über den Lernfortschritt der Lernerin/des Lerners. Bei Korrekturen können beispielsweise Schwerpunkte gesetzt werden, anstatt alle

---

9 Arbeitsgedächtnis: Teil des Erinnerungsvermögens; es ist zuständig für die vorübergehende Aufnahme von neuem Wissen: aktuelle Informationen werden dort aufgenommen und verarbeitet. Die Kapazität des Arbeitsgedächtnisses wie die des Kurzzeitgedächtnisses ist begrenzt, kann aber trainiert werden,

Fehler zu markieren. Dies erhält die Motivation aufrecht und erhält die Unbefangenheit am freien Schreiben (vgl. Peikert & Harris Brosig, S. 68 ff.). Es sollte gemeinsam im Lehrteam überlegt werden, ob überhaupt und wann Tests und Noten als motivierende pädagogische Elemente eingesetzt werden sollten.
- Das Material für den Unterricht sollte sich in seinen Inhalten an den Interessenlagen der Lernenden orientieren. Das Material sollte zudem authentisch sein, so dass es den Lernenden bedeutungsvoll erscheinen kann. Dies trägt wesentlich zur Aufmerksamkeitssteigerung bei. Es bietet sich in diesem Zusammenhang an, die Schülerinnen und Schüler in die Auswahl der Themen und in die Gestaltung des Materials miteinzubeziehen, z. B. indem sie selbst Bilder oder kleine Texte mit in den Unterricht bringen.
- Der Unterricht sollte den Lernenden möglichst viele Gelegenheiten bieten, mit unterschiedlichen Facetten der Schriftsprachkultur in Berührung zu kommen und ein eigenständiges Interesse am Lesen und Schreiben zu entwickeln. Es sollten nicht nur bedeutsame Schreibanlässe, sondern auch bedeutsame Leseanlässe geboten werden.
- Gleichzeitig zum Schriftsprachunterricht sollten alltagsnahe Rede- und Schreibanlässe wie zum Beispiel: Begrüßen und sich vorstellen, Fahrkartenkauf, einkaufen, nach dem Weg fragen, Glückwünsche überbringen usw. gefördert und in den Unterricht integriert werden.
- Bei der Wortschatzarbeit unterstützen vor allem in der Anfangsphase, in der der Wortschatz zunächst rein mündlich erlernt und memoriert werden muss, vielfältige Sinneszugänge (Sehen, Riechen, Fühlen, Schmecken, Tasten) den Lernprozess.
- Neue Wörter sollten von Beginn an bereits mit zugehörigem Artikel gelernt werden. Dies kann zunächst mündlich passieren, schon nach kurzer Zeit aber auch in schriftlicher Form. Wenn notwendig, sollten entsprechende Buchstaben dazu früher als im Material vorgesehen eingeführt werden.
- Grafomotorische Übungen sollten nicht nur Bestandteil des Anfangsunterrichts sein, sondern auch regelmäßig im Fortgeschrittenenunterricht wiederkehren. Dies unterstützt nicht nur stiftunerfahrene Lernerinnen und Lerner, sondern auch Zweitschriftlernende. Je lockerer und entspannter der Umgang mit der eigenen Handführung, desto leichter lassen sich bislang ungewohnte Bewegungsabläufe automatisieren. Hierzu zählen etwa Schwungübungen oder Übungen zur Steigerung der Schreibgeschwindigkeit (besonders essentiell für schriftliche Prüfungen).
- Auch wenn es zunächst schwierig erscheint: Die Lernerinnen- und Lernerautonomie kann von Beginn an durch kleine Übungen gefördert werden. Die Lehrkraft sollte Wert auf Selbstkontrollmöglichkeiten in den Übungsformen legen und so langsam die Methodenkompetenz der Lernenden aufbauen. Beispielsweise kann früh mit dem Führen eines Vokabelhefts begonnen werden.

- In Klassen für Fortgeschrittene kann bereits mit eigenständig verfassten Texten an der Rechtschreibung und an der Textkompetenz gearbeitet werden.
- Bei der Verwendung und Erstellung von Lesetexten kann auf die Kriterien leicht zu lesender Sprache zurückgegriffen werden.
  - Kurze Wörter sind am einfachsten zu lesen, daher sollte auf die Bereitstellung von kurzen Normalwörtern geachtet werden.
  - Zusammengesetzte Wörter sind am schwierigsten zu lesen und sollten im Anfängerunterricht vermieden werden.
  - Das, was im Unterricht gelesen werden soll, sollte vorher mündlich beherrscht werden – der Deutschvermittlung sollte eine große Rolle zugewiesen werden.
  - Es sollte mit einer kleinen Anzahl von persönlich bedeutsamen Wörter gearbeitet werden, die oft vorkommen. Die Vorkommenshäufigkeit unterstützt den Leseprozess.

Eine ausführliche Darstellung finden Sie im Folgenden:

Kriterien leicht lesbarer Lektüre (Nickel, o. J., S. 23)

Typografie und Layout
- größere Schrifttype als üblich (etwa 14 bis 18 Punkt)
- eindeutige Schrifttype (ohne Serifen und ‚Schnörkel')
- etwas größerer Abstand zwischen Buchstaben und Wörtern
- häufige Absätze
- kein Blocksatz, sondern linksbündiger Flattersatz
- Zeilenumbruch nach Sinnabschnitten
- auf den Text bezogene Illustrationen

Sprachstruktur
- einfache Wortstruktur (Vermeidung von Konsonantenhäufungen und seltenen Graphemen, möglichst wenig mehrgliedrige Schriftzeichen und Kurzvokale)
- einfache Satzstruktur (Vermeidung von Einschüben, komplizierten Nebensätzen usw.)
- begrenzte, aber unterschiedliche Satzlänge (max. 7 bis 8 Wörter) zur Entlastung des Kurzzeitgedächtnisses
- begrenzte Länge des Textes
- überschaubare Menge an Informationen in einem Satz bzw. auf einer Seite
- Zwischenüberschriften als Gliederungshilfe
- hohe Redundanz (zum Beispiel Wiederholung von Wörtern oder Wortstämmen)
- Verwendung bekannter Begriffe (Alltagssprache), Vermeidung von Ausdrücken, die bei den Lernenden unüblich sind

Motivation
- Ich-Zentrierung: Wenn möglich, sollten Texte den Lernenden Gelegenheit geben, Biografisches (Erfahrungen, aber auch Wünsche, Hoffnungen, Fantasien oder Ängste) zu thematisieren
- Information: Texte sollten neben bekannten Elementen neue, bedeutsame Informationen enthalten
- Gebrauchsorientierung: Texte sollten Handlungsperspektiven eröffnen.

Literatur

Deutsche UNESCO Kommission (2014). *Weltbericht „Bildung für alle" 2013/14. Kurzfassung. Lehren und Lernen: Qualität für alle ermöglichen.* Bonn. Verfügbar unter: https://www.unesco.de/fileadmin/medien/Dokumente/Bildung/GMR_Weltbildungsbericht_Kurzfassung_2013_2014.pdf [09.01.2016].

Döbert, M. & Hubertus, P. (2000). *Ihr Kreuz ist die Schrift. Analphabetismus und Alphabetisierung in Deutschland.* Herausgegeben von Münster: Bundesverband Alphabetisierung e. V. und Stuttgart: Ernst Klett.

Egloff, B. (2007). Biografieforschung und Literalität. Ursachen und Bewältigung von funktionalem Analphabetismus aus erziehungswissenschaftlicher Perspektive. In: Grotlüschen, A. & Linde, A. (Hrsg.). *Literalität, Grundbildung oder Lesekompetenz?* Münster, S. 70–80.

Feldmeier, A. (2010). *Alphabetisierung von Erwachsenen nicht deutscher Muttersprache. Leseprozesse und Anwendung von Strategien beim Erlesen isoliert dargestellter Wörter unter besonderer Berücksichtigung der farblichen und typografischen Markierung von Buchstabengruppen.* Universität Bielefeld.

Fritz, T., Faistauer, R., Ritter, M. & Hrubesch, A. (2006). *Rahmencurriculum Deutsch als Zweitsprache und Alphabetisierung.* Wien. Verfügbar unter: https://www.wien.gv.at/menschen/integration/pdf/rahmen-curriculum.pdf [27.04.2016].

Grosche, M. (2011). Barrieren beim Lesenlernen durch Strategie-Interferenzen. In: Projektträger im DLR e. V. (Hrsg.). *Lernprozesse in Alphabetisierung und Grundbildung Erwachsener. Diagnostik, Vermittlung, Professionalisierung* Bielefeld: W. Bertelsmann, S. 29–46.

Grotlüschen, A., Riekmann, W. & Buddeberg, K. (2012). Hauptergebnisse der leo. – Level-One Studie. In: Grotlüschen, A. & Riekmann, W. (Hrsg.). *Funktionaler Analphabetismus in Deutschland Ergebnisse der ersten leo. – Level-One Studie.* Münster: Waxmann, S. 13–53.

Heuberger, C. (2014). *Einzelförderung durch einen interessegeleiteten integrativen Sprachunterricht. Am Beispiel eines Schülers der SchlaU-Schule.* Zulassungsarbeit zur Ersten Staatsprüfung für das Lehramt an Grundschulen. Ludwig-Maximilians-Universität München. Unveröffentlicht.

Hubertus, P. & Nickel, S. (2003). Sprachunterricht in der Erwachsenenbildung: Alphabetisierung von Erwachsenen. In: Bredel, G. et al. (Hrsg.). *Didaktik der deutschen Sprache.* Paderborn: Schöningh, S. 719–728. Verfügbar unter: http://www.bildungswelt.at/uploads/media/Sprachunterricht_in_der_Erwachsenenbildung.pdf [09.01.2016].

Kellermann, G. (2014). *Leichte und Einfache Sprache – Versuch einer Definition.* Verfügbar unter: http://www.bpb.de/apuz/179341/leichte-und-einfache-sprache-versuch-einer-definition 09.01.2016].

Kittlitz, A. & Veramendi, A. (2014). *Pädagogik der Anerkennung. Fortbildungsskript zu Modul 03*. München: Eigenverlag.

Mecheril, P. (2010). Anerkennung und Befragung von Zugehörigkeitsverhältnissen. Umriss einer migrationspädagogischen Orientierung. In: Mecheril, P., do Mar Castro Varela, M., Dirim, İ., Kalpaka, A. & Melter, C. (Hrsg.). *Migrationspädagogik*. Weinheim/Basel: Beltz, S. 179–191.

Nickel, S. (o. J.). *Modul 1: Alphabetisierung Erwachsener: Zielgruppe, Definition und geschichtliche Entwicklung der Alphabetisierungspraxis*. Herausgegeben vom Deutschen Volkshochschulverband. Verfügbar unter: http://www.fb12.uni-bremen.de/fileadmin/Arbeitsgebiete/deutsch/Werke/Nickel_2014_Studientext_Alphabetisierung_Modul1.pdf [09.01.2016].

Nickel, S. (2002). *Funktionaler Analphabetismus – Ursachen und Lösungsansätze hier und anderswo*. Verfügbar unter: http://elib.suub.uni-bremen.de/ip/docs/ELibD890_Nickel-Analphabetismus.pdf [09.01.2016].

Nickel, S. (2009). Funktionaler Analphabetismus/Illiteralität: Begrifflichkeit, Genese, Prävention und didaktische Ansätze. In: Verbundprojekt ProGrundbildung. *Basisqualifizierung Alphabetisierung/Grundbildung*. Studientexte Modul 2. München, S. 15–76.

Nickel, S. (2014). *Funktionaler Analphabetismus – Hintergründe eines aktuellen gesellschaftlichen Phänomens*. In: Aus Politik und Zeitgeschichte 9–11/2014, S. 26–32. Verfügbar unter: http://www.bpb.de/apuz/179347/funktionaler-analphabetismus?p=all [09.01.2016].

Peikert, I. & Harris Brosig, P. (2009). Alphabetisierung in der Zweitsprache Deutsch. In: Kaufmann, S., Zehnder, E. & Vanderheiden, E. (Hrsg.). *Fortbildung für Kursleitende Deutsch als Zweitsprache*. Band 4. Zielgruppenorientiertes Arbeiten. Ismaning: Hueber, S. 159–195.

Reese, I. (2011). Pädagogene Beeinträchtigungen als Lernbarrieren? Schule aus Sicht von Teilnehmerinnen und Teilnehmern an Alphabetisierungskursen. In: Projektträger im DLR e. V. (Hrsg.). *Lernprozesse in Alphabetisierung und Grundbildung Erwachsener. Diagnostik, Vermittlung, Professionalisierung*. Bielefeld: W. Bertelsmann, S. 65–86.

Teepker, F. (2011). Methodische Vielfalt bedeutet nicht methodische Beliebigkeit. Argumente für ein lernerzentriertes Vorgehen im Alphabetisierungsunterricht. In: Projektträger im DLR e. V. (Hrsg.). *Lernprozesse in Alphabetisierung und Grundbildung Erwachsener. Diagnostik, Vermittlung, Professionalisierung*. Bielefeld: W. Bertelsmann, S. 229–252.

Methoden und Materialien zur ganzheitlichen pädagogischen Diagnostik von neu zugewanderten Jugendlichen aus der Praxis der SchlaU-Schule[1]

Melanie Weber

In der schulischen Arbeit mit jungen Flüchtlingen wird die allgemeine Forderung nach Konzepten zum Umgang mit Heterogenität besonders deutlich. Um neu zugewanderte Kinder und Jugendliche angemessen fördern zu können, bedarf es dazu zunächst der Feststellung von Förderbedarfen, vor allem (aber nicht nur) in sprachlichen Bereichen. Für eine sinnvolle und effektive Sprachstandsdiagnose und anschließende Förderung sind zum einen auf Seiten der Lehrenden spezifische Kenntnisse, wie z. B. über Spracherwerbsprozesse, unabdingbar. Zum anderen braucht es für einen professionellen Umgang immer wieder Gelegenheiten, gute Beobachtungsbögen, Diagnoseverfahren und Tests zunächst kennenzulernen, zu erproben und schließlich einzuordnen und zu bewerten.

In diesem Beitrag sollen die Erfahrungen der SchlaU- und ISuS-Schule in der aktuellen Situation als Beispiel mit erprobten Konzepten für neu zugewanderte Schülerinnen und Schüler mit Fluchterfahrungen aus einer über 15-jährigen Praxis dienen und zur Diskussion gestellt werden. Im Folgenden sollen beispielhaft einige Elemente des Einstufungsprozederes genauer betrachtet werden, das die Schülerinnen und Schüler der ISuS- und SchlaU-Schule vor dem Start eines Schuljahres durchlaufen. Die zweimal jährlich stattfindenden Lernentwicklungsgespräche zwischen Lernenden, Sozialpädagoginnen und -pädagogen und Lehrkräften werden ebenso präsentiert. Damit sollen Bedeutung und Möglichkeiten einer pädagogischen Diagnostik im weiteren Lernprozess verdeutlicht werden, wozu ein Schüler als Fallbeispiel zur Illustration herangezogen wird.

1. ISuS- und SchlaU-Schule

Die sprachliche Heterogenität der Kinder und Jugendlichen an Schulen nimmt seit über einem halben Jahrhundert stetig zu. Das deutsche Bildungswesen mit seinem monolingualen Habitus stellt dies zunehmend vor große Herausforderungen (vgl. Gogolin, 1994). Ende 2015 lebten allein in Bayern etwa 57.000 Flüchtlinge im schulpflichtigen Alter. Der größere Teil, in etwa 36.000 Flüchtlinge, war im berufsschulpflichtigen Alter und über 16 Jahre alt (Denneborg, 2016). Die Schulen stehen

---

[1] Dieser Artikel beruht auf Fortbildungsskripten, die von der Autorin für das Fortbildungsmodul „Lernausgangslage und Entwicklung" des Trägerkreises Junge Flüchtlinge e. V. verfasst wurden.

angesichts dieser Zahlen vor der dringenden Frage, wie die neu zugewanderten Kinder und Jugendlichen möglichst schnell in den Regelunterricht integriert, in eine Ausbildung vermittelt und angemessen gefördert werden können.

Der Trägerkreis Junge Flüchtlinge e. V. bietet in München seit dem Jahr 2000 für junge Flüchtlinge im Alter von 16 bis 25 Jahren mit den Schulen „ISuS" (Integration durch Sofortbeschulung und Stabilisierung) und „SchlaU" (Schulanaloger Unterricht für junge Flüchtlinge) jährlich insgesamt 300 Schulplätze in 20 Klassen an. Etwa 85 Jugendliche und junge Erwachsene werden jährlich zum Schulabschluss geführt. In den vergangenen fünf Jahren haben im Durchschnitt 98,8 % der Schülerinnen und Schüler ihre Abschlussprüfungen bestanden und konnten in Ausbildung oder weiterführende Schulen vermittelt werden. Danach, also während der Ausbildung oder des Besuchs einer weiterführenden Schule, werden sie durch das Programm „SchlaUzubi" nachbetreut, um eine nachhaltige Integration zu unterstützen.

Ausgangspunkt der Beschulung junger Flüchtlinge ist eine in jeder Hinsicht heterogene Gruppe von Lernenden: Alter, Sprache, Herkunft, Vorbildung, Aufenthaltsstatus, Wohnsituation, psychische und physische Gesundheit sind nur einige der prägenden Faktoren, wenn es um die Frage geht, was die Schülerinnen und Schüler brauchen und wie Unterricht gestaltet werden muss. Die Diagnose von Kompetenzen und Bedarfen, der angemessene Einsatz sprachstandsdiagnostischer Verfahren sowie die dazu passende Förderung sind in diesem Kontext von zentraler Bedeutung. Bei der Einschulung ist eine Erfassung der Lernausgangslage essentiell, um die neu zugewanderten Kinder und Jugendlichen adäquaten Schulstufen zuordnen zu können und eine optimale Förderung zu ermöglichen. Dabei geht es nicht darum, externe, standardisierte Schulleistungsvergleiche und sprachstandsvergleichende Diagnoseverfahren wie PISA zu konsultieren, die eher politische Funktion haben. Es geht nicht darum, mit Diagnoseverfahren die Ursachen von Problemen und Defiziten zu erkunden, sondern Möglichkeiten der (Sprach-)Förderung zu finden. Es geht weiterhin nicht darum, zu messen: „Wie wirksam ist meine unterrichtliche Intervention?", sondern herauszufinden „Wo steht mein Schüler und wo muss ich ansetzen, um ihn angemessen individuell zu fördern?", also um Verfahren mit rein pädagogischer Funktion.

Um Förderschwerpunkte zu bündeln und einen bestmöglichen Lernfortschritt zu ermöglichen, erfolgt bei ISuS und SchlaU die Klasseneinteilung anhand eines Testverfahrens zur Einschätzung der Lernausgangslage, das sowohl am Schuljahresende in Vorbereitung auf das nächste Schuljahr, als auch während des laufenden Schuljahres für neu ankommende Schülerinnen und Schüler durchgeführt wird. Dabei fließen neben den rein schulischen Leistungen auch die Lebenslagen und vorhandenen Ressourcen der Jugendlichen und jungen Erwachsenen mit in die Erstellung der individuellen Förderpläne ein. Getestet wird sowohl der schriftliche als auch der mündliche Sprachstand unter Einbeziehung der natürlichen Spracherwerbsstufen, der Mathematikkenntnisse sowie der Schulbesuchsdauer im Herkunftsland und in Deutschland.

2. Pädagogische Sprachstandsdiagnostik am Beispiel der SchlaU-Schule

2.1 Lernstandsbezogene Klassenbildung im Unterricht für junge Flüchtlinge

Das förderdiagnostische Konzept der beiden Schulen ISuS und SchlaU setzt auf ein durchlässiges Klassensystem und auf geringe Klassenstärken mit durchschnittlich 16 Lernenden pro Klasse, da eine individuelle Betrachtungsweise und die Möglichkeit individueller Bildungswege nach dem SchlaU-Konzept die Basis einer erfolgreichen Beschulung junger Flüchtlinge darstellen. Der Schulbesuch erstreckt sich für die Schülerinnen und Schüler über einen Zeitraum von ein bis vier Jahren, je nach Vorbildung und individuellem Lernfortschritt.

In den Schulen des Trägerkreises Junge Flüchtlinge e. V. werden eine Alphabetisierungs-, eine Grund-, eine Mittel- und eine Abschlussstufe in Abhängigkeit der Sprachentwicklung und Mathematikkenntnisse unterschieden. Die Klassen einer Stufe werden jeweils in Klassen mit unterschiedlichen Förderschwerpunkten unterteilt. Um Unter- wie Überforderungen zu vermeiden und die Lernenden optimal fördern zu können, ermöglicht das durchlässige Klassensystem einen unterjährigen Wechsel in höhere Klassen(stufen). Ein Durchfallen im klassischen Sinn ist in diesem System nicht möglich, da das Lehrendenteam die zu erreichenden Schuljahreslernziele in den einzelnen Klassen an die Lernausgangslagen und die Förderbedürfnisse der jeweiligen Schülerin bzw. des jeweiligen Schülers anpasst. Den Übertritt von Stufe zu Stufe regeln einheitliche Kompetenzvorgaben. Im Zentrum steht dabei der Erwerb von fachübergreifenden Kompetenzen wie z. B. sprachlichen Kompetenzen, Lernmethodenkompetenz, Selbstorganisation, Zusammenarbeit und weiteren sozialen Kompetenzen.

Das Hauptaugenmerk in der Alphabetisierungsstufe liegt auf der Alphabetisierung in lateinischer Schriftsprache, auf Basiskenntnissen des deutschen Grammatiksystems, einfacher Mathematik und einer ersten Orientierung in den Fächern Ethik, GSE (Geschichte, Sozialkunde, Erdkunde), AWT (Arbeit, Wirtschaft, Technik), Sport, Kunst und Musik. In der Grund- und Mittelstufe werden die Inhalte in diesen Fächern ausgebaut und die Fächer IT und PCB (Physik-Chemie-Biologie) eingeführt. Neben Fachwissen sollen wichtiges allgemeines Wissen und Schlüsselkompetenzen vermittelt werden, da dies die Teilhabe an der Gesellschaft erleichtert – so z. B. der gleichberechtigte Umgang miteinander unabhängig von Gender, Herkunft, Alter und sozialem Status, ebenso wie Pünktlichkeit und Zuverlässigkeit.

In der Abschlussstufe werden die Schülerinnen und Schüler auf die Prüfungen zum Erfolgreichen oder Qualifizierenden Mittelschulabschluss oder zum Mittleren Schulabschluss vorbereitet, die sie extern an einer Kooperationsschule ablegen. Bei der Aufnahme in eine Abschlussklasse spielen nicht nur die schulischen Leistungen eine Rolle. Ebenso wichtig ist die Frage, ob die Schülerin oder der Schüler generell ausbildungsreif ist, d. h. von ihrer/seiner Persönlichkeitsentwicklung her in der Lage ist, nach dem Abschluss in einer Ausbildung und Berufsschule zurechtzukommen.

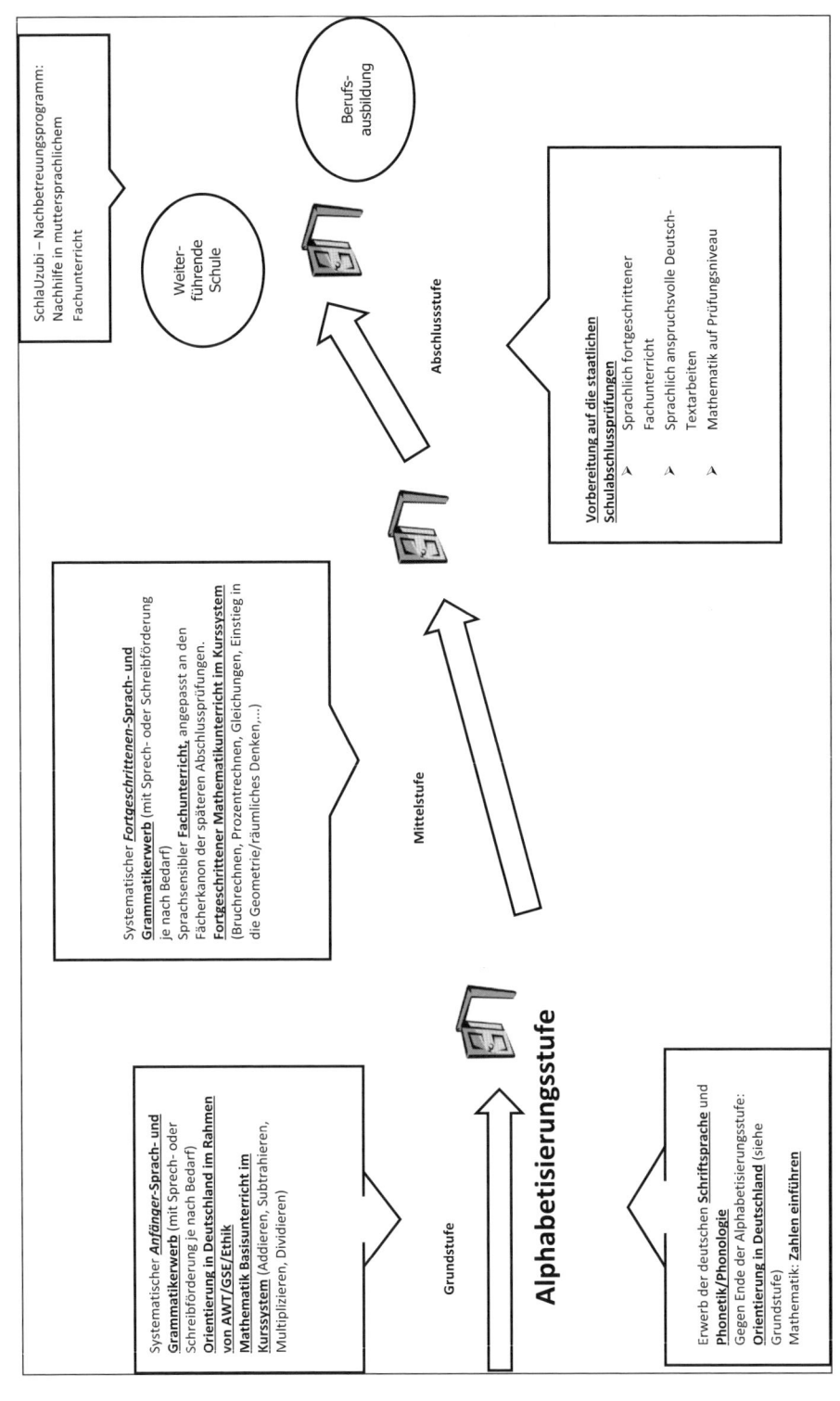

Abbildung 1: Das Klassenstufensystem der SchlaU-Schule

Die Erfahrung der letzten Jahre hat gezeigt, dass für den Großteil der neu zugewanderten Jugendlichen das erfolgreiche Absolvieren eines Schulabschlusses der Mittelschule bei entsprechender Förderung ein realistisches erstes Bildungsziel in Deutschland ist – in den vergangenen fünf Jahren haben im Durchschnitt 98,8 % der Schüler und Schülerinnen bei SchlaU ihre Abschlussprüfungen bestanden. Gezeigt hat sich jedoch außerdem, dass erst nach Erreichen des entsprechenden Sprachstandes eine inhaltliche Prüfungsvorbereitung überhaupt möglich wird. Dies erfordert ausreichend Zeit. Die im Bundesdurchschnitt gewährte Zeit von zwei Jahren Bildungszeit für über 16-jährige Flüchtlinge sowie der Verbleib von lediglich sechs Monaten in einer Übergangsklasse sind nach unseren Erfahrungen für einen Großteil der Kinder und Jugendlichen eindeutig zu kurz. So braucht ein gesteuerter Spracherwerb von Anfang an und damit ein systematischer Aufbau von Grammatik- und Wortschatzkenntnissen mehr Zeit. Für schulischen Erfolg ist es außerdem kaum ausreichend, sich alltagssprachlicher Fertigkeiten zu bedienen. Vielmehr braucht es dazu die sogenannte Bildungssprache, ein formelles Sprachregister, das schul- und fachsprachliche Elemente enthält und stark an den Konventionen der Schriftsprachlichkeit orientiert ist, worunter nicht nur Wortschatz und Grammatik, sondern auch Textkompetenzen zu zählen sind. Erworben werden kann dieses Sprachregister nur mit einer gezielten Förderung im Rahmen des sprachsensiblen Fachunterrichts, weil es in seiner Funktion und Bedeutung an das tatsächliche Ausführen von fachlichen Aktivitäten gebunden ist. Das Konzept der durchgängigen Sprachbildung in allen Fächern sollte dementsprechend die Basis der Sprachförderung für Schulen mit neu zugewanderten Kindern und Jugendlichen darstellen.

In Anlehnung an die Forderung nach mehr Bildungszeit kann das erläuterte Klassenstufensystem auch als eine Berücksichtigung der globalen Lernentwicklungsstadien verstanden werden: von der Alphabetisierung oder Grundbeschulung über fortgeschrittenen Sprachunterricht bis zur bildungssprachbasierten Prüfung zum qualifizierten ersten allgemeinen Schulabschluss und der Berufs- und Fachsprache in einer dualen Ausbildung. Diese Stufen durchlaufen die allermeisten neu zugewanderten Jugendlichen in unserem Schulsystem, und sie sollten auch systemisch oder zumindest bei der Unterrichtsplanung berücksichtigt werden. Eine zentrale Bedeutung erhält dabei die Diagnose von Kompetenzen und Bedarfen, der Einsatz sprachstandsdiagnostischer Verfahren sowie die dazu passende Förderung.

2.2 Vorgehen und Instrumente zur Erhebung der Lernausgangslage

Um zu diagnostizieren, auf welchem Spracherwerbsstand eine Schülerin oder ein Schüler steht, gibt es mittlerweile im deutschsprachigen Raum eine Auswahl an Verfahren.[2] Bei der Auswahl und Erstellung der Testunterlagen der SchlaU-Schule

---

2 Einen Überblick über die Verfahren findet man z. B. bei (Lengyel, 2013) oder Reich, Roth & Neumann (2007).

stand die Frage „Wo steht der Schüler und wo muss man ansetzen, um ihn angemessen individuell zu fördern?" im Mittelpunkt. Es handelt sich bei dem Verfahren um die sogenannte Profilanalyse, um ein Verfahren mit pädagogischer Funktion. Dieses Verfahren orientiert sich an Erwerbsstufen- bzw. Erwerbsphasenmodellen. Mit ihrer Hilfe wird rekonstruiert, wo der jeweilige Schüler steht, und gleichzeitig seine sprachliche Progression sichtbar gemacht. Es dient also der Ermittlung dessen, was er bereits kann und mit welchen sprachlichen Aspekten er sich zum Zeitpunkt der Erhebung auseinandersetzt. Erst mit diesem Wissen können die nächsten sprachlichen Lernziele für den Einzelnen formuliert werden und kann im Unterricht daran angeknüpft werden. Diese Art der Förderdiagnostik ist prozesshaft. Sie soll die Förderung bis zu ihrem Ende begleiten und zu verschiedenen Zeitpunkten wiederholt durchgeführt werden, um die Entwicklung zu beobachten.

Bei den Schulen SchlaU und ISuS können zu Schuljahresbeginn im Durchschnitt 100 Schulplätze neu besetzt werden. Da die Einstufungstests meist an einem Tag durchgeführt werden, ist es nötig, für die Erfassung der Lernausgangslage ein effektives, aber dennoch aussagekräftiges Verfahren anzuwenden, an dem möglichst alle Lehrkräfte der beiden Schulen teilnehmen. Die einzelnen Komponenten des Einstufungsverfahrens – eine Profilanalyse auf Grundlage von schriftlichen und mündlichen Testdaten – sollen im Folgenden genauer erläutert und anhand von Beispielen aus der Praxis veranschaulicht werden.

2.2.1 Der schriftliche Einstufungstest

Der schriftliche Testteil in Deutsch als Zweitsprache startet mit einem kurzen Diktat, das thematisch lebensweltlich passend für die jugendlichen Testteilnehminnen und Testteilnehmer ist. Weiter sollen durch schriftliche geschlossene Testaufgaben einzelne sprachliche Teilqualifikationen in kontrollierten sprachlichen Handlungssituationen erfasst werden. Dieses kontrollierte Vorgehen bringt den Vorteil mit sich, gezielt auf spezifische sprachliche Phänomene abzielen (z.B. Pluralmarkierungen, Formen der regelmäßigen Konjugation im Präsens) und deren Vorhandensein im sprachlichen Repertoire der Testteilnehmer und Testteilnehmerinnen überprüfen zu können. Zusätzlich ermöglicht es systematische Vergleiche der erbrachten Leistungen mit den Ergebnissen einer Vergleichsgruppe, was mit Blick auf die Klassenbildung hilfreiche Hinweise liefert (Lengyel, 2013, S. 157).

Eine typische Testaufgabe in diesem Sinne ist die folgende, entnommen aus einem ausgefüllten Einstufungstest der SchlaU-Schule. Der Testteilnehmer, Mohammad, zum Testzeitpunkt 18 Jahre alt mit etwa sechsjähriger Schulbildung in Afghanistan wird uns im weiteren Verlauf des Artikels begleiten.

Getestet werden soll mit einer Aufgabe dieser Art der Erwerbsstand im Bereich „Verben im Präsens" auf syntaktischer Ebene. Kann die Schülerin oder der Schüler ein Verb bereits konjugieren? Unterscheidet sie bzw. er regelmäßige von unregelmä-

> **3. Wie heißt das Verb im Präsens?**
>
> Beispiel: Ich __ziehe__ meinen Mantel __aus__. (ausziehen)
>
> Der Mann __bezahlt__ die Rechnung. (bezahlen)

a) Ich __kaufe__ morgen Nachmittag ein neues Handy. (kaufen)

b) Es __muss__ einen großen Bildschirm und eine gute Kamera haben. (müssen)

c) Mit der Kamera __nehme__ ich dann viele Fotos __auf__. (aufnehmen)

d) Außerdem __höre__ ich gerne Musik. (hören)

e) __wisst__ ihr, welches Handy am besten ist? (wissen)

f) Ich __freue__ mich, wenn ihr __antwortet__. (freuen, antworten)

Abbildung 2: Aufgabe aus dem schriftlichen Deutschtest zur Einschätzung der Lernausgangslage

ßigen Verben und kann die Satzklammer mit einem trennbaren Verb oder Modalverb bereits realisiert werden?

Zusätzlich zu geschlossenen Aufgaben ist es nötig, kleine Aufgaben zur Textproduktion sowie eine offene Gesprächssituation anzubieten, um die natürliche Sprachverwendung diagnostizieren zu können. Während die geschlossenen Aufgabenstellungen u. a. eindeutig vergleichbare Hinweise auf Orthografie oder bestimmte grammatikalische Phänomene bieten, liefert die Profilanalyse auf Grundlage von sowohl mündlichen als auch schriftlichen Daten eher Hinweise zur individuellen Förderplanerstellung. Das hinter dem Test liegende Diagnoseinstrument, die Profilanalyse, wird im Kapitel 3.2.3 näher erläutert.

2.2.2 Der mündliche Einstufungstest

Begleitet wird der schriftliche Test von einem intensiven Gespräch zwischen der Schülerin oder dem Schüler und zwei Lehrkräften, in dem sowohl die Bildungsbiografien sowie die aktuelle Lebenssituation der Jugendlichen erfragt werden. Dazu haben wir einen offenen Fragebogen entwickelt, der es den Lehrkräften ermöglicht, ein Gespräch in angenehmer Atmosphäre zu führen, ohne dabei die Dynamik behördlicher Befragungen (Aussagesituationen auf Polizeistationen, Interviews beim

Bundesamt etc.) zu wiederholen, und den Jugendlichen die Möglichkeit gibt, selbst zu entscheiden, wie viel sie zu welchem Lebensbereich erzählen. Nicht erfragt wird in diesem Gespräch die individuelle Fluchtgeschichte. Im Mittelpunkt stehen die Bildungsbiografie, Arbeitserfahrungen sowie persönliche Perspektiven und Ziele.

Dieses Gespräch dauert ca. 30 bis 45 Minuten. Nach der Erfassung der personenbezogenen Daten bearbeiten die Schülerinnen und Schüler mündliche Aufgaben. Dies ist in der Regel der Text aus dem schriftlichen Diktat zum Vorlesen, ein kurzes Gespräch über das Thema des Diktattextes und eine Aufgabe mit Bildimpuls, z. B. einem Wimmelbild vom Münchener Hauptbahnhof.

Einer der Lehrkräfte ist dabei gesprächsführend und füllt gemeinsam mit der Schülerin oder dem Schüler den Dokumentationsbogen aus, auf dem ihre bzw. seine Daten erfasst werden. Die zweite Lehrkraft überprüft zuerst die schriftlichen Testunterlagen (Deutsch und Mathematik) und füllt im Anschluss gesprächsbegleitend einen Beobachtungsbogen (Abb. 3) aus – der Fokus liegt also auf der Diagnostik der mündlichen Sprachkenntnisse, einbezogen werden jedoch ebenso die vorliegenden schriftlichen Testunterlagen.

2.2.3 Die Profilanalyse als Diagnoseinstrument

Die fünfstufige Tabelle aus dem Mittelteil des Beobachtungsbogens ist ein Element der sogenannten Profilanalyse. Mit einer Profilanalyse werden sprachliche Fähigkeiten in natürlichen bzw. quasi-natürlichen Handlungssituationen erfasst, wie z. B. im bereits erwähnten Kennenlerngespräch an der SchlaU- und ISuS-Schule. Die Verfahren orientieren sich in ihrem dahinter liegenden und sie begründenden Sprachkonstrukt an Erwerbsstufen- bzw. Erwerbsphasenmodellen. Mit ihrer Hilfe wird rekonstruiert, wo die jeweilige Schülerin oder der jeweilige Schüler steht, und gleichzeitig ihre bzw. seine sprachliche Progression sichtbar gemacht. Durch die Analyse ist eine förderdiagnostische Orientierung somit möglich, d. h. nahe liegende sprachliche Lernziele im Sinne der Zone der nächsten Entwicklung können ausgehend von der bisherigen Entwicklung abgeleitet und Förderziele formuliert werden (vgl. Lengyel, 2013, S. 157).

Unserer Erfahrung nach ist es sinnvoll, wenn zwei Lehrkräfte gemeinsam in die Gesprächssituation gehen, damit eine gleichzeitige Diagnose gewährleistet werden kann. Die Analyse ist somit personell und zeitlich relativ aufwändig. Eine gute Diagnostik setzt dabei fundierte Kenntnisse über den sprachlichen Lerngegenstand und die asynchronen Verläufe in der Sprachaneignung voraus. Zu nennen ist da z. B. insbesondere die U-förmige Entwicklung von Sprache: Beim Lerner findet eine Art Vorgriff im Bereich der Aneignung der Grammatik statt, in Form einzelner, auswendig gelernter Formeln (z. B. die Präteritumform des unregelmäßigen Verbes gehen, „ging"). Im nächsten Schritt findet die Regelbildung statt (Wie werden Formen des Präteritums regelmäßig gebildet? Mit Dentalsuffix „-te"). Diese Regelbildung hat nicht selten zur Folge, dass die Regel erst einmal ausnahmslos auf alle

Methoden und Materialien zur ganzheitlichen pädagogischen Diagnostik 139

Name: _____					
Ausgewertet und getestet von: _____ (SOLLTE DIE GLEICHE PERSON SEIN)					
Der/Die Jugendliche hat den schriftlichen Test so bearbeitet, dass die Ergebnisse aussagekräftig sind, und es gab keine formulierungsbedingten Schwierigkeiten. O ja O nein Bemerkungen:_____					

Auswertung des Lesetests und des produktiven Testteils (mündlich)

Wie viele Fehler wurden beim **Lesen** gemacht? _____   Wie viele Selbstkorrekturen gab es? _____

Text verstanden? O alles selbstständig verstanden O mit Hilfe verstanden   O kaum verstanden O nicht verstanden

Welche Satzstufe wird realisiert? Jedes Mal, wenn ein Verb aus der entsprechenden Stufe realisiert wird, bitte einen Strich eintragen:

Stufe 0	Stufe 1	Stufe 2	Stufe 3	Stufe 4
Bruchstücke	**Einfache Hauptsätze**	**Mehrteiliges Prädikat**	**Inversion**	Korrekte **Nebensätze**
Äußerungen ohne gebeugtes Verb	Verb an zweiter Stelle nach dem Subjekt und konjugiert	wollen, können, … Perfekt getrennte Vorsilbe	Gebeugtes Verb steht <u>vor dem Subjekt</u> statt nach dem Subjekt.	mit Konjunktionen weil, wenn, dass…. und der Verbendstellung.
- „Der machen so.." - „Da Bonbons." - „Da Bruder." - Mimik und Gestik als Hilfe	- Das Glas **ist** kaputt. - Die Glase **stehen** auf die Schrank. - Die Mädchen **sitzt** auf seine(m) Rücken.	- Die wollen Bonbons essen. - Sie **ist** nach Hause **gegangen**. - **Er** macht das Licht **aus**.	- Hier **stehen** Bücher auf dem Schrank. - Gleich **fällt** sie hin. - Dann **hilft** der Junge. - Da **will** ich nicht hin.	- Die Lehrerin will nicht, dass wir Kaugummi **kauen**. - Weil das Glas kaputt **ist**, schimpft sie.
Äußerungen (Strichliste)	Äußerungen	Äußerungen	Äußerungen	Äußerungen
Davon korrekt (in %)	Davon korrekt (in %)	Davon korrekt (in %)	Davon korrekt (in %)	Davon korrekt (in %)

Einschätzung der Kommunikationskompetenz

	Fällt leicht	Fällt schwer	Gelingt nicht
Dialogisches Reden			
Monologisches Reden (Aufbau, Argumentation, Textzusammenhang)			
Wortschatzwahl (angemessen, flüssig)			
Artikulation			

Einschätzung der Lernkompetenz

	Fällt leicht	Fällt schwer	Gelingt nicht
Testaufgabenbewältigung			
Konzentration			

In welche Stufe bei SchlaU/ISuS passt der/die Jugendliche auf den ersten Blick?

O Alphabetisierungsstufe (= mehr als ein Jahr bis Abschlussreife)
O Grundstufe (= mehr als ein Jahr bis Abschlussreife)
O Mittelstufe (= ein Jahr bis Abschlussreife)
O Klasse zum Erfolgreichen Mittelschulabschluss
O Klasse zum Qualifizierenden Mittelschulabschluss oder M-Zug

Der/Die Jugendliche braucht in dieser Stufe vermehrt: O Schreibförderung   O Sprechförderung   O Leseförderung

Der/Die Jugendliche wird eingeschätzt als: O schneller Lerner   O langsamer Lerner

Weitere Bemerkungen zum Förderbedarf: _____
_____
_____

Abbildung 3:   Beobachtungsbogen für die Einschätzung der (sprachlichen) Lernausgangslage

Erscheinungen in dem betreffenden grammatischen Teilbereich angewandt wird (nach zunächst korrekter Verwendung von „ging" verwendet der Sprecher plötzlich „gehte"). Die daraus entstehenden „falschen" Formen zeigen ziemlich genau an, an welcher Aneignungsaufgabe die oder der Betreffende gerade arbeitet, wo Sprachförderung also besonders gut ansetzen könnte (Lengyel, 2013, S. 157). Mit Hilfe der Profilanalyse können derartige Lernerperformanzen verschiedenen Erwerbsstufen zugeordnet werden.

Ist, um ein weiteres Beispiel zu nennen, ein immer wieder eingesetztes „Und dann geht er …" als Floskel memoriert und die einzige Inversionsstruktur im Gesprochenen? Dann würde die Stufe 3, wie im Folgenden näher erläutert, als noch nicht erworben gelten. Die Ermittlung der Profilstufen insbesondere bei mündlichen Äußerungen ist ein interpretativer Akt (Webersik, 2013, S. 339–363). Um eine verlässliche Diagnose der Lernausgangslage durchführen zu können, braucht es neben dem Wissen um die Erwerbsstufen also auch Anwendungserfahrung. Je häufiger sich die Anwenderinnen und Anwender in der Analyse bewusst mit Struktur und Funktion von Sprache auseinandersetzen, desto stärker erfahren sie eine sprachdiagnostische Kompetenzsteigerung, werden Satzmodelle und deren Einordnung verinnerlichen, Umfang und Qualität der Wortschatzverwendung diagnostizieren lernen usw. Dazu bedarf es Ressourcen: Vor allem braucht es Zeit für die individuelle Analyse und für den kollegialen Austausch (Ehlich et al., 2004).

Beobachten von Lernvoraussetzungen und Lernprozessen setzt eine Haltung voraus, die Fehler als lernspezifische Notwendigkeit sieht und auf Dialog mit den Lernenden gerichtet ist (Dehn, 2004, S. 75–80). Fehler sind für Sprach- und Schriftspracherwerb konstitutiv. Wenn sie nicht als Defizite betrachtet werden, sondern als Lernfortschritte im Prozess der Aneignung, fällt es leicht, die Aufmerksamkeit auf das Können zu richten – auch bei langanhaltenden Schwierigkeiten.

Formale Fehler und Rechtschreibfehler finden bei der Bewertung im Zusammenhang mit der Profilanalyse keine Berücksichtigung. Sagt ein Schüler also z. B. „er schlaft" anstelle der korrekten Form „er schläft", ist für die Zuordnung zu Profilstufe 1 relevant, dass der Lerner offensichtlich eine finite Form gebraucht, was an der Endung „t" erkennbar ist. Der fehlende Umlaut ist für die Zuordnung zu den Stufen zu vernachlässigen. Genauso ist es mit Fehlern wie „ich habt Fußball bespielt" anstelle von „ich habe Fußball gespielt". Konzentrieren sollte man sich ausschließlich auf die Merkmale in den Profilstufen. Bei Selbstverbesserungen der Sprecherinnen und Sprecher wird nur die letzte Äußerung gewertet und generell nur eigenständige Äußerungen (Grießhaber, 2012, S. 29).

Geachtet werden sollte außerdem auf eine lernförderliche, sprachmutig machende Umgebung und eine entspannte Gesprächssituation, in der die Jugendlichen nicht korrigiert werden und gerne auch den Gesprächsanlass selbst vorgeben.

Zusätzlich setzt eine Profilanalyse voraus, dass möglichst aussagekräftige Sprachproben zur Erhebung genutzt werden. Das sind z. B. freie Konversationen mit längeren Passagen, am besten Erzählungen, in denen die Jugendlichen von einem bekannten Thema sprechen können. Da die allermeisten Schülerinnen und Schüler in München täglich öffentliche Verkehrsmittel nutzen, wurde als Redeimpuls für die Einstufung aus diesem Grund z. B. ein Wimmelbild aus einer S-Bahn oder vom

Hauptbahnhof gewählt. Praktische Erfahrungen legen ein Minimum von sieben satzwertigen Einheiten nahe, um genügend Sprachmaterial für eine Einschätzung zu erhalten. Will man auch schuljahresbegleitend schriftliche Texte analysieren, ist eine Textproduktion im Rahmen einer normalen Unterrichtsstunde in der Regel ausreichend (Grießhaber, 2003–2013).

Um mündliche Äußerungen sicher auszuwerten, können Tonaufnahmen gemacht oder eine zweite Lehrkraft eingesetzt werden, um die Gesprächsführung zu übernehmen, damit sich eine/r von ihnen auf die Sprache konzentrieren kann.Die Einstufung von Texten nach den Erwerbssequenzen geht am einfachsten und schnellsten vor sich, wenn zuerst nach dem Erwerbsstand bei den Satzmodellen gefragt wird. Eine gute Übersicht darüber bietet z. B. der folgende Sprachprofilbogen für die Satzmodelle (Departement für Erziehung und Kultur/Amt für Volksschule, 2014, S. 28):

Tabelle 1: Sprachprofilbogen für die Satzmodelle

Stufe 4: Nebensätze mit finitem Verb in Endstellung:	
Hauptsatz vor konjunktionalem Nebensatz	…, weil sie morgen in die Ferien fährt.
Konjunktionaler Nebensatz vor Hauptsatz:	Als es dunkel wurde, …
Relativsatz:	Der Vogel fliegt auf den Baum, der im Garten steht.
Stufe 3: Subjekt nach finitem Verb; Verb nach vorangestelltem Element:	
Adverbiale der Zeit:	Morgen liest sie noch ein Buch.
Adverbiale der Zeit:	Und dann will sie ihre Ruhe haben.
Adverbiale des Ortes:	Dort liegt das Buch.
Deiktika:	Da ist es.
W-Frage (ohne wer):	Wohin gehst du?
Frage ohne Fragewort:	Kommt Eva?
Imperativ:	Komm!
Imperativ:	Hol mir einen Apfel!
Stufe 2: Separierung finiter und infiniter Verbteile	
Hilfsverb haben/sein/werden und Partizip Perfekt:	Eva hat das Buch gelesen.
Modalverb und Infinitiv:	Eva will das Buch lesen.
Futur mit Hilfsverb werden und Infinitiv:	Eva wird das Buch lesen.
Finites Verb und Verbpartikel:	Eva liest das Buch durch.
Konstruktionen mit zu Infinitiv:	Eva beabsichtigt, das Buch zu lesen. Eva geht ins Haus, um ein Buch zu holen.
Stufe 1: Finites Verb in einfachen Äußerungen	
Subjekt in Erststellung:	Benjamin hat einen Schlitten.
Wer-Fragen:	Wer kauft mir einen Schlitten?
Stufe 0: Bruchstückhafte Äußerungen	
(akustisch) nicht verstehbare Äußerung grammatisch unvollständige Äußerung:	Mein Bruder. Sieben.
Floskel- oder formelhafte Äußerung:	Danke, ein bisschen. Ich auch.

Analysen von Grießhaber (2013) zufolge bestehen außerdem systematische Zusammenhänge zwischen der ermittelten Profilstufe und weiteren Aspekten der Lernersprache wie dem Wortschatz und Entwicklungen im morphologischen Bereich. Dies ist unter diagnostischen Förderaspekten besonders relevant:

Tabelle 2: Profilstufen und sprachliche Mittel für DaZ nach Grießhaber (2013, S. 118)

Stufe	Wortschatz	Verben	Verkettung	sonst
4	differenziert		dichtes Netz mit Anaphern (= sprachliche Mittel, mit deren Hilfe Rückbezüge hergestellt werden, z. B. Pronomen)	Partikel zur Hörersteuerung (…, ne? …, ja?)
3	ausreichend, Wortbildung erfolgt selbstständig	Präfixverben	Anaphern, Deiktika im Vorfeld: Und dann …	selbstständig
2	ausreichend, Lücken, Genus unsicher	Perfekt, Modalverben	Anaphern gering: sie, er, …	Hörerhilfe
1	eingeschränkt, Lücken, Genus unsicher	wenige, Finitum (gebeugtes Verb)	kaum Anaphern	Hörerhilfe erforderlich
0	sehr große Lücken	sehr wenige, oft fehlend, einige irgendwie flektiert	keine Anaphern	Hörerhilfe essentiell, Mimik, Gestik

Was nicht ausreichend mit den Profilstufen von Grießhaber in Verbindung gebracht werden kann, ist die Kasusmorphologie. Dies kann dann ergänzt und präzisiert werden z. B. durch die Befunde von Diehl et al. (2000, S. 364):

Tabelle 3: Profilstufen nach Diehl et al. (2000, S. 364)

Verbalbereich	Satzmodelle	Kasus (ohne Präposition)
VI Übrige Formen (Plusquamperfekt, Futur, Konjunktiv 1 und 2)		IV Drei-Kasus-System Nominativ + Akkusativ + Dativ
V Präteritum	V Inversion (X-Verb-Subjekt)	
IV Auxiliar – Prinzip (Perfekt)	IV Nebensatz	III Zwei-Kasus-System Nominativ + Objektkasus (Nominativ-Formen + beliebig verteilte Akkusativ- und Dativ-Formen)
III Konjugation der unregelmä- ßigen Verben im Präsens Modalverb – Infinitiv	III Distanzstellung (Verbalklammer)	III Zwei-Kasus-System Nominativ + Objektkasus (Nominativ-Formen + beliebig verteilte Akkusativ- und Dativ-Formen)
II Regelmäßige Konjugation der Verben im Präsens	II Koordinierte Hauptsätze (… und …) W-Fragen Ja/Nein-Fragen	II Ein-Kasus-System (beliebig verteilte Nominativ-, Akku- sativ-, Dativ-Formen)
I Präkonjugale Phase (Infinitive, Personalformen nur als Chunks)	I Hauptsatz (Subjekt-Verb)	I Ein-Kasus-System (nur Nominativ-Formen) – Diese Phase dauert sehr lang!

Wird eine Profilanalyse durchgeführt, ergibt sich das Gesamtprofil durch die höchste Stufe, die (mindestens drei Mal) zugeordnet wurde – man sucht also nach der komplexesten bereits erworbenen Struktur. 75 % der Äußerungen der jeweiligen Stufen müssen dabei korrekt sein, damit die Stufe als erworben gilt. Da es sich um eine gut belegte Erwerbssequenz handelt, kann man davon ausgehen, dass Schülerinnen und Schüler, die Strukturen der Stufe 3 produzieren, auch die Strukturen der Stufen 0–2 erworben haben. Die Ermittlung der erreichten Profilstufe ordnet den Erwerbsstand einer Lernerin oder eines Lerners also auf einer Skala ein, die Auskunft über schon zurückgelegte und noch zu bewältigende Erwerbsschritte gibt. Für Fördermaßnahmen ist nun entscheidend, dass die Profilstufen nicht übersprungen werden können und dass Unterricht lediglich den Erwerb der nächsten Stufe beschleunigen kann, während die verfrühte Unterrichtung einer höheren Stufe sogar zur Störung bereits erworbener Stufen führen kann. Für Fördermaßnahmen sind diese Erkenntnisse auch in folgender Hinsicht bedeutsam (Grießhaber, 2013, S. 119):

- der erreichte Erwerbsstand bildet die Basis für die Unterstützung beim Erwerb der nächsten Stufe;
- eine Überforderung der Lernenden kann vermieden werden;
- die Bewertung von Äußerungen kann auf den erreichten Erwerbsstand bezogen werden;
- Korrekturen können auf diejenigen sprachlichen Mittel konzentriert werden, die dem erreichten Erwerbsstand entsprechen;
- Lehrmaterialien und Texte können vorab auf ihre Eignung für bestimmte Schülerinnen und Schüler ausgewählt und binnendifferenzierend eingesetzt werden.

Folgender Text stammt vom gleichen Schüler, wie die bereits angeführte geschlossene Aufgabe zu Formen der Präsenskonjugation:

---

6. Wähle eine Frage und schreibe 4 Sätze!

Du hast 500.000 Euro gewonnen. Was machst du?

oder

Warum willst du in die Schule gehen?

I will in die schule gehen weil ich Schule mag Ich möchte besser leben haben und dann kann ich auch viele neue freunden finden/ kennenlernen.

Abbildung 4: Aufgabe aus dem schriftlichen Deutschtest zur Einschätzung der Lernausgangslage

Für die Durchführung der Profilanalyse nach Grießhaber muss der Text in minimale Äußerungseinheiten gegliedert werden, für die jeweils die höchstmögliche Profilstufe ermittelt werden muss.

Tabelle 4: Schülertext in minimale Äußerungseinheiten gegliedert

	Minimale Äußerungseinheit	Profilstufe
1	I will in die Schule gehen	2
2	weil ich Schule mag	4
3	Ich möchte besser leben haben	2
4	Und dann kann ich auch viele neue freunden finden/kennenlernen.	3

Zusätzlich liegt von dem Kennenlerngespräch zwischen den Pädagoginnen und Pädagogen (P) und der jeweiligen Schülerin oder dem jeweiligen Schüler (S) eine Gesprächsmitschrift vor, die der folgende Ausschnitt illustriert. Die Schüleräußerungen, die indikative Elemente beinhalten, können einer Profilstufe zugeordnet werden.

Tabelle 5: Ausschnitt aus Interviewtranskript

			Profilstufe
1	P	Warst du denn in der Schule, bevor du nach Deutschland gekommen bist?	
2	S	In Afghanistan, ja.	0
3	P	Ja?	
4	S	Ja. 5 oder 6 Jahre.	0
5	P	Was war das für ne Schule?	
6	S	Gut.	0
7	P	Ja. War das eine … eine … Kennst du die Schulen in Deutschland ein bisschen?	
8	S	Ja. Realschule, Gymnasium oder Hauptschule.	0
9	P	Ja. Genau! Und kann man das vergleichen? Passt das irgendwie …?	
10	S	In Afghanistan gibt es nur eine Schule. Erste Klasse bis zwölfte Klasse.	3
11	P	Ja.	
12	S	Und alle studieren zusammen.	1
13	P	Ja. Und was hast du da gelernt? Welche Fächer hast du da gelernt?	
14	S	Nicht speziell, wir haben viele Fächer gehabt: Geo, Mathe, Geschichte und Dari, meine Muttersprache.	2
15	P	Das ist deine Muttersprache?	
16	S	Ja. Paschtu auch. Und … (leise) Geo, Mathe … ich glaub Biologie auch.	1
17	P	Mhm. Genau … Dari und Paschtu hast du in der Schule schreiben gelernt, oder?	
18	S	Ja. Ein bisschen, ja. Dari ist meine Muttersprache, aber ich kann ein bisschen Paschtu sprechen, nicht soviel.	2
19	P	Ja, ok … Kannst du Englisch zum Beispiel?	
20	S	Ja, ich kann Englisch.	1
21	P	Dann kannst du drei Sprachen … Toll!	
22	S	Aber Paschtu nicht so viel. Ich kann nicht so viel verstehen.	2

Nach Durchführung des schriftlichen Tests und des Kennenlerngesprächs kann für diesen Schüler also bereits auf eine belastbare Erhebungsgrundlage zurückgegriffen werden. Auf der Suche nach der höchsten realisierten Profilstufe kann beobachtet werden, dass die Profilstufe 1 im Gespräch drei Mal korrekt realisiert wurde (Zeile 12, 16 und 20).

Im schriftlichen Text wurden für die folgende Profilstufe 2 (Separierung finiter und infiniter Verbteile) zwei Äußerungen ermittelt, im Gespräch drei Äußerungen (Zeile 14, 18 und 22). Auch diese Stufe kann somit als erworben angesehen werden. Grießhaber (2013) geht davon aus, dass auf dieser Stufe bereits ausreichend Wortschatz erworben wurde, der jedoch noch Lücken und Unvollkommenheiten im Genus aufweist. Auch die Verwendung von Textkohäsion herstellenden und Nomina ersetzenden Personalpronomen ist noch eher gering ausgeprägt (er, sie, …). Nachfragen, um das Verständnis des Interviewers zu sichern, sind immer wieder nötig.

Merkmale der Profilstufe 3 sind bereits erkennbar (Zeile 10), jedoch noch nicht durchgängig. Im vorliegenden Auszug wurde sie lediglich ein Mal realisiert, kann also noch nicht als erworben gelten und zeigt sich als die zu fördernde Erwerbsstufe.

Neben der Betrachtung der sprachlichen Ausdrucksfähigkeiten liefern Gesprächssituationen, wie sie für die Profilanalyse erzeugt werden, weitere aufschlussreiche Erkenntnisse. So geben zum Beispiel die Beobachtungen zur Bewältigung der Gesprächssituation Auskunft über den Grad der Sicherheit des Jugendlichen in der Sprache. Lange Pausen verweisen auf längere innere Planungsprozesse für Konstruktionen, längere Abrufprozesse für lexikalische Einheiten, evtl. unklare Bedeutungsabgrenzungen, vielleicht auch unscharfe Lautvorstellungen – Sachverhalte also, die ein Anlass für weitere Förderung sein könnten.

Die Zahl der verschiedenen verwendeten Verben verweist auf den Stand der Wortschatzentwicklung insgesamt. Niedrige Werte indizieren die Notwendigkeit einer schwerpunktmäßigen Förderung des Wortschatzes allgemein. Die Förderung der grammatischen Fähigkeiten orientiert sich an den sprachspezifischen Aneignungsstufen. Die Förderziele liegen jeweils in der „Zone der nächsten Entwicklung" (Vygotsky, 1934/2002). Dazu können insbesondere auch die jeweiligen Übergangserscheinungen wertvolle Hinweise geben. Für eine vertiefende Analyse von längeren Schülertexten eignen sich u. a. die diagnostischen Leitfragen von Rösch (2012) sowie das Beobachtungsraster von Jeuk & Schäfer (Jeuk, 2013, S. 72). Beide Fragebogen erheben, welche sprachlichen Mittel bereits eingesetzt werden. Rösch legt außerdem die Möglichkeit der Entwicklungsbeobachtung in ihrem Diagnosebogen an, indem die Analyse für zwei verschiedene Texte möglich ist (Rösch, 2012, S. 244–245).

Grießhaber schlägt zur Identifizierung der Zone der nächsten Entwicklung konkrete Förderhorizonte vor (Grießhaber & Heilman, 2012). Für unseren Schüler aus dem Einstufungstest der ISuS- und SchlaU-Schule ergibt sich folgender Förderhorizont:

Tabelle 6: Förderhorizont nach Grießhaber & Heilman (2012)

Profilstufe 2	Förderhorizont 3	Profilstufe 3
Trennung von finitem und infinitem Verbteil *Merkmale* • Wortschatz ausreichend • Genus und Kasus unsicher • Modalverben • Trennbare Verben • Verben im Perfekt • Beginnende Verkettung (vor allem zwischen Nomen und Verb wie „Musik hören") • Unterstützung durch Hörer	*Festigen* • Modalverben • Verben im Perfekt • Trennbare Verben • Mündliches Erzählen *Aufbauen* • Verkettung von Äußerungen mit „und dann …" • Variation von Satzanfängen „heute, morgen, danach, …" • Adjektivwortschatz • Erste Verben im Präteritum • Präpositionen • Komposita • Schriftliches Erzählen	Subjekt nach finitem Verb *Merkmale* • Wortschatz ausreichend • Genus unsicher • Personalpronomen • Verkettung von Äußerungen • Selbstständige Äußerungen/Erzählsequenzen ohne Hörerhilfe möglich • Gebrauch der Inversionsstellung
	Schwerpunkt Erzählförderung, Verkettung von Äußerungen, kleine Präsentationen	

Das bewusste Üben von Einzelheiten, also zum Beispiel von den bereits angesprochenen Präsens-Konjugationsformen, ist nur einer der vielen möglichen Lernwege. In diesem Zusammenhang kommen Claudio Consani et al. zu dem Schluss, dass die Fokussierung auf einen Teilaspekt der Sprachförderung es den Lernenden ermöglicht, sich während einer längeren Zeit auf einen begrenzten Lerninhalt zu konzentrieren und die volle Aufmerksamkeit darauf zu richten (Consani et al., 2012, S. 281–282). Eine gezielte Förderung eines Teilaspekts, wie zum Beispiel der Rechtschreibung, wirke sich demnach auch unmittelbar auf andere Bereiche der Sprachkompetenz aus, ohne dass diese explizit thematisiert werden. Die Erfolge in einem begrenzten Teilbereich seien ihrer Meinung nach auch ein Beweis dafür, dass die weit verbreitete sogenannte ganzheitliche Sprachförderung, bei der möglichst viele Fertigkeitsbereiche gleichzeitig gefördert und in der vor allem mündliche Sprachsituationen bevorzugt werden, vor allem bei sprachschwachen Lernenden das Ziel einer nachhaltigen und nachweisbaren Verbesserung der Sprachkompetenz verfehle. Solange die Lernenden keine klar definierten und klar begrenzten sprachlichen Lerninhalte behandeln können, werde einer diffusen Überforderung und Desorientierung Vorschub geleistet. Damit ist allerdings nicht gemeint, dass z. B. mit kontextlosen Grammatikübungen zur Deklination Erfolge zu erzielen sind. Der Ausgangspunkt einer Sprachförderung ist und bleibt der konkrete Text der Lernenden, an dem sich der zu fördernde Teilaspekt orientiert. Wenn Grammatikalisches behandelt wird, dann immer ausgehend von einem konkreten Schülertext. Bedacht sein sollten in einem gut geplanten Unterricht die Voraussetzungen der Lernenden – das ist das, was die Sprachdiagnose liefern kann – dann Thema und Ziel, Sozialform und Methode. Was man außer den Analyseergebnissen braucht, sind allgemeine normative Ziele der Sprachbildung, Urteile über die Zielangemessenheit (die „Normalität") eines analytisch festgestellten Sprachstandes und allgemeine sprachdidaktische und pädagogische Orientierungen.

2.2.4 Berücksichtigung nichtsprachlicher Faktoren

An dieser Stelle sei darauf hingewiesen, dass Stufenmodelle des (Schrift-)Spracherwerbs zwar eine äußerst hilfreiche Orientierungsgrundlage bieten können, sie aber nicht als Norm für individuelle Erwerbsprozesse verstanden werden sollten. Ein Stufenmodell des Schriftspracherwerbs etwa zum Maßstab der Förderung zu machen, kann auch zu Verzögerungen führen, wenn der Lernende einzelne Entwicklungsstufen zum Beispiel schneller überwinden kann (Reich, 2009, S. 25–34); generell ist eine Grundhaltung sinnvoll, die davon ausgeht, dass der Erwerb einer neuen Sprache ein hoch individueller Prozess ist und trotz allgemeiner übergreifender Prozesse hoch individualisierte Abläufe erwartbar sind, die durch Motivation, Lernertyp, Möglichkeiten zum sozialen Umgang mit Muttersprachlern und Kontakt zur Zielsprache uvm. beeinflusst werden (Edmondson & House, 2011).

Wer die Sprachentwicklung der Jugendlichen in einer umfassenden, ganzheitlichen Weise betrachten möchte, muss im Rahmen eines subjektorientierten Vorgehens somit auch die Migrationsgeschichte und die aktuellen Lebensbedingungen berücksichtigen. So erzählt Mohammad im Rahmen des Kennenlerngesprächs, dass er in einer Sammelunterkunft untergebracht ist und sich gerade ein Zimmer mit 24 weiteren Jugendlichen teilen muss. Einen Deutschkurs für Flüchtlinge auf Stufe A1 des Europäischen Referenzrahmens besucht er erst seit zwei Monaten, in Deutschland ist er seit vier Monaten. Angesichts dieser Umstände ist sein Sprachentwicklungsstand bereits sehr weit fortgeschritten; aufgrund dieser Informationen ist es möglich, ein Erreichen der „Abschlussklassenreife" binnen eines Jahres als durchaus realistisch einzustufen. Im Falle der SchlaU-Schule und in Rückbezug zum Klassenstufensystem (Abb. 1), das eingangs beschrieben wurde: Dieser Schüler wurde bei der SchlaU-Schule in eine Mittelstufenklasse eingestuft.

Quer über die Kategorien ist zu fragen, wo Stärken des Jugendlichen erkennbar werden und wie diese ggf. in der Förderung genutzt werden können. So gibt es zum Beispiel Jugendliche, die zwar nur über wenige Wörter und eine begrenzte Grammatik verfügen, die sich aber als initiativ und sprechfreudig zeigen. Mit diesen ist es ungleich leichter, sprachfördernde Situationen auch in der Gruppe herbeizuführen als mit solchen Jugendlichen, die sich wenig sprachmutig zeigen. Letztere benötigen eher Förderung in einer überschaubaren und nicht ängstigenden Umgebung, in Kleingruppen oder in Zweiergesprächen. Gerade im Unterricht mit geflüchteten Kindern und Jugendlichen stellt sich zudem im Einzelfall die Frage nach starken psychosozialen Belastungen, einer prekären Lebenssituation, ungewissen Zukunftsperspektiven und weiteren lernhinderlichen Faktoren, die in der Förderplanung nicht vernachlässigt werden können.

3. Dokumentation und Beobachtung im weiteren Lernprozess durch wertschätzende Lern- und Entwicklungsgespräche

Pädagogische Diagnosen bilden sowohl initial als auch im weiteren Lernprozess stets die Grundlage einer umfassenden Förderung und beschreiben den Lernstand von Schülerinnen und Schülern so umfassend wie möglich. Sie machen ihn transparent und bilden dadurch die Grundlage für die Passgenauigkeit von Lernangeboten, das Erkennen von Lernschwierigkeiten und Lernbegabungen sowie die Einschätzung von individuellen und gruppenspezifischen Leistungen (vgl. Paradies et al., 2014, S. 57 und vgl. Hesse & Latzko, 2011, S. 55).

Im stabilisierenden und entwicklungsförderlichen Umgang mit Flüchtlingen in belastenden Lebenslagen kommt den Klassenleitungen dabei eine herausragende Rolle zu: Eine vertrauensvolle Beziehung durch intensive Beratungsgespräche, Kontakte zu Betreuern und Behörden, Erkennen und Einleiten von Fördermaßnahmen gehören zum Alltag der SchlaU- und ISuS-Schule. Basis dieser Arbeit ist eine pädagogische Haltung der Wertschätzung und Anerkennung, die ressourcenorientiert nach Unterstützungsmöglichkeiten im Hier und Jetzt fragt, um gemeinsam mit den Schülerinnen und Schülern eine schulische und berufliche Perspektive zu entwickeln. Bei der Erstellung der Stundenpläne wird darum unbedingt darauf geachtet, dass die Klassenleitungen mindestens zehn Unterrichtsstunden pro Woche in ihrer geleiteten Klasse verbringen und neben ihrer Unterrichtsverpflichtung genügend Zeit für die Durchführung von Einzelgesprächen und sonstigen Fördermaßnahmen sowie Unterrichtsentwicklung eingeräumt bekommen. Für eine umfassende Diagnose, die sich nicht nur auf die Intuition und spontane Wahrnehmung von einzelnen Lehrkräften gründet, ist es außerdem besonders wichtig, dass Beobachtungen dokumentiert und im Team besprochen werden und sich die Lehrkräfte darüber im Klaren sind, dass Beobachtungen immer einen Ist-Stand zu einem bestimmten Zeitpunkt darstellen, Lernen aber ein Prozess ist, bei dem sich Gegebenheiten ständig verändern. Vor allem im sonderpädagogischen Bereich finden sich viele gute Anregungen zu Aufbau und Durchführung erfolgreicher pädagogischer Diagnosen und damit einhergehender Förderplanung (vgl. z. B. Helm et al., 2014).

Zentrales Element der Förderung ist stets das Unterstützen des individuellen Lernens. Dafür ist eine regelmäßige, transparente Rückmeldung zum Lernen nötig. Doch was macht einen erfolgreichen Lerner in unserem Bildungssystem überhaupt aus? Mit dieser Frage hat sich u. a. die Schulpsychologie beschäftigt und u. a. festgestellt, dass sich erfolgreiche Lernerinnen und Lerner als gute Informationsverarbeitererinnen und -verarbeiter mit folgenden Merkmalen ihres Lernverhaltens auszeichnen (Pressley et al., 1989, S. 857–867):

- Sie sind reflexiv.
- Sie planen ihr Lernverhalten.
- Sie nutzen effiziente Lernstrategien und wissen, wie, wann und warum diese Strategien eingesetzt werden.
- Sie können diese Lernstrategien zunehmend automatisch anwenden.
- Sie überwachen permanent ihre Lern- und Leistungsfortschritte.
- Sie verfügen über ein Arbeitsgedächtnis mit hoher funktionaler Arbeitskapazität.
- Sie haben ein umfangreiches Weltwissen.
- Sie vertrauen in ihre Lernfähigkeit, sind davon überzeugt, dass sie sich stets weiter verbessern können und halten dies auch für wünschenswert.
- Sie stellen sich immer neue Ziele und Anforderungen.

Aus dieser Auflistung der Merkmale einer guten Informationsverarbeiterin bzw. eines guten Informationsverarbeiters und einer erfolgreichen Lernerin bzw. eines Lerners ist erkennbar, wie sich die kognitiven und motivationalen Lernvoraussetzungen gegenseitig positiv bestärken. Entscheidend für den Lernerfolg sind vor allem aber die Nutzung kognitiver und metakognitiver Lernstrategien und das reflexive Verhalten (Hesse & Latzko, 2011, S. 98–99). Erwähnt sei an dieser Stelle, dass kaum davon auszugehen ist, dass nach diesen Kategorien eine erfolgreiche Lernerin oder ein erfolgreicher Lerner allgemeingültig beschrieben werden kann und Lernsozialisation immer kulturell bedingt ist.

Eine von vielen Möglichkeiten, um diese Strategien bei den Schülerinnen und Schülern aufzubauen und damit Schulerfolge zu sichern, ist das Einsetzen von Beobachtungsbögen und das Durchführen von Lern- und Entwicklungsgesprächen. Sie ermöglichen die relativ unkomplizierte Dokumentation von Beobachtungsverläufen, sollten zyklisch verlaufen und mehrmals im Jahr stattfinden. Dazwischen können regelmäßig kleinere Feedback-Gespräche durchgeführt werden (Helm et al., 2014). Für die Erstellung von Beobachtungs- und Entwicklungsbögen gibt es zahlreiche Beispiele, die aber in der Regel an die Zielgruppe angepasst werden müssen.[3] Im Folgenden ist exemplarisch ein Auszug aus dem Dokumentationsbogen der SchlaU-Schule für ein Lern-Entwicklungsgespräch abgebildet.

---

3 Eine Liste mit Empfehlungen finden Sie im Anschluss an das Literaturverzeichnis (Gahl, 2014).

Methoden und Materialien zur ganzheitlichen pädagogischen Diagnostik 151

Lern- und Entwicklungs-Gespräch

Trägerkreis Junge Flüchtlinge e. V.

SchlaU!

Name: _____

Klasse, Schuljahr: _____
Klasse, Schuljahr: _____
Klasse, Schuljahr: _____
Klasse, Schuljahr: _____

Abbildung 5: Lern- und Entwicklungsdokumentation der SchlaU-Schule

Lern- und Entwicklungsdokumentation – Ausfüllhilfe

Bitte verwendet unterschiedliche Farben, um die Klassenstufen, in der sich der Schüler/die Schülerin jeweils befindet, zu kennzeichnen!

Jahr 1/Grundstufe: Grün   Jahr 2/Mittelstufe: Blau   Jahr 3/Abschlussstufe: Rot

Zu Seite Eins: Welche Punkte stecken hinter den vier Fragen für die/den Schüler(in)?

„Wie geht es mir gerade?"
- Wie ist die Wohnsituation?
- Gibt es Betreuer oder Angehörige, die sich kümmern oder ist jemand ganz alleine hier?
- Existiert eine funktionierende Beziehung zum Betreuer?
- Wie ist der Anschluss außerhalb der Schule?
- Wie ist die Asylverfahrenssituation? Stehen wichtige Termine, Verhandlungen etc. an?
- Wie geht's der Familie?
- Wie geht's der Gesundheit?
- Kann die/der Jugendliche gut schlafen?
- Nimmt die/der Jugendliche Medikamente?
- Gibt es eine Therapie? Wird sie als Unterstützung empfunden?
- Hat der/die Jugendliche Freunde?

„Was sind meine Ziele in SchlaU und danach?"
- Ausbildung oder ungelernte Tätigkeit?
- Wenn Ausbildung, welche?
- Weiterführende Schule?
- Welcher Schulabschluss in SchlaU?

„Wie ist meine Schulgeschichte?"
- Gibt es eine Schulgeschichte?
- Wenn ja, in welchen Bereichen ist die/der Jugendliche vorgebildet?
- Wurde (nach dem Schulbesuch) schon gearbeitet? Wenn ja, was?
- Gibt es eine Möglichkeit auch außerhalb SchlaUs an die Schulgeschichte anzuknüpfen?

„Wie fühle ich mich in meiner Klasse/in der Schule?"
- Hat die/der Jugendliche Freunde in der Schule?
- Fühlt sich die/der Jugendliche über- oder unterfordert?
- Fühlt sich die/der Jugendliche wohl?
- Kommt die/der Jugendliche freiwillig und gerne in die Schule?

Zu Deutsch- und Mathematik:

Die gesetzten Punkte während der einzelnen Gespräche werden nach jedem Gespräch zu einer Linie in der jeweiligen Jahresfarbe verbunden!

→ Fortschritte, aber auch Rückschritte werden auf einen Blick erkennbar
→ Die einzelnen Entwicklungsschritte werden vergleichbar

	Kann ich nicht	Kann ich ein bisschen	Kann ich gut	Kann ich sehr gut
Verben im Präsens		x	x	x
Frage- und Aussagesatz		x	x	x
Wortarten	x	x		x
Akkusativ	x	x		x
Modalverben	x	x		x
Verneinung (nicht & kein)	x		x	x
Dativ	x	x		x
Perfekt	x	x	x	
Imperativ	x	x		x
Präpositionen	x	x	x	
Nebensätze	x x			x
Präteritum	x		x	
Futur	x x		x	
Passiv	x x	x		
Konjunktiv	x x	x		

SJ 13/14 SJ 14/15 SJ 15/16

Abbildung 6: Lern- und Entwicklungsdokumentation der SchlaU-Schule – Ausfüllhilfe

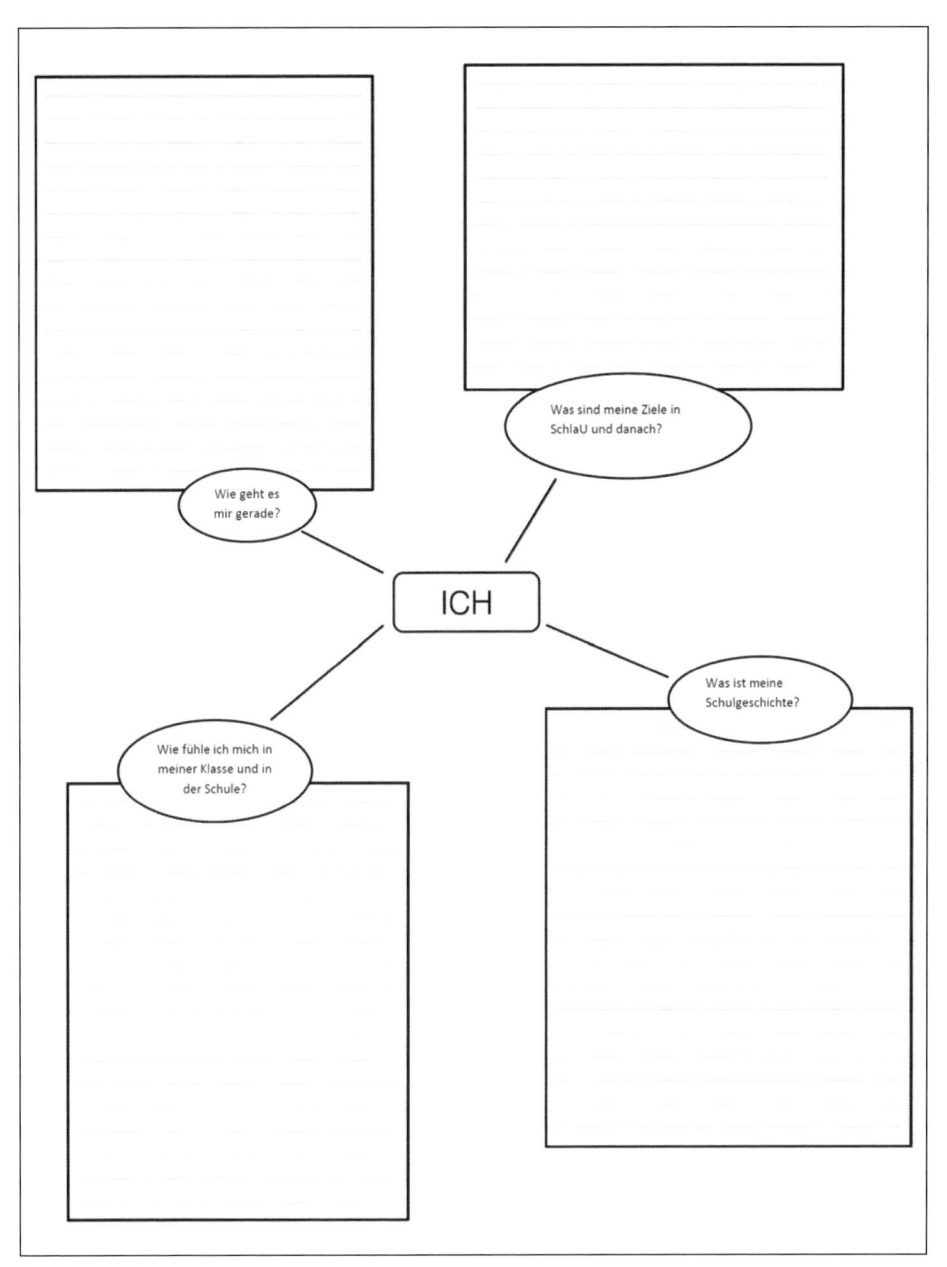

Methoden und Materialien zur ganzheitlichen pädagogischen Diagnostik 153

- Wie geht es mir gerade?
- Was sind meine Ziele in SchlaU und danach?
- ICH
- Wie fühle ich mich in meiner Klasse und in der Schule?
- Was ist meine Schulgeschichte?

Abbildung 7: Schul- und Lebensweltorientierung in der Lern- und Entwicklungsdokumentation

Melanie Weber

	Kann ich noch nicht	Kann ich ein bisschen	Kann ich gut	Kann ich sehr gut	NOTIZEN
Mündlich und Hörverstehen					
Ich kann telefonieren (z. B. einen Termin am Telefon vereinbaren und absagen)					
Ich kann leicht die richtigen Wörter für die aktuelle Situation finden					
Ich kann in einer Übung mit richtiger Grammatik sprechen					
Ich kann in der Schule, beim Arzt usw. so sprechen, dass mich alle verstehen					
Ich kann Informationen bekommen und verstehen					
Textarbeit und Wortschatz					
Ich verstehe Schilder und geschriebene Informationen im Alltag					
Ich verstehe in der Schule die Informationen im Fachunterricht					
Ich kann lange Texte lesen					
Ich verstehe die wichtigen Informationen im Text					
Ich verstehe Nachrichten im Fernsehen und im Radio					
Ich verstehe in Tests die Aufgaben					
Ich verstehe Nachrichten in der Zeitung					
Ich benutze ein Wörterbuch					
Ich kann kurze Briefe, E-Mails oder SMS schreiben					
Ich kann meine eigene Meinung frei formulieren					
Ich antworte in Tests in einem zusammenhängendem Text					
Ich kann meinen Mitschülern Probleme auf Deutsch erklären					
Ich kann Referate schreiben/schriftlich vorbereiten					
Ich kann in Referaten frei sprechen und finde die richtigen Worte					
Ich kann Bildergeschichten erzählen und schreiben					

Abbildung 8: Lern- und Entwicklungsdokumentation für Deutsch als Zweitsprache (Auszug)

Förderplan für _____	
Schuljahr	
Was kann ich schon gut?	
Wo brauche ich noch Hilfe?	
Was hilft mir dabei konkret?	
Wann sprechen wir das nächste Mal?	
Unterschrift	

Abbildung 9: Am Ende der Lernentwicklungsgespräche der SchlaU-Schule steht ein konkreter Förderplan

4. Kollegialer Austausch und Netzwerkarbeit bei der Diagnose und Förderung

Abschließend sei darauf hingewiesen, dass das wohl wichtigste Element für die erfolgreiche Durchführung und Umsetzung von Diagnosen und der damit verbundenen individuellen Förderung der Austausch mit Kolleginnen und Kollegen sowie Fachleuten über spezifische Merkmale des Lern- und Arbeitsverhaltens, aber auch der Lebensumstände der Jugendlichen ist. Gerade junge Flüchtlinge werden in ihrem schulischen Handeln sehr stark von multiplen Faktoren auch außerhalb der Schule beeinflusst. Schulden, Angst vor Abschiebung, schlechte Unterbringung, Traumatisierung, Verlust von Familienmitgliedern sind nur einige Faktoren, die von den Schülerinnen und Schülern nicht an der Schultüre abgegeben werden können. Auch bei der Leistungsbewertung spielen diese Faktoren keine unwesentliche Rolle. Aus diesem Grund sollte vor einem Lern-Entwicklungsgespräch immer das Gespräch mit Kolleginnen und Kollegen sowie Betreuerinnen und Betreuern, im besten Fall auch mit der schulpsychologischen Vertretung oder der behandelnden Psychologin bzw. dem behandelnden Psychologen stehen. Natürlich sind dabei die Persönlichkeitsrechte zu wahren (Gahl, 2014). Um diesen Austausch zu unterstützen, hat die SchlaU-Schule den interdisziplinären Arbeitskreis „Förderbedarf" ins Leben gerufen, der sich in diesem speziellen Fall aus DaF-Lehrkräften, Sonderpädagoginnen und Sonderpädagogen, Sozialpädagoginnen und -pädagogen sowie der

Psychologin der SchlaU- und ISuS-Schule zusammensetzt. Der Arbeitskreis kooperiert außerdem eng mit den Klassenleitungen, um Förderpläne für einzelne Jugendliche mit besonderem Förderbedarf zu erarbeiten. Der Arbeitskreis berät Lehrkräfte, Schülerinnen und Schüler sowie deren Bezugspersonen, nimmt an Klassenkonferenzen teil, fördert Teamteaching und bezieht andere notwendige Betreuungs- und therapeutische Maßnahmen ein oder vermittelt an externe Fachstellen weiter. Am Ende eines Lern-Entwicklungsgespräches können mit Hilfe dieses Arbeitskreises auch Ziele stehen, die mit Personen oder Institutionen außerhalb der Schule umgesetzt werden sollen, wie zum Beispiel eine Therapie bei einem LRS-Trainer oder eine Traumatherapie. Die Fragmentierung der Lebens- und Problemlagen der Jugendlichen hat die tradierten Zuständigkeitsbereiche pädagogischer Einrichtungen überschritten. Um den Umgang mit diesen Problemen zu erleichtern, sind institutionelle Netzwerke unabdingbar sowie die netzwerkförmige Abstimmung zwischen Professionellen verschiedener Einrichtungen im Einzelfall nötig. Kooperationspartner sind in diesem Sinne auch Mitarbeiterinnen und Mitarbeiter der Ausländerbehörde oder von Rechtsanwaltskanzleien ebenso wie Dolmetscherinnen und Dolmetscher und Institutionen und Verbände auf fachpolitischer Ebene. Neben der puren Existenz eines möglichst großen schulischen Netzwerks kann mit einem spezialisierten Arbeitskreis in der Schule vor allem gewährleistet werden, dass es für alle zugänglich ist und ganzheitliche Förderung möglich wird.

5. Fazit

Eine Feststellung von Sprachentwicklungsstufen ist die Basis für eine sprachbildende und -fördernde pädagogische Arbeit, um die Jugendlichen dort abzuholen, wo sie stehen, und sie soweit zu bringen wie möglich. Die sprachdiagnostischen Ergebnisse sind wertvoll für die individuelle Lernentwicklung der Schülerinnen und Schüler und ebenso wertvoll für die Unterrichtsplanung der Lehrkräfte – auch in einem Schulsystem, in dem es nicht möglich ist, außendifferenzierte Klassen zu bilden. Besonders relevant sind also Verfahren, aus deren Ergebnissen sich spezifische Förderungen ableiten lassen, wie es das in diesem Artikel beispielhaft vorgestellte profilanalytische Diagnosetool der ISuS- und SchlaU-Schule versucht.

Maßnahmen der sprachlichen Bildung und Sprachförderung sollten zudem immer wieder anhand von diagnostischen Informationen auf ihre zielgerechte Wirkung begleitend überprüft und die individuellen sprachlichen Entwicklungen dokumentiert werden, um Schülerinnen und Schüler in den eigenen Lernprozess mit einzubeziehen, transparente Rückmeldungen geben zu können und eine Selbsteinschätzung zu ermöglichen.

Wichtig als fester Bestandteil des Schulalltags erscheint aus der Erfahrung der ISuS- und SchlaU-Schule ein nachhaltiger Schulentwicklungsprozess in der einzelnen Schule, da je nach Schulform, Schulgröße, Altersstruktur, Fluktuation etc. – gerade im Unterricht in Seiteneinsteigerklassen – jeweils andere Anforderungen an die Sprachförderung und -diagnostik gestellt werden und es momentan kaum Tools gibt, die ohne Überarbeitung auf das individuelle System übertragbar sind. Im Blick behalten kann man dadurch auch die Handhabbarkeit der Verfahren, um eine erfolgreiche Anwendung sicherzustellen. Eine Sichtung geeigneter Diagnosetools, eine Anpassung an den eigenen Kontext und stete Weiterentwicklung sowohl der Instrumente als auch der Anwendungskompetenzen werden damit genauso wie eine Einigung auf Ziele der Sprachförderung unerlässlicher und lohnender Bestandteil der Teamentwicklung in der Schule in der Migrationsgesellschaft.

Literatur

Consani, C., Miodragovic, N. & Nodari, C. (2012). Sprachförderung mit „hoffnungslosen Fällen". In: Ahrenholz, B. (Hrsg.). *Deutsch als Zweitsprache – Voraussetzungen und Konzepte für die Förderung von Kindern und Jugendlichen mit Migrationshintergrund*. Stuttgart: Fillibach bei Klett, S. 269–282.

Dehn, M. (1995). *Zeit für Schrift. Lesen lernen und Schreiben können*. Berlin: Cornelsen Verlag.

Dehn, M. (2005). Statement aus der Perspektive von Studien zum schulischen Schriftspracherwerb. In: Gogolin, I., Neumann, U. & Roth, H.-J. (Hrsg.). *Sprachdiagnostik bei Kindern und Jugendlichen mit Migrationshintergrund. Dokumentation einer Fachtagung am 14. Juli 2004 in Hamburg FörMig Edition. Band 1.* Münster: Waxmann, S. 75–80.

Denneborg, G. (2016). *Berufsintegrationsklassen für Asylbewerber und Flüchtlinge in Bayern*. Ein Beitrag zur Tagung: Hohenheimer Tage zum Migrationsrecht 2016. Verfügbar unter: http://downloads.akademie-rs.de/migration/20160129_denneborg_berufsintegrationsklassen-bayern.pdf [17.03.2016].

Departement für Erziehung und Kultur & Amt für Volksschule (2014). *Förderdossier DaZ*. Thurgau: Pädagogische Hochschule.

Diehl, E., Christen, H., Leuenberger, S., Pelvat, I. & Studer, T. (2000). *Grammatikunterricht, alles für der Katz? Untersuchungen zum Zweitsprachenerwerb Deutsch*. Tübingen: Niemeyer.

Edmondson, W. J. & House J. (2011). *Einführung in die Sprachlehrforschung*. Tübingen: UTB.

Ehlich, K. et al. (2004). *Anforderungen an Verfahren der regelmäßigen Sprachstandsfeststellungen als Grundlage für die frühe und individuelle Sprachförderung von Kindern mit und ohne Migrationshintergrund. Eine Expertise*. Unveröff. Manuspkriptdruck.

Gahl, E. (2014). *Ganzheitliche Diagnostik*. Unveröffentlichtes Skript zur Fortbildung „Lernausgangslage und Entwicklung für den Trägerkreis Junge Flüchtlinge e. V. München".

Gogolin, I. (1994). *Der monolinguale Habitus der multilingualen Schule*. Münster, New York: Waxmann Verlag.

Grießhaber, W. (2013). Die Profilanalyse als Instrument zur Sprachstandsermittlung und Sprachförderung. In: Mehlem, U. & Sahel, S. (Hrsg.). *Erwerb schriftsprachlicher Kompetenzen im DaZ-Kontext*. Stuttgart: Fillibach bei Klett, S. 113–131.

Grießhaber, W. (2003–2013). *Profilanalyse: Tips für die mündliche Anwendung*. Verfügbar unter: http://spzwww.uni-muenster.de/griesha/sla/tst/prf-anwenden.html [16.01.2016].

Grießhaber, W. Internetseite des Sprachenzentrum Münsters. Verfügbar unter: http://spzwww.uni-muenster.de/griesha/ [16.01.2016].

Grießhaber, W. & Heilman, B. (2012). *Diagnostik & Förderung – leicht gemacht. Deutsch als Zweitsprache in der Grundschule.* Stuttgart: Ernst Klett Sprachen.

Helm, C., Nax, N. & Weber, S. (2014). *Die erfolgreiche Förderplankonferenz.* Hamburg: Persen.

Hesse, I. & Latzko, B. (2011). *Diagnostik für Lehrkräfte.* Stuttgart: UTB.

Jeuk, S. (2013). *Deutsch als Zweitsprache in der Schule: Grundlagen – Diagnose – Förderung.* Stuttgart: Verlag W. Kohlhammer.

Lengyel, D. (2013). Pädagogische Sprachdiagnostik als Grundlage für durchgängige Sprachbildung. In: Gogolin, I., Lange, I., Michel, U. & Reich, H. (Hrsg.). *Herausforderung Bildungssprache und wie man sie meistert.* Münster: Waxmann, S. 154–169.

Paradies, L., Linser, H. J. & Greving, J. (2014). *Diagnostizieren, fordern und fördern.* Berlin: Cornelsen Scriptor.

Pressley, M., Borkowski, J. & Schneider, W. (1989). Good information processing. What it is and how education can promote it. *Journal of Educational Research, 13* (8), S. 857–867.

Reich, H. H., Roth, H.-J. & Neumann, U. (Hrsg.) (2007). *Sprachdiagnostik im Lernprozess. Verfahren zur Analyse von Sprachständen im Kontext von Zweisprachigkeit.* FörMig Edition 3. Münster: Waxmann Verlag.

Reich, H. (2009). Aufbauende Sprachförderung unter Nutzung der FÖRMIG-Instrumente. In: Lengyel, D., Reich, H., Roth, H.-J. & Döll, M. (Hrsg.). *Von der Sprachdiagnose zur Sprachförderung.* Münster: Waxmann, S. 25–34.

Rösch, H. (2012). DaZ-Förderung in Feriencamps. In: Ahrenholz, B. (2012). *Deutsch als Zweitsprache – Voraussetzungen und Konzepte für die Förderung von Kindern und Jugendlichen mit Migrationshintergrund.* Stuttgart: Fillibach bei Klett, S. 233–250.

Vygotsky, L. (1934/2002). *Denken und Sprechen.* Weinheim, Basel: Beltz.

Webersik, J. (2013). Deutsch als Zweitsprache (DaZ) in der Primarstufe. In: Gailberger, S. & Wietzke, F. (Hrsg.). *Handbuch Kompetenzorientierter Deutschunterricht.* Weinheim und Basel: Beltz, S. 339–363.

Vorlagen für Diagnose- und Selbsteinschätzungsbögen findet man in großer Auswahl hier:

ISB Bayern. *Pädagogisch diagnostizieren im Schulalltag.* Verfügbar unter: http://www.isb.bayern.de/schulartspezifisches/materialien/paedagogisch-diagnostizieren-im-schulalltag [16.01.2016].

KompAss Modul 4. *Diagnostische Hinweise und Beobachtungsmöglichkeiten.* Verfügbar unter: http://www.schulentwicklung.nrw.de/cms/kompass/materialkoffer/modul-4/modul-4-diagnostische-hinweise-und-beobachtungsmoeglichkeiten.html [16.01.2016].

MitSprache in Bielefeld. *Schuleingangsphase: Beobachtungsbogen mündliches Sprachhandeln.* Verfügbar unter: http://www.schulentwicklung.nrw.de/cms/upload/kompass/Anlage_02.pdf [16.01.2016].

RAA. *Von der Sprachstandsdiagnose zur Förderplanung. Instrumente zur Beobachtung und Förderung der individuellen Sprachentwicklung für die Primarstufe und die Sekundarstufe.* Verfügbar unter: http://www.kommunale-integrationszentren-nrw.de/sites/default/files/public/system/downloads/sprachstandsdiagnose_0.pdf [16.01.2016].

Xenos. *Integration und Vielfalt. Schulentwicklung. Leitfaden und Vorlagen – Lernbegleitung.* Verfügbar unter: http://www.xenos-hessen.de/landesschulamt/schulentwicklung-leitfaden-und-vorlagen-lernbegleitung/[16.01.2016].

Bildungssprache von Anfang an?
Konzeptionelle Überlegungen und praktische Vorschläge zur Gestaltung von projektorientiertem DaF-/DaZ-Unterricht für neu zugewanderte Kinder und Jugendliche

Verena Cornely Harboe und Mirka Mainzer-Murrenhoff

Die Zahl der Kinder und Jugendlichen, die aufgrund von Krieg und wirtschaftlichen Krisen in ihren Herkunftsländern nach Deutschland kommen, steigt derzeit – ebenso wie die Flüchtlingszahlen insgesamt – stetig an. Diese Situation stellt Kommunen, Schulen und Lehrkräfte vor große Herausforderungen, da sich eine große Zahl der neu zugewanderten Kinder und Jugendlichen im schulpflichtigen Alter zwischen 6 und 18 Jahren befindet und möglichst umgehend in das deutsche Schulsystem integriert werden muss (vgl. z. B. Mercator Institut für Sprachförderung Deutsch als Zweitsprache & Zentrum für LehrerInnenbildung der Universität zu Köln, 2015, S. 18 f.).

Aus der zahlenmäßig großen Präsenz dieser Gruppe in der Sekundarstufe I und II, den hohen inhaltlichen und sprachlichen Anforderungen in diesen Schulstufen und den in der Regel rudimentären bis fehlenden Deutschkenntnissen der Schülerinnen und Schüler leitet sich die drängende Frage ab, wie gleichsam parallel zum Erwerb alltagssprachlicher Kompetenzen bereits frühzeitig schulrelevante Sprache[1] angebahnt werden kann. Schließlich hat sich gezeigt, dass insbesondere bildungssprachliche Kompetenzen als ausschlaggebender Faktor für Schul- und Bildungserfolg angesehen werden müssen (z. B. Baumert & Schümer, 2001; Dehn, 2011; Lange, 2012). Wie eine derartige Form der Sprachförderung zum einen konzeptionell sinnvoll begründet und zum anderen konkret in der schulischen Praxis aussehen könnte, ist jedoch bislang noch nicht hinreichend thematisiert oder gar erprobt worden.

Mit dem Beitrag möchten wir dieser Fragestellung durch die Vorstellung eines didaktisch-methodischen Konzeptes für die Gestaltung eines projektorientierten DaF-/DaZ-Unterrichts mit einem besonderen Fokus auf der frühzeitigen Anbahnung bildungssprachlicher Kompetenzen für neu zugewanderte Kinder und Jugendliche nachgehen. Entstanden ist das Konzept im Rahmen des Praxisteils eines hochschuldidaktischen Lehrprojektes in der Lehrer- und Lehrerinnenbildung an der Ruhr-Universität Bochum – der „Sommerschule DaZ"[2]. In der Sommerschule

---

[1] Schulrelevante Sprache wird hier als Obergriff für verschiedene Termini und Konzepte verwendet. Überblicke mit unterschiedlichen Schwerpunktsetzungen der bestehenden Konzepte bieten z. B. Berendes et al., 2013, Gogolin, 2011 oder Hulstijn, 2015.

[2] Das Projekt wird derzeit unter dem neuen Namen „Bochumer Sprachförderturm" weitergeführt.

erteilten Studierende aller lehramtsausbildenden Fächer neu zugewanderten Kindern und Jugendlichen der Sekundarstufe I und II während der Sommerferien projektorientierten Sprachförderunterricht. Der vorliegende Beitrag fokussiert die theoretisch-konzeptionellen Grundlagen des DaF-/DaZ-Unterrichts und seine Umsetzung in der dreiwöchigen Sommerschule, während die Inhalte des hochschuldidaktischen Angebotes über die Gesamtstruktur und die Beiträge dieses Bandes umfassend abzubilden versucht werden. Die folgenden Ausführungen speisen sich somit zum einen aus den vermittelten Inhalten zur Vorbereitung der Studierenden auf die Sommerschule (z. B. exemplarische Realisierungsvorschläge zur didaktisch-methodischen Ausgestaltung des Förderunterrichts); zum anderen werden Ergebnisse aus der Erprobung und Arbeit der Studierenden mit einbezogen (z. B. Schülertexte, Ideen zur Unterrichtsgestaltung der Studierenden).

Der erste Teil des Beitrags beschäftigt sich daher mit den sprachtheoretischen Annahmen und konzeptionellen Überlegungen, die der integrativen und projektorientierten Sprachförderung der Sommerschule zugrunde liegen. Ebenso wird die Frage nach einer frühen Anbahnung bildungssprachlicher Kompetenzen in der L2 an bisherige Vorstellungen zum Spracherwerb rückgebunden. Daneben werden Ansätze zur Entwicklung schulrelevanter Sprache auf einem niedrigen Sprachniveau diskutiert und es wird ableitend unser Verständnis von der Anbahnung bildungssprachlicher Kompetenzen für den spezifischen Kontext der „Sommerschule DaZ" vorgestellt. Der zweite Teil des Beitrags richtet den Blick auf die Praxis und illustriert exemplarisch anhand einer Unterrichtswoche im Rahmen der Sommerschule die grundlegenden Prinzipien des Konzeptes.

1. Das Konzept der „Sommerschule DaZ" – sprachtheoretische Annahmen und methodisch-didaktische Implikationen

Für die Gestaltung der Sprachförderung im Rahmen der „Sommerschule DaZ" wurde auf Ansätze und Überlegungen unterschiedlicher Diskurse und Teildisziplinen der Sprachwissenschaft und -didaktik zurückgegriffen. Dabei lassen sich drei größere Bausteine identifizieren, die das Grundgerüst des Konzeptes bestimmen:

- So finden sich in dem Konzept zum einen neben allgemeinen Prinzipien des guten Fremd- und Zweitsprachenunterrichts didaktisch-methodische Grundsätze aus dem Feld der fachspezifischen Sprachförderung wieder. Dieser Rückgriff wird u. a. in einem handlungs- und adressatenorientierten Förderunterricht sowie in einer an (fachlichen) Inhalten ausgerichteten Spracharbeit und dem Einsatz von Scaffolding-Techniken deutlich.
- Zum anderen folgt das Konzept einer ganzheitlichen Vorstellung von Spracherwerb, womit ihm eine explizite Spracherwerbstheorie unterliegt, die sich u. a. in einer projektorientierten und integrativen Ausrichtung des Sprachförderunterrichts konkretisiert.

- Den dritten Baustein bildet eine genauer spezifizierte Vorstellung davon, in welcher Weise bildungssprachliche Fertigkeiten bereits auf einem niedrigen Sprachstand angebahnt werden können. Für die konkrete Ausgestaltung bedeutet dies den Versuch einer parallelen Entwicklung und Vermittlung von basalen sprachlichen Kommunikationsfähigkeiten sowie von schulrelevanter Sprache.

Diese Bausteine sind prinzipiell nicht neu; so findet z. B. die Vorstellung von ganzheitlichem Spracherwerb in zahlreichen Förderkonzepten sowie in praxisorientierten Empfehlungen zur Sprachförderung, insbesondere im Elementar- und Primarbereich, Anwendung (z. B. Lentes & Thiesen, 2004; Projekt SIGNAL).[3] Ebenso findet sich z. B. für Vorbereitungsklassen die Forderung, dass von Beginn des L2-Erwerbs an auf schulrelevante Sprachdimensionen abgezielt und somit insbesondere der Erwerb von Schriftsprache als ein explizites Lernziel in diesem Kontext formuliert werden sollte (z. B. Kniffka & Siebert-Ott, 2007, S. 101). Häufig bleibt jedoch in Beschreibungen von Sprachförderkonzepten unklar, was z. B. genau unter dem Terminus ganzheitlicher Spracherwerb zu verstehen ist und auf welchen Überlegungen bzw. theoretischen Annahmen die Gestaltung von Unterrichtssequenzen oder das didaktisch-methodische Vorgehen fußen; genauso unklar bleibt häufig die Frage nach der konkreten Ausgestaltung der Forderung nach schulrelevanter Sprache von Anfang an.

Wir möchten daher insbesondere auf die zwei letztgenannten Bausteine genauer eingehen und unsere Überlegungen und Vorstellungen, die dem Konzept zugrunde liegen, explizieren.

1.1 Grundlage integrativer Sprachförderkonzepte – eine ganzheitliche Vorstellung von Spracherwerb

Die Annahme, dass Sprachförderung dann am sinnvollsten und am erfolgreichsten ist, wenn sie u. a. inhaltsbezogen und situativ erfolgt oder soziale und emotionale Aspekte von Sprachgebrauch berücksichtigt, setzt eine bestimmte Vorstellung von Sprache, ihrer Verarbeitung und ihrem Erwerb voraus.

Insbesondere im Kontext der sprachlichen Förderung von neu zugewanderten Kindern und Jugendlichen lassen sich häufig ganzheitliche oder integrative Sprachförderkonzepte finden, die sich z. B. durch eine lebensweltorientierte Ausrichtung auszeichnen und den Erwerbsprozess unterstützen sollen (z. B. BAMF, 2015, S. 6; Massumi, 2015, S. 16 f.).

Basis für derartige Zugänge ist insbesondere die Vorstellung, dass Sprachverarbeitung und Sprachentwicklung nicht unabhängig von anderen kognitiven Funktionen stattfinden. Mit Blick auf konnektionistisch-modale Ansätze der kognitiven Lingu-

---

3 Sprachförderung und Integration in Ganztagseinrichtungen und Nachbarschaft als außerschulischem Lebensraum (SIGNAL) http://www.blk-foermig.uni-hamburg.de/www.blk-foermig.uni-hamburg.de/web/de/all/lpr/saarland/proj/index.html [26.12.2015].

istik ist Spracherwerb „[…] als Ergebnis individueller Interaktion, eng verbunden mit anderen Kognitionen und Emotionen und als dynamische, gebrauchsbasierte Kompetenz zu modellieren" (Heine, 2014, S. 37). Dies bedeutet, dass beim Aufbau neuen Wissens in der Zweitsprache auch immer andere Bereiche, wie z. B. nichtsprachliche und auf andere Sinnesmodalitäten bezogene konzeptionelle Wissensbestandteile, mitbetroffen sind (für einen Überblick über den Forschungsdiskurs hierzu s. u. a. Heine, 2014). So wird beispielsweise bei der begrifflichen Verarbeitung des Wortes „Banane" (höchstwahrscheinlich) auch visuelles oder gustatorisches Wissen aktiviert, weil es in Form eines Bildes, Geschmacks oder Geruchs im Gehirn repräsentiert wird. Durch diese Erkenntnis (zur empirischen Evidenz s. z. B. Erk et al., 2003; Hille, 2011) wird multisensorisches Lernen ebenso wie situatives, emotives oder auch individuelles Lernen theoretisch gestützt.

Wenn Sprache nicht von z. B. Emotionen oder von ihrer sozialen Funktion getrennt werden kann, so sollten Konzepte zur Sprachförderung wie auch ihre konkrete Umsetzung diese Aspekte berücksichtigen. So erscheinen beispielsweise Aktivitäten in realen Verwendungssituationen oder Simulationen – die sich u. a. in der Fremd- und Zweitsprachdidaktik im Prinzip der Handlungsorientierung wiederfinden – ebenso sinnvoll wie Aktivitäten, die auf Lernen mit verschiedenen Sinnen oder durch Bewegung abzielen (z. B. Sambanis, 2013; Zimmer, 2014). Durch eine solche gezielte Nutzung der multimodalen Repräsentation kann Wissen „besser" im Sinne einer stärkeren Verknüpfung und mehrfachen Verankerung abgespeichert und somit gleichzeitig „besser" im Sinne eines schnellen oder einfacheren Abrufs zugänglich werden.

Die kognitive Linguistik bietet sicherlich ein solides theoretisches Verständnis für die Anwendung ganzheitlicher und integrativer Förderkonzepte. Andere Theorierahmen, wie z. B. soziokulturell ausgelegte Vorstellungen von Spracherwerb und -verarbeitung sollen jedoch in diesem Zusammenhang nicht unerwähnt bleiben und bieten eine ergänzende Grundlage für die ausgeführten Überlegungen (zur Verbindung von kognitiven und soziokulturellen Ansätzen s. Lantolf & Poehner, 2014). Spracherwerb wird hier verstanden als ein individueller Prozess, der durch bedeutungsvollen Gebrauch in sozialen, kulturell geprägten Interaktionssituationen stattfindet (vgl. Lantolf, Thorne & Poehner, 2015; Zydatiß, 2005); so wird Sprache insbesondere durch soziale Interaktion zwischen dem Kind bzw. dem Lerner und anderen Mitgliedern einer Sprach- und Kulturgemeinschaft (z. B. Lehrkräfte, Eltern) entwickelt und bestimmt.

1.2 Grundlage für die sprachlichen Anforderungen im Regelunterricht – schulrelevante Sprache von Anfang an?

Neu zugewanderte Kinder und Jugendliche stehen vor der Herausforderung, nicht nur basale Sprachkompetenzen zur Bewältigung des schulischen und außerschulischen Alltags zu erwerben, sondern auch so schnell wie möglich das für den Schulerfolg relevante Register der Bildungssprache (vgl. Gogolin & Lange, 2011). In der Praxis wird jedoch häufig erst einmal auf die Förderung basaler sprachlicher Kommunikationsfähigkeiten fokussiert; erst wenn ein bestimmtes Sprachniveau erreicht wird, tritt die Vermittlung schulrelevanter Sprache hinzu.

Im Rahmen des Projektes wurde nun der Versuch unternommen, eine Förderung bildungssprachlicher Fähigkeiten bereits zu Beginn des L2-Erwerbs konzeptionell zu begründen und konkrete Ansätze für die Gestaltung des Unterrichts abzuleiten. Folgende Fragen waren dabei leitend und sollen im Mittelpunkt der weiteren Ausführungen stehen:

- Wie gestaltet sich die Entwicklung basaler sprachlicher Kommunikationsfähigkeiten und bildungssprachlicher Kompetenzen? Ist eine parallele Entwicklung möglich?
- Wie kann eine frühe Anbahnung schulrelevanter Sprache auf einem niedrigen Sprachniveau in der L2 aussehen? Welche Ansätze gibt es?
- Was genau wird unter der Anbahnung schulrelevanter Sprache im Kontext der „Sommerschule DaZ" verstanden?

Mit der Frage, ob schulrelevante Sprache im Sinne bildungssprachlicher Kompetenzen und konzeptioneller Schriftlichkeit von Beginn des L2-Erwerbs an entwickelt werden kann, betritt man einen Diskursraum, der z. T. recht widersprüchlich sowie durch fehlende theoretische Konkretisierung und empirische Evidenz geprägt ist. So thematisieren gängig rezipierte Vorstellungen zur Entwicklung mündlicher Kommunikationsfähigkeit und kognitiv-akademischer Sprachkompetenz erst einmal, dass Fertigkeiten in der Alltagskommunikation relativ schnell entwickelt werden, während für die Herausbildung konzeptionell-schriftsprachlicher Fähigkeiten mehr Zeit benötigt wird (z. B. Cummins, 1981; Petersen, 2014; Kniffka & Siebert-Ott, 2007). Wann die Entwicklung bildungssprachlicher Kompetenzen im L2-Erwerbskontext einsetzt und ob eine parallele Entwicklung möglich ist, wird damit jedoch bislang – zumindest im Rahmen von gängigen Modellen zu *language proficiency* (z. B. Cummins, 2000; Hulstijn, 2015) – nicht hinreichend thematisiert.

Dies ändert jedoch nichts daran, dass Ableitungen hinsichtlich der Entwicklung der unterschiedlichen Sprachhandlungskompetenzen vorgenommen werden oder indirekt bestimmte Sequenzierungsvorstellungen bestehen – und diese können durchaus widersprüchlich ausfallen. So findet man zum einen die bereits erwähnte Forderung, in Vorbereitungsklassen von Anfang an die Schriftsprache zu vermitteln – wenn auch angepasst an den Erwerbsstand (Kniffka & Siebert-Ott, 2012, S. 101). Zum anderen wird unter Rückbezug auf Cummins' Ansätze (2000) häufig argumentiert, dass erst grundlegende Kommunikationsfähigkeiten (BICS) erworben sein müssen, um kognitiv-akademische Sprachfähigkeiten (CALP) zu entwickeln (Michalak et al., 2015, S. 81). Vor dem Hintergrund dieser Annahme ist es nicht verwunderlich, wenn die sprachliche Förderung von Seiteneinsteigerinnen und Seiteneinsteigern auf BICS ausgerichtet ist und mit der Vermittlung von CALP erst in späteren Erwerbsphasen begonnen wird. Ist demnach also eine parallele Entwicklung *nicht* möglich? Schaut man etwas genauer auf die Ausführungen zur Sequenzierung und Entwicklung von BICS und CALP, dann wird schnell deutlich, dass diese Schlussfolgerung nicht zulässig ist. So hält Cummins fest, dass CALP nicht anders erworben wird als BICS und daher rein erwerbsbedingt nicht separiert erfolgen muss. Für ihn ist der Kontext des Erwerbs und Gebrauchs u. a. auch für die Sequenzierung entscheidend – und dieser kann eben unterschiedlich sein. In diesem Zusammenhang macht er deutlich, dass „[the] sequential nature of BICS/CALP acquisition was suggested as typical in the specific situation of immigrant children learning a second language. It was not suggested as an absolute order that applies in every, or even the majority of situations." (Cummins, 2000, S. 74). BICS muss sich somit zum einen nicht in jedem Fall in der Zweit- und Fremdsprache vor CALP entwickeln (vgl. auch Wojnesitz, 2010, S. 65). Zum anderen verbindet er die Reihenfolge von BICS/CALP mit dem spezifischen Erwerbskontext der DaF-/DaZ-Schülerinnen und -Schüler. Sie ist damit jedoch noch lange nicht programmatisch gedacht.

Eine weitere diskutierte Überlegung, die ebenfalls nicht passgenau zur postulierten Erwerbsreihenfolge ist, geht davon aus, dass bereits vorhandene akademische Sprachfähigkeiten in der L1 (z. B. Lesestrategien in der Herkunftssprache) auf die L2 übertragen werden können. Werden diese gezielt für die Entwicklung von CALP in der Zweitsprache genutzt, würde dies eine frühe Anbahnung schulrelevanter Sprache insbesondere für im Herkunftsland alphabetisierte und beschulte Seiteneinsteigerinnen und Seiteneinsteiger nicht ausschließen. Dass hier „[…] some basic kowledge of second language […]" (Cummins, 2000, S. 183) notwendig ist, bevor man einen Transfer von z. B. L1-Lesestrategien in die Zielsprache erwarten kann, scheint u. E. dabei kein Widerspruch zu sein. Denn dieses *basic knowledge* wird weder weiter beschrieben noch in Verbindung mit BICS gebracht.

Der kurze und keinesfalls erschöpfende Problemaufriss zeigt, dass ein doppelter Entwicklungsfokus nicht einfach mit dem Argument der dringenden Bewältigung der Alltagssituation, der längeren Erwerbsdauer von kognitiv-akademischen Sprachkompetenzen oder dem vorzufindenden Erwerbskontext verneint werden kann; dafür sind die Modelle zu ungenau und die daraus gezogenen Schlussfolgerungen zu vage.[4] Zu welcher Schlussfolgerung können wir also unter diesen Umständen kommen? An dieser Stelle sei noch einmal der Blick auf den L1-Erwerbskontext geöffnet; hier wird davon ausgegangen, dass (Vor-)Formen bildungssprachlicher Fähigkeiten bereits im Vorschulalter angelegt werden können (z. B. Cummins, 2008 oder Hulstijn, 2015[5]) und eine frühe parallele Entwicklung von Anteilen schulre-

---

4 Darüber hinaus darf nicht vergessen werden, dass einige Ableitungen auf Grundlage von Hypothesen getroffen werden bzw. mit Hypothesen in Verbindung gebracht werden, die im Diskurs durchaus kontrovers diskutiert werden (z. B. die Schwellenhypothese von Cummins).

5 Hulstijn (2015, S. 46) skizziert die Entwicklung von Basic Language Cognition und Higher Language Cognition (BLC-HLC-Theory) in der L1 oder L2 parallel verlaufend, auch

levanter Sprachkompetenzen möglich ist. Die Frage nach dem *ab wann* und *ob* ist daher eng verbunden mit der konkreten Auslegung von *bildungssprachlich*; im Sinne einer ausgebildeten Kompetenz, die den formulierten Anforderungen in der Schule genügen muss, oder im Sinne der Anbahnung von spezifischen Anteilen kognitiv-akademischer Sprachkompetenzen? Hier liegt ggf. eine mögliche Lösung der Fragestellung: die Entwicklung bildungssprachlicher Kompetenzen als Kontinuum zu begreifen und nicht als Ziel im Sinne einer „vollständig" ausgebildeten Kompetenz.

Wie kann eine frühe Anbahnung schulrelevanter Sprache auf einem niedrigen Sprachniveau in der L2 nun aussehen – insbesondere vor dem Hintergrund der diskutierten Annahmen zur Sequenzierung? Welche Ansätze gibt es im Bereich des Zweit- und Fremdsprachenerwerbs und inwiefern können Überlegungen zur Anbahnung von Textualität aus dem L1-Erwerbskontext für unser Konzept und unsere Zielgruppe (Schülerinnen und Schüler der Sek I und II) genutzt werden? Was den L2-Erwerbskontext anbelangt, so findet sich hier – wie bereits angeführt – u. a. durchaus die Überlegung, Schriftsprache für Seiteneinsteigerinnen und Seiteneinsteiger als explizites Lernziel zu definieren, um auf die geforderte konzeptionelle Schriftlichkeit in der Schule vorzubereiten. Wie genau dies in der Praxis konkret aussehen könnte, wird dabei häufig jedoch nicht explizit und bleibt mit dem Verweis auf übergeordnete didaktische Konzepte wenig griffig. So wird z. B. auf schreibdidaktische Ansätze wie das Kreative Schreiben verwiesen (Kniffka & Siebert-Ott, 2007, S. 101). Neben solchen Verweisen auf die Entwicklung schulrelevanter Sprache finden sich für die Gruppe der im Herkunftsland alphabetisierten und beschulten Kinder und Jugendlichen Ansätze zur schulsprachlichen Förderung wieder. Dies hängt mit der bereits angeführten Annahme zusammen, dass kognitiv-akademische Sprachkompetenzen aus der L1 in die L2 übertragen werden können. Dabei wird insbesondere auf solche Ansätze verwiesen, die auf eine Kontrastierung und Reflexion bereits vorhandenen Wissens über verschiedene Textstrukturen/-sorten und Registerunterschiede abzielen und für das Schreiben und Lesen in der Zweitsprache – auch auf einem niedrigen Niveau in der L2 – genutzt werden sollen (vgl. Michalak et al., 2015, S. 36). Im Bereich des Zweitsprachenerwerbs fehlt es somit bislang noch an näher beschriebenen Ansätzen.

Bei einer möglichen Orientierung am Fremdsprachenunterricht wird man hingegen mit einer ganz anderen Problematik konfrontiert: Der moderne Fremdsprachenunterricht basiert auf dem Gemeinsamen Europäischen Referenzrahmen und dem Prinzip des kommunikativen Erfolgs. Vom Niveau A1 bis B1 geht es daher z. B.

---

wenn die beiden Ausformungen der Sprachkompetenz je nach Entwicklungsstand vom Ausmaß her variieren. Doch auch in älteren Konzepten, wie z. B. Cummins BICS und CALP, finden sich Hinweise, die die Annahme einer frühen Entwicklung von CALP stützen: „CALP or academic language proficiency develops through social interaction from birth but becomes differentiated from BICS after the early stages of schooling to reflect primarily the language that children acquire in school and which they need to use effectively if they are to progress successfully through the grades" (Cummins, 2008, S. 72).

um die Mitteilung konkreter und unmittelbarer Bedürfnisse oder Gespräche über vertraute und geläufige Interessengebiete (Europarat, 2001); auf einem niedrigen Sprachniveau steht somit der direkte Austausch zu konkreten Themen wie z. B. Familie, Einkaufen oder Arbeiten im Mittelpunkt des Lernens. Schulrelevante Sprache im Sinne unbekannter Themen, fachspezifischer Denk- und Handlungsmuster oder Aktivitäten, die einen gewissen Grad an Kontextungebundenheit und Abstraktion verlangen, werden erst ab der Niveaustufe B2 berücksichtigt. Diese sind jedoch für den schulischen Kontext charakteristisch.[6]

Ebenso sind Ansätze und Überlegungen zur Anbahnung von Bildungssprache und Textualität im Erstsprachenerwerbskontext für unsere Zwecke nur bedingt zu gebrauchen; so stammen Vorschläge zur Anbahnung von Bildungssprache insbesondere aus dem Elementarbereich. Zwar wird auch hier die Anbahnung bildungssprachlicher Qualität mit der Aneignung kontextentbundener Sprache in Verbindung gebracht, diese ist jedoch gleichzeitig an die wachsende kognitive und soziale Kompetenz der Kinder geknüpft. List (2010) macht dies sehr anschaulich an der Entwicklung des „narrativen Selbst" von Kindergartenkindern deutlich. Neu zugewanderte Kinder und Jugendliche in der Sekundarstufe I sind dagegen – davon kann in der Regel ausgegangen werden – auf einem anderen kognitiven Entwicklungsstand. Dennoch ist u. a. der Gedanke, dass Bildungssprache – im Sinne einer erhöhten Abstraktionsleistung – aus der Transformation subjektiver Erfahrungen entwickelt werden kann, auch für die Arbeit mit Lernerinnen und Lernern auf einem niedrigen Sprachniveau interessant. Weitere mögliche Schnittstellen bzw. übertragbare Ansätze aus dem L1-Erwerbskontext entspringen der Diskussion um die Anbahnung von konzeptioneller Schriftlichkeit im vorschulischen Kontext (z. B. Nickel, 2014; List, 2010). Hier rückt insbesondere die *Literacy-Bildung* (Nickel, 2014, S. 669f.) in den Blick, die u. a. die Vermittlung kultureller Aspekte des Lesens und Schreibens sowie Maßnahmen zur Vorbereitung des Schreibens zum Ziel hat. Vorrangig geht es um die Imitation von Lese- und Schreibhandlungen, um den ersten Kontakt mit den verschiedenen Funktionen von Sprache, sprachlichen Registern oder kommunikativen Zielen von Texten. In der Praxis bedeutet das z. B. konkret, dass Schreibhandlungen modelliert werden (welche mentalen Schritte muss ich machen, um z. B. eine Postkarte zu schreiben?) oder über Gelesenes gesprochen wird (dadurch können z. B. Handlungs- und Bedeutungsstrukturen einer Geschichte entschlüsselt und Perspektivübernahmen thematisiert werden). Auch hier werden Anlässe geschaffen, um u. a. dekontextualisierte Sprache zu gebrauchen. Natürlich entsprechen auch diese Ansätze zum einen nicht dem Verständnis von dekontextualisierter Sprache und konzeptioneller Schriftlichkeit, die im schulischen Kontext gefordert werden; zum anderen ist das Entwicklungsniveau des Adressatenkreises

---

6 Bei den hier diskutierten Überlegungen steht alltagsrelevante Sprache nicht im Fokus. Im Rahmen des Gesamtkonzeptes der Sommerschule wird jedoch eine parallele Entwicklung angestrebt, womit auch z. B. die Fähigkeit, unmittelbare Bedürfnisse mitzuteilen, entwickelt werden soll.

wieder ein anderes. Allerdings hilft der Blick in den L1-Erwebskontext auch hier bei der Perspektivierung des Konstrukts schulrelevanter Sprache. Darüber hinaus können die skizzierten Ansätze vor dem Hintergrund der wenigen Vorschläge zur frühen parallelen Anbahnung alltagssprachlicher und konzeptionell-schriftsprachlicher Fähigkeiten in der Zweitsprache mögliche Alternativen darstellen, die es weiterzudenken und anzupassen gilt.

Die dargestellten Überlegungen zur Entwicklung schulrelevanter Sprache, parallel zur Entwicklung sprachlicher Kommunikationsfähigkeit in der L2 sowie zu verschieden Ansätzen der Förderung haben deutlich gemacht, dass für unser Förderkonzept eine Konkretisierung von *Bildungssprachlichkeit* notwendig ist. Unter Rückbezug auf die verschiedenen Merkmalsdimensionen von Bildungssprache (inhaltlich, kontextuell, textuell und sprachkomponenten-bezogen) haben wir daher vier Aspekte identifiziert, die im Rahmen der Sommerschule zentral sein sollen: Anbahnung von Diskursfunktionen, bildungssprachlicher Funktionswortschatz, Textualität sowie alltagssprachlich niedrigfrequenter Wortschatz. Mit Bezug auf die ersten beiden diskutierten Fragen sei an dieser Stelle festgehalten, was schulrelevante Sprache im Kontext der Sommerschule nicht bedeutet bzw. nicht sein kann, nämlich die Arbeit an bildungssprachlicher Kompetenz im Sinne einer geforderten Zielmarke[7]. Darüber hinaus setzen die folgenden Ausführungen voraus, dass alltagsrelevante sprachliche Fähigkeiten und schulrelevante Sprache keine Dichotomie, sondern zwei Punkte auf einem Kontinuum sind.

a) Diskursfunktionen – geforderte Denk- und Handlungsmuster in der Schule

Fragt man danach, was schulrelevante Sprache ausmacht, so stößt man unweigerlich auf die sogenannten Diskursfunktionen (vgl. z. B. Modell schulsprachlicher Kompetenzen Thürmann & Vollmer, 2009). In schulischen Kontexten sind abstrahierende und systematische Denkfähigkeiten für die Wissensaneignung und letztlich erfolgreiches Lernen notwendig. Zu den kognitiv-diskursiven Schritten oder kognitiven Operationen, die unterschiedliche fachliche Aktivitäten einfordern, zählen z. B. Prozesse der Verallgemeinerung, Systematisierung, Abstraktion oder Perspektivwechsel. Diese geforderten Denk- und Handlungsmuster, die typische wissenschaftspropädeutische Denkweisen in allen Unterrichtsfächern widerspiegeln, werden mit Hilfe der Bildungs- und Fachsprache zugänglich. Diese stellt zum einen sprachliche Mittel bereit, „[…] die ein qualitativ komplexes und differenziertes Wissen oder Erleben repräsentieren oder die zur Gewinnung eines komplexeren

---

7 Da die Entwicklung bildungssprachlicher Kompetenzen aktuell insbesondere vor dem Hintergrund der Forderung nach Sprachbildung in allen Fächern thematisiert wird und eine Beherrschung des bildungssprachlichen Registers in Verbindung mit dem Schul- und Bildungserfolg von Schülerinnen und Schülern gebracht wird, erscheint uns eine bewusste Abgrenzung zu der in diesem Diskurs ansetzenden Sprachbildung und -förderung sinnvoll.

Wissens beitragen." (Redder, 2012, S. 87); zum anderen „markieren" sie auf sprachlicher Ebene – durch lexikalische, syntaktische und textuelle Merkmale, um welche kognitive Operation es sich gerade handelt. So werden z. B. andere sprachliche Mittel für die Diskursfunktion *beschreiben* benötigt als für die Funktion *argumentieren*. Die sprachlichen Ausformungen dieser Funktionen sind dabei recht unterschiedlich und werden daher häufig auch in Mikro- und Makrofunktionen unterteilt: Die Diskursfunktion *vergleichen* ist z. B. recht schnell anhand bestimmter lexikalischer oder syntaktischer Merkmale identifizierbar (z. B. „im Vergleich zu", Komparativ) und kann daher den Mikrofunktionen zugezählt werden. *Interpretieren* oder *überzeugen* umfassen hingegen wesentlich längere Diskursabschnitte (vgl. Dalton-Puffer, 2013b) und beinhalten wiederum selbst weitere Diskursfunktionen usw. Sie sind daher nicht so leicht an lexikalischen oder syntaktischen Merkmalen erkennbar. Die Frage, welche kognitiven Prozesse über alle Fächergrenzen hinweg für schulisches Lernen relevant sind, wurde in verschiedenen Modellen mit mehr oder weniger theoretischer Untermauerung und empirischer Evidenz versucht zu identifizieren. In dem Modell kognitiver Diskursfunktionen von Dalton-Puffer (2013a, S. 234f.) werden z. B. sieben übergeordnete kommunikative Intentionen identifiziert: *classify*, *define*, *describe*, *evaluate*, *explain*, *explore* und *report*.

In den Kernlehrplänen werden die kognitiven Prozesse, die zur erfolgreichen Ausführung einer fachlichen Aktivität erforderlich sind, in Form der Operatoren – handlungsinitiierende Verben, wie z. B. *bennnen*, *analysieren*, *begründen* – abgebildet. Die Anzahl sowie die konkret verstandene „Handlungsausführung" der jeweiligen Operatoren variiert dabei von Fach zu Fach. Die Kernlehrpläne können jedoch hinsichtlich des Verwendungskontextes der Operatoren spezifizierte Hinweise für die sprachliche Realisierung geben; so erfordert die Beschreibung eines Versuchsaufbaus im Chemieunterricht andere sprachliche Mittel als eine Gegenstandsbeschreibung im Deutschunterricht.

Aufgrund ihrer Bedeutung für das schulische Lernen wird im Rahmen der Sommerschule gezielt versucht, einzelne geforderte kognitive Operationen und damit verbundene sprachliche Realisierungen anzubahnen. Dabei wird insbesondere auf jene kognitiven Prozesse abgezielt, die enger gefasste Diskursabschnitte umfassen, nicht so komplex angelegt sind, d. h. im besten Falle nicht gleich mehrere Sprachhandlungen beinhalten (z. B. *analysieren* enthält gleichzeitig auch die kognitiven Prozesse *beschreiben*, *erklären*, *schlussfolgern*) und in Form von bestimmten sprachlichen Routinen „gut greifbar" sind.

b) Chunks – bildungssprachlicher Funktionswortschatz

Unter der Anbahnung von Anteilen schulrelevanter Sprache wird weiterhin auf die Vermittlung bildungssprachlichen Funktionswortschatzes abgezielt; Fertigstücke in Form von Funktionsverbgefügen, idiomatischen Prägungen oder Phraseologismen (Aguado, 2014), die genau diese schulischen Denk- und Handlungsmuster ausmachen, wie z. B. für Kategorisierungen „gehört zu", „zeichnet sich aus durch", „ist ein" usw., für Prozesse und Schlussfolgerungen „daraus ergibt sich", „das Resultat ist" usw. Dabei handelt es sich um Formulierungen, die nicht unbedingt themengebunden oder fachspezifisch sind, sondern generell zur Realisierung typischer sprachlicher Handlungen in den Unterrichtsfächern genutzt werden. Diese im schulischen Kontext bei bestimmten Aktivitäten vorhersagbaren Ausdrücke und Konstruktionen werden vor dem Hintergrund eines niedrigen Sprachstandes nicht bei jedem Gebrauch neu gebildet, sondern sollen als Ganzes in Form von *Chunks* Anwendung finden. Ziel ist es, bereits frühzeitig mit diesen wichtigen Formulierungen in Kontakt zu kommen und sie in ihren Gebrauchszusammenhängen (erst einmal) unanalysiert einzusetzen. Im Sinne der erfolgreichen Beherrschung des bildungssprachlichen Registers ist das Aufbrechen der Chunks zu einem späteren Zeitpunkt im Erwerbsprozess hingegen notwendig.

c) *Anbahnung von Textualität – Verknüpfungsmittel*

Schulrelevante Sprache ist in einem hohen Maß durch das Merkmal konzeptioneller Schriftlichkeit geprägt (Kniffka & Siebert-Ott, 2012, S. 18). Diese ist eher monologisch und kontextreduziert und stellt spezifische Anforderungen an die sprachliche Realisierung: „Jemand, der einen Bericht verfasst, muss diesen so abfassen, dass er unabhängig vom Äußerungskontext zu verstehen ist." (Kniffka & Siebert-Ott, 2012, S. 18), d. h. dass z. B. ein Text u. a. so gestaltet sein muss, dass sich Mitteilungsabsicht, Informationen und Ideen in einem nachvollziehbaren Aufbau widerspiegeln. Für einen solchen nachvollziehbaren Aufbau können u. a. Verknüpfungs- oder Verweismittel genutzt werden, die die logische Ordnung des Textes stützen können (z. B. Konjunktionen, Personalpronomen).[8] Auch auf einem niedrigen Sprachniveau ist ihre Funktion gut erkennbar und vermittelbar. Darüber hinaus hilft ihre Thematisierung nicht nur dabei, eigene Text zu strukturieren, sondern auch fremde Texte zu verstehen (z. B. Lehrbuchtexte). Das Anbahnen von Textualität wird hier also erst einmal auf die Verknüpfung von Textteilen und die Explizierung von Übergängen reduziert, um einen gewissen Grad an Leserführung und eine „bessere" Nachvollziehbarkeit der Mitteilungsabsicht und des Gedankens des Schreibers zu erzielen. Im Mittelpunkt stehen dabei Verknüpfungsmittel und ihr funktionaler Gebrauch im Textfluss. Als Verknüpfungsmittel seien hier beispielhaft Personalpronomen, der Einsatz des bestimmten und unbestimmten Artikels im Singular und Plural, Possessivpronomen, die gebräuchlichsten nebenordnenden (z. B. und, aber, denn) und unterordnenden Konjunktionen (weil, als, damit, nachdem, seit) sowie die gebräuchlichsten Adverbien (heute, dann, danach, zum Schluss, später, sonst, inzwischen) genannt.

---

8   Natürlich kann Kohärenz auch durch andere Formen entstehen, z. B. Thema-Rhema.

d) Wortschatz – niedrigfrequente Lexik

Häufig führen Konzepte, die eine Unterscheidung in basale mündliche Kommunikationsfähigkeiten und konzeptionell schriftsprachliche Fähigkeiten vornehmen, auf der lexikalischen Ebene das Unterscheidungskriterium *frequency* an (z. B. Hulstijn, 2015). Hier wird davon ausgegangen, dass die Häufigkeit des Gebrauchs bestimmter Wörter, syntaktischer Strukturen usw. darüber entscheidet, was zur Alltagssprache zählt. Durch die doppelte Zielsetzung im Rahmen des Konzeptes entfällt ein Großteil der Wortschatzarbeit auf alltägliche und frequente Lexik. Unter frequent fallen aber auch z. B. die bereits erwähnten Konnektoren, Personal- oder Possessivpronomen. Diese nehmen jedoch im Rahmen der Herstellung von Textualität eine besondere Funktion ein. Die integrative Spracharbeit, die an situative und fachlich-inhaltliche Kontexte gebunden ist, bedeutet jedoch auch, dass auch erste wenig frequente Worte vermittelt werden und sich somit auf den Aufbau von *Higher Language Cognition* (Hulstijn, 2015) auswirken. Hier werden die Schülerinnen und Schüler mit Fachausdrücken (z. B. Bienenstock), Präfixverben mit anderer Bedeutungskonnotation im alltäglichen Gebrauch (z. B. stehen – bestehen aus), der Verwendung von Komposita oder Substantivierungen usw. konfrontiert. Durch die themen- und erfahrungsgebundene Sprachförderung wird somit auch auf den Ausbau von niedrigfrequenter Lexik abgezielt sowie auf spezifische lexikalische Merkmale von Bildungssprache – insbesondere dort, wo sie vielleicht zu Missverständnissen führen kann (z. B. Präfixverben) oder wo Regelhaftigkeit für den rezeptiven Sprachgebrauch vermittelt werden kann (z. B. Umgang mit Nominalisierungen in Lehrbuchtexten).

1.3 Das Format – integrative und projektorientierte Sprachförderung

Auf Grundlage der skizzierten ganzheitlichen Vorstellung von Spracherwerb und dem Ziel, schulrelevante Sprache in der definierten Ausformung möglichst früh anzubahnen, ergab sich für die Sommerschule ein integrativer und projektorientierter Sprachförderansatz.

Integrativ meint in diesem Zusammenhang das „wie" der Sprachförderung in Form der didaktisch-methodischen Ausgestaltung des Unterrichts und der damit verbundenen Prinzipien. Mit integrativ soll hier die Einbettung sprachlicher Arbeit in (schulische) handlungsrelevante Zusammenhänge in Verbindung mit fachlichen Inhalten bezeichnet werden. Grundsätzlich handelt es sich bei der „Sommerschule DaZ" im Sinne der häufig vorzufindenden Unterteilung in additive und integrative Sprachförderansätze natürlich um eine additive Maßnahme (z. B. Kurtz, Hofmann, Biermas, Back & Haseldiek, 2014, S. 5 f.); findet sie doch als außerschulisches Förderangebot in den Ferien statt, hat eine intensive Spracharbeit zum Ziel usw. Die Sprachförderung selbst erfolgt u. a. mit Blick auf die Annahmen zum ganzheitlichen Spracherwerb integrativ. Der integrative Zugang ermöglicht zum einen eine lebensweltbezogene, d. h. an situativen Sprechanlässen und alltäglichen Aktivitäten orientierte Sprachförderung, zum anderen ermöglicht er jedoch auch eine auf fachliche Inhalte, schulische Sprachhandlungen etc. abzielende Spracharbeit. Hier findet sich die angedachte Entwicklung schulrelevanter Sprache parallel zur Entwicklung basaler sprachlicher Kommunikationsfähigkeiten wieder. Gleichzeitig beinhaltet der integrative Ansatz nach unserem Verständnis nicht nur eine entsprechende Situierung des Lernens u. a. durch eine Verbindung zum fachlichen Lernen oder zu schulrelevanten Aktivitäten, sondern versteht darunter im Sinne des ganzheitlichen Spracherwerbs u. a. die Nutzung verschiedener Sinnesmodalitäten oder die Berücksichtigung der interindividuell unterschiedlich ausgeprägten kognitiven Strukturen.

Zusammengefasst: Sprachliches Lernen in der „Sommerschule DaZ" sollte u. a. inhaltsbezogen und verbunden mit fachlichem Lernen stattfinden, in authentischen Sprech-/Schreibsituationen sowie handlungs- und aufgabenbasiert erfolgen, soziale, emotionale, multisensorische Aspekte von Sprachgebrauch berücksichtigen, je nach Wissensstand der Lerner unterschiedliche Lernwege und -anlässe anbieten und stets auf eine Überführung in schulrelevante Sprache (dem Erwerbsstand angemessen) abzielen bzw. diese im Zusammenhang mit fachlichen Inhalten direkt anbahnen.

Neben der integrativen Ausrichtung, die die didaktisch-methodische Dimension der Ausgestaltung der Fördermaßnahme aufgreift, wurde im Rahmen der „Sommerschule DaZ" ein projektorientierter Unterricht fokussiert. Ein häufig hervorgehobenes Kennzeichen bzw. ein Vorteil projektbezogener Sprachförderung ist die intensive Auseinandersetzung mit einem bestimmten Themengebiet, die Sprache in funktionalen Zusammenhängen erfahrbar macht. Der Sprachgebrauch ist also an eine inhaltliche Zielorientierung gekoppelt, womit in unserem Fall sowohl die Bewältigung alltäglicher Aktivitäten, aber auch schulischer Anforderungen gemeint sein kann – ganz im Sinne der parallelen Anbahnung. Auch bietet diese formale Gestaltung beste Bedingungen für einen ganzheitlichen Sprachförderansatz. Die weiteren Vorteile von projektorientierten Sprachfördermaßnahmen im Sinne bestimmter grundlegender Prinzipien guten Sprachunterrichts sind an anderer Stelle (Spinner, 2008; de Florio-Hansen, 2014) bereits ausführlich darstellt worden, sodass hier darauf verzichtet wird.

Im Zusammenhang mit der integrativen und projektorientierten Ausrichtung der Fördermaßnahme sei noch kurz auf zwei Aspekte verwiesen, die bei der konkreten Unterrichtsplanung zum Tragen kommen; zum einen die Frage nach dem Grad der Bewusstheit, mit der gelernt wird, zum anderen die Einordnung des Formats vor dem Hintergrund der Arbeit mit traumatisierten Kindern und Jugendlichen. So wird die Schaffung sprachintensiver Situationen, wie sie z. B. bei der Projektarbeit wirksam werden, häufig mit implizitem Lernen und einer nicht vorhandenen bzw. sehr geringen Planung des Unterrichts in Verbindung gebracht (Spinner, 2008). Die starke inhaltliche und handlungsorientierte sowie projektorientierte Ausrichtung unseres Konzeptes bedeutet jedoch nicht, dass hier keine Planung erforderlich wäre und allein durch den vermehrten Kontakt mit dem Deutschen in Kleingruppen eine Sprachförderung stattfindet. Vor dem Hintergrund der Arbeit mit traumatisierten Kindern und Jugendlichen muss u. a. festgehalten werden, dass integrative und projektorientierte Ansätze in der Regel nicht dem gängigen Schulunterricht entsprechen; die Unterrichtsgestaltung ist meist weniger ritualisiert, es können ganz unterschiedliche Aktivitäten und Aufgaben an die Schülerinnen und Schüler herangetragen werden, Gruppenarbeit und eigenständiges Arbeiten werden vermehrt gefordert usw. Insbesondere für traumatisierte Kinder und Jugendliche ist es daher u. a. wichtig, dass die Unterrichtsgestaltung transparent gemacht wird und somit ein Gefühl von Sicherheit und Kontrolle vermittelt wird.[9]

Die vorangegangenen Ausführungen zeigen, dass das anvisierte Konzept der „Sommerschule DaZ" die Studierenden vor anspruchsvolle Aufgaben stellt; so müssen sie u. a. zum einen explizieren, was bei der Bewältigung fachlicher, schulischer oder alltäglicher Aktivitäten sprachlich von den Schülerinnen und Schülern verlangt wird, und den Lernenden dieses dann u. a. mittels sprachsensibler Ansätze zugänglich machen. Eine weitere Herausforderung ist die Frage nach der konkreten Umsetzung der Entwicklung schulrelevanter Sprache auf einem niedrigen L2-Erwerbsstand sowie nach einem sinnvollen Einsatz z. B. von multisensorischen Ansätzen für das sprachliche Lernen. Und letztlich müssen grundlegende methodisch-didaktische Prinzipien der Spracharbeit, wie z. B. Binnendifferenzierung, Handlungsorientierung oder Lernerorientierung, ihren Platz in der Unterrichtsplanung finden.

2. Beispielhafte Umsetzung

Wie nun kann ein ganzheitlich-integrativer, individueller Projektunterricht in der Praxis aussehen, bei dem sowohl alltags- als auch bildungssprachliche Kompetenzen von einem niedrigen Sprachniveau an binnendifferenziert und handlungsorientiert entwickelt und gefördert werden können?

Bevor dieser Frage nachfolgend im Detail nachgegangen wird, sollen an dieser Stelle noch einige Informationen zur grundlegenden Struktur des Förderkonzeptes gegeben werden, da diese den Rahmen dafür geschaffen hat, dass ein ganzheitlicher und projektorientierter Förderunterricht möglich wurde.

2.1 Strukturgebende Entscheidungen – Themenwochen zur Gewährleistung integrativer und projektorientierter Sprachförderung

Um eine Schneise in das Dickicht der Möglichkeiten zur inhaltlichen Ausgestaltung von Förderunterricht zu schlagen, wurde aufbauend auf den theoretischen Überlegungen des vorausgegangenen Kapitels zunächst eine grobe und Orientierung stiftende Struktur entwickelt, die in der Einteilung des Förderzeitraums in Themenwochen mit den Themenfeldern „Alltag", „Natur" und „Kultur" bestand.

---

9 Weiter zur Thematik s. z. B. Ding, 2013; Krüger, 2007 oder auch Ghaderi in diesem Band.

Die Entscheidung für eine Unterteilung in Themenwochen beruht auf folgenden Überlegungen: Aus einer konzeptionell theoretischen, methodisch-didaktische Aspekte einbeziehenden Perspektive leitet sich die Einteilung in Themenwochen erstens aus der dargelegten ganzheitlichen Vorstellung von Spracherwerb mit ihren Implikationen für integrative und projektorientierte Förderkonzepte ab. Konkret lassen sich im Rahmen der Themenfelder „Alltag", „Natur" und „Kultur" vielfältige handlungs- und projektorientierte Aktivitäten durchführen, die einer inhaltsbezogenen, situativ verankerten, soziale und emotionale Aspekte einbeziehenden Sprachförderung gerecht werden.

Zweitens ermöglichen die Themenfelder, dass die im Zentrum des Konzeptes stehende Förderung alltagssprachlicher Kompetenzen in enger Verbindung mit der Anbahnung basaler bildungssprachlicher Kompetenzen erfolgen kann. So erwerben die Schülerinnen und Schüler in den projektorientierten Fördereinheiten der Themenwochen sprachliche Kompetenzen, die sie zur konkreten Bewältigung alltäglicher Sprachhandlungen benötigen, und können diese bereits in konkreten alltagsrelevanten Situationen erproben. Eng verzahnt mit dieser alltagssprachlichen Förderung werden durch einen zweiten methodisch-didaktischen Fokus diese Inhalte in bildungssprachlich relevante Sprachhandlungen überführt.

Hierzu bietet sich eine grobe Orientierung an den Kernlehrplänen der unterschiedlichen Fächer an, da diese fachlich relevante Aktivitäten und Sprachhandlungen spezifizieren, die im Kontext der Arbeit mit Seiteneinsteigerinnen und Seiteneinsteigern eine langfristige Zielmarke darstellen. Insbesondere die in den Kernlehrplänen zu findenden Operatoren wie z. B. *beschreiben* oder *berichten* führen, wie bereits ausgeführt, wesentliche kognitive Prozesse und Denkmuster auf, die über die Fächergrenzen hinweg Gültigkeit haben.

Vergleicht man vor diesem Hintergrund die Lernziele in den Kernlehrplänen der Sekundarstufe I verschiedener Fächer, so finden sich z. B. zum Kompetenzbereich bzw. zum Aufgabenschwerpunkt „Texte schreiben" als Ziel für die Jahrgangsstufen 5 und 6[10] im Fach Deutsch für die Diskursfunktionen *berichten* und *beschreiben* u. a. folgende Ausführungen: „[Die Schülerinnen und Schüler] *berichten* (z. B. über […], ein Ereignis, sich selbst, eigene Erfahrungen mit Personen oder Tieren, über andere Länder, […]). Sie *beschreiben* (z. B. Personen, Gegenstände und Vorgänge, Tiere, Pflanzen, […], Versuche, Wege)."[11] Im Kernlehrplan für Gesellschaftslehre lauten

---

10 Eine grobe Orientierung an den Kernlehrplänen der Klassen 5 und 6 bot sich zunächst vor dem Hintergrund der Altersstruktur der an der Sommerschule 2015 teilnehmenden Schülerinnen und Schüler an, von denen die Mehrzahl im Altersfeld zwischen 10 und 13 Jahren lag. Darüber hinaus siehe auch Überlegungen zu den Diskursfunktionen auf S. 167 f.

11 Ministerium für Schule und Weiterbildung des Landes Nordrhein-Westfalen (Hrsg.) (2007). *Kernlehrplan für den verkürzten Bildungsgang des Gymnasiums – Sekundarstufe I (G8) in Nordrhein-Westfalen. Deutsch*. Frechen: Ritterbach, S. 31; vgl. auch: Ders. (Hrsg.) (2004). *Kernlehrplan für die Gesamtschule – Sekundarstufe I in Nordrhein-Westfalen. Deutsch*. Frechen: Ritterbach, S. 28.

die Lernziele im Bereich Sachkompetenz im Inhaltsfeld 2 „Wirtschaft und Arbeit" u. a. wie folgt: „Die Schülerinnen und Schüler […] *beschreiben* die altsteinzeitliche Lebensweise […], *beschreiben* verschiedene Güterarten (u. a. freie und knappe Güter) und benennen ihre Funktion […]"[12]. Im Kernlehrplan Biologie findet sich u. a.: „[Die Schülerinnen und Schüler] *beschreiben* Aufbau und Funktion des menschlichen Skeletts und vergleichen es mit dem eines anderen Wirbeltiers."[13]

Im Rahmen der Sommerschule bedeutet die Arbeit an den Diskursfunktionen, dass diese selbst zunächst nur in sehr basalen Elementen in Form von grundständigen sprachlichen Mitteln angelegt werden können, wobei ein kontinuierlicher Ausbau dieser sprachlichen Mittel jedoch von vorneherein anvisiert und mitgedacht wird. Neben der Anbahnung unterschiedlicher Diskursfunktionen kann eine ungefähre Orientierung an den in den Kernlehrplänen verankerten Themen, Textformen und schultypischen Aktivitäten im Setting der Sommerschule außerdem dazu führen, dass die Teilnehmenden erste Erfahrungen mit schulrelevanten Inhalten sammeln und damit erste und von Leistungsdruck losgelöste Zugänge zu themenspezifischer Lexik und schulrelevanten Textformen finden können.

Drittens schafft die gewählte thematische Unterteilung mit Blick auf das Gestalten einer sprachdidaktisch sinnvollen Progression die Basis dafür, dass Neues auf bereits Bekanntem aufbauen kann. Sie erlaubt das Fortschreiten von sehr konkreten, lebensweltbezogenen Themen, Tätigkeiten und Handlungen wie Einkaufen, sich im Straßenverkehr zurechtfinden, sich mit öffentlichen Verkehrsmitteln bewegen etc. zu immer komplexeren und abstrakteren Themen und Betrachtungsweisen, wie z. B. „über Schutzmechanismen bei Tieren und Pflanzen sprechen".[14]

Viertens wird durch das Fortschreiten von alltagsrelevanten Themen und Handlungen hin zu abstrakteren Themen und Zusammenhängen auf einer basalen Ebene zudem eine sprachliche Grundlage für die weitere Arbeit in den Themenwochen geschaffen: Das projektorientierte Arbeiten bringt es mit sich, dass im Unterricht angebahnte, lebensweltbezogene und mit alltagsrelevanten Tätigkeiten verbundene Sprachhandlungen in den Folgewochen in authentischen Kommunikationssituationen immer wieder aufgegriffen und geübt werden, ohne dass sie erneut explizit

---

12 Ders. (Hrsg.) (2011). *Kernlehrplan für die Gesamtschule – Sekundarstufe I in Nordrhein-Westfalen. Gesellschaftslehre, Erdkunde, Geschichte, Politik*. Heft 3120, S. 26.

13 Ders. (Hrsg.) (2008). *Kernlehrplan für das Gymnasium – Sekundarstufe I in Nordrhein-Westfalen. Biologie*. Frechen: Ritterbach, S. 27.

14 An dieser Stelle ist jedoch zu differenzieren zwischen zwei Arten von Abstraktionsleistungen. Auf der einen Seite steht die Abstraktionsleistung, die die Lernenden vollziehen müssen, wenn sie Beobachtungen und Erlebnisinhalte in schulrelevante Sprache überführen, d. h., wenn sie mit Sprache auf Abwesendes verweisen müssen. Diese Abstraktionsleistung muss auch bereits beim *Berichten* von einfachen Alltagserfahrungen vollbracht werden. Auf der anderen Seite stehen eine thematische Komplexität und die mit dieser thematischen Komplexität verbundenen Abstraktionsleistungen, wenn z. B. Funktionszusammenhänge beschrieben werden sollen, wie das Zusammenleben der Bienen im Bienenstaat.

als Lerngegenstand thematisiert werden müssen. Dies geschieht, z. B. wenn die Schülerinnen und Schüler zu einer Exkursion zum Thema „Natur" die öffentlichen Verkehrsmittel nutzen und hierfür eine Fahrkarte kaufen oder aber Exkursionsverpflegung für die Gruppe. Durch diese Überführung unterrichtlicher Inhalte in konkrete Handlungssituationen außerhalb des Klassenraumes werden Situationen des expliziten Lernens in Situationen des impliziten Lernens überführt.

Aus einer stärker praktisch-organisatorisch ausgerichteten Perspektive bietet die Einteilung in Themenwochen weitere Vorteile: So gibt eine derartige Strukturierung eine gewisse inhaltliche Orientierung vor, die den Studierenden bei ihren ersten Lehrerfahrungen im Sinne der Komplexitätsreduktion eine Hilfestellung bieten kann, ohne gleichzeitig zu stark zu steuern. Die Studierenden erhalten einen inhaltlichen Rahmen, innerhalb dessen sie eigene Schwerpunkte setzen können. Es wird gewährleistet, dass Projektideen entwickelt werden können, die sich zu thematischen Bögen formen und zu ganzheitlichen Einheiten schließen lassen. Hinsichtlich der Überlegungen zum ganzheitlichen Spracherwerb soll dieses Vorgehen – das Arbeiten zu thematischen Einheiten – den Lernenden darüber hinaus erlauben, dass Einzelaktivitäten besser memoriert werden können, wenn diese sich zu größeren Handlungs- und Themeneinheiten fügen, da thematische Bezüge und Verknüpfungsmöglichkeiten geschaffen werden. Dies wäre bei Unterrichtseinheiten, in denen Lehrende sich primär durch sprachstrukturelle Überlegungen leiten lassen, nicht in gleicher Weise gegeben.

Schließlich ermöglicht eine thematische Rahmung, dass in den einzelnen Gruppen thematisch ähnliche Aktivitäten durchgeführt werden, wodurch Synergien genutzt und gemeinsame Aktivitäten geplant werden können. Es wird die Voraussetzung dafür geschaffen, dass die teilnehmenden Schülerinnen und Schüler sich über das Erlebte, Erfahrene und Gelernte inoffiziell, aber auch angeleitet austauschen können, wodurch erneut authentische Sprechanlässe geschaffen werden und intelligentes Üben (vgl. Kleppin, 2016 – erscheint) möglich wird.

2.2 Vorüberlegungen – Analyseschritte und Inspirationen zur Unterrichtsplanung

Im Folgenden soll nun exemplarisch die Themenwoche „Natur" herausgegriffen werden, um anhand eines konkreten Wochenplans und verschiedener Aktivitäten ein Unterrichtsszenario im Rahmen einer additiven Fördermaßnahme durchzuspielen, das sich an den zuvor dargelegten Prinzipien orientiert.

Da unter projektorientiertem Lernen im Rahmen der „Sommerschule DaZ" nicht vornehmlich implizites Lernen durch ungesteuerte Aktivitäten verstanden wird, ist mit der Vorbereitung eines Themas und den damit verbundenen projekt- und handlungsorientierten Aktivitäten von Seiten der Lehrenden zunächst eine systematische Analyse der durch das Thema erforderten und aktivierten sprachlichen Felder und sprachlichen Handlungen von Nöten. Gleichzeitig besteht eine besondere Aufgabe darin, nach Möglichkeiten der Binnendifferenzierung – auch innerhalb eines Förderhorizonts[15] ist diese in der Regel notwendig – und nach Wegen der Aufbereitung des Themas auf einem sehr niedrigen Sprachniveau zu suchen.

Bei einer groben Orientierung an den in den Kernlehrplänen für die Klassenstufen 5 und 6 genannten Sprachhandlungen bzw. den darin explizierten ausgewählten Diskursfunktionen (s. o.) lässt sich für das Wochenthema „Natur" als Lernziel ableiten, dass die Schülerinnen und Schüler von Erlebnissen mit Tieren und Pflanzen berichten und diese beschreiben können – natürlich wieder in Form erster Ansätze und Zugänge.

Damit ist das übergeordnete Lernziel herausgearbeitet. In einem nächsten Schritt gilt es nun, das mit den Sprachhandlungen verbundene sprachliche Material zu identifizieren. Bei einer Analyse der entsprechenden sprachlichen Strukturen zeigt sich mit Blick auf den Operator *Beschreiben*, dass je nach Fokus und Gegenstand der Beschreibung ganz unterschiedliche sprachliche Realisierungsformen verlangt werden. Während bei einer Wegbeschreibung – wie sie z. B. sinnvoll im Rahmen der Themenwoche „Alltag" erarbeitet werden kann – Richtungsangaben, Verben, die Bewegung ausdrücken, und Strukturwörter, die eine zeitliche Abfolge bezeichnen, das Präsens und der Imperativ usw. benötigt werden,[16] sind für Tier- und Pflanzenbeschreibungen sprachliche Mittel erforderlich, wie sie z. B. auch bei einer Personenbeschreibung eingesetzt werden und wie sie beispielsweise bereits im Vorfeld zum Thema „Alltag" eingeübt worden sein können. Konkret bedürfen die Schülerinnen und Schüler bei der Tier- oder Pflanzenbeschreibung insbesondere spezifischer Lexik, d. h. der Tier- und Pflanzennamen, der Bezeichnungen für ihre (Körper-)Teile und ihre (Körper-)Oberflächen. Zusätzlich benötigen sie quantifizierenden Wortschatz sowie Adjektive zur Beschreibung ihres Aussehens und ihrer Eigenschaften. Schließlich sind Präpositionen von Nöten, um die Lokalisierung von bestimmten Elementen im Verhältnis zu anderen vornehmen zu können. Neben diesen sprachlichen Bausteinen ist es darüber hinaus notwendig, dass die Lernenden grundlegendes Textmusterwissen z. B. für die Textform der „Beschreibung" erwerben – als dominierendes Tempus gilt das Präsens, Satztyp und Modus sind indikativisch (vgl. u. a. Vollmer, 2011) – und sprachliches Material, um dieses umzusetzen.

---

15 Im Rahmen der „Sommerschule DaZ" wurden die Sprachstände der Kinder und Jugendlichen und daraus hervorgehende Förderhorizonte zu Beginn des Projektes durch das Instrument der Profilanalyse nach Grieshaber erhoben (vgl. zu diesem Thema auch den Beitrag von Weber zur pädagogischen Sprachstandsdiagnostik in diesem Band). Die folgenden Ausführungen zu einer exemplarischen Unterrichtswoche und insbesondere die illustrierenden Arbeitsblätter variieren hinsichtlich des Förderhorizontes. Im Kern jedoch wurde Förderhorizont 2 fokussiert. Einige Arbeitsblätter können sich allerdings auf höhere oder niedrigere Förderhorizonte beziehen, da sie auf verschiedenen Aktivitäten und Materialien aus unterschiedlichen Fördergruppen fußen. In den Beschreibungen der Arbeitsblätter sind darüber hinaus binnendifferenzierende Gestaltungsmöglichkeiten vermerkt.

16 Vgl. den Beitrag von Kull in diesem Band.

Hier lässt sich noch einmal zwischen mündlicher und schriftlicher Beschreibung und den jeweiligen Kontexten unterscheiden, in denen eine Beschreibung stattfindet (vgl. z. B. Tajmel, 2011).

An die Identifizierung der sprachlichen Zielsetzung schließt sich die Wahl der Exkursionsorte und der konkreten Aktivitäten an, die Erfahrungen mit Pflanzen und Tieren erlauben. Diese reichen zum Thema „Natur" von Zoobesuchen und Waldspaziergängen über Besuche auf einem Bauernhof bis zu Exkursionen in eine Imkerei etc.

Im Rahmen der Sommerschule wurden auf der Basis der vorausgegangenen Überlegungen zwei Exkursionsorte ausgewählt: der nahe gelegene Wald und eine Imkerei. Diese Orte wurden gewählt, weil sie mit einer Vielzahl von begleitenden Aktivitäten verknüpfbar waren, die multisensorische Erfahrungen erlauben. Gleichzeitig lassen sich die mit diesen Orten verbundenen thematischen Felder im weitesten Sinne an Unterrichtsinhalte in Biologie und Geografie in den unteren Klassenstufen der Sekundarstufe I angliedern und ermöglichen es überdies, dass die Schülerinnen und Schüler anhand von anschaulichen Gegenständen dazu hingeführt werden, komplexere Sachverhalte und Systeme zu beschreiben wie z. B. einen Bienenstaat, seine Teilelemente und deren Funktionen.

2.3 Beispielhafte Einblicke in einzelne Einheiten aus dem Wochenplan zum Thema „Natur"

Zur Verdeutlichung der oben ausgeführten Überlegungen soll an dieser Stelle zunächst ein tabellarischer Überblick über die thematische und methodisch-didaktische Ausgestaltung der Themenwoche „Natur" im Rahmen der „Sommerschule DaZ" gegeben werden, um auf dieser Basis einige Fördersequenzen aus dem Wochenplan gleichsam exemplarisch unter die Lupe zu nehmen und hieran zentrale Vorgehensweisen zu explizieren. Aus dem theoretischen Konzept sinnvoll hervorgehende praktische Zugänge sollen dabei ebenso dargestellt werden wie konkrete Implikationen für die Unterrichtsgestaltung, Aufgabenformate, Arbeitsblätter etc., wobei der Fokus wieder auf dem Förderziel der Anbahnung von schulrelevanter Sprache bereits auf niedrigem Niveau liegen soll.

	Montag	Dienstag	Mittwoch	Donnerstag	Freitag
		Fokus: Beschreiben		Fokus: Imkerei	Fokus: Berichten
Vormittag 9:30–12:30	Wochenrückblick • SuS erzählen (mündlich) von ihren Erfahrungen/Erlebnissen aus der ersten Woche Erfahrungsbasierter Einstieg in die Themenwoche „Natur" 1[a] • Exkursion in den Wald und Sammeln von Gegenständen • Auftrag: Sammeln von Gegenständen, die unbekannt oder interessant sind	Wortschatzarbeit 2 • SuS beschreiben mündlich in Partnerarbeit die gesammelten Gegenstände (genaues Beobachten/Adjektive, Farben, einfache Satzstrukturen) • SuS tragen den neu erworbenen Wortschatz in ein Arbeitsblatt ein • SuS zeichnen die Gegenstände auf ein Poster und beschriften ihre Zeichnungen Textform Beschreibung (mündl.) 3 • SuS beschreiben Gegenstände vor der Klasse, die anderen SuS raten	Textform Beschreibung (mündlich) • SuS präsentieren vor einer Parallelgruppe die von ihnen erstellten Poster zu den „Waldschätzen" Einstieg in das Thema „Bienen" • Vorentlastung (freies Assoziieren/Wortschatzarbeit) • Film + Leitfragen (Arbeitsblatt zum selektiven Hören) 6 • Erarbeitung einer Beschreibung des Prozesses der Honigherstellung mit Hilfe von Bildkarten[b] • SuS bereiten Fragen für Exkursion zum Imker vor	Exkursion zur Imkerei Praktischer Rückgriff auf Inhalte und Wissen der Themenwoche Alltag • Einkaufen von Verpflegung • Busfahrt zur Imkerei • Verständigung über den Weg	Textform Bericht • SuS berichten über Ausflug in Imkerei (mündlich) • SuS schreiben 8 einen ersten kurzen Bericht über die Exkursion • SuS überarbeiten 9 ihren Text mit Hilfe von Paralleltexten • Peer-Review

Bildungssprache von Anfang an? 179

	Montag	Dienstag	Mittwoch Fokus: Beschreiben	Donnerstag	Freitag Fokus: Berichten
Mittag-essen	Mittagessen Ungesteuerte Alltags-kommunikation	Mittagessen Ungesteuerte Alltags-kommunikation	Mittagessen Ungesteuerte Alltags-kommunikation	Picknick Ungesteuerte Alltags-kommunikation	Mittagessen Ungesteuerte Alltags-kommunikation
Nach-mittag 13:30–16:00		Textform Beschreibung (schrift-lich) 1. SuS erstellen schriftlich spontane Minibeschreibungen zu einem von ihnen gesammelten Gegenstand 2. SuS erarbeiten ⁴🔍 Merkmale einer Beschreibung anhand von Modell- und Paralleltexten 3. SuS erstellen eine Beschreibung nach dem Beispiel eines Paralleltextes ⁵🔍		Am Lehrbienenstand • Erklärungen des Imkers, Ausprobieren, Verkosten (→ Riechen/Fühlen/Schmecken/Tasten) • SuS haben Höraufträge/Selektives Hören (Arbeitsblätter) • SuS stellen ihre Fragen u. tragen Antworten in ein Arbeitsblatt ein • Arbeitsblatt mit 7 🔍 Fragen zu Verkostung (wie schmecken Honig/Gelee Royal/Pollen/Propolis/Waben)	

Abbildung 1: Überblicksdarstellung – Wochenplan zur Themenwoche „Natur"
ᵃ Die mit einer Lupe und Ziffer markierten Aktivitäten werden im Text exemplarisch ausgeführt.
ᵇ Vgl. zu genaueren Ausführungen den studentischen Beitrag von Mundt & Weissflog in diesem Band.

2.4 Vorentlastung – Raum für multisensorisches Lernen (Aufwärmphase)

Der Einstieg in das übergeordnete Wochenthema „Natur" mit dem Unterthema „Wald" kann auf unterschiedliche Weise erfolgen. Im Sinne der Vorentlastung ist freies Assoziieren und das Berichten von vorausgegangenen Erfahrungen im Wald ebenso zielführend wie der Einstieg über eine konkrete gemeinsame Erfahrung bzw. eine konkrete Aktivität.

Im Rahmen der Arbeit mit neu zugewanderten Kindern und Jugendlichen wurde der Einstieg über eine konkrete Erfahrung gewählt, da angenommen werden muss, dass nicht alle teilnehmenden Schülerinnen und Schüler Wälder aus eigener Anschauung kennen und Erfahrungen mit diesem Ort assoziieren. Die Lehrenden und Lernenden begeben sich daher zu Beginn der Woche in den Wald (Lupe 1). Zuvor haben die Schülerinnen und Schüler den Auftrag erhalten, vor Ort Gegenstände zu sammeln, die sie interessant, ungewöhnlich oder schön finden, aber auch solche, die sie nicht kennen und zu denen sie den deutschen Namen erfahren möchten. Zusätzlich erfahren die Lernenden bereits, dass sie im Anschluss an den Besuch im Wald die gesammelten Objekte gemeinsam benennen und beschreiben werden.[17]

Ein Besuch im Wald ermöglicht es ihnen, auf diese Weise zunächst mit allen Sinnen vor Ort zu sein und haptisch-olfaktorisch-akustische Erfahrungen zu sammeln, ehe es zu einer bildungssprachlichen Überführung des Themas „Wald" und des Erlebten kommt. Ein Besuch im Wald stellt neben der Gruppenerfahrung somit ein multisensorisches Erlebnis dar, bei dem die Kinder und Jugendlichen z. B. dem Ruf eines Vogels lauschen, ein Blatt oder einen Baumstamm befühlen, die Auswirkungen von Dornen und Brennnesseln am eigenen Leib spüren und größere und kleinere Waldtiere entdecken können.

Erste Erfahrungs- und Erlebnisinhalte zum Thema Wald, auf die später zurückgegriffen werden kann, werden auf diese Weise angelegt. Verstärkt werden soll dieser Effekt dadurch, dass die Lernenden aufgefordert werden, nach Gegenständen zu suchen, die sie persönlich interessant und ansprechend finden. Durch diese Form der Individualisierung – die Schülerinnen und Schüler treffen eine persönliche Wahl – wird versucht, ein intrinsisches Interesse und eine Fragehaltung bei den Kindern und Jugendlichen zu erzeugen, wenn sie sich und ihre Interessen als relevant für den weiteren Unterrichtsverlauf erleben (vgl. Deci & Ryan, 1993, S. 224 f., S. 230; vgl. auch Dörnyei & Ushioda, 2011).

Dadurch, dass der Besuch im Wald als Gruppenexkursion (auch von verschiedenen Gruppen gemeinsam) angelegt ist, ist überdies anzunehmen, dass die Teilnehmenden zunächst (z. B. auf dem Weg dorthin) in einem regen sprachlichen Austausch über persönliche Gesprächsthemen und später auch über die vor Ort entdeckten Dinge, erlebten Situationen und ihre Sinneseindrücke stehen. Auf diese Weise wird eine Reihe von impliziten Lernsituationen geschaffen, die in diesem Fall

---

17 Zur Transparenz der Unterrichtsplanung bei traumatisierten Kindern und Jugendlichen s. auch Kapitel 1.3.

nicht explizit vorbereitet werden müssen, jedoch gewollt und bei der Vorbereitung mitzudenken sind.

2.5 Arbeit am Gegenstand – differenzierte Wortschatzarbeit und erste Zugänge zu schulrelevanter Sprache – unter Einbezug unterschiedlicher Wahrnehmungskanäle

Zurück im Klassenraum werden die Waldschätze von den Kindern zunächst ausgebreitet und in Kleingruppen besprochen (Lupe 2). Hierbei arbeiten die Schülerinnen und Schüler zu zweit zusammen. Sie haben den Auftrag erhalten, die Namen der jeweiligen Gegenstände herauszufinden und aufzuschreiben. Sie helfen sich gegenseitig und sammeln die Gegenstände, deren Namen sie nicht kennen oder die sie nicht identifizieren können. Nach fünf Minuten kommen jeweils zwei Gruppen zusammen und tauschen sich über die Gegenstände aus, die innerhalb der eigenen Gruppe nicht benannt werden konnten. Bei der Benennung der am Schluss noch nicht benannten Objekte helfen die Lehrenden.

Was hast du gefunden?

Das habe ich gefunden:

....

....

....

....

....

1. Gegenstand einkleben oder malen:

Kreuze an:
☐ kenne ich
☐ kenne ich nicht
☐ finde ich interessant

2. Gegenstand einkleben oder malen:

Kreuze an:
☐ kenne ich
☐ kenne ich nicht
☐ finde ich interessant

Abbildung 2: Auszug aus dem Arbeitsblatt 1 – Waldschätze

In einem nächsten Schritt werden die unterschiedlichen Gegenstände in der Gruppe gemeinsam beschrieben. Der Fokus liegt hierbei zunächst auf den Eigenschaften und Merkmalen der Objekte wie der Farbe und der Form, d. h. es erfolgt eine intensive Wortschatzarbeit im Feld der Substantive und Adjektive. Die Schülerinnen und Schüler können bei dieser Aktivität auf Adjektive zurückgreifen, die ihnen von der Personenbeschreibung (Thema „Alltag") her vertraut sind. Zusätzlich lernen sie eine große Zahl an neuen Begriffen kennen.

Im Rahmen der beschriebenen Aktivität erfolgt eine Fokuslenkung vom Großen zum Kleinen. Das genaue Beschreiben der Gegenstände durch die Schülerinnen und Schüler ermöglicht es, durch Teilaufgaben unterstützt, dass auch Details der Gegenstände wahrgenommen werden und nach Wegen gesucht wird, diese zu benennen.

Auf diese Weise lässt sich anbahnen, dass neben Adjektiven und allgemeinen Begriffen auch schon spezifischere Bezeichnungen und erste Fachbegriffe eingeführt und in der Folge von den Schülerinnen und Schülern selbstverständlich benutzt werden können. Am Beispiel einer Blume wäre dies etwa dadurch umzusetzen, dass eine immer detailliertere Benennung erfolgt, die vom großen Ganzen zu den immer kleineren Teilen fortschreitet: Blume, Stängel, Blatt, Blüte, Blütenblatt, Stempel, Narbe, Fruchtknoten, Staubbeutel, Staubfaden etc. Allerdings ist es gerade mit Blick auf die Anbahnung von bildungssprachlichen Kompetenzen im Feld der Wortschatzarbeit zentral, dass Substantive von Anfang an mit Artikel und Pluralformen eingeführt werden. Beim Lernen von Adjektiven ist es darüber hinaus wichtig, dass diese als Attribute zu Substantiven in verschiedenen Formen eingeführt werden wie z. B. der kleine Vogel – ein kleiner Vogel, die weiße Blüte – eine weiße Blüte, das scheue Tier – ein scheues Tier.

Im Kontext dieser intensiven Wortschatzarbeit ist auf diese Weise zudem bereits ein vorsichtiger Vergleich von alltäglichen Worten mit fachsprachlicheren Begriffen und Ausdrucksweisen möglich. Dieser bietet sich an, wenn die Lernenden Phänomene der Polysemie bzw. semantischer Mehrdeutigkeit entdecken und danach fragen, wie im Fall von Adern und Blattadern, dem Brennen eines Feuers und dem Brennen einer Brennnessel, dem Unterschied zwischen Haaren auf dem Kopf und den Brennhaaren auf dem Brennnesselblatt, Stempeln, Narben etc. Durch dieses Vorgehen erleben die Schülerinnen und Schüler, dass alltägliche Begriffe in unterschiedlichen Zusammenhängen und insbesondere in stärker fachbezogenen Zusammenhängen abweichende Bedeutungen haben können und werden somit für erste fachsprachliche Charakteristika sensibilisiert.

Will man sprachkontrastiv arbeiten, kann man die Lernenden auffordern, die neuen Begriffe mit den Bedeutungen in ihrer Herkunftssprache und den anderen von ihnen gesprochenen Sprachen zu verbinden. Dies hat den Vorteil, dass die Kinder und Jugendlichen eine Wertschätzung ihres bereits vorhandenen Wissens und ihrer Herkunftssprachen allgemein erfahren, wodurch diesem Vorgehen eine motivationale Funktion zukommt. Zugleich zielt es darauf ab, bereits vorhandenes Wissen in der L1 zu aktivieren und mit neuen Erlebnis-, Erfahrungs- und

Vom Ganzen zu den Teilen – so kann ich Gegenstände beschreiben

Aufgabe:
Wähle gemeinsam mit einem Partner/einer Partnerin einen Gegenstand aus.
Beschreibt ihn gemeinsam und beantwortet die Fragen.

1. Was seht ihr? Nennt zuerst die großen Merkmale: die Größe, die Form, die Farbe, das Gewicht usw.
   Tragt die Adjektive, die diese Merkmale beschreiben, in die Tabelle ein.
2. Achtet dann auf die einzelnen Teile, aus denen euer Gegenstand besteht.
   Schreibt die einzelnen Teile und ihre Namen in die Tabelle.
3. Schaut danach auf die Details und sucht Adjektive, die sie beschreiben.
   Schreibt die Details und die Adjektive auf das Arbeitsblatt.

Das habe ich gefunden :   So heißt das in meiner Muttersprache:
_____   _____

Zu 1. Das Ganze: Merkmale – suche die passenden Adjektive:
1. Größe: _____   _____
2. Gewicht: _____   _____
3. Form: _____   _____
4. Farbe: _____   _____

Zu 2. Bestandteile – z. B. Teile oder Körperteile:
1. _____   _____
2. _____   _____
3. _____   _____
4. _____   _____

Zu 3. Details – schaue ganz genau hin:
1. _____   _____
2. _____   _____
3. _____   _____
4. _____   _____

Abbildung 3:   Arbeitsblatt 2 – Vom Großen zum Kleinen

Wissensinhalten zu verknüpfen. Das heißt, dass ein Rückgriff auf bereits bekanntes Sprachwissen es den Lernenden erlaubt, vielfältige kognitive Verknüpfungen zu entwickeln. Schließlich lässt sich durch ein vorsichtiges sprachkontrastives Arbeiten ein erstes metasprachliches Bewusstsein anbahnen. So können z. B. im Kontext der Wortschatzarbeit Lernende mit Arabisch als L1 ein beginnendes Bewusstsein für die unterschiedlichen Phonem-Graphem-Korrespondenzen in den beiden Sprachen entwickeln, wenn sie von der Lehrkraft aufgefordert werden, die Vokalqualitäten und Vokalmarkierungen in den beiden Sprachen zu vergleichen.[18]

Letztlich soll neben dem Fokus auf Nomen und Adjektiven in dieser Einheit Wortschatz für präzises Beschreiben entwickelt werden wie „ist ein", „hat ein", „besteht aus", „ist unterteilt in", „gliedert sich in" etc. Über diese Wortschatzarbeit, die auf dem Sprachniveau des Förderhorizontes 2 zum Teil noch im Sinne des Erwerbs von festen sprachlichen Sinneinheiten, d. h. sogenannten Chunks, erfolgt, lassen sich grundlegende lexikalische Einheiten für die Diskursfunktion *beschreiben* erarbeiten.

Wie kann ich einen Gegenstand beschreiben?

Welche sprachlichen Mittel kennst du, um einen Gegenstand zu beschreiben?

„ist (ein/eine)"   „hat (ein/eine)" (+ Akk.)   „besteht aus" (+ Dat.)

Eine Blume	…………………	Pflanze.
Eine Blume	…………………	eine Blüte.
Eine Blüte	…………………	Blütenblättern, Stempel, Narbe und Staubgefäßen.
Ein Fuchs	…………………	Tier.
Ein Fuchs	…………………	vier Pfoten, gute Ohren und Augen, einen Schwanz.

Abbildung 4:   Auszug aus dem Arbeitsblatt 3 – Wortschatz für präzise Beschreibungen

---

Im gesamten Verlauf der Wortschatzarbeit ist es dabei sehr gut möglich, binnendifferenzierend zu arbeiten. Während absolute Sprachanfängerinnen und Sprachanfänger wie z. B. im Förderhorizont 1 zunächst die Gattungsnamen und die Bezeichnungen der Pflanzenteile erfragen und aufschreiben und einfache sprachliche Strukturen wie „ist ein" und „hat ein", „besteht aus" zur Beschreibung in Form von *Chunks* lernen, kann der Fokus von Lernern auf der Profilstufe 2 zusätzlich auf die Funktionalität der einzelnen Gegenstände gerichtet werden. Fragen wie: „Warum brennen Brennnesseln?", „Warum haben Brombeeren Dornen?" eignen sich hervorragend, um mit den Schülerinnen und Schülern auf sehr basale und erfahrungsbasierte Weise über die Funktion einzelner Pflanzenbestandteile zu sprechen und Verbindungen zu anderen bekannten Phänomenen zu ziehen. Die Schülerinnen und Schüler können auf diese Weise über die Schutzfunktionen von Pflanzen und

---

18 Während im Arabischen als sunnitischer Sprache mit einer konsonantischen Schrift mit Ausnahme der langen Vokale i, u und a Vokale nicht mit Buchstaben, sondern mit sogenannten Vokalzeichen markiert werden, wird die Länge von Vokalen im Deutschen durch eine Reihe von unterschiedlichen lexikalischen Mitteln markiert (vgl. z. B. Mavruk, 2015). Auf der Seite der Universität Duisburg Essen finden sich z. B. Sprachbeschreibungen, die Lehrkräfte dabei unterstützen können, sprachkontrastive Elemente in ihren Unterricht zu integrieren: https://www.uni-due.de/prodaz/einzelsprachen.php [19.06.2016].

Tieren nachdenken, wodurch bereits sprachliches Material für Ursache-Wirkungs-Zusammenhänge erarbeitet werden kann wie z. B.: Brennnesseln haben Brennhaare und Brombeeren haben Dornen, um sich zu schützen. Brennnesseln haben Brennhaare, damit Tiere sie nicht fressen. Um dieses ausdrücken zu können, bietet sich an dieser Stelle für diese Lernerinnen und Lerner eine Einheit zu „um zu" und „damit" an.

Wo passt „um zu" und wo passt „damit"?

Erinnere dich: Wie bildet man Sätze mit „um zu" und „damit"?

bei „um zu" _____

bei „damit" _____

- Pflanzen haben Dornen, _____ Tiere sie nicht fressen.
- Schnecken haben ein Haus, _____ sich z. B. vor Hitze und Kälte und anderen Tieren zu schützen.
- Brennnesseln haben Brennhaare, _____ Tiere sie nicht fressen.
- Blätter schmecken bitter, _____ Tiere und Insekten sie nicht fressen.
- Bäume haben Wurzeln, _____ Wasser zu trinken.

Abbildung 5:   Auszug aus dem Arbeitsblatt 4 – „um zu", „damit"

Am Ende der Phase der grundlegenden Wortschatzarbeit und der an fachliche Inhalte angelehnten unterrichtlichen Gespräche wie zu den Funktionen einzelner Pflanzenteile zeichnen die Schülerinnen und Schüler in einem nächsten Schritt die von ihnen beschriebenen Gegenstände auf Poster und beschriften diese. Das Erstellen der Poster erlaubt es ihnen, nicht nur in ihrem Rhythmus und gemäß ihrem Sprachstand zu arbeiten, sondern auch die neu erlernten Begrifflichkeiten erneut mit einer sensorischen Handlung – dem Zeichnen – und den nun selbsterstellten Bildern der Gegenstände zu verknüpfen. Die Offenheit der Form „Poster" ermöglicht es überdies, dass die Lernenden unabhängig von ihrem Sprachstand Erfolgserlebnisse erleben. Ein Produkt, das Gegenstände und ihre Bezeichnungen sowie einfache beschreibende Sätze einander zuordnet, kann hier als ebenso gelungen betrachtet werden wie eines, auf dem den Abbildungen bereits kleinere Texte zugeordnet sind. Somit ermöglicht dieses Vorgehen es den Kindern und Jugendlichen, unabhängig von ihrem Sprachstand Stolz auf ihre Leistung zu empfinden und Selbstwirksamkeitserfahrungen zu machen.

Im Kontext des Arbeitsauftrages erfahren sie, dass sie die Poster am nächsten Tag einer anderen Gruppe präsentieren sollen, dass dies jedoch noch sprachlich vorbereitet und geübt werden wird. Die Posterpräsentation kommt einer Form des intelligenten Übens gleich, da die Wiederholung des bereits Gelernten durch das Beschreiben dessen, was die Lernenden auf dem Poster dargestellt haben, in Form einer authentischen kommunikativen Situation erfolgt. Letztere wird, im Sinne kompetenz- und handlungsorientierter Prinzipien, insbesondere durch die Präsentation vor einer anderen Fördergruppe geschaffen. Dies bietet sich jedoch vor allem dann an, wenn sich die Schülerinnen und Schüler wie im Fall der Sommerschule durch die unterschiedlichen gemeinsamen Gruppenaktivitäten bereits gut kennen und die Gruppenstärke eher gering ist. Andernfalls kann ein Präsentieren vor einer fremden Gruppe gerade für potentiell traumatisierte Lernende ein zu hohes Stresspotential darstellen.

Schließlich ermöglicht auch die Präsentation der Poster ein binnendifferenziertes Vorgehen, da Sprachanfänger hierbei basale nebenordnende Konstruktionen und erste Proformen nutzen können und Wortschatz zum Präsentieren in Form von *Chunks* wie „Auf dem Poster seht ihr ein …", „In der Mitte seht ihr ein …", „Am Rand seht ihr ein …", während fortgeschrittene Lerner auf höheren Profilstufen auch bereits unterordnende Konjunktionen und Infinitivkonstruktionen (s. o.) verwenden können. Somit dient die Postererstellung – neben der Vorbereitung für eine weitere sprachförderliche Aktivität – auch dem individuellen Lernen und der Wortschatzkonsolidierung.

2.6 Verschriftlichung: Anbahnung der Textform *Beschreibung* – Aktivitäten und erste Schritte auf dem Weg zu konzeptioneller Schriftlichkeit bzw. schulrelevanter Sprache

Im Folgenden soll nun exemplarisch dargestellt werden, wie die Diskursfunktion *beschreiben* – aufbauend auf der oben beschriebenen Einheit – mit Blick auf ihre Überführung in die schriftliche Form, d. h. in Richtung der Textform Beschreibung, weiter angebahnt wurde. Wichtig war dabei u. a., dass die Verschriftlichung möglichst in authentischen Formaten wie E-Mails, Postkarten, Fotoromanen, kleinen Glossar- oder Lexikoneinträgen etc. erfolgte.

Um die Textform der Beschreibung vorzubereiten und den Einsatz von Proformen zu üben, die als basale Mittel zur Herstellung von Textualität verstanden werden müssen, wählen die Schülerinnen und Schüler nach der Phase der grundlegenden Wortschatzarbeit jeweils einen Gegenstand aus. Ihre Aufgabe ist es nun, ihn mit einfachen Sätzen mündlich zu beschreiben, so dass ihre Mitschülerinnen und Mitschüler erraten können, um welches Objekt es geht (Lupe 3). Zu dieser Form der Beschreibung reichen einfache Sätze aus wie „ist ein(e)" oder „hat ein(e)". Erweitert wird die Aufgabenstellung dadurch, dass die Schülerinnen und Schüler aufgefordert werden, darauf zu achten, Proformen zu benutzen. Die Aufgabe lautet, dass sie, nachdem sie in einem ersten Satz einen Gegenstand eingeführt haben, im zweiten Satz durch eine Proform auf diesen verweisen sollen. Das Prinzip wird anhand eines Beispiels an der Tafel verdeutlicht und anhand eines Arbeitsblattes in Partnerarbeit geübt:

So mache ich aus vielen Sätzen einen zusammenhängenden Text:

Mein Gegenstand ist ein Tier. ~~Das Tier~~ => Es ist klein und lebt im Wald.

Mein Gegenstand ist eine Pflanze. ~~Die Pflanze~~ => Sie wächst im Wald.

- Das/ein => Es …
- Die/eine => Sie …
- Der/ein => Er …
- Die (pl)/- => Sie

Im Wald leben viele Tiere. … sind sehr scheu.

Der Buntsprecht ist ein Vogel. … lebt im Wald. … hat weiße, rote und schwarze Federn. … frisst Insekten.

Abbildung 6: Auszug aus dem Arbeitsblatt 5 – Proformen

Vor der Klasse bilden die Lernenden Sätze wie: „Mein Gegenstand ist eine Pflanze. Sie hat kleine Blätter und eine kleine Blüte. Die Blüte ist weiß. Die Pflanze hat kleine Früchte. Sie sind rot." usw. Die anderen Lernenden raten, um welches Objekt es jeweils geht.

Nach dieser Vorbereitung durch die ausführliche Wortschatzarbeit, das Üben des Einsatzes von Proformen und das Erstellen erster kleiner mündlicher Beschreibungen erstellen die Schülerinnen und Schüler zunächst eine spontane Minibeschreibung, ehe sie anhand von Paralleltexten in Partnerarbeit herausarbeiten, welche der vorliegenden Texte Beschreibungen sind (Lupe 4 und 5). Über Entscheidungsfragen wird versucht, ihre Eindrücke zu fokussieren, so dass sie schließlich gemeinsam mit der gesamten Gruppe erste Merkmale für Beschreibungen zusammentragen und diese als Textform zu bestimmen suchen.

Welcher Text ist eine Beschreibung?[a]

Liebe Sarah,
heute waren wir im Wald. Wir haben ein Eichhörnchen, Rehe und ganz viele Schnecken und Käfer gesehen. Wir haben Eicheln, Bucheckern und Blätter gesammelt. In der Stadt war es sehr warm, aber im Wald war es ein bisschen kalt. Es war sehr interessant.
Viele Grüße Nivin   **A**

Eichhörnchen haben ein rot-braunes Fell, einen buschigen Schwanz und kleine, spitze Ohren. Sie können gut klettern. Sie fressen Nüsse, Eicheln und Bucheckern. Im Herbst sammeln sie Futter für den Winter.   **D**

Im Wald müssen wir ganz leise sein, sonst sehen wir keine Tiere.   **E**

Walderdbeerpflanzen wachsen auf dem Waldboden. Sie haben weiße Blüten und kleine, rote Früchte. Sie heißen Walderdbeeren. Walderdbeeren sind essbar.   **F**

Der Ausflug in den Wald hat mir gut gefallen. Ich habe viele Tiere gesehen. Jetzt weiß ich, dass Eichhörnchen Nüsse sammeln und vergraben.   **B**

Bäume haben Wurzeln, einen Stamm, viele Äste und viele Blätter. Bäume brauchen Licht und Wasser zum Leben und zum Wachsen.   **C**

Brennnesseln haben Brennhaare. Diese wachsen unter den Blättern und am Stängel.   **G**

1. Entscheidet, was in eine Beschreibung gehört und was nicht:
   ☐ In Beschreibungen sage ich, wie ein Gegenstand oder ein Lebewesens aussieht.
   ☐ In Beschreibungen sage ich, z. B. wo ein Lebewesen lebt, was es frisst und was es macht.
   ☐ In einer Beschreibung sage ich, ob ich die Sache oder das Lebewesen kenne und ob es/sie mir gefällt.
   ☐ In Beschreibungen erzähle ich, was ich mit dem Gegenstand oder dem Lebewesen erlebt habe.
   ☐ Eine Beschreibung schreibe ich im Präsens.
   ☐ Eine Beschreibung ist neutral.

2. Wie müssen Beschreibungen sein? Erstellt gemeinsam eine Liste:
   - _____
   - _____
   - _____
   - _____

3. Du willst einen Text für ein Kinderlexikon mit deinem Partner oder deiner Partnerin schreiben. Schaut euch das Beispiel an und schreibt dann einen eigenen Text:

Beispiel: Das Eichhörnchen, -en   Das Eichhörnchen:

(So sieht es aus):
Eichhörnchen sind klein und leicht. Sie haben spitze Ohren und Sinneshaare an der Nase. Sie haben ein rotes oder ein braunes Fell und einen buschigen Schwanz. Am Bauch und auf der Brust ist das Fell weiß. Sie haben vier Pfoten. Die Hinterbeine sind kräftiger als die Vorderbeine.
(Hier lebt es):
Eichhörnchen leben im Wald oder in Parks.
(Das macht es):
Eichhörnchen klettern auf Bäume. Sie fressen Nüsse und Bucheckern, Fichtenzapfen, Beeren und manchmal auch kleine Tiere. Sie verstecken Futter für den Winter.

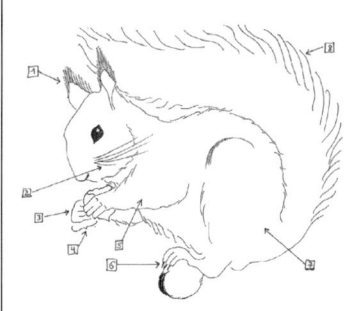

Schwanz   Ohren   Sinneshaare
Hinterbeine   Pfoten   Krallen
Vorderbeine   4 Finger

Hier ist Platz für dein Beispiel: Die Schnecke:
Die Schnecke, -en

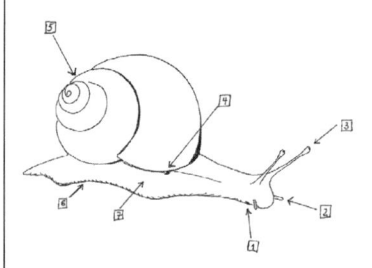

Augenfühler   Atemloch   Fuß
Gehäuse   Tastfühler   Mund
Sohle

Abbildung 7:   Arbeitsblatt 6 – Was ist eine Beschreibung?
[a] Vgl. zu diesem Einstieg über Paralleltexte Beese et al. (2015, S. 125).

Bei der Arbeit mit Sprachanfängerinnen und -anfängern besteht das Hauptaugenmerk darin, dass die Lernenden zunächst neben- und später unterordnende Konjunktionen sowie Proformen benutzen. Da die Texte im Präsens geschrieben werden, sind sie besonders gut auch auf sehr niedrigen Profilstufen realisierbar.

Um eine möglichst „authentische" Schreibsituation zu schaffen, lässt sich, wie dem Arbeitsblatt zu entnehmen ist, die Schreibhandlung *beschreiben*, z. B. beim Thema Pflanzen, sehr gut in Form eines kleinen Glossars umsetzen, in dem die Schüler ihre Erkenntnisse zusammentragen, und sie sich dadurch als „kleine Forschende" erleben. Der folgende Schülertext zum Operator *beschreiben* zeigt auf einem sehr niedrigen Sprachstand, wie Textelemente durch Strukturwörter an Kohäsion gewinnen und ein erster „wohlgeformter" Text entsteht. Als Arbeitsform wurde zunächst die Peer-Korrektur gewählt, da auf diese Weise das Erleben von Selbstwirksamkeit und Lernerautonomie gefördert werden kann, ehe die Texte im Klassenverband besprochen werden:

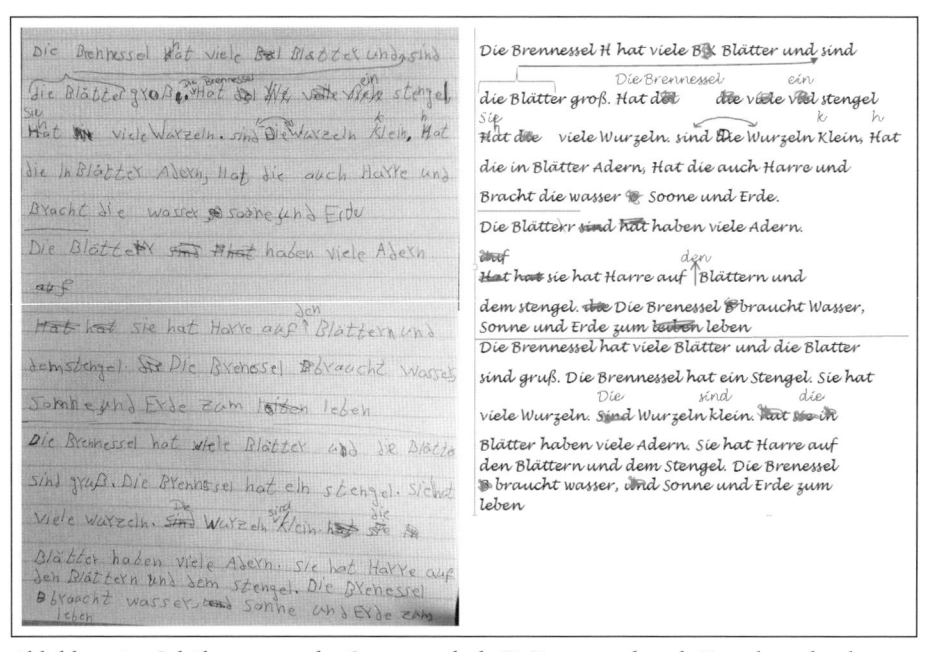

Abbildung 8:   Schülertext aus der Sommerschule DaZ 2015 und nach Korrektur durch einen Mitschüler überarbeitete Fassung

2.7   Ausblick auf eine weiterführende Einheit zum Thema „Bienen" mit dem Zielfokus *Berichten*

Aufbauend auf dem Waldspaziergang, der Auseinandersetzung mit den Fundstücken, der intensiven Wortschatzarbeit zum Beschreiben und den Gesprächen über die Funktionalität der gefundenen Gegenstände wurde in einem nächsten Schritt im Rahmen der Themenwoche „Natur" und am Übergang zum Thema „Kultur" ein Besuch in einer Imkerei vorbereitet.

Lag der Fokus in der ersten Phase der Woche auf Adjektiven und ersten Beschreibungen von Tieren und Pflanzen, kommen mit dem Thema „Bienen" und „Honig" weitere Wortfelder, komplexere Handlungen und funktionelle Zusammenhänge ins Spiel. Im Bereich der Wortschatzarbeit werden bei diesem Thema insbesondere Verben wie „sammeln", „saugen", „pflegen" etc. eine Rolle spielen, zudem die Funktionalität von Handlungen sowie ihre Ergebnisse, d. h. die Zwecke und die Produkte von Handlungen, wenn es darum geht, zu beschreiben, was Bienen tun und wie sie leben. Sprachlich fortgeschrittene Lernende können anhand dieses Themenfeldes lernen, Vorgänge und Funktionszusammenhänge zu benennen und zu beschreiben (vgl. Arbeitsblatt 4). Sprachanfänger können schon die unterschiedlichen Elemente des komplexen Systems „Bienenstaat" benennen. Als dahinterliegende kognitive Operation üben sie dabei, z. B. ein Ganzes in seine Teile zu zergliedern, was Analysekompetenz anbahnt. Aufbauend auf der vorausgegangenen Einheit können sie nach einer entsprechenden Wortschatzarbeit so z. B. kleine Texte in der Art des Folgenden produzieren: *„Ein Bienenstaat besteht aus einer Königin, Arbeitsbienen und Drohnen. Die Königin legt Eier. Die Arbeitsbienen sammeln Nektar und Pollen. Sie machen Honig und pflegen die Brut. Die Drohnen arbeiten nicht."*

Aufgrund der Komplexität der mit dem Thema verbundenen Inhalte bietet es sich hierbei jedoch nicht mehr an, das Thema unmittelbar mit einem Besuch vor Ort, d. h. beim Imker, zu beginnen. Ohne sprachliche Vorentlastung und Vorbereitung wäre hier eine Überforderung der Schülerinnen und Schüler voraussehbar, da nicht nur eine große Zahl neuer (Fach-)Begriffe gelernt werden muss, sondern auch die inhaltlichen Zusammenhänge zum Thema Honigproduktion und Leben im Bienenstock – selbst angesichts des Anschauungsmediums „Bienenstock" – nur über das abstrakte Medium Sprache zu vermitteln wären. Dies setzt sehr fortgeschrittene Sprachkenntnisse voraus. Daher wurde in diesem Fall nach einer erfahrungs- und assoziationsbasierten Vorentlastung und Wortschatzarbeit mit zeichnerischen Aktivitäten ein erster vertiefender Zugang mit dem Fokus globales und selektives Hören über einen Film gewählt. Da jedoch selbst Kinderfilme – wie Beiträge aus der Sendung mit der Maus (https://youtu.be/rrloSlQx3AU) – nicht für Sprachlernerinnen und -lerner konzipiert und didaktisiert und damit in der Regel für Sprachlernanfänger zu komplex sind, als dass sie ohne Hilfen verstanden werden können, erhalten die Lernenden den Auftrag, auf einige wenige Aspekte zu achten, die im Film konkret benannt werden und die auf der Ebene des Wortschatzes im Vorfeld vorentlastet wurden (Lupe 6). Die Fragen zum Film werden im MC-Format präsentiert, da somit verhindert wird, dass die Lernenden durch das Schreiben vom weiteren Zuhören abgehalten werden (vgl. Grotjahn, 2010). Wichtig ist allerdings auch hier, dass die Fragen im Vorfeld mit den Lernenden vorentlastet werden, so dass sie den Film mit einer konkreten Hörerwartung sehen.

> **Höre genau zu und kreuze an, was du verstehst:**
>
> Die Bienen im Film heißen Amalie, Bianca und Cecilie.
>
> | Was sucht Amalie? | Wohin kommt der Nektar? |
> |---|---|
> | ☐ Blüten | ☐ in den Honigmagen |
> | ☐ Blütenpollen | ☐ in eine Tasche |
> | ☐ Futter | ☐ in den Bauch |
>
> | Womit transportiert Amalie den Pollen? | Was sucht Cecilie? |
> |---|---|
> | ☐ im Pollensack | ☐ Nektar |
> | ☐ in der Pollentasche | ☐ Honigtau |
> | ☐ in der Pollentüte | ☐ Blütenpollen |
>
> | Was sammelt Bianca? | Wohin kommt der Nektar im Bienenstock? |
> |---|---|
> | ☐ Nektar | ☐ in eine Honigwabe |
> | ☐ Honig | ☐ in ein Honiglager |
> | ☐ Blütenpollen | ☐ in einen Honigtopf |
>
> | Womit saugt Bianca den Nektar? | Woraus machen Bienen Honig? |
> |---|---|
> | ☐ mit dem Mund | ☐ aus Honigtau |
> | ☐ mit den Fühlern | ☐ aus Nektar |
> | ☐ mit dem Rüssel | ☐ aus Nektar und Honigtau |

Abbildung 9: Auszug aus dem Arbeitsblatt 7 – Selektives Hören

Durch diese aufmerksamkeitslenkenden Fragen, die die Schülerinnen und Schüler während des Films beantworten, kann der Inhalt vorstrukturiert, globales und selektives Hören geübt und können bereits erste Zugänge zu schulrelevanten Handlungen angebahnt werden – bspw. sich leitfragengesteuert mit fachlichen Inhalten auseinanderzusetzen, eine Hörerwartung durch Fragen aufzubauen oder sich Notizen zu machen.

Um die Exkursion darüber hinaus inhaltlich vorzubereiten, erarbeiten die Lernenden gemeinsam in der Gruppe – durch die Studierenden unterstützt – Fragen, auf die sie während der Erklärungen in der Imkerei Antworten zu erhalten hoffen.

Im Anschluss an eine derartige intensive und erneut gut binnendifferenziert durchzuführende Wortschatzarbeit, thematische Einführung und Vorbereitung kann dann der Besuch in einer Imkerei folgen.[19]

Vor Ort bietet es sich an, insbesondere das Potential für multisensorische Erfahrungen, das mit dem Thema Bienen und Honigproduktion verbunden ist, zu nutzen, d.h. die Schülerinnen und Schüler sollten Honig, Pollen, Waben, Propolis,

---

[19] Hierzu ist eine sehr enge Absprache mit dem dortigen Personal bzgl. der Inhalte und der sprachlichen Form der Einführung dringend geraten, denn nur durch eine sprachliche Vor- bzw. Aufbereitung und eine Unterstützung mit Bildmaterial lassen sich auch bereits komplexe Zusammenhänge auf einem sprachlich niedrigen Niveau vermitteln.

Gelee Royal etc. fühlen, riechen, schmecken oder tasten können und hierzu z. B. ihre persönliche Einschätzung über einen einfachen Fragebogen festhalten (Lupe 7):

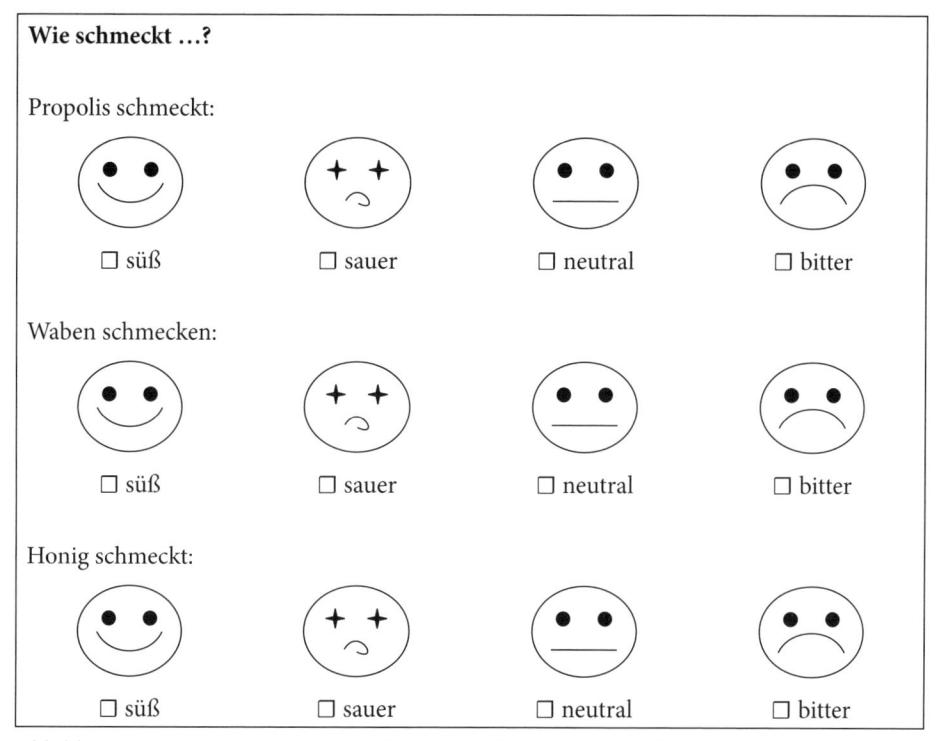

```
┌─────────────────────────────────────────────────────────────────┐
│ **Wie schmeckt ...?**                                           │
│                                                                 │
│ Propolis schmeckt:                                              │
│     ☺           ☹*           😐           ☹                     │
│   ☐ süß       ☐ sauer      ☐ neutral     ☐ bitter              │
│                                                                 │
│ Waben schmecken:                                                │
│     ☺           ☹*           😐           ☹                     │
│   ☐ süß       ☐ sauer      ☐ neutral     ☐ bitter              │
│                                                                 │
│ Honig schmeckt:                                                 │
│     ☺           ☹*           😐           ☹                     │
│   ☐ süß       ☐ sauer      ☐ neutral     ☐ bitter              │
└─────────────────────────────────────────────────────────────────┘
```

Abbildung 10: Auszug aus dem Arbeitsblatt 8 – Wie schmeckt ...?

Am Ende der Einheit zu den Bienen und der Exkursion zum Lehrbienenstand steht nun für die Schülerinnen und Schüler die Aufgabe an, von ihren Erfahrungen und Erlebnissen zu berichten. Dieses kann auf den niedrigen Erwerbsstufen sehr basal ausfallen und entgegen den Textkonventionen im Förderhorizont 1 auch zunächst im Präsens geschehen. Für Lernende im Förderhorizont 2 bietet die Rückschau auf eine vorausgegangene Aktivität oder Erfahrung zusätzlich die Möglichkeit, zu dem jeweils spezifischen Wortschatz das Perfekt zu verwenden, es zu trainieren und zu festigen.

Gerade rückblickendes Berichten erlaubt es den Schülerinnen und Schülern, eine erste Perspektivierung des Erlebten vorzunehmen. Sie müssen, um von ihren Mitschülerinnen und Mitschülern und der Lehrkraft verstanden zu werden, ihre unmittelbaren Erfahrungen und Erlebnisse kontextualisieren und explizieren. Im Kontext der Überführung des Erlebten in schriftsprachliche Form geht es dann in einem weiteren Schritt – im Sinne der Entwicklung von Textualität und der Anbahnung elementarer Mittel konzeptioneller Schriftlichkeit – erneut darum, zunächst grundlegende kohäsionsstiftende Elemente zu nutzen wie Proformen, nebenordnende und (später) unterordnende Konjunktionen. Diese Überführung von kontextgebundenen Äußerungen in schriftsprachliche Äußerungen, die den Kontext einer Erfahrung oder einer Aussage rein über Sprache vergegenwärtigen müssen, kann von den Lehrkräften dabei jedoch nicht einfach vorausgesetzt werden[20], wie z. B. von „*Au, das brennt!*" in: „*Auf einer Exkursion in den Wald haben wir Brombeeren gepflückt. Dabei bin ich in einen Graben mit Brennnesseln gerutscht. Das tat sehr weh und ich habe laut geschrien.*" Stattdessen ist es erforderlich, der Anbahnung der Produktion von kohärenten Texten bereits auf einem sehr niedrigen Niveau große Aufmerksamkeit zu widmen, was bedeutet, dass es sich um ein zeitintensives Vorgehen bzw. um einen eigenständigen Arbeitsfokus handelt.

Hier bietet sich ein induktives Vorgehen an, da die Schülerinnen und Schüler hierdurch, ausgehend von dem, was sie bereits ohne Hilfestellung produzieren können, zur nächsthöheren „Textstufe" begleitet werden und schließlich mit einem neuen Aufmerksamkeitsfokus auf ihre eigenen Texte schauen können. Zu diesem Zweck bietet sich ein Vorgehen in verschiedenen Etappen an. Zunächst erhalten die Lernenden den Arbeitsauftrag, zu berichten, was sie auf dem Ausflug erlebt haben (Lupe 8). Als Grundlage der Textproduktion können hierzu auch zunächst unterschiedliche Aspekte im Klassenverbund an der Tafel stichpunktartig zusammengetragen werden.

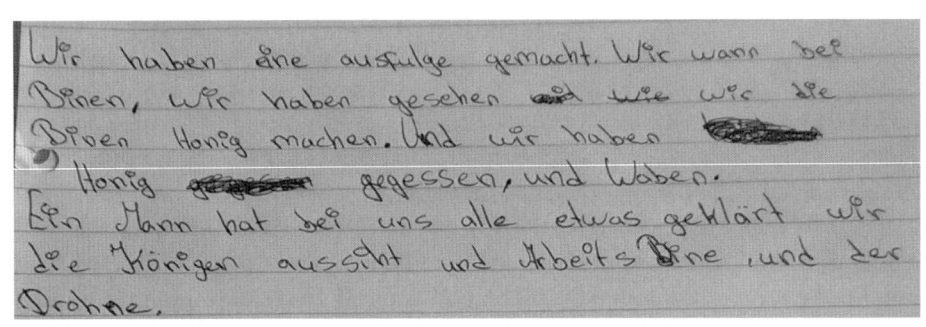

Abbildung 11: Schülertext aus der Sommerschule DaZ 2015 (Förderhorizont 2). (*Wir haben eine ausfulge gemacht. Wir wann bei Binen. Wir haben gesehen mit wie wir die Binen Honig machen. Und wir haben Honig gegessen, und Waben. Ein Mann hat bei uns alle etwas geklärt wir die Königin aussiht und Arbeits Bine, und der Drohne.*)

---

20 Für die Gruppe der Seiteneinsteigerinnen und Seiteneinsteiger gilt es hier, außerdem zu beachten, dass mit Blick auf die unterschiedliche Ausprägung von Textkompetenzen der Grad der im Herkunftsland erfolgten Schulbildung zu berücksichtigen ist, und dies bedingt u. a., inwiefern Textkompetenzen von der L1 in die L2 übertragen werden können. Hier kann, abgesehen von der Frage der Ausbildung basaler Textkompetenzen, die Thematik aufkommen, dass je nach Herkunftsland unterschiedliches Textmusterwissen von den Schülerinnen und Schülern erlernt wurde und damit unterschiedliche Erwartungen an die jeweiligen Textformen einhergehen.

Nachdem die Schülerinnen und Schüler einen eigenen Text wie z. B. den obigen produziert haben, wird in der Folge im Kontext der Anbahnung von konzeptioneller Schriftlichkeit mit Paralleltexten gearbeitet, an denen sie kohäsionsstiftende Merkmale herausarbeiten sollen (Lupe 9). Hierzu vergleichen sie ihren eigenen Text mit einem Paralleltext und wählen, was sie für einen „schöneren" oder „klareren" Text halten. Sie werden gehalten, Vermutungen darüber anzustellen, warum dies so ist. In diesem Kontext ist es z. B. auch gut möglich, ihnen zwei Texte zu präsentieren, von denen einer vollständig auf konzeptioneller Mündlichkeit beruht, aus unverbundenen Sätzen besteht und in dem sämtliche Kontextinformationen, die zum Verständnis nötig sind, fehlen. Diesem Text lässt sich ein Text zum gleichen Inhalt gegenüberstellen, der Kontextinformationen und einige Strukturwörter enthält.

Finde die Unterschiede

Welchen Text verstehst du besser?

Beispieltext 1:	Beispieltext 2:
A: Pass auf!	Wir sind in den Wald gegangen. Dort haben wir viele Pflanzen und Tiere gesehen. Wir haben auch Brombeerpflanzen gesehen und wir haben Brombeeren gepflückt. Die Brombeeren haben Dornen. Tillai hat gerufen: „Pass auf!", aber ich habe nicht aufgepasst. Die Dornen haben mich gestochen. Sie waren sehr spitz. Das tat weh. Tillai hat mir geholfen.
B: Aua!	
C: Komm, ich helfe dir.	

Beispieltext 1: ☐
Beispieltext 2: ☐

Überlege mit deinem Partner oder deiner Partnerin, warum das so ist.

Abbildung 12: Arbeitsblatt 9 – Beispiele für Paralleltexte

Die Schülerinnen und Schüler können dann in Partnerarbeit zunächst die beiden Texte vergleichen und die sprachlichen Mittel entdecken, die die beiden Texte unterscheiden.

In einem zweiten Schritt können die identifizierten kohäsionsstiftenden Mittel gemeinsam in der Gruppe zusammengetragen werden. Schließlich werden dann die eigenen Texte erneut betrachtet und erste kohäsionsstiftende Mittel in Partnerarbeit in diese eingetragen.

Die so entstehenden Texte wirken noch nicht wie bildungssprachliche Texte im eigentlichen Sinne. Es darf jedoch nicht übersehen werden, dass die Grundlagen für das Schreiben von kohärenten Texten auf dieser Stufe gelegt werden.

Soll zusätzlich, im Sinne des Operators *berichten*, die zeitliche Abfolge von Handlungen im Text festgehalten werden, was den Einsatz von Strukturwörtern wie ‚zuerst', ‚dann', ‚am Anfang', ‚am Schluss', etc., aber auch den Einsatz des Perfekts erfordert, so stellt dies einen weiteren Schritt auf dem Weg dar, um Textkohärenz zu produzieren und Ereignisse zu zergliedern. Gleichzeitig erfordern diese temporalen Adverbien jedoch den Einsatz von Subjekt-Verb-Inversionen ebenso wie z. B. auch die Deixis „dort". Auf niedrigen Profilstufen könnten diese für einzelne Adverbien wie „zuerst haben wir", „dann haben wir", „am Schluss haben wir", oder aber auch „dort haben wir" z. B. als *Chunks* eingeführt werden.

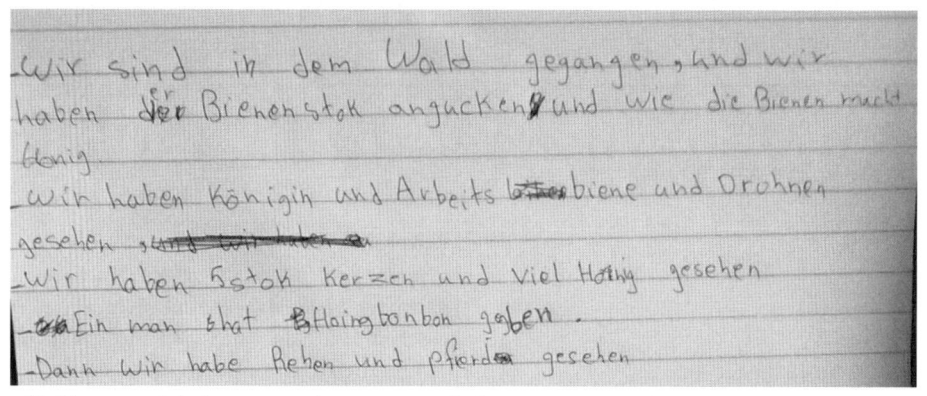

Abbildung 13: Schülertext aus der Sommerschule DaZ 2015 (Förderhorizont 2). (*Wir sind in dem Wald gegangen, und wir haben der Bienenstok angucken und wie die Bienen macht Honig. Wir haben Königin und Arbeits biene und Drohnen gesehen und wir haben Wir haben 5Stok Kerzen und viel Honig gesehen. Ein Mann hat Hoingbonbon gebgen. Dann wir habe Rehen und pfierd gesehen.*)

Im abgebildeten Schülertext sind bereits Ansätze für die Textverknüpfung durch die nebenordnende Konjunktion „und" erkennbar sowie erste Versuche, eine zeitliche Abfolge darzustellen, ohne allerdings schon eine Inversion von Subjekt und Verb vorzunehmen: „Dann wir haben Rehen und pfierd gesehen."

Aus handlungsorientierter Sicht lässt sich ein solches Berichten sinnvoll z. B. über das Mittel einer Fotogeschichte, die auf den tatsächlichen Erfahrungen und Erlebnissen der Gruppe beruht, motivieren. Hierzu kann eine Lehrkraft gegen Ende einer Unterrichtseinheit[21], das heißt, nachdem die Schülerinnen und Schüler zunächst ungesteuert von ihren Erlebnissen erzählt und hierzu gemalt und später angeleitet erste Texte geschrieben haben, den Kindern und Jugendlichen die Fotos vorlegen, die sie von Schlüsselmomenten des Ausflugs gemacht hat. Die Schülerinnen und Schüler erhalten die Aufgabe, die Bilder in eine Reihenfolge zu bringen, sie auf Poster zu kleben und zu den Bildern jeweils kurze Texte darüber zu schreiben, was sie jeweils erlebt haben und in welcher Abfolge die einzelnen Aktivitäten erfolgt sind.

---

21 Oder am Ende des gesamten Projektes, z. B. in Form eines Fotoromans.

Auf diesem Wege können kurze Textbausteine – wie der folgende entstehen: *„Wir sind in den Wald gegangen. Da haben wir Pflanzen, Blumen und Schneckenhäuser gesucht. Danach haben wir in der Schule die Gegenstände beschreiben."* (Schülertext aus der „Sommerschule DaZ" 2015 – Förderhorizont 2 – Bildunterschrift auf einem Fotoposter). Auf einer sehr basalen Ebene stellt der Schüler darin bereits einen zusammenhängenden Text her, der kohäsionsstiftende Elemente enthält. Auch wenn er mit der Deixis „Da" ein lexikalisches Mittel verwendet, das der konzeptionellen Mündlichkeit zuzuordnen ist, so gebraucht er es gleichwohl im Sinne eines Rückverweises auf den vorausgegangenen Satz und dessen Inhalt. Mit dem Temporaladverb „danach" stellt er seine Ausführungen in einen zeitlichen Zusammenhang.

3. Fazit und Ausblick

Der Blick in die Praxis der „Sommerschule DaZ", die vorgestellten Möglichkeiten zur Unterrichtsgestaltung sowie insbesondere die entstandenen Texte der Schülerinnen und Schüler zeigen, dass sich die Vermittlung grundlegender Sprachkenntnisse im Deutschen und eine frühe Anbahnung schulrelevanter Sprache nicht ausschließen müssen. Letztlich kommt es auf das Verständnis von *bildungssprachlich* an, das der Förderung zugrunde gelegt wird.

Als besonders vielversprechend für eine frühe Vermittlung schulrelevanter Sprache hat sich dabei das Vorgehen des Sammelns von eigenen Erfahrungen mit anschließender bildungssprachlicher Überführung des konkret Erlebten sowie die Arbeit an den Diskursfunktionen erwiesen. In der Praxis hat sich immer wieder gezeigt, dass die Schülerinnen und Schüler selbst – natürlich verbunden mit bestimmten Themen – komplexere und abstraktere Betrachtungsweisen und Fragen aufgreifen und ihnen hier sprachliche Unterstützung geboten werden kann (z. B. Schutzmechanismen bei Pflanzen und Tieren mit den sprachlichen Mitteln „um zu" oder „damit"). Also warum länger *nur* bei der Förderung basaler alltagssprachlicher Kompetenzen aufhalten, wenn schulische Denk- und Handlungsmuster hier im Kleinen bereits aufgegriffen werden können und auch sprachlich auf einem niedrigen Sprachstand zu bewältigen sind?

Dass die vorgestellte Art der Unterrichtsgestaltung für Lehrkräfte eine Herausforderung darstellt, wollen wir nicht in Abrede stellen. Insbesondere eine an den Erwerbsstand angepasste Vermittlung schulrelevanter Sprache ist ein Spagat zwischen dem, was wir über Erwerbssequenzen und sprachliche Niveaustufenbeschreibungen wissen, und dem, was als bildungssprachliche Kompetenz für erfolgreiches Lernen am Ende des Horizonts aufblitzt – wie im derzeitigen Diskurs um Sprachbildung in allen Fächern diskutiert wird.

Der Beitrag ist ein (zu diskutierender) Vorschlag, wie solch ein Spagat aussehen könnte.

Literatur

Aguado, K. (2015). „Kannst Du mal eben …?" Chunks als zentrale Merkmale eines kompetenten Sprachgebrauchs und Empfehlungen für ihre Behandlung im Fremdsprachenunterricht. *MAGAZIN – Zeitschrift des andalusischen Germanistenverbandes. Sondernummer zu neuen Tendenzen im DaF-Unterricht*, 1, S. 5–9.

BAMF (Hrsg.). (2015). *Konzept für einen bundesweiten Integrationskurs*. Paderborn: Bonifatius GmbH. Verfügbar unter: https://www.bamf.de/SharedDocs/Anlagen/DE/Downloads/Infothek/Integrationskurse/Kurstraeger/KonzepteLeitfaeden/konz-f-bundeswintegrationskurs.pdf;jsessionid=3C1E25ED615F29B6CC0CA031D3A2AD95.1_cid368?__blob=publicationFile [26.12.2015].

Baumert, J. & Schümer, G. (2001). Familiäre Lebensverhältnisse, Bildungsbeteiligung und Kompetenzerwerb. In: Baumert, J., Klieme, E., Neubrand, M., Prenzel, M., Schiefele, U. & Schneider, W. (Hrsg.). *PISA 2000: Basiskompetenzen von Schülerinnen und Schülern im internationalen Vergleich*. Opladen: Leske + Budrich, S. 323–410.

Beese, M., Benholz, C., Chlosta, C., Gürsoy, E., Hinrichs, B., Niederhaus, C. & Oleschko, S. (2015). *Sprachbildung in allen Fächern*. 16. München: Klett-Langenscheidt (=Deutsch Lehren Lernen).

Berendes, K., Dragon, N., Weinert, S., Heppt, B. & Stanat, P. (2013). Hürde Bildungssprache? Eine Annäherung an das Konzept „Bildungssprache" unter Einbezug aktueller empirischer Forschungsergebnisse. In: Redder, A. & Weinert, S. (Hrsg.). *Sprachförderung und Sprachdiagnostik. Interdisziplinäre Perspektiven*. Münster: Waxmann, S. 17–41.

Cummins, J. (1976). The influence of bilingualism on cognitive growth: A synthesis of research findings and explanatory hypotheses. *Working Papers in Bilingualism*, 19, S. 197–205.

Cummins, J. (1981). Age on arrival and immigrant second language learning in Canada: A reassessment. *Applied Linguistics*, 2, S. 132–149.

Cummins, J. (2000). *Language, Power and Pedagogy. Bilingual Children in the Crossfire*.

Cummins, J. (2008). BICS and CALP: Empirical and Theoretical Status of the Distinction. In: Street, B. & Hornberger, N. H. (Hrsg.). *Encyclopedia of Language Education*. New York: Springer, S. 487–499.

Dalton-Puffer, C. (2013a). A construct of cognitive discourse functions for conceptualising content-language integration in CLIL and multilingual education. *EuJAL* 1 (2), S. 216–253 [DOI 10.1515/eujal-2013–0011] [20.04.2016].

Dalton-Puffer, C. (2013b). Diskursfunktionen und generische Ansätze. In: Hallet, W. & Königs F. (Hrsg.). *Handbuch Bilingualer Unterricht/Content and Language Integrated Learning*. Seelze: Klett Kallmeyer, S. 138–145.

De Florio-Hansen, I. (2014). *Fremdsprachenunterricht lernwirksam gestalten. Mit Beispielen für Englisch, Französisch und Spanisch*. Tübingen: Narr.

Dehn, M. (2011). Elementare Schriftkultur und Bildungssprache. In: Fürstenau, S. & Gomolla, M. (Hrsg.). *Migration und schulischer Wandel: Mehrsprachigkeit*. Wiesbaden: VS Verlag für Sozialwissenschaften, S. 129–152.

Ding, U. (2013). Trauma und Schule. Was lässt Peter wieder lernen? Über unsichere Bedingungen und sichere Orte in der Schule. In: Bausum, J., Besser, L.-U., Kühn, M. & Weiß, W. (2013). *Traumapädagogik. Grundlagen, Arbeitsfelder und Methoden für die pädagogische Praxis*. Weinheim: Beltz Juventa, S. 55–66.

Erk, S., Kiefer, M., Grothe, J., Wunderlich, A.P., Spitzer, M. & Walter, H. (2003). Emotional context modulates subsequent memory effect. *Neuroimage* 18 (2), S. 439–447.

Europarat (2001). *Gemeinsamer europäischer Referenzrahmen für Sprachen: lernen, lehren, beurteilen*. Berlin u. a.: Langenscheidt.

Gogolin, I. & Lange, I. (2011). Bildungssprache und Durchgängige Sprachförderung. In: Fürstenau, S. & Gomolla, M. (Hrsg.). *Migration und schulischer Wandel: Mehrsprachigkeit*. Wiesbaden: Springer, S. 107–127.

Grotjahn, R. & Tesch, B. (2010). Messung der Hörverstehenskompetenz im Fach Französisch. In: Porsch, R., Tesch, B. & Köller, O. (Hrsg.). *Standardbasierte Testentwicklung und Leistungsmessung: Französisch in der Sekundarstufe I*. Münster: Waxmann, S. 125–150.

Heine, L. (2014). Unterrichtsbezogene Fremdsprachenerwerbstheorien und neurowissenschaftliche Erkenntnis. In: Böttger, H. & Grien, G. (Hrsg.). *The Multilingual Brain. Zum neurodidaktischen Umgang mit Mehrsprachigkeit. Konferenzband TMB 2014*. o.O.: Epubli, S. 33–54. Verfügbar unter: http://www.ruhr-uni-bochum.de/slf/mam/heine_2014_erwerbstheorien_und_neurowissenschaftliche_erkenntis.pdf [26.12.2015].

Heine, L. (2015). Sprachtheorien und ihre Explizierung in der unterrichtsbezogenen Fremdsprachenforschung. In: Grünewald, A. & Doff, S. (Hrsg.). *Konferenzband zum Bremer Symposium „Wechseljahre"*. Frankfurt a. M.: Peter Lang, S. 177–192.

Hille, K., Gust, K., Bitz, U. & Kammer, T. (2011). Associations between music education, intelligence, and spelling ability in elementary school. *Advances in Psychology, 7*, S. 1–6.

Hulstijn, J. H. (2015). *Language Proficiency in Native and Non-native Speakers: Theory and Research (Language Learning & Language Teaching)*. Amsterdam/Philadelphia: John Benjamins.

Kurtz, G., Hofmann, N., Biermas, B., Back, T. & Haseldiek, K. (2014). *Sprachintensiver Unterricht. Ein Handbuch*. Baltmannsweiler: Schneider Hohengehren.

Kleppin, K. (2016, erscheint). Üben und Trainieren mit und ohne Hilfestellung. In: Königs, F. G. et al. (Hrsg.) *Arbeitspapiere der 36. Frühjahrskonferenz zur Erforschung des Fremdsprachenunterrichts*. N.N. Tübingen: Narr.

Kniffka, G. & Siebert-Ott, G. (2012). *Deutsch als Zweitsprache. Lehren und Lernen*. Paderborn: Ferdinand Schöningh.

Krüger, A. (2007). *Erste Hilfe für traumatisierte Kinder*. Düsseldorf: Patmos, S. 56–67.

Lange, I. (2012). Von „Schülerisch" zu Bildungssprache. Übergänge zwischen Mündlichkeit und Schriftlichkeit im Spannungsfeld von Sprachtheorie und Sprachgeschichte. In: Deutschmann, O., Flacche, H., König, B., Kruse, M., Pabst, W. & Stempel, W.-D. (Hrsg.). *Interkulturelle Pädagogik und sprachliche Bildung*. Wiesbaden: VS Verlag für Sozialwissenschaften, S. 123–142.

Lantolf, J. P. & Poehner, M. E. (2014). *Sociocultural Theory and the pedagogical imperative in L2 education*. New York: Routledge.

Lantolf, J. P., Thorne, S. L. & Poehner, M. E. (2015). Sociocultural Theory and Second Language Learning. In: VanPatten, B. & Williams, J. (Hrsg.). *Theories in Second Language Acquisition: An Introduction*. New York: Routledge, S. 207–226.

List, G. (2007). *Förderung von Mehrsprachigkeit in der Kita*. Verfügbar unter: http://www.dji.de/fileadmin/user_upload/bibs/384_8288_Expertise_List_MSP.pdf [26.12.2015].

List, G. (2010). „Bildungssprache" in der Kita. In: Krüger-Potratz, M., Neumann, U. & Reich, H.H. (Hrsg.). *Bei Vielfalt Chancengleichheit. Interkulturelle Pädagogik und Durchgängige Sprachbildung*. Münster: Waxmann, S. 185–196.

Massumi, M. (2015). *Sprachförderung für Kinder und Jugendliche in der Notunterkunft für Flüchtlinge im Rahmen des Berufsfeldpraktikums. Das Konzept und bisherige Erfahrungswerte zwischen April 2014 bis Mai 2015*. Köln: Zentrum für LehrerInnenbildung. Verfügbar unter: http://zfl.uni-koeln.de/sites/zfl/Publikationen/pp-innovativ/ZfL-PP-Innovativ02.pdf [26.12.2016].

McSwan, J. (2000). The Threshold Hypothesis, Semilingualism, and other Contributions to a Deficit View of Linguistic Minorities. *Hispanic Journal of Behavioral Sciences*, 22 (1), S. 3–45.

Mercator Institut für Sprachförderung und Deutsch als Zweitsprache & Zentrum für LehrerInnenbildung der Universität zu Köln (2015) (Hrsg.). *Neu zugewanderte Kinder und Jugendliche im deutschen Schulsystem. Bestandsaufnahme und Empfehlungen*, Köln. Verfügbar unter: http://www.mercator-institut-sprachfoerderung.de/fileadmin/Redaktion/PDF/Publikationen/MI_ZfL_Studie_Zugewanderte_im_deutschen_Schulsystem_final_screen.pdf [27.04.2016].

Nickel, S. (2014). Sprache und Literacy im Elementarbereich. In: Braches-Chyrek, R., Röhner, C., Sünker, H. & Hopf, M. (Hrsg.). *Handbuch frühe Kindheit*. Leverkusen: Budrich, S. 663–675.

Peterson, I. (2014). *Schreibfähigkeit und Mehrsprachigkeit*. Berlin/Boston: de Gruyter.

Sambanis, M. (2013). Lernen mit Bewegungen. *Fremdsprache Deutsch*, 48, S. 25–28.

Spinner, K. H. (2008). Deutsch lernen in außerschulischem Kontext. In: Ballis, A. & Spinner, K. H. (Hrsg.). *Sommerschule, Sommerkurse, Summer Learning: Deutsch lernen im außerschulischen Kontext*. Hohengehren: Schneider, S. 7–13.

Vollmer, H. J. (2011). *Sprachliche Kompetenzen: Zentrale Diskursfunktionen*. Verfügbar unter: http://www.home.uni-osnabrueck.de/hvollmer/VollmerDF-Kurzdefinitionen.pdf. [20.04.2016].

Vollmer, H. J. & Thürmann, E. (2009). Zur Sprachlichkeit des Fachlernens. Modellierung eines Referenzrahmens für Deutsch als Zweitsprache. In: Ahrenholz, B.(Hrsg.). *Fachunterricht und Deutsch als Zweitsprache*. Tübingen: Narr, S. 107–132.

Wojnesitz, A. (2010). *„Drei Sprachen sind mehr als zwei". Mehrsprachigkeit an Wiener Gymnasien im Kontext von Migration*. Münster: Waxmann.

Zimmer, R. (2014). *Sprachförderung durch Bewegung*. Freiburg: Herder.

Zydatiß, W. (2005). Diskursfunktionen in einem analytischen curricularen Zugriff auf Textvarietäten und Aufgaben des bilingualen Sachfachunterrichts. *Fremdsprachen Lehren und Lernen, 34: Themenschwerpunkt „Neokommunikativer Fremdsprachenunterricht*. Tübingen: Narr, S. 156–173.

Unterrichtspraktische Perspektiven zur Förderung von Schreibkompetenz in Vorbereitungsklassen am Beispiel *Wegbeschreibung*

Carolin Kull

Jeder junge Mensch hat dem Schulgesetz gemäß ein Recht auf schulische Bildung, Erziehung und individuelle Förderung (§1; Schulgesetz für das Land Nordrhein-Westfalen) und das unabhängig von seiner Herkunft oder wirtschaftlichen Lage. Somit regeln das Grundgesetz generell und darüber hinaus das EU-Recht sowie die UN-Kinderrechtskonvention das Recht auf Bildung aller Minderjährigen – auch für asylsuchende Kinder und Jugendliche.[1] Grundsätzlich besuchen Schülerinnen und Schüler mit Zuwanderungsgeschichte[2] in Nordrhein-Westfalen Regelklassen. Jedoch ermöglichen die Deutschkenntnisse von gerade neu zugewanderten Schülerinnen und Schülern häufig noch keine Teilnahme am Unterricht in einer Regelklasse. Deshalb werden bei Bedarf Vorbereitungsklassen eingerichtet, in denen das Erlernen der deutschen Sprache im Vordergrund steht. Dies kann in allen Schulformen vorgenommen werden. Unterrichtssprache in den Vorbereitungsklassen ist Deutsch. Ziel der unterrichtlichen Bemühungen in diesem Rahmen ist es, die neu zugewanderten Kinder und Jugendlichen schnellstmöglich dazu zu befähigen, am Unterricht der Regelklassen teilzunehmen. Insgesamt sollten Lernende nicht länger als zwei Jahre eine Vorbereitungsklasse besuchen (Runderlass des Ministeriums für Schule und Weiterbildung, 2014). Besuchen sie schließlich den Regelunterricht, besteht die Notwendigkeit zu fortgesetzter Sprachförderung. Lehrerinnen und Lehrer aller Fächer müssen daher wissen, wie sie Lernende im Kontext ihres Fachunterrichts sprachlich unterstützen und durchgängig fördern können.

Dazu bedarf es bei der unterrichtlichen Vorbereitung der Reflexion darüber, was die Schülerinnen und Schüler sprachlich können müssen bzw. sollen und welche sprachlichen Fähigkeiten und Fertigkeiten notwendig sind, um die unterrichtlichen Anforderungen sowie die gestellten Arbeitsaufträge erfolgreich bearbeiten zu können.

Als Leitfragen für die sprachsensible Unterrichtsplanung formuliert Gibbons (deutsche Adaption der Planungsgestaltung bei Tajmel, 2009, S. 150):

---

1 Konkretisierung findet dies in den Schulgesetzen der Bundesländer. Beispielsweise gibt es in Nordrhein-Westfalen und Rheinland-Pfalz eine Warteregelung bei der Beschulung von asylsuchenden Minderjährigen, da die Schulpflicht erst einsetzt, wenn die Bewerberinnen und Bewerber einer Gemeinde zugewiesen worden sind. (Vgl. dazu auch Massumi & von Dewitz, 2015).
2 Diese Formulierung schließt generell Lernende mit Migrationshintergrund – somit auch zweiter sowie dritter Generation – ein.

- *Welches Thema wird behandelt?*
- *Welche Aktivitäten sollen die Schülerinnen und Schüler zeigen?*
- *Welche Sprachfunktionen erfordern diese Aktivitäten?*
- *Welche Sprachstrukturen sind dafür notwendig?*
- *Welches Vokabular wird für den Themenbereich benötigt?*

Entsprechend sind die Bewusstmachung sprachlicher Erwartungen und eine reflektierte Aufgabenstellung die Basis, auf der eine sprachsensible Gestaltung des Unterrichts aufbauen kann. Des Weiteren sind die Bereitstellung sprachlicher Mittel und Hilfen im Unterricht von Bedeutung.

Die Leitfragen zeigen aber ebenso eine allgemein-didaktische Notwendigkeit auf: nämlich den schulischen Unterricht zielorientiert auszurichten und dabei im Blick zu behalten, welche Kompetenzen die Schülerinnen und Schüler mit Hilfe der gegebenen Ziele erreichen sollen. Darüber hinaus verdeutlichen sie den Bedarf, didaktische Reduktionen und Schwerpunktsetzungen vorzunehmen und Unterrichtsgegenstände didaktisch zu akzentuierten und zu strukturierten Themen aufzuarbeiten.

Im Folgenden wird dies anhand eines unterrichtspraktischen Ansatzes für den Unterricht in Vorbereitungsklassen der Sekundarstufe I für den Unterrichtsgegenstand der Wegbeschreibung skizziert. Dabei wird insbesondere die Schreibförderung in den Fokus gerückt, da im (Deutsch-)Unterricht in Vorbereitungsklassen bereits bildungssprachliche Aspekte angebahnt werden sollen. Entsprechend gilt es, die Förderung schriftsprachlicher Kompetenzen frühzeitig in den Blick zu nehmen (vgl. Kniffka & Siebert-Ott, 2007).

Diese Notwendigkeit ergibt sich aus der Tatsache, dass neu zugewanderte Kinder und Jugendliche im generellen schulischen Kontext der Anforderung gegenüberstehen, sich in anspruchsvollen Fachdiskursen in Wort und Schrift beteiligen zu müssen, wenn sie nach (spätestens) zwei Jahren aus den Vorbereitungsklassen in die Regelklassen überführt werden. Entsprechend gilt es in Unterrichtssituationen mit Seiteneinsteigerinnen und Seiteneinsteigern zu berücksichtigen, dass schriftsprachliche Kompetenzen – angepasst an den jeweiligen Erwerbs- und Entwicklungsstand der Lernenden – in den Blick genommen werden (ebd.).

1. Förderung der Schreibkompetenz

Konzeptionelle Schriftlichkeit ist ein wesentliches Charakteristikum der kognitiv-akademischen Sprache: *„Damit ist gemeint, dass sich mit dem Erwerb der Schrift nicht nur das Medium der Sprache verändert, sondern auch das dahinter liegende Konzept von Sprache"* (Jeuk, 2013, S. 53). Im Gegensatz zur mündlichen Sprache, die in der Regel im direkten Kontakt mit einem Gegenüber stattfindet, deren Teil auch Gestik sowie Mimik sind, zeichnet sich die Schriftsprache durch Abstraktheit aus, da die Phasen der Produktion und Rezeption zeitlich voneinander entkoppelt stattfinden. Beim Schreiben wirken verschiedene Ebenen zusammen: grammatisches und lexikalisches Wissen sowie Schriftkenntnis sind erforderlich, weiterhin Textmusterwissen und soziale Kognition. Soziale Kognition beschreibt die Fähigkeit der Abstraktion, Antizipation und Perspektivübernahme (vgl. Becker-Mrotzek & Böttcher, 2006). In diesem Zusammenhang wird deutlich, dass Bildungs- und Schriftsprache durch Abstraktheit und zum Teil durch Kontextungebundenheit gekennzeichnet sind und bei der Förderung dieser somit eine systematische und abstrahierende Denkfähigkeit angebahnt werden soll.

Dass die Möglichkeit besteht, basale mündliche Kommunikationsfähigkeit und bildungssprachliche Fertigkeiten – d. h. schriftsprachliche Aspekte – parallel zu fördern, stellt Hulstijn (2015) in seinem Modell zur Entwicklung von Basic Language Cognition (BLC) and Higher Language Cognition (HLC) dar. Hier wird u. a. eine frühe Anbahnung von HLC in der L1 und L2 modelliert. Je nach Entwicklungsstand und Erwerbskontext können die beiden Ausformungen der Sprachkompetenz in ihrem Ausmaß jedoch variieren (vgl. Hulstijn, 2015).[3]

Beim Schreiben in der Zweitsprache sind je nach Voraussetzungen der Lernenden unterschiedliche Aspekte relevant, die die Zielausrichtung, die damit verbundenen Anforderungen und den Schreibprozess als solchen bestimmen. Lernende haben zumeist sehr heterogene Voraussetzungen. Zum einen gibt es Schülerinnen und Schüler, die den grundlegenden Prozess der Alphabetisierung und des Schriftspracherwerbs in der Zweitsprache durchlaufen, da sie bei ihrer Einschulung in das deutsche Schulsystem nur geringe vorschulische Schriftspracherfahrungen aufweisen; zum anderen gibt es Lernende, die Schreibkenntnisse und -konventionen in der Zielsprache Deutsch auf der Basis bereits erworbener Schriftsprachkenntnisse der Erstsprache lernen müssen. Bisherige Forschungserkenntnisse legen nahe, dass, sofern erstsprachliche Schreibkompetenzen erworben wurden, diese auch beim zweitsprachlichen Schreiben verfügbar sind und somit u. a. Planungs- und Überarbeitungsstrategien bei der Textproduktion in der Zweitsprache genutzt werden können (vgl. Krapels, 1990; Grießhaber, 2014). In diesem Fall liegen bereits gewisse Textkompetenzen und Textmusterkenntnisse vor, während lexikalische und grammatische Fähigkeiten hinsichtlich der Formulierungsfähigkeit in der Zweitsprache (vgl. Knapp, 1997) (neu) zu lernen sind.

Lernende mit Deutsch als Erstsprache müssen in der Regel im Bereich der Aussprache, der Grammatik und des Wortschatzes keine grundlegenden Fertigkeiten mehr erwerben, wenn sie in die Schule kommen. Bei ihnen kann sich das Lernen auf den Erwerb der Schrift und die Bildungsinhalte der Fächer konzentrieren. Lernende mit Deutsch als Zweitsprache müssen zusätzlich in den grundlegenden Bereichen unterstützt werden, die sie zum Aufbau der Bildungssprache benötigen. (Jeuk, 2013, S. 54).

---

3   Für eine Diskussion des Konzeptes und der Anbahnung basaler sprachlicher Kommunikationsfähigkeiten und bildungssprachlicher Fähigkeiten siehe Cornely Harboe & Mainzer-Murrenhoff in diesem Band.

Schreibprozesse zeichnen sich zudem durch einen hohen Grad an Komplexität aus. Es kann davon ausgegangen werden, dass dafür Kompetenzen in folgenden Bereichen relevant sind: Lexik und Semantik, Orthografie, Morphologie, Syntax sowie Textlinguistik (vgl. Knapp, 2007). Das Textprodukt rückt in Schreibsituationen in den Vordergrund. Dieses muss sich, da sich Texte in der Regel an Leserinnen und Leser richten, daran messen lassen, ob die zugrunde liegende intendierte Wirkung erzielt wird.[4]

Ein Schreibprozess besteht aus unterschiedlichen Teilprozessen; dem Generieren von Ideen, Gliedern und Inskribieren – worunter das Schreiben selbst und die damit verbundene Motorik zu fassen sind – sowie dem Überarbeiten. Diese einzelnen Teilprozesse erfolgen rekursiv, weshalb ein wichtiger Grundsatz der Schreibförderung die Entlastung der Komplexität des Schreibprozesses – durch beispielsweise das Zerlegen von Schreibaufgaben in Teilaufgaben – darstellt (vgl. Knapp, 2007 – nach Baurmann, 1990; Wrobel, 2000; Oomen-Welke, 1991).

Entsprechend können beim Schreiben unterschiedliche (Teil-)Lernziele verfolgt werden. Während in einem ersten Schritt beim Schreiben in der Zweitsprache zunächst das (korrekte) Abschreiben eines Textes – im Sinne eines Üben des Schriftbildes, Schreiben von links nach rechts o. ä. – relevant sein kann, kann bei einem bereits hohen Zweitsprach- und Schreibniveau das selbstständige Produzieren von Texten, orientiert an unterschiedlichen Textformen – z. B. Beschreibung, Brief, Artikel – fokussiert werden.

Um Schülerinnen und Schüler beim Schreiben zu unterstützen, ist es sinnvoll, zwischen Fertigkeitsstufen im Schreiben zu unterscheiden. Ausgehend von der Art der sprachlich-kognitiven Anforderung kann zwischen den Formen reproduktiven und produktiven Schreibens sowie der Zwischenform reproduktiv-produktiv differenziert werden. Die Einteilung ist daran orientiert, in welchem Maße der Schreibprozess an eine Vorlage gebunden ist. Beim reproduktiven Schreiben wird Gehörtes oder Gelesenes unverändert fixiert, das reproduktiv-produktive Schreiben stellt insofern eine erweiterte Form dar, dass etwas Gehörtes oder Gelesenes verstanden sein muss und unter Vorgabe eines konkreten Ziels verändert – z. B. umgeschrieben oder erweitert werden muss; beim produktiven Schreiben wird von einer vorgegebenen oder selbst gewählten Schreibintention ausgehend ein Text formuliert (Bohn, 2001). Neugebauer und Nodari (2012) arbeiten vor diesem Hintergrund Schreibauftragstypen aus, die auf einen reproduktiv oder reorganisierend, gelenkten (Transfer) oder freien (Problemlösung) Schreibprozess zielen. Die einzelnen Schreibauftragstypen zeichnen sich durch folgende Zielsetzungen und Merkmale aus:

a) Reproduktives und reorganisierendes Schreiben

Ziel bei dieser Form des Schreibens ist es, ein Repertoire an Texten und Schreibroutinen aufzubauen. Dazu ist es notwendig, dass Texte wiederholt reproduziert

---
4   Siehe dazu auch Isler & Sturm (2013).

werden. Empirische Befunde – insbesondere zum Fremdsprachenerwerb – zeigen, dass der Umgang mit dem Schriftbild einer Sprache einen lernförderlichen Einfluss auf die Entwicklung der fremdsprachlichen Kompetenz hat (vgl. dazu u. a. Duscha, 2007; Reichart-Wallrabenstein, 2004). Das Abschreiben von Texten im Unterricht, Grammatik und Rechtschreibübungen können dem reproduktiven und reorganisierenden Schreiben zugeordnet werden. Die Lernenden müssen folglich nicht selbst formulieren und keine eigenständigen kohärenten Äußerungen produzieren.

Verschriften und Vertexten sind zwei Kernbereiche des Schreibenlernens. Mit dem Begriff Verschriften wird das Festhalten von sprachlichen Einheiten in Form und mit Hilfe von Schrift bezeichnet, Vertexten zielt auf die Realisierung von sprachlichen Handlungen mittels Texten, stellt damit also die schriftliche, zerdehnte Kommunikation in den Vordergrund. Schreibanfängerinnen und -anfänger haben jedoch gerade zu Beginn des Schreibens mit der Grafomotorik, dem Herstellen von Schriftzeichen, zu kämpfen (vgl. Becker-Mrotzek & Böttcher, 2006). Diese Erkenntnis kann auch auf DaZ-Lernende übertragen werden, die entweder noch gar nicht oder gegebenenfalls in einer dem lateinischen Schriftbild gänzlich verschiedenen Schrift, beispielsweise dem Arabischen, alphabetisiert wurden.

Das reine Abschreiben von Texten kann zunächst dazu dienen, die Schreibmotorik zu schulen und die Lernenden nicht mit zusätzlichen kognitiven Anforderungen – wie selbstständiges Erzeugen grammatikalisch und syntaktisch korrekter Sätze – zu (über)fordern.

b) Gelenktes Schreiben

Durch gelenktes Schreiben soll erreicht werden, dass mittels Begleitung sprachliche Mittel eingeübt und Textkompetenzen aufgebaut werden. Dies erfolgt, indem Schülerinnen und Schüler präzise Schreibaufträge erhalten und beim Formulieren und Strukturieren eines Textes begleitet werden. Der Grad der Lenkung und Begleitung ist dabei abhängig von den Kompetenzen der Schülerinnen und Schüler.

c) Freies Schreiben[5]

Ziel des freien Schreibens ist, dass Schülerinnen und Schüler gelernte sprachliche Mittel und ihre Textkompetenz selbstständig einsetzen. In der Regel werden bei Schreibaufträgen inhaltliche Vorgaben gemacht, jedoch keine bzw. nur sehr einge-

---

5 Der Begriff des *Freien Schreibens* ist nicht eindeutig definiert. In wissenschaftlichen Perspektiven wird dieser häufig in Zusammenhang mit assoziativem und kreativem Schreiben verwendet, bei dem die Lernenden ohne Druck selbst Textform, Thema usw. wählen können. An dieser Stelle und in den folgenden Ausführungen zur Förderung der Schreibkompetenz am Beispiel des Unterrichtsgegenstandes *Wegbeschreibung* wird das *Freie Schreiben* im Sinne der Darstellungen von Neugebauer & Nodari (2012) gebraucht.

schränkt Vorgaben zur Strukturierung des Textes gegeben oder Worthilfen angeboten.[6]

2. Unterrichtspraktische Perspektiven für die Sekundarstufe I zur Förderung von Schreibkompetenz in Vorbereitungsklassen

2.1 Lernausgangslage

Die Gruppe der neu zugewanderten Schülerinnen und Schüler, die in der Regel zunächst in Vorbereitungsklassen unterrichtet werden, ist durchweg sehr heterogen. Einige der Lernenden sind nicht alphabetisiert, manche haben nur wenige Jahre eine Schule besucht – andere dagegen haben über einen längeren Zeitraum die Chance auf Schulbildung gehabt und einige standen vor ihrer Flucht bereits kurz vor ihrem Schulabschluss. Damit ist der Leistungsstand der Lernenden breit gefächert. Jedem in seinem Lern- und Leistungsentwicklungsstand gerecht zu werden, ist eine bedeutsame Aufgabe im pädagogischen und didaktischen Handeln. Gleichzeitig ist zu berücksichtigen, dass je früher die neu zugewanderten Kinder und Jugendlichen aus Vorbereitungsklassen in Regelklassen überführt werden können, desto höher der Integrations- und Bildungserfolg eingestuft wird (Daschner, 2016).

Um für DaZ-Lernerinnen und -Lerner die Zweitsprache Deutsch erfassbar zu gestalten, erscheint es sinnvoll, dass das Sprachenlernen handlungsorientiert erfolgt und an für die Schülerinnen und Schüler unmittelbar relevante Bedeutungszusammenhänge anknüpft. Das Zusammenspiel von Sprachanwendung und konkreter Erfahrung soll die Lernenden in die Lage versetzen, ihr Sprachkönnen situationsgerecht zu verwenden. Dadurch wird ein effektives und nachhaltiges Sprachlernen ermöglicht.[7]

Der im Folgenden dargestellte unterrichtspraktische Ansatz zur Förderung der Schreibkompetenz am Beispiel des Unterrichtsgegenstandes Wegbeschreibung ist geplant und ausgerichtet auf die Sprachförderung in Vorbereitungsklassen[8] der Se-

---

[6] Neugebauer & Nodari (2012) stellen in ihren Ausführungen Formen reproduzierenden, gelenkten und freien Schreibens ausführlich dar und erläutern konkrete Arbeitsaufträge anhand unterschiedlicher Beispiele.

[7] Vgl. dazu bspw. Hölscher (2007) oder Hölscher et al. (2006). Handlungsorientierter Unterricht mit Lernszenarien. Darin wird ausgeführt, wie sogenannte Lernszenarien genutzt werden können, um Schülerinnen und Schüler Sprache in handlungsorientierten Settings erfahren zu lassen. Es wird aufgezeigt, dass Lernende, die Sprache in direkter und zweckmäßiger Weise kennenlernen, erfahren, dass mit Sprache etwas getan und erreicht werden kann. Handlungsorientierung gilt als gängiges Prinzip der Fremdsprachendidaktik; siehe dazu auch: De Florio-Hansen (2014). *Fremdsprachenunterricht lernwirksam gestalten. Mit Beispielen für Englisch, Französisch und Spanisch.* Tübingen.

[8] D.h., das Konzept wurde für neu zugewanderte Kinder und Jugendliche entwickelt, deren Deutschkenntnisse als nicht ausreichend angesehen werden, um in einer Regelklasse

kundarstufe I, konkret für die Jahrgangsstufe fünf bzw. sechs. Bei der Planung ist insbesondere zu berücksichtigen, dass der Sprachstand der Schülerinnen und Schüler sowohl im mündlichen als auch im schriftlichen Bereich in den meisten Fällen stark heterogen sein wird. Bei der Betrachtung dieser differenten Voraussetzungen wird deutlich, dass zunächst ermittelt werden muss, welcher individuelle Hintergrund – sowohl persönlich als auch im Bereich des Lernens – die einzelnen Schülerinnen und Schüler prägt, um feststellen zu können, welche Förderbedarfe die Kinder und Jugendlichen haben. Darauf aufbauend können dann gezielt Fördermaßnahmen entwickelt werden. Darüber hinaus sind auch vorliegende DaZ-Materialien vor dem unterrichtlichen Einsatz kritisch zu analysieren, da thematische Schwerpunkte wie beispielsweise *Ich und meine Familie* oder *Heimat* emotional besetzt sein können – sofern der Migration Flucht- oder Verfolgungserfahrungen zugrunde liegen. Für den Unterricht besteht die Herausforderung entsprechend darin, sowohl den vielfältigen Unterschieden zu begegnen als auch alltags- und bildungssprachliche Kompetenzen zu fördern, die die Schülerinnen und Schüler in einem begrenzten Zeitrahmen zugleich erwerben müssen.

2.2 Unterrichtsgegenstand Wegbeschreibung

Für das unterrichtliche Arbeiten in sogenannten Vorbereitungsklassen in Nordrhein-Westfalen wird im Runderlass des Ministeriums für Schule und Weiterbildung zum *Unterricht für Schülerinnen und Schüler mit Zuwanderungsgeschichte, insbesondere im Bereich der Sprache* festgelegt, dass der Deutschunterricht zehn bis zwölf Unterrichtsstunden umfassen – und entsprechend Schwerpunkt der gesamten unterrichtlichen Bemühungen das Erlernen der deutschen Sprache sein soll (Runderlass des Ministeriums für Schule und Weiterbildung, 2014).

Eine inhaltliche Orientierung für den Unterricht in Vorbereitungsklassen können insbesondere Lehrpläne für Deutsch als Zweitsprache, wie sie unter anderem in Bayern, Niedersachsen und Rheinland Pfalz existieren, bieten. Ergänzend kann zudem der generelle Kernlehrplan Deutsch für die Sekundarstufe I in Nordrhein-Westfalen[9] als Leitfaden dienen; denn obwohl dieser an Schülerinnen und Schülern mit Deutsch als Muttersprache ausgerichtet ist, werden einzig in dem Lehrplan Deutsch ausführlich die sprachlichen Kompetenzerwartungen, die in der Sekundarstufe I allgemein gestellt werden, formuliert. Damit bietet dieser auch für Seiteneinsteigerinnen und Seiteneinsteiger so etwas wie eine Zielmarke hinsichtlich der Sprachhandlungen, die sie auszuführen in der Lage sein sollten.

---

unterrichtet zu werden. (Vgl. dazu Mercator-Institut für Sprachförderung und Deutsch als Zweitsprache (2015). *Bestandsaufnahme und Empfehlungen. Neu zugewanderte Kinder und Jugendliche im deutschen Schulsystem*. Köln).

9 Im Folgenden: NRW.

Im Kompetenzorientierten Kernlehrplan Deutsch für die Sekundarstufe I NRW wird u. a. als wesentliche Aufgabe und als Ziel des Deutschunterrichtes beschrieben, dass Deutschunterricht Sprachunterricht ist, der die Schülerinnen und Schüler am Ende der Sekundarstufe I in die Lage versetzen soll, ihre Sprache mündlich und schriftlich normgerecht, bewusst und differenziert zu gebrauchen. Sie sollen lernen, sach-, situations- und adressatengerecht zu sprechen und zu schreiben, da dies für die weitere Schullaufbahn sowie für das Berufsleben unverzichtbar ist. In diesem Sinne werden in diesem allgemeine Zielstellungen definiert, die sich an alle Schülerinnen und Schüler richten – und dem damit auch Seiteneinsteigerinnen und Seiteneinsteiger unter der besonderen Bedingung unterworfen sind, dass ihnen basale sprachliche Mittel noch fehlen. Darüber hinaus wird hervorgehoben, dass dem Deutschunterricht *für das sprachliche Lernen in allen Fächern orientierende Funktion zukommt, indem Elemente sprachlichen Lernens und Sprachfragen aus anderen Fächern und für andere Fächer aufgegriffen und genutzt werden* (Kernlehrplan NRW Deutsch, S. 11). Bei all diesem handelt es sich um Aspekte, die auch im (Deutsch-)Unterricht in Vorbereitungsklassen angebahnt und entwickelt werden können und angesichts des Ziels einer möglichst zügigen Integration der Schülerinnen und Schüler in die Regelklasse eingeübt werden sollten.

Diese Anforderungen und Ziele können im Rahmen der Einführungsphase (Klassen fünf und sechs) unter anderem innerhalb einer Unterrichtsreihe zum Gegenstand *Beschreiben* umgesetzt werden. In den Fokus wird dabei die Kompetenz des Schreibens – Schreiben als Prozess und Texte schreiben – gerückt.

Das Beschreiben von Wegen kann inhaltlich in den sprachfördernden Unterricht in die Themenfelder *Wir und unsere neue Umgebung/Wir in unserer neuen Schule/Wir lernen uns kennen*[10] eingebettet werden. In den Rahmenrichtlinien Deutsch als Zweitsprache Niedersachsen (2002) wird der Aspekt der Wegbeschreibung unter dem Signalthema *Sich orientieren* aufgegriffen. Darin wird zwischen den Sprachstufen Grund- und Aufbaukurs unterschieden. Insbesondere für den Grundkurs, d. h. für Lernerinnen und Lerner, die erst kurze Zeit in Vorbereitungsklassen unterrichtet werden, wird als Kerninhalt unter dem Signalthema *Sich orientieren* das Einholen und Erteilen von Auskunft festgelegt und dabei der lexikalische Bereich der Ortsangaben in den Vordergrund gerückt. Dies bietet sich für den Unterricht in Vorbereitungsklassen in besonderer Weise an, da über den Gegenstand der Wegbeschreibung lebensnahes Lernen ermöglicht wird:

> *Für sie, (Schülerinnen und Schüler, die Deutsch als Zweitsprache lernen) ist es wichtig, sprachlich das thematisieren zu können, was sich aus ihrer Migrationssituation, ihrer Lebensperspektive, [...] ihrem Alltagsleben [...] ergibt. Der Lerngegenstand Sprache ist demnach an der Realität orientiert und entwickelt sich in authentischen Situationen an*

---

10 Einen Überblick und Anregungen für diese Themenfelder bieten Lehrwerke für den Deutschunterricht in Klasse 5 (z. B. *deutsch.kompetent 5* von Klett oder *P.A.U.L.D. 5* von Schöningh).

verschiedenen [...] Lernorten. (Niedersächsisches Kultusministerium, Rahmenrichtlinien Deutsch als Zweitsprache, 2002, S. 18.)

Im Kontext dieses Gegenstandes können den Lernenden zum einen erste bedeutsame sprachliche Kompetenzen auf einem basalen bildungssprachlichen Niveau und zum anderen relevante und praktische Aspekte für den alltäglichen Sprachgebrauch und für die Erkundung des (schulischen) Umfeldes vermittelt werden.

Als übergeordnetes Thema der Unterrichtsreihe zum Gegenstand Wegbeschreibung in Vorbereitungsklassen kann formuliert werden: *Erarbeitung von Wegbeschreibungen unter Berücksichtigung geordneten informierenden und situationsgerechten Schreibens zur gegenwärtigen Nutzung, um sich in neuen/fremden Umgebungen orientieren zu können oder andere bei der Orientierung unterstützen zu können.*

Die Behandlung eines bestimmten Unterrichtsgegenstandes und Themas kann gerechtfertigt werden, wenn den Schülerinnen und Schülern dadurch Verstehens-, Urteils- und Handlungsmöglichkeiten eröffnet werden.[11] Das Beschreiben von Wegen hat für neu zugewanderte Kinder und Jugendliche, aber auch generell für Schülerinnen und Schüler, unmittelbaren Gegenwartsbezug. Um sich in ihrer Umgebung zurecht finden zu können und bestimmte Orte und Ziele erreichen zu können, müssen Lernende in der Lage sein, Wegbeschreibungen zu erfragen, zu erfassen und zu verstehen sowie selbst zu formulieren.

Die Textsorte Beschreibung wird charakterisiert durch eine informierende und sachbezogene Darstellungsform. Dabei muss der Schreibende über eine vorausgehende Wahrnehmung oder Erfahrung verfügen, die er für den Leser nachvollziehbar in einem *Gang durch den Vorstellungsraum* wiedergibt (Fix, 2008; Rehbein, 1984, S. 79). Es gilt, für das zu Beschreibende präzise Formulierungen zu finden, sinnstiftende Verknüpfungen zu erzeugen und angemessene Wörter zu nutzen, um somit dem Leser das Beschriebene in nachvollziehbarer Ordnung und so detailliert wie nötig darstellen zu können, sodass jener sich eine Vorstellung des Beschriebenen machen kann. Durch den Prozess des Beschreibens wird bzw. soll die Wahrnehmung strukturiert werden (vgl. Feilke, 2003; Fix, 2008). Etwas *beschreiben* zu können stellt somit eine übergeordnete Kompetenz dar, die auch im Unterricht anderer Fächer der Sekundarstufe I von Bedeutung ist. Insbesondere am Gegenstand Wegbeschreibung können Fertigkeiten, wie „sich im Raum verorten" und „sich orientieren" sowie „etwas strukturieren", im Sinne des Beschreibens in korrekter, logischer Reihenfolge, geübt werden. Perspektivisch können die Lernerinnen und Lerner die daran entwickelten Sprachkompetenzen im Regelfachunterricht nutzen: So sieht, um ein Beispiel zu nennen, der Kompetenzorientierte Kernlehrplan Geografie (NRW) im Rahmen des Inhaltsfeldes eins u. a. als Schwerpunkt den Aspekt „Grobgliederung einer Stadt" vor. Unter den für die Erprobungsstufe relevanten Sachkompetenzen im Geografieunterricht wird formuliert, dass die Schülerinnen und Schüler über ein räumliches Orientierungsraster verfügen sowie u. a. Koordinaten im Atlas oder

---

11 Vgl. dazu bspw. Klafki (1971/2000).

Register zur Orientierung nutzen; Wegbeschreibungen können dazu erste basale Ansatzpunkte bieten und sprachliche Vorbereitung leisten, indem etwas zum Nachvollzug für einen Adressaten geordnet und möglichst präzise versprachlicht wird.

2.3 Ziele

Der unterrichtspraktische Ansatz ist im Schwerpunkt auf einen kontinuierlichen Aufbau von Schreibkompetenz ausgerichtet, der über den Zugang der Beschreibung von Wegen den Schülerinnen und Schülern Erfahrungen ermöglicht, die sowohl für die persönliche Entwicklung als auch für gesellschaftliche Interaktionen von Relevanz sind. Ziel eines effektiven sprachfördernden Settings mit einem Schwerpunkt auf Schreibkompetenzentwicklung ist es, die Lernenden dazu zu befähigen, Texte (eigenständig) zu verfassen. Die Wahl und Verortung des Unterrichtsgegenstandes Wegbeschreibung sowohl im Rahmen der DaZ-Lehrpläne (s. Niedersachsen, Bayern ff.) als auch im Kernlehrplan Deutsch NRW eröffnet die Perspektive einer Teilintegration der DaZ-Schülerinnen und -Schüler in den Regelunterricht. Dies kann erfolgen, wenn darauf geachtet wird, dass die Unterrichtsreihe zur Beschreibung von Wegen in Vorbereitungsklassen parallel zum Deutschunterricht zum Schwerpunkt Beschreiben in der Regelklasse thematisiert wird. In einem gemeinsamen Projekt können dann im fortgeschrittenen Verlauf der Unterrichtsreihe die Schülerinnen und Schüler der Vorbereitungs- und der Regelklasse zusammengeführt werden. Gemeinsam können die Lernenden Wegbeschreibungen erstellen, sich dabei gegenseitig unterstützen und zuletzt die Schreibprodukte einer praktischen Probe unterziehen, indem in Kleingruppen die Beschreibungen zur Erkundung des Schulgeländes sowie der umliegenden Umgebung genutzt werden.

Insgesamt ist in der Einheit zum Gegenstand *Wegbeschreibung* in Vorbereitungsklassen als Hauptlernziel zu verfolgen, dass die Lernenden eine Wegbeschreibung *entwickeln* und *verfassen*, welches in den Bereich der Problemlösung fällt – und auch im Spracherwerb auf der Grundstufe anzubahnen ist. Als generelles Schreibziel gilt somit, einen wahrgenommenen Sachverhalt so darzustellen, dass dieser vom (Text-) Adressaten nachvollzogen werden kann (vgl. Fix, 2008). Je nach Sprachstand der einzelnen Schülerinnen und Schüler sind Teillernziele zu formulieren, die sich individuell an eine Schülerin oder einen Schüler richten, im Sinne einer individuellen Förderung und strukturierten Begleitung des Lernprozesses.

Um das Hauptlernziel im Rahmen einer Unterrichtsreihe erreichen zu können, müssen folglich kleinschrittige Einheiten in Form von Teillernzielen definiert werden, die der schrittweisen Annäherung dienen. Eine erste Orientierung zur Formulierung solcher Lehr-Lernziele können die Stichworte zum Textmuster Beschreiben nach Fix (2008) bieten. Darin wird herausgestellt, dass Beschreiben sachlich, informierend, anschaulich, objekt- oder prozessbezogen sein kann und dabei auch explikative oder deskriptive Anteile enthalten kann. Die Textstruktur erfolgt in einer übersichtlichen Reihenfolge, welches bei der Beschreibung von Wegen das korrekte

Nacheinander von Einzelschritten auf Grundlage genauer Beobachtung und Gliederung beinhaltet. Als Teillernziele sind vor diesem Hintergrund beispielsweise zu formulieren, dass die Lernenden

- Aspekte identifizieren und auflisten, die eine Wegbeschreibung enthalten soll/muss (Vorbereitung).
- unterschiedliche Wegbeschreibungen Bildern zuordnen (Reihenfolge/Nachvollziehbarkeit).
- einen Text gliedern und Sätze zu einer korrekten Wegbeschreibung ordnen.
- einen Weg (genau) beschreiben (Reihenfolge/Wissen ordnen und strukturieren/erklärende Anteile).
- die bekannten allgemeinen Merkmale einer Beschreibung zur Abfassung ihres Textes anwenden.
- anhand einer selbst erstellten Checkliste prüfen, ob die Beschreibung logisch nachvollziehbar und zielgerecht verfasst wurde.

2.4 Wege beschreiben – Notwendige Sprachkompetenzen

„Gehe die Straße entlang, bis du an eine Kreuzung kommst. Biege dann rechts ab und folge dem Weg bis […].“

Um die Schülerinnen und Schüler systematisch sprachlich fördern zu können, ist vor dem Einsatz eines bestimmten Unterrichtsthemas zu prüfen, welche Sprachkompetenzen in dem entsprechenden Kontext notwendig sind. Bezogen auf die Sprachhandlung der Wegbeschreibung werden exemplarisch Sprachkompetenzen aufgeführt und erläutert, die bei der Gestaltung einer Wegbeschreibung auftreten. Insbesondere für die Darstellung der Beschreibung eines Weges wird ein konkreter Wortschatz benötigt. Wortschatzarbeit – wie Apeltauer (2009) betont – ist stets in allen Fördermaßnahmen zu leisten, allerdings folgt die Auswahl der zu vermittelnden Wörter häufig einem Zufallsprinzip. In einem fokussiert und gezielt ausgerichteten Sprachförderprozess erscheint es deshalb bedeutsam, die Auswahl notwendiger Wörter für eine bestimmte Sprachhandlung vor dem Unterricht zu antizipieren und damit die Wortschatzarbeit intendiert und systematisiert zu gestalten. Auf der Ebene der Wortschatzförderung im Rahmen von Wegbeschreibungen kann zum einen der Gebrauch genauer Lokaladverbien und/bzw. treffender Richtungsangaben (links/rechts, geradeaus, in Richtung, über, da, hier etc.) angeregt werden, zum anderen der Verb-Wortschatz erweitert, geübt oder gefestigt werden. Insbesondere Bewegungsverben – als Untergruppe der lokalen Verben – sind für Wegbeschreibungen notwendig. Demzufolge sind Wörter, die auf verschiedene Weise (Fort-)Bewegen bezeichnen, einzuführen (gehen, laufen, stehen, sich befinden, folgen usw.) und zu üben.

Darüber hinaus wird anhand des dargestellten Beispielsatzes deutlich, dass es neben bestimmten inhaltlichen Worten auch eines Strukturwortschatzes bedarf, um relevante Verknüpfungen herstellen zu können (z. B. zuerst, anschließend, dann, nachdem). Damit die Lernenden eine Wegbeschreibung dialogisch gestalten können, ist zudem ein Repertoire an geeigneten Fragewörtern (wo, wie, wohin) erforderlich.

Um eine Wegbeschreibung anfertigen zu können, benötigen die Lernenden auch Wissen über das zu verwendende Tempus (Präsens). Demzufolge bedarf es bei der Einführung und Erweiterung des Verb-Wortschatzes der Konjugation im Präsens.[12] Wird der Schreibprozess bei der Beschreibung von Wegen dialogisch angelegt, muss insbesondere auch der Imperativ (*gehe, biege ... ab*) eingeführt werden. An dieser Stelle sollte den Schülerinnen und Schülern ab einem fortgeschrittenen Sprachstand verdeutlicht werden, dass Beschreibungen im dialogischen Kontext dem Adressaten entsprechend auszurichten sind. Es gilt transparent zu machen, wann bei einer Sprach- oder Schreibhandlung die Persönlichkeitsform *du* und wann die Höflichkeitsform *Sie* anzuwenden ist und insbesondere inwiefern dies Auswirkung auf die Flexion des Verbs hat (gehe*n* Sie – gehe).

Gleichzeitig ist zu berücksichtigen, dass eine Wegbeschreibung auch allgemein und monologisch angelegt sein kann (z. B. *Man geht die Straße entlang ...*). An dieser Stelle wird offensichtlich, dass dazu weitere Sprachkompetenzen benötigt werden, die je nach Sprachstand der Lernenden erweiternd gelehrt und gelernt werden sollen.

Ergänzend dazu bedarf es bei einer Wegbeschreibung der Kenntnis über verschiedene Satzformen und ihrer syntaktischen Struktur. Wird die Beschreibung mittels eines Dialogs aufgebaut, benötigen die Lernenden sowohl Frage- als auch Aussage- und Aufforderungssätze.

Vor dem Hintergrund der Vielfalt der sprachlichen Anforderungen ist darauf hinzuweisen, dass nicht alle Aspekte fokussiert werden können und stark von dem Sprachniveau der Lerngruppe und der einzelnen Lernerinnen und Lerner abhängen.

2.5 Methodische Herangehensweise und Zugänge

Erleichtert wird der Zugang zur Schriftsprache, wenn Schülerinnen und Schüler im Unterricht Erfahrungen mit Schriftsprache machen können, die dadurch als bedeutsam erlebt wird (vgl. Heilmann, 2012) und somit für die Lernenden unmittelbaren Gegenwartsbezug und Nutzen hat.

Bei dem Gegenstand der Wegbeschreibung kann dies über die unmittelbare Umwelt der Schülerinnen und Schüler eingeleitet werden. Dazu bietet sich eine

---

12 Jedoch kann nicht parallel zur schwerpunktmäßigen Einführung neuer Wörter auch unmittelbar gleichzeitig grammatisches Wissen über diese Wörter vermittelt werden (Apeltauer, 2009).

Stadtkarte an, welche jedoch zunächst wesentliche Punkte fokussieren und nicht zu detailreich sein sollte, um die Lernenden im Allgemeinen an den Inhalt heranzuführen. Gemeinsam können im Unterricht verschiedene Start- und Zielpunkte festgelegt werden, die mit der lebensweltlichen Realität der Kinder verknüpft sind. Dies können beispielsweise die Schule, der Wohnort oder ein bekannter, bestimmter Ort in der Stadt sein. Im Sinne eines *problemorientierten Zugangs* können die Schülerinnen und Schüler über diesen Einstieg selbst formulieren, was sie im Unterricht erarbeiten wollen. Ebenso ist mit den Lernenden festzuhalten, welcher sprachlichen Fertigkeiten es bedarf, um einen Weg beschreiben zu können.

Um den Schülerinnen und Schülern in ihren individuellen Bedarfen und ihrem Lernfortschritt möglichst gerecht zu werden, bietet es sich an, den Unterricht in den Erarbeitungsphasen in Form eines Stationenlernens oder in Freiarbeit zu gestalten. Dabei wird den Lernenden eingeräumt, in ihrem eigenen Lerntempo zu arbeiten. Diese Form des Unterrichts bedarf der differenzierten Vorbereitung von Unterrichtsmaterial. Es sollten Aufgabenblätter auf unterschiedlichen Anforderungsniveaus mit Hilfequellen zur Verfügung gestellt werden.

Differenzierungsbeispiel – Aufgaben zu Wortschatz (Richtungs-/Ortsangaben):

Um einen Weg zu beschreiben, brauchst du Wörter, die eine Richtung oder einen Ort angeben.

Variante A	**Variante B**	**Variante C**
Schreibe die Wörter neben die passenden Bilder.	Unterstreiche Wörter, die eine Richtung oder einen Ort angeben.	Schreibe vier bis sechs Wörter auf, die eine Richtung oder Ort einen angeben.
Hinter – rechts – gegenüber – links […]		
	rufen – links – bunt – Buch – vor – Tier – Bahnhof – machen – geradeaus – rechts […]	1) … 2) … […]
← *links* → … […]		
		Zeichne zu jedem Wort ein passendes Bild.
	Schreibe deine <u>unterstrichenen Wörter</u> ab.	Schreibe zu zwei bis drei Wörtern je einen (Beispiel-)Satz auf.
	Mögliche Ergänzung: Zeichne zu jedem Wort ein passendes Bild.	

Dadurch haben die Schülerinnen und Schüler die Gelegenheit, selbst das Material zu wählen, das ihrem Lernstand entspricht, und die Lehrperson kann unterstützend und beratend agieren.

Es bietet sich an – je nach Lerngruppe – die Sozialformen im Rahmen der Freiarbeit oder des Stationenlernens phasenweise zu variieren. Insbesondere dialogisch angelegte Wegbeschreibungen geben Anlass, die Lernenden in Partner- oder Kleingruppen lernen zu lassen. Dadurch ergibt sich auch die Möglichkeit der Unterstützung bei Lernschwierigkeiten durch die Peers.

2.6 Anregungen für die Praxis

Bei der Konzeption des Materials sollten unterschiedliche Schwerpunkte der Förderung der Schreibkompetenz in den Blick genommen werden, um so binnendifferenziertes Unterrichten zu ermöglichen. Da in Vorbereitungsklassen in der Regel insbesondere Lernerinnen und Lerner unterrichtet werden, die am Beginn ihres (Zweit-)Spracherwerbs stehen, bedeutet dies, dass Lehrende beim Einstieg in den Erwerb des Deutschen helfen müssen, indem sie sprachliche Angebote zu relevanten Themen anbieten. Eine hohe Priorität liegt dabei auf Wortschatzarbeit,[13] da für die Aufnahme und Verarbeitung neuen Wissens ein größerer Wortschatz als vorteilhaft gilt. Es zeigt sich, dass es für Kinder mit Migrationshintergrund hilfreich ist, wenn (neue) Wörter im Unterricht explizit vermittelt und Worterklärungen gegeben werden (vgl. Apeltauer, 2014). Im Rahmen der Wortschatzarbeit kann – je nach Sprachstand der Lernenden – mit Bildkarten zur Veranschaulichung der Worte gearbeitet werden. Es kann mit Wortclustern geübt oder ergänzend können unterschiedliche Übersetzungen einzelner Worte angeboten werden. Themenspezifische Wortübersetzungen sollten jedoch lediglich als Verstehenshilfen temporär angeboten werden, um bei höheren Sprachbarrieren oder sprachlichen Schwierigkeiten den Einstieg in den thematischen Kontext zu ermöglichen bzw. zu erleichtern. Mit den Schülerinnen und Schülern können darüber hinaus Bedeutungsunterschiede zwischen erst- und zweitsprachlichen Bedeutungen herausgearbeitet werden (vgl. Apeltauer, 2014).

Da die Schülerinnen und Schüler aus dem mündlichen Sprachgebrauch mit dialogischen Kommunikationssituationen vertraut sind, bietet es sich an, über eine schriftliche, dialogisch gestaltete Wegbeschreibung den Lernprozess einzuleiten. Diese können in Komplexität und Länge für die Lernenden variiert werden (s. Kursivdruck im folgenden Beispieltext).

---

13 Zum theoretischen Hintergrund vgl. Heilmann (2012).

Ein Beispieltext:[14]

Die Klasse 6a macht einen Ausflug in den Zoo. Der Zoo ist nur wenige Straßen von der Schule entfernt, sodass die Klasse gemeinsam zu Fuß dorthin gehen kann. Um 9.00 Uhr geht die Klasse 6a mit der Lehrerin an der Schule los. Artur hat sich verspätet. Als er an der Schule ankommt, ist die Klasse bereits weg. Er ruft mit seinem Handy Emine an, weil er den Weg nicht kennt.

Artur: Hallo Emine! Wo seid ihr?
Emine: Hallo Artur! Wir sind/*schon*/am Zoo.
Artur: Wie komme ich dorthin?/*Bitte beschreibe mir den Weg!*/
Emine: /*Den Weg findest du sicher leicht.*/Stell dich so hin, dass du mit dem Rücken zum Haupteingang der Schule stehst. Dann gehst du die Straße geradeaus. Du musst am Sportplatz vorbeilaufen. Danach biegst du rechts ab. Jetzt bist du auf der Hauptstraße. Folge der Hauptstraße bis zur Kreuzung. Gehe geradeaus über die Kreuzung und laufe dann nach links über den Zebrastreifen. Du musst jetzt/*etwa 100 Meter*/weiter gehen und dann nach rechts in den Zoo-Weg abbiegen./*Der Zoo-Weg ist nur für Fußgänger und Radfahrer.*/ */Der Zoo-Weg führt zum Haupteingang des Zoos./Dort warten wir auf dich./*
Artur: Danke. Bis gleich.

In Bezug auf den exemplarisch dargestellten Text, welcher mit einem Bild, auf dem der beschriebene Weg dargestellt ist, ergänzt werden sollte, können unterschiedliche Aufgabenstellungen formuliert werden. An dieser Stelle soll der Blick auf mögliche Schreibanlässe und Aufgaben gelenkt werden. Voraussetzung für sämtliche Schreibaufgaben in den unterschiedlichen Anforderungsbereichen ist jedoch, dass der Text von den Lernenden verstanden wurde.[15]

Für Schülerinnen und Schüler, die im Erwerbsprozess Deutsch als Zweitsprache noch größere Schwierigkeiten aufweisen, bietet es sich an, den Text zunächst abzuschreiben. Dabei ist stets zu berücksichtigen, dass einigen Lernenden das lateinische Schriftbild noch nicht vollständig vertraut sein wird, sodass diese Form des reorganisierenden Schreibens, das Abschreiben, dazu dienen kann, sich (schriftlich)

---

14 Das Deutschbuch *deutsch.kompetent 5* nutzt im Kontext der Wegbeschreibung den Ort Zoo, dem auch dieser Ansatz folgt. Es bietet die Möglichkeit, unmittelbar den Gegenstand der Tierbeschreibung, welcher im Schwerpunkt anderer sprachlicher Kompetenzen bedarf als die Wegbeschreibung, anzuschließen und den Gesamtkomplex Beschreiben mit einem Schulausflug zu verknüpfen, bei dem die Lernenden zum einen ihre Umgebung kennenlernen, zum anderen sprachlich erworbene Kompetenzen erproben können.

15 Hier wird deutlich, dass Sprachkompetenzen nicht voneinander isoliert erworben werden. Es wird ersichtlich, dass vor einem Schreibprozess, der sich an einem Textmuster orientiert, stets das Lese-, ggf. das Hör- sowie das Sprachverstehen der Lernenden zu überprüfen ist.

Worte und ihre Schreibweise einzuprägen. Auf dieser Sprachstufe sollte der Text in der kürzeren Version, ohne kursiv gedruckte Einheiten genutzt werden.

Schreiben kann das Lernen der Zweitsprache unterstützen. Im Unterricht in Vorbereitungsklassen kann der Schreibprozess durch planende und vorbereitende Verfahren entlastet werden. Dazu zählen beispielsweise das Erarbeiten einer Liste mit generellen Satzanfängen, das Erstellen von Wortfeldern und Gliederungshilfen (vgl. Decker & Oomen-Welke, 2014). Des Weiteren kann durch kleinschrittige Aufgabenstellungen – sofern dies notwendig ist – sukzessiv ein erster gelenkter Schreibprozess eingeleitet werden. In Bezug auf den Beispieltext können Aufgabenstellungen genutzt werden wie:

a) Unterstreiche die Verben in Emines Wegbeschreibung.
b) Notiere alle Verben aus dem Text, die für Fortbewegung stehen. Fallen dir noch mehr Wörter ein? Schreibe diese auf. (Du kannst ein Wörterbuch benutzen.)
c) Schreibe zu jedem Verb einen Beispielsatz auf.

Für Lernende auf einer noch niedrigen Sprachstufe können an dieser Stelle Hilfekarten zur Verfügung gestellt werden, die zum einen zunächst einzeln die Fortbewegungsverben des Textes enthalten:

- *gehst – gehen/vorbeiläufst – vorbeilaufen/abbiegst – abbiegen/folge – folgen/entlangläufst – entlanglaufen,*

zum anderen in Bezug zu Aufgabe c eine Entlastung durch eine gelenkte Aufgabenstellung mittels Hilfekarten bereitstellen. Diese können Beispielsätze mit entsprechenden Verben zum Inhalt haben, die in die grammatikalisch und syntaktisch korrekte Reihenfolge zu bringen sind:

- *die Straße – über – gehe*
- *Ampel – folge – bis – zur – dem Weg*
- *laufe – vorbei – am Schulhof*
- *anschließend – nach – abbiegen – musst – rechts*

Insgesamt können die Aufgaben so formuliert und gestaltet werden, dass diese, am Lernstand der Lernerin bzw. des Lerners orientiert, einen gelenkten Schreibprozess einleiten, bei dem die Lernenden selbst eine Wegbeschreibung verfassen. Es bietet sich an, mit den Schülerinnen und Schülern dazu eine Checkliste mit den wichtigsten Merkmalen für eine gelungene Wegbeschreibung zu erstellen.

Anschließend kann anhand des Beispieltextes und des ergänzenden Bildes ein Alternativweg von der Schule zum Zoo erarbeitet werden. In diesem Prozess können sich die Lernenden noch am Mustertext orientieren.

Darüber hinaus sind auch auf dieser Ebene des Schreibprozesses unterschiedliche und – sofern notwendig – kleinschrittige Aufgabenstellungen denkbar:

a) Sieh dir den Stadtplan an. Notiere Stichpunkte für den Weg von der Schule zum Zoo. (Wähle einen anderen Weg als Emine./Wähle den kürzesten Weg. […])
b) Lies dir die Checkliste für Wegbeschreibungen genau durch.
c) Lies dir den Dialog von Maruan und Artur durch.[16] Achte besonders auf die Wegbeschreibung von der Schule zum Zoo.
Beurteile den Text mit Hilfe der Checkliste.
Überarbeite den Text schriftlich.

Progressiv wird durch dieses Vorgehen das freie Schreiben eingeleitet. Dabei wäre es die Aufgabe der Schülerinnen und Schüler, selbstständig einen Weg zu beschreiben. Dazu könnte sich weiterhin am Zoobeispiel orientiert werden, indem von einem anderen Startpunkt ausgegangen wird oder ein Weg im Zoo selbst beschrieben werden muss, wozu eine weitere Übersichts-/Wegkarte zu nutzen ist. Auf dieser Ebene des Lernprozesses ergibt sich ergänzend die Perspektive, die Wegbeschreibung als monologisch angelegte Textform einzuführen. Bedeutsam ist es, den Schülerinnen und Schülern dafür ein Setting zu geben, beispielsweise das Verfassen von Wegbeschreibungen innerhalb des Zoos für einen Flyer. Somit können ein anderer Adressatenkreis und damit verbundene mögliche Änderungen der sprachlichen Realisierung veranschaulicht werden. Eine eher monologisch ausgerichtete Beschreibung bietet darüber hinaus die Möglichkeit, einen weiteren Schritt in Richtung Entwicklung von konzeptioneller Schriftlichkeit zu machen.

Der Gegenstand der Wegbeschreibung bietet vielfältige Schreibanlässe und ermöglicht die Förderung unterschiedlicher sprachlicher Kompetenzen. Im Rahmen der exemplarisch und auszugsweise dargestellten Aufgaben wurden zunächst Verben fokussiert. Weitere Fragestellungen können den Strukturwortschatz in den Vordergrund rücken oder die Zeichensetzung und grammatische Strukturen thematisieren. Darüber hinaus besteht die Möglichkeit, verstärkt das monologische Schreiben anzubahnen und einzuüben.

3. Zusammenfassung und Ausblick

Es hat sich gezeigt, dass ein unterrichtspraktischer Ansatz, der an die unmittelbare Umwelt und Gegenwart der Lernenden anknüpft, sowohl die Lernmotivation der Schülerinnen und Schüler steigern als auch das bildungssprachliche Lernen mit den sprachlichen Bedürfnissen für die Alltagssprache zusammenführen kann. Vorhan-

---

16 An dieser Stelle kann eine kurze fehlerhafte Wegbeschreibung z. B. mit den Protagonisten Maruan und Artur eingebracht werden. Diese sollen die Schülerinnen und Schüler überarbeiten, wodurch sie noch keinen vollständigen Text selbstständig verfassen müssen, sondern nur einzelne Aspekte verändern müssen, damit die Beschreibung schlüssig und stimmig wird. Dadurch kann überprüft werden, ob die Lernenden die grundlegenden sprachlichen Kompetenzen, die für eine Wegbeschreibung notwendig sind, erworben haben.

denes Unterrichtsmaterial aus Deutschschulbüchern oder speziell ausgerichtetes Material für Deutsch als Zweitsprache können eine hilfreiche Orientierung bieten. Jedoch sind die Aufgabenstellungen stets an die Lerngruppe bzw. bestmöglich individuell auf die Lernenden abzustimmen. Dazu bedarf es im Vorfeld einer Sprachstandsdiagnose, um die Schülerinnen und Schüler in ihren Bedarfen zu fördern. Der dargestellte Unterrichtsgegenstand der Wegbeschreibung und die exemplarisch aufgezeigten Materialanregungen können für Lernende unterschiedlicher Sprachniveaus modifiziert werden.

Im Kernlehrplan Deutsch für die Sekundarstufe I in NRW wird der Unterrichtsgegenstand *Beschreibung* als obligatorischer Inhaltsaspekt festgesetzt sowie auch in speziellen Lehrplänen für Deutsch als Zweitsprache (vgl. Niedersachsen, Bayern u.a). In diesem Zusammenhang soll insbesondere das Verfassen von Texten geübt werden. Bereits im Kernlehrplan Deutsch NRW wird der Gegenstand *Beschreibung* aufgefächert in unterschiedliche Bereiche: das Beschreiben von Wegen, Tier- und Personenbeschreibungen. Eine didaktische Analyse der Teildisziplinen zeigt, dass eine Wegbeschreibung anderer sprachlicher Kompetenzen bedarf als eine Personen- oder Tierbeschreibung. Während eine Wegbeschreibung – wie in diesem Aufsatz dargestellt – Sprachkompetenzen hinsichtlich spezifischer Verben und Strukturwortschatz beansprucht, um zwei Beispiele aus dem Wortschatzbereich zu nennen, liegt bei Tier- und Personenbeschreibungen der Fokus verstärkt auf treffenden Adjektiven.

Um neu zugewanderte Kinder und Jugendliche in der unterrichtlichen Arbeit in Vorbereitungsklassen nicht zu überfordern, ist es deshalb bedeutsam, Themenbereiche in einzelne Teile zu gliedern und gezielt herauszuarbeiten, welche sprachlichen Kompetenzen und Strukturen notwendig sind bzw. über das gewählte Themenfeld vermittelt werden können.

Bei der Sprachförderung von neu zugewanderten Kindern und Jugendlichen sollten Sprachkompetenzen vermittelt werden, die den schulischen sowie den außerschulischen Anforderungen gerecht werden. Der Gegenstand der *Wegbeschreibung* ermöglicht insbesondere DaZ-Lernerinnen und -Lernern das Sprachlernen mit einem unmittelbaren Gegenwartsbezug und eröffnet aufgrund der thematischen Überschneidung zum Deutschunterricht in Regelklassen die Chance einer Zusammenführung der DaZ-Lernenden der Vorbereitungsklassen mit den Schülerinnen und Schülern der Regelklassen.

Literatur

Apeltauer, E. (2001). *Grundlagen des Erst- und Fremdsprachenerwerbs. Eine Einführung.* Berlin: Langenscheidt.

Apeltauer, E. (2009). Sprachliche Frühförderung von Kindern mit Migrationshintergrund. In: Hunstiger, A. & Koreik, U. (Hrsg.). *Chance Deutsch. Schule – Studium – Arbeitswelt. 34. Jahrestagung des Fachverbandes Deutsch als Fremdsprache an der Leibnitz Universität*

Hannover. Bd. 78 Materialien Deutsch als Fremdsprache. Göttingen: Universitätsverlag, S. 355–396.

Apeltauer, E. (2014). Wortschatzentwicklung und Wortschatzarbeit. In: Ahrenholz, B. & Oomen-Welke, I. (Hrsg.). *Deutsch als Zweitsprache.* Band 9 des von W. Ulrich herausgebenen Handbuchs Deutschunterricht in Theorie und Praxis. Baltmannsweiler: Schneider Hohengehren, S. 239–252.

Becker-Mrotzek, M. & Böttcher, I. (2006). *Schreibkompetenz entwickeln und beurteilen. Schreibdidaktische Grundlagen und unterrichtspraktische Anregungen. Praxishandbuch für die Sekundarstufe I und II.* Berlin: Cornelsen.

Bohn, R. (2001). Schriftliche Sprachproduktion. In: Helbig, G., Götze, L., Henrici, G. & Krumm, H.-J. (Hrsg.). *Deutsch als Fremdsprache ein internationales Handbuch.* 2. Halbband. Berlin/New York: De Gruyter, S. 921–931.

Daschner, P. (2016). Flüchtlinge in der Schule. Was wissen wir? Was brauchen wir? Was können wir tun? *Pädagogik,* 4 (16), S. 6–11.

Decker, Y./Oomen-Welke, I. (2014). Methoden für Deutsch als Zweitsprache. In: Ahrenholz, B. & Oomen-Welke, I. (Hrsg.), *Deutsch als Zweitsprache.* Band 9 des von W. Ulrich herausgegebenen Handbuchs Deutschunterricht in Theorie und Praxis. Baltmannsweiler: Schneider Hohengehren, S. 324–342.

Feilke, H. (2003). Entwicklung schriftlich-konzeptueller Fähigkeiten. In: Bredel, U., Günther, H., Klotz, P., Ossner, J. & Siebert-Ott, G. (Hrsg.) *Didaktik der deutschen Sprache – ein Handbuch,* Band 1 und 2. Paderborn: Schöningh, S. 178–192.

Fix, M. (2008). *Texte schreiben. Schreibprozesse im Deutschunterricht.* Paderborn: Schöningh.

Gibbons, P. (2006). Unterrichtsgespräche und das Erlernen neuer Register in der Zweitsprache. In: Mecheril, P. & Quehl, T. (Hrsg.). *Die Macht der Sprache. Englische Perspektiven auf die mehrsprachige Schule.* Münster: Waxmann, S. 269–290.

Grießhaber, W. (2014). Schreiben in der Zweitsprache Deutsch. In: Ahrenholz, B. & Oomen-Welke, I. (Hrsg.). *Deutsch als Zweitsprache,* Band 9 des von W. Ulrich herausgegebenen Handbuchs Deutschunterricht in Theorie und Praxis. Baltmannsweiler, S. 228–238.

Heilmann, B. (2012). Förderhorizonte – differenzierte Förderangebote. In: Grießhaber, W. (Hrsg.). *Diagnostik und Förderung – leicht gemacht.* Stuttgart: Klett, S. 49–82.

Hölscher, P. (2007). Lernszenarien. Sprache kann nicht gelehrt, sondern nur gelernt werden. In: Ahrenholz, B. (Hrsg.). *Deutsch als Zweitsprache. Voraussetzungen und Konzepte für die Förderung von Kindern und Jugendlichen mit Migrationshintergrund.* Freiburg, S. 151–171.

Hulstijn, J. H. (2015). *Language Proficiency in Native and Non-native Speakers. Theory and research.* Amsterdam/Philadelphia: John Benjamins.

Isler, D. & Sturm, A. (2013). Sprechen und Schreiben fördern – Lernende und Lehrende gemeinsam unterwegs. *Rundschreiben Zentrum Lesen,* 25, S. 1–3.

Jeuk, S. (2013). *Deutsch als Zweitsprache in der Schule. Grundlagen – Diagnose – Förderung.* Stuttgart: Kohlhammer.

Kernlehrplan Deutsch Nordrhein-Westfalen, Sekundarstufe I: http://www.schulentwicklung.nrw.de/lehrplaene/upload/lehrplaene_download/gymnasium_g8/gym8_deutsch.pdf [13.01.2016].

Klafki, W. (1971). *Funkkolleg Erziehungswissenschaft.* 3 Bde. Frankfurt: Weinheim.

Knapp, W. (1997). *Schriftliches Erzählen in der Zweitsprache.* Tübingen: De Gruyter.

Knapp, W. (2007). Förderunterricht in der Sekundarstufe. Welche Schreib- und Lesekompetenzen sind nötig und wie kann man sie vermitteln? In: Ahrenholz, B. (Hrsg.). *Deutsch als*

Zweitsprache. Voraussetzungen und Konzepte für die Förderung von Kindern und Jugendlichen mit Migrationshintergrund. Freiburg im Breisgau: Fillibach, S. 247–264.

Kniffka, G. & Siebert-Ott, G. (2012). *Deutsch als Zweitsprache. Lehren und Lernen*. Paderborn: Schöningh/UTB.

Koch, P. & Oesterreicher, W. (1994). Schriftlichkeit und Sprache. In: Günther, H. & Ludwig, O. (Hrsg.). *Schrift und Schriftlichkeit. Ein interdisziplinäres Handbuch internationaler Forschung*. 2 Bde. Berlin: De Gruyter (HSK 10), S. 587–604.

Krapels, A. R. (1990). An overview of second language writing process research. In: Kroll, B. (Hrsg.). *Second Language Writing*. Cambridge: Cambridge University Press, S. 37–56.

Massumi, M., van Dewitz, N. et al. (2015). *Neu zugewanderte Kinder und Jugendliche im deutschen Schulsystem. Bestandsaufnahme und Empfehlungen*. Mercator-Institut, Köln.

Neugebauer, C. & Nodari, C. (2012). *Förderung der Schulsprache in allen Fächern. Praxisvorschläge für Schulen in einem mehrsprachigen Umfeld. Kindergarten bis Sekundarstufe I*. Bern: Schul-Verlag.

Rehbein, J. (1984). Beschreiben, Berichten und Erzählen. In: Ehlich, K. (Hrsg.). *Erzählen in der Schule*. Tübingen: Narr, S. 67–124.

Reichart-Wallrabenstein, M. (2004). *Kinder und Schrift im Englischunterricht der Grundschule*. Band 1. [Dissertation] Berlin.

Runderlass des Ministeriums für Schule und Weiterbildung, Nordrhein-Westfalen. Verfügbar unter: https://www.schulministerium.nrw.de/docs/Recht/Schulrecht/Erlasse/Herkunftssprache.pdf [13.01.2016].

Studentischer Erfahrungsbericht und kritische Reflexion aus der sprach- und kultursensiblen Arbeit mit neu zugewanderten Kindern und Jugendlichen

Florian Mundt und Judith Weissflog

Mit dem Berufsfeldpraktikum „Sommerschule Deutsch als Zweitsprache (DaZ)" wurde vom Seminar für Sprachlehrforschung der Ruhr-Universität Bochum eine Veranstaltung entworfen, die sich an Studierende aller Fachbereiche richtet und sich einer aktuellen gesellschaftlichen Herausforderung stellt: dem andauernden Zuwanderungsstrom nach Deutschland. Unter dem thematischen Schwerpunkt der Sprachförderung wurden neu zugewanderte Kinder und Jugendliche in einer dreiwöchigen Praktikumsphase von Lehramtsstudierenden, die durch theoretische Workshops vorbereitet und während des Praktikums durch Supervisionssitzungen unterstützt wurden, sprach- und kultursensibel unterrichtet.

In diesem Beitrag sollen aus studentischer Perspektive Eindrücke und Erfahrungen aus der sprach- und kultursensiblen Arbeit mit neu zugewanderten Kindern und Jugendlichen dargestellt und eine Reihe von mit dieser Arbeit verbundenen Herausforderungen diskutiert werden, wie z. B. das Thema der großen Heterogenität der teilnehmenden Schülerinnen und Schüler in Bezug auf Alter, Sprachstand und unterschiedliche Lernkulturen. Der Einsatz eines Diagnostikinstruments zur Ermittlung der Sprachstände der Schülerinnen und Schüler sowie ihre Einordnung in entsprechende Förderhorizonte wird ebenso reflektiert wie Fragestellungen im Hinblick auf die Konzeption von an die jeweiligen Förderhorizonte angepassten Unterrichtsmaterials. Des Weiteren werden Fragen zum Umgang mit der eigenen Rolle als Lehrkraft beleuchtet und es wird der als wichtig empfundene Austausch der teilnehmenden Studierenden untereinander hervorgehoben. Abschließend wird der Umgang mit verschiedenen Medienformaten in einem Projekt wie der Sommerschule angesprochen und diskutiert.

Zur anschaulichen Darstellung der Themen werden verschiedene Schlüsselerlebnisse und konkrete Situationen aus der Arbeit mit den Schülerinnen und Schülern der Sommerschule als Beispiele herangezogen.

1. Studierende in der „Sommerschule DaZ"

Die „Sommerschule DaZ" richtete sich bewusst an Studierende aller Fachrichtungen. Somit bestand die Gruppe aus Lehramtsstudierenden verschiedener Fachrichtungen, die sich im Hinblick auf ihren späteren Beruf für die Arbeit mit Seiteneinsteigerinnen und Seiteneinsteigern weiterbilden wollten. Eine weitere Teilnehmerin, ausgebildete Psychotherapeutin, welche sich insbesondere für die psychosozialen Auswirkungen von Fluchterfahrungen auf Lernprozesse interessierte, komplettierte das Team. Eine weitere Motivation, die durchgängig bei allen Studierenden zu finden war, war das Bedürfnis, die Integration von neu zugewanderten Kindern und Jugendlichen zu unterstützen.

Das Format der Sommerschule wurde schon im Vorfeld von vielen Teilnehmerinnen und Teilnehmern als äußerst positiv wahrgenommen, was unter anderem auf die unmittelbar sichtbare Verzahnung von Theorie und Praxis zurückzuführen war. Die vorbereitenden Workshops („Lebenssituation von neu zugewanderten Kindern und Jugendlichen", „Sprachförderung und DaZ für neu zugewanderte Kinder und Jugendliche" und „Materialwerkstatt") griffen die erwarteten Bedarfe der Studierenden auf und sollten Instrumente an die Hand geben, die direkt im Unterricht eingesetzt werden konnten. Das Format der Sommerschule unterschied sich von dem uns bekannten schulischen Unterricht, da in Kleingruppen mit den Schülerinnen und Schülern gearbeitet werden sollte und an zwei Tagen in der Woche Exkursionen vorgesehen waren. Diese erwartete intensive Zusammenarbeit zwischen uns Studierenden und den Kindern und Jugendlichen bezeichneten viele Studierende als besonderen Anreiz, an der Veranstaltung teilzunehmen.

Da bei den Studierenden u. a. mit Blick auf die heterogene Schülerinnen- und Schülergruppe nahezu keine Vorerfahrungen hinsichtlich einer sprach- und kultursensiblen Gestaltung von Unterricht vorhanden waren, werden im Folgenden Herausforderungen aus Sicht der Studierenden skizziert.

2. Herausforderung: Heterogene Schülerschaft

Die an der Sommerschule teilnehmenden Schülerinnen und Schüler unterschieden sich nicht nur im Hinblick auf ihren jeweiligen Sprachstand, ihre Herkunftsländer oder ihre Erstsprache und weitere beherrschte Sprachen, sondern auch in ihrer Religion, ihrem Geschlecht, ihrem Alter, ihrem Bildungshintergrund und ihrer psychischen Verfassung. Diese Heterogenität stellte uns vor spezielle Herausforderungen bei der Vorbereitung und Gestaltung des Unterrichts.

Da in der Sommerschule insbesondere die Sprachförderung der neu zugewanderten Kinder und Jugendlichen im Mittelpunkt stand, sollen zunächst die unterschiedlichen Sprachstände der Schülerinnen und Schüler thematisiert werden. Die Teilnehmerinnen und Teilnehmer der Sommerschule sprachen Deutsch auf ganz unterschiedlichem Niveau, was u. a. durch die Länge ihres Aufenthalts in Deutschland, ihre individuelle Förderung oder auch ihre bisherige Sprachlernerfahrung bedingt war. Die Mehrheit konnte auf basalem bis fortgeschrittenem Niveau alltagssprachlich kommunizieren – sie konnten beispielsweise über ihren Tag sprechen und Routinesituationen, wie etwas bestellen, jemanden nach dem Weg fragen oder von ihren Hobbys erzählen, meistern. Offensichtliche Probleme ergaben sich bei allen Teilnehmerinnen und Teilnehmern der Sommerschule bei der Kommunikation im schulischen Kontext, beim Gebrauch der schulrelevanten Sprache.

Auch das heterogene Geschlechterverhältnis (ca. 70 % männlich; 30 % weiblich) stellte für einige Schülerinnen und Schüler insofern ein Problem dar, als dass sie es nicht gewohnt waren, in einem koedukativen Rahmen unterrichtet zu werden. In einigen Herkunftsländern der Kinder und Jugendlichen lernten Jungen und Mädchen noch strikt getrennt. Zwar waren alle durch ihren vorherigen Schulbesuch in Deutschland schon mit koedukativem Unterricht in Kontakt gekommen, jedoch gaben einige Schülerinnen und Schüler zu, dass es fremd für sie sei, neben jemandem des anderen Geschlechts zu sitzen oder mit diesem in kooperativen Lerngelegenheiten zusammen zu arbeiten. Wir versuchten, dies bei der Planung der Lernsettings zu beachten, indem die Schülerinnen und Schüler schrittweise an größere kooperative Lerngelegenheiten herangeführt wurden. Zunächst wurde vermehrt Partnerarbeit in der Unterrichtsplanung eingesetzt, bevor auch kleinere Gruppenarbeiten durchgeführt wurden.

Ein weiterer Faktor, der die Heterogenität in den Lerngruppen bestimmte, war das Alter der Schülerinnen und Schüler: Sie waren zwischen zehn und 18 Jahre alt. Einhergehend mit dieser heterogenen Altersstruktur mussten auch verschiedene Interessenschwerpunkte in die Themenwahl des Unterrichts mit einbezogen werden. Die studentischen Leiterinnen und Leiter der Gruppen versuchten vor diesem Hintergrund, binnendifferenziertes Material zu entwickeln, welches nicht nur dem Sprachförderhorizont der jeweiligen Gruppe entsprach, sondern zudem thematisch wie auch inhaltlich auch erwachsene Lernende ansprechen konnte. Dies erwies sich z. B. im Falle eines Schülers in der Sommerschule als hilfreich, der zunächst durch eine starke Verweigerungshaltung auffiel. Auch wenn diese sicherlich durch eine Faktorenkomplexion bedingt war und u. a. als Anstrengungsverweigerung im Sinne einer Misserfolgsvermeidung verstanden werden musste – was in den Supervisionssitzungen beleuchtet wurde –, so stellte das an seine altersentsprechenden Interessen angepasste Arbeitsmaterial einen Baustein dar, durch den kleine Veränderungen in seinem Arbeitsverhalten erzielt werden konnten.

Darüber hinaus deutet die Fülle der Herkunftsländer auf die bestehende Heterogenität der Schülerschaft. So waren Schülerinnen und Schüler aus Serbien, Rumänien, dem Kosovo, Sri Lanka, dem Iran, Pakistan, Polen, Bosnien, Albanien und Italien vertreten, die teilweise auch landesspezifische Konflikte mit in den Unterricht brachten. Als Fallbeispiel sei hier eine Unterrichtssituation benannt, in der sich die Albanerin Abdissa weigerte, mit der Serbin Katica gemeinsam mit Wortkarten zu üben. Im weiteren Verlauf der Unterrichtssequenz konnte im Gespräch herausgefunden werden, dass Abdissa bestimmte Vorbehalte gegenüber Katica hatte, die auf den Beziehungen zwischen den Herkunftsländern basierten. Die anwesenden Studierenden suchten das Gespräch mit Abdissa und Katica und konnten zunächst den Konflikt beilegen.

Doch welche Methoden kann man anwenden, wenn tiefgreifende Vorurteile zwischen unterschiedlichen Bevölkerungsgruppen herrschen und ein Lehrer-Schüler-Gespräch nicht ausreicht? Im Austausch zwischen den Studierenden in den Supervisionssitzungen wurden mehrere Überlegungen vorgebracht, die von Lehrer-Eltern-Schüler-Gesprächen bis hin zum Klassenwechsel reichten. Ein „Rezept" – so das Fazit – konnte aber nicht identifiziert werden. Doch auch diese Erkenntnis half uns, eine Situation immer wieder neu zu bewerten.

Des Weiteren gehörten die Schülerinnen und Schüler unterschiedlichen Religionen an, was innerhalb des Unterrichts, aber auch bei der Gestaltung außerunterrichtlicher Aktivitäten stets von den Studierenden zu berücksichtigen war. Das wohl anschaulichste Beispiel für die notwendige Abstimmung von (Unterrichts-) Planung und Religion betraf die Kinder und Jugendlichen, welche während der Sommerschule den muslimischen Fastenmonat Ramadan begingen. Das bedeutete, dass viele Kinder am Unterricht und an von uns organisierten Freizeitaktivitäten teilnahmen, gleichzeitig jedoch im Verlauf des Tages weder Flüssigkeit noch Nahrung zu sich nehmen durften. Auswirkungen hieraus auf die Gestaltung von Unterricht sowie das allgemeine Miteinander zeigten sich unter anderem beim täglich stattfindenden gemeinschaftlichen Mittagessen. Die fastenden Kinder saßen zwar immer mit am Tisch, jedoch hatten wir oftmals das Gefühl, dass die durch das Essen intendierte Stärkung des „Wir-Gefühls" durch die nicht essenden Kinder, welche lieber dem Mittagessen fern geblieben wären, eher weniger eintrat. Auch die bereits angesprochene Gestaltung des Unterrichts musste in einigen Punkten an den fastenden Kindern ausgerichtet werden: So gingen mit dem in der Sommerschule verfolgten handlungsorientierten Ansatz gelegentlich Aktivitäten außerhalb der Schule einher, wie beispielsweise das Sammeln von in der Natur auffindbaren Materials. Hierbei musste u. a. darauf geachtet werden, dass sich die fastenden Schülerinnen und Schüler eher an schattigen Plätzen aufhielten und sich nicht allzu sehr in der sommerlichen Hitze verausgabten. Durch diese Situation wurde den teilnehmenden Studierenden bewusst, dass bei der Konzeption und Planung eines Projektes wie der Sommerschule die besonderen kultur- und religionsspezifischen Feiertage beachtet werden müssen. Weiterhin wurden wir auch indirekt darin geschult, einen weiten Blick bei der Planung von außerschulischen Aktivitäten einzunehmen. Wir wurden sensibilisiert für die Schaffung von binnendifferenzierenden Settings, die den unterschiedlichen Bedarfen der Lernenden Rechnung tragen.

Ein weiterer Aspekt, der die Heterogenität der Schülerschaft auszeichnete, war ihr unterschiedlicher Bildungshintergrund. Einige Teilnehmerinnen und Teilnehmer stammten aus akademischen Elternhäusern, wohingegen andere aus bildungsfernen kamen. Einige hatten in ihrem Herkunftsland höhere Schulformen besucht und Schulpreise gewonnen, andere wiederum waren bisher kaum mit dem Lernen in der Schule in Berührung gekommen. Als Folge hieraus ergaben sich Herausforderungen hinsichtlich der Erwartungen der Schülerinnen und Schüler an die Zeit mit den Studierenden. So haben wir die Erfahrung gemacht, dass Kinder, die in ihrem eigenen Bildungssystem erfolgreich waren, eine Reproduktion des ihnen bekannten Unterrichts erwarteten und gelegentlich sogar einforderten. Der recht offene, mit vielen kooperationsintensiven Aufgabenformaten gestaltete Unterricht war demnach für die Mehrzahl der Schülerinnen und Schüler eine vollkommen neue Erfahrung. Viele hinterfragten deshalb oftmals Unterrichtssituationen, was zuerst zu einer Rechtfertigungshaltung von uns Lehrenden führte, bis wir merkten, dass sie lediglich eine andere Unterrichtsgestaltung gewohnt waren. Wir bemühten uns deshalb, den Unterricht und die Ziele transparent zu halten. Die Schülerinnen und Schüler, die nicht oder kaum schulisch sozialisiert waren, benötigten zudem besondere Unterstützung. Viele für uns selbstverständliche „Skripte", die im Unterricht ablaufen, wie beispielsweise das Melden, wenn man etwas sagen möchte, oder die Tatsache, dass man während einer Aufgabenbearbeitung in Einzelarbeit still ist, waren den Schülerinnen und Schülern oftmals nicht geläufig. Als Lehrende gingen wir zunächst davon aus, dass solche für uns maßgebliche Säulen des Unterrichts bei allen Lernenden bekannt sein würden, und waren somit überrascht, dass dies z. T. nicht der Fall war. Aufgrund dessen planten wir zunächst nur Partnerarbeiten, bevor wir im weiteren Verlauf der Sommerschule auch Gruppenarbeiten einsetzten. Gleichzeitig lernten wir aber auch, den Unterricht, bzw. die angewandten Methoden, flexibel an die Ansprüche und Erwartungen der Schülerinnen und Schüler bis zu einem gewissen Grad anzupassen, um ihnen einerseits entgegen zu kommen und sie andererseits an gängige Sozialformen im Regelunterricht zu gewöhnen.

Auch die psychische Verfassung der Schülerinnen und Schüler war ein zur Heterogenität beitragender Faktor. Von den neu zugewanderten Kindern und Jugendlichen, die in der Sommerschule unterrichtet wurden, waren einige aufgrund von Krieg und Verfolgung aus ihren Herkunftsländern geflohen. Sie haben mitunter eine lange Flucht miterlebt und dabei teilweise Eltern und Verwandte verloren. Diese Erlebnisse können traumatisierend wirken und sog. Flashbacks (traumatisches Wiedererleben hervorgerufen durch Schlüsselreize) auslösen oder das Lernverhalten des Kindes stark beeinflussen. Nehmen wir als Beispiel den Tamilen Thillai, der auf seiner Flucht seine Eltern verlor und nun in Deutschland bei seiner Tante aufwächst. Er wirkte bei der Sprachstandserhebung stark eingeschüchtert und auch in den Phasen, in denen die ganze Gruppe zusammenkam, sagte er nahezu gar nichts. Seine Lehrerin aus der Regelschule berichtete, dass er kaum bis gar nicht am Unterrichtsgeschehen der 20-köpfigen Klasse teilnehme und sehr schüchtern sei. In der Kleingruppe von vier Kindern, in der Thillai im Rahmen der Sommerschule unterrichtet wurde, zeigte er eine starke Entwicklung. Sprach er am Anfang kaum mit seinen Mitschülerinnen und -schülern und nahm nahezu gar nicht am Unterrichtsgeschehen teil, so änderte sich dieses in den drei Wochen der Sommerschule. Gegen Ende der Sommerschule zeigte er sich als Schüler, der Unterrichtsphasen aktiv mitgestaltet. Seine studentische Lehrkraft vermutete immer stärker, dass dieser Wandel mit der klassenuntypischen Größe von vier Personen in der Kleingruppe zusammenhing, und tauschte sich mit der Lehrerin der Regelschule über seinen Erfolg und über mögliche Ursachen seiner Verhaltensänderung aus. Natürlich ist dieses Beispiel nicht allgemeingültig – bei einem anderen Kind wäre vielleicht gerade ein größeres Umfeld förderlich, vielleicht aber auch die Berücksichtigung oder Veränderung eines anderen Faktors, welcher das Lernen möglicherweise beeinflusst. Dennoch möchten wir mit eben diesem Beispiel die besonderen individuellen Bedarfe der Kinder darstellen und die damit einhergehenden Anforderungen aufzeigen, mit denen wir als Lehrpersonen konfrontiert wurden.

3. Herausforderung: Sprachstandserhebung durchführen und nach individuellen Förderhorizonten unterrichten

Um den Sprachunterricht zu erleichtern, bestand unsere erste Aufgabe in der Sommerschule darin, die Schülerinnen und Schüler durch einen Einstufungstest in möglichst homogene Lerngruppen einzuteilen. Auch wenn es uns gelang, tendenziell homogene sprachliche Lerngruppen zu schaffen, zeichnete sich dennoch jede Gruppe, wie der erste Abschnitt schon verdeutlicht, immer noch durch eine breit gefächerte Heterogenität aus, die auch in den Kleingruppen bestehen blieb.

Zur Einstufung in die unterschiedlichen Lerngruppen wurde sowohl mündlich als auch schriftlich geprüft. Anschließend erfolgte die Einteilung nach gesonderten Förderhorizonten, woraus deutlich wurde, was genau sprachlich in den drei Wochen des Praktikums gefördert werden sollte. Das uns vorgestellte Einstufungsinstrument sah eine Gliederung in zwei Einstufungstests vor, einen primär mündlichen und einen primär schriftlichen Teil. Wir entschieden uns, zunächst mit dem mündlichen Prüfungsabschnitt, einem Gespräch mit den Schülerinnen und Schülern, zu beginnen, da der schriftliche Teil von allen zusammen geschrieben werden sollte und wir es für unpassend erachteten, direkt mit einer offensichtlichen Prüfungssituation, in der sowohl die Umgebung als auch die verschiedenen teilnehmenden Schülerinnen und Schüler sowie die Studierenden neu waren, in die gemeinsamen drei Wochen zu starten. Jedes Interview bzw. Gespräch wurde von mindestens zwei Studierenden gemeinsam durchgeführt, wobei einer die Befragung durchführte und ein anderer protokollierte. Wir als Prüfende achteten dabei besonders darauf, eine positive Atmosphäre aufzubauen, um eine entspannte Umgebung für die zum Teil nervösen Prüflinge zu schaffen. Zu Beginn ergab es sich, dass außer den zwei Studierenden noch weitere Studierende oder Lehrende der Ruhr-Universität zugegen waren, was sich als problematisch herausstellte. Einige Schülerinnen und Schüler schienen mit der Situation, in der sie von mehreren Personen beobachtet wurden, überfordert zu sein. Sie wirkten eingeschüchtert und redeten nicht sehr viel. Aufgrund dieser Erfahrung achteten wir in der Folge darauf, dass nur noch zwei Studierende eine Schülerin bzw. einen Schüler beobachteten und ihre oder seine mündliche Kompetenz einstuften.

Der auf verbale Äußerungen fokussierte erste Teil wies drei Schwerpunkte auf: freies Reden, lautes Vorlesen und Beschreiben (in unserem Falle das Beschreiben eines Bildes). In der Phase des freien Redens wurden Fragen zur eigenen Person gestellt, wie Alter, Wohnort, Hobbys usw. Dieses Gespräch, oder besser Interview, über die eigene Person gab dem ganzen Prüfungskontext eine angenehme Atmosphäre, da die Kinder und Jugendlichen nicht sofort mit Anforderungen konfrontiert wurden, von denen vermutet werden konnte, dass sie von ihnen als Prüfungsaufgaben interpretiert werden würden. Sprachlich betrachtet wurde bei diesem ersten Abschnitt deutlich, dass sich die Schülerinnen und Schüler auf einem für sie bekannten Terrain befanden. Nahezu alle Teilnehmerinnen und Teilnehmer der Sommerschule konnten die Fragen in zum Teil beeindruckender Flüssigkeit beantworten. Erste individuell verschiedene Schwierigkeiten traten beim Leseabschnitt auf. Während manche Lernende Probleme hatten, phonetisch die entsprechenden Laute zu bilden, lasen andere Diphthonge oder Umlaute falsch vor. Vor allem war es aber der letzte Prüfungsteil, welcher zu einer Veränderung des Sprachstils aller Kinder führte. Die Aufgabe in diesem Teil war es, ein Bild zu beschreiben, auf welchem Menschen unterschiedlichen Alters in der S-Bahn abgebildet waren, die typische Handlungen ausführen (z. B. Musik hören, essen, trinken, miteinander spielen). Zunächst einmal würde man vermuten, dass die Schülerinnen und Schüler auch diese alltäglichen Aktivitäten flüssig beschreiben konnten, aber tatsächlich war es eine große sprachliche Herausforderung für sie. Einige arbeiteten nur noch mit einzelnen Wörtern wie „Mann", „spielen", „sitzen", statt wie zuvor ganze Sätze zu bilden, während andere sehr einfache parataktische Sätze bildeten, obwohl sie in der Phase des freien Redens mit Nebensatzkonstruktionen gearbeitet hatten. Wir vermuteten, dass die Schülerinnen und Schüler die eingangs beantworteten Fragen schon so gut kannten, dass sie Phrasen auswendig gelernt hatten, die sie passgenau auf die jeweilige Frage anwenden konnten. Die durch die Testung erfolgte Erkenntnis, dass die anfänglich adäquate Verwendung der deutschen Sprache abhängig war von den vermutlich vertrauten Fragen zur eigenen Person, war eine interessante Einsicht für uns Studierende. Durch die Beschreibung eines Bildes waren die Schülerinnen und Schüler jedoch dazu angehalten, ihr Sprachwissen in einem anderen, eher unbekannten Zusammenhang anzuwenden. Wir erhielten dadurch ein weiteres und ggf. sogar authentischeres Puzzlestück zur Einschätzung des Sprachstandes.

Im Anschluss an den ersten primär mündlichen Teil des Einstufungstests folgte die Überprüfung der schriftlichen Kompetenz. Hierzu wurden alle Schülerinnen und Schüler gemeinsam in einem Raum getestet. Sie arbeiteten ähnlich wie in einer Klassenarbeit an einzeln stehenden Tischen. Der schriftliche Teil setzte sich zusammen aus einem Diktat, verschiedenen Grammatikaufgaben, die sowohl die unterschiedlichen Zeitformen Präsens, Perfekt und Präteritum als auch Satzstrukturen überprüften, und einer Aufgabe, in der frei zu einem vorgegebenen Thema formuliert werden musste. Während der Durchführung des schriftlichen Teils meldeten sich einige Schülerinnen und Schüler häufig und stellten Fragen. Diese Situation war eine besondere Herausforderung für uns Studierende, da wir feststellten, dass die für uns geläufigen schulischen Skripte des Verhaltens in Prüfungssituationen nicht generell für alle galten. Zwar versuchten wir, dem Bedarf insofern gerecht zu werden, als dass wir noch einmal die genauen Instruktionen an die Tafel schrieben und ausführlich erklärten, aber bei einer nochmaligen Durchführung sollte bedacht werden, nicht nur die verschiedenen Aufgabenformate vorab zu erklären, sondern auch Verhaltensregeln in Prüfungssituationen transparent zu machen.

Die Einteilung in sprachlich homogene Kleingruppen erfolgte über die Ergebnisse der Profilanalyse, d. h. über die individuell ermittelten Förderhorizonte. Schülerinnen und Schüler mit gleichem Förderhorizont wurden in jeweils eine Gruppe eingeteilt. Die hierdurch zustande kommenden übergeordneten (Gruppen-)Förderhorizonte konnten als Orientierungshilfe für die Studierenden in Bezug auf die Ausrichtung des Unterrichts sowie die Konzeption des Unterrichtsmaterials genutzt werden. In unserer Arbeit mit den Schülerinnen und Schülern stellten wir als Gruppenleitende fest, dass die von uns durch das Einstufungsinstrument ermittelten Förderhorizonte mit den Förderbedarfen der Kinder und Jugendlichen in unseren jeweiligen Gruppen übereinstimmten. So entsprachen die im Förderhorizont zwei als zu erwerben und zu festigen angeführten sprachlichen Mittel – wie z. B. das Festigen von Modalverben, Verben im Perfekt, trennbaren Verben sowie das mündliche Erzählen und der Aufbau des Adjektivwortschatzes, der Verwendung von Präpositionen und Satzverkettungen sowie von Variationen am Satzbeginn – den Bedarfen der Schülerinnen und Schüler, die wir diesem Förderhorizont zugeordnet hatten. Somit lässt sich feststellen, dass sich das Instrument der Profilanalyse zusammen mit der Erstellung von Förderhorizonten als sehr hilfreich erwies. Insbesondere durch die fachlich heterogene Zusammensetzung der Studierenden wurde die Orientierung an den Förderhorizonten als wertvoll angesehen, da viele der Studierenden zum ersten Mal sprachfördernd unterrichteten und ihnen somit, ähnlich wie bei einem fachlichen Curriculum in entsprechenden Unterrichtsfächern, sprachliche Felder an die Hand gegeben wurden, die sie mit Inhalt füllen konnten.

Schwierigkeiten entstanden dabei, die Inhalte für den Unterricht oder verschiedene Aufgabenstellungen zu finden. Im Anfangsstadium der Sommerschule, in welchem wir gemeinschaftlich das zu nutzende Material sichteten, fiel auf, dass eine Herausforderung darin bestand, beispielsweise zur Förderung des Perfekts nicht ausschließlich vorgefertigte Übungen mit einem Fokus auf die Sprachstruktur zu übernehmen (s. Kap. 4). Diese Gestaltung des Unterrichts resultierte oftmals aus dem geringen Wissen über das Themenfeld „Sprachförderung", mit dessen funktionaler Sicht auf Sprache ein Großteil der heterogenen Gruppe zum ersten Mal in den vorbereitenden Workshops in Berührung kam. Das in den Workshops aufgebaute Sprachbewusstsein und Strukturwissen sollte nun zudem in der Sommerschule direkt in die methodisch-didaktische Unterrichtsplanung einfließen, was für uns alle eine Herausforderung war.

So kannten zum Beispiel alle Studierenden die Verbform „Perfekt", jedoch war einigen weder bewusst, in welchen Zusammenhängen man das Perfekt im Deutschen nutzt, noch wie man beispielsweise die Bildung des Perfekts einem Deutschlerner erklären könnte. Eben diese Sensibilisierung für die Funktion von Sprachstruktur und Sprachmustern wurde besonders von den Studierenden als Kompetenzgewinn betrachtet.

4. Herausforderung: Qualitativ gutes Unterrichtsmaterial finden und nutzen

Wie im ersten Teil schon dargelegt wurde, zeichnete sich die sprachlich relativ homogene Kleingruppe, in welcher der Unterricht stattfand, durch Heterogenität auf ganz unterschiedlichen Ebenen aus. Diese Heterogenität sollte auch bei der Verwendung und Erstellung von Lern- und Lehrmaterial beachtet werden, weshalb in diesem Kapitel einige Hinweise gegeben werden, welche auf eigenen Erfahrungen fußen. Des Weiteren orientiert sich das Material an den drei der Sommerschule zugrunde gelegten Themenwochen: in der ersten Woche sollten das Thema Alltag, in der zweiten das Thema Natur und in der dritten das Thema Kultur fokussiert sowie Sprachkompetenzen in den jeweiligen Feldern aufgebaut werden.

4.1 Bildmaterial

Wir haben festgestellt, dass eine interkulturelle Aufarbeitung des verwendeten Bildmaterials hilfreich für einen gelingenden Unterricht ist. Nehmen wir als Beispiel eine verwendete Bildergeschichte über zwei Personen, die beim Bäcker einkaufen gehen. Für uns handelte es sich um eine Situation, die wir in den Themenkomplex „Alltag" gesetzt haben. Nun meldete sich Afrim und fragte, was man beim Bäcker tue. Auf unsere Antwort, dass man dort Brot, Gebäck oder Brötchen kaufen könne, meinte er, dass es diese Lebensmittel doch auch im Supermarkt gebe. Außerdem würde er in seiner Familie Fladenbrot essen, was es beim normalen Bäcker nicht geben würde. Die anderen Schülerinnen und Schüler der Kleingruppe stimmten ihm zu und auch wir erkannten, dass wir in der Planung zu sehr von unserem eigenen Alltag ausgegangen waren. Zwar lassen sich die kommunikativen Kompetenzen, welche die Aufgabe förderte, nämlich das Bestellen von etwas, auf viele andere Bereiche anwenden, aber um eine höhere Identifikation der Lerngruppe mit dem Thema zu erzielen und die Nützlichkeit der zu erwerbenden Kompetenzen hervorzuheben, sollte die Thematik näher am Alltag der Schülerinnen und Schüler ansetzen. Einige Vorschläge, die dazu gemacht wurden, bezogen sich auf den Bestellvorgang in Fast-Food-Restaurants, beim (muslimischen) Fleischer oder im Internet.

In der gleichen Lerngruppe wählten wir noch eine andere Bildergeschichte mit dem Fokus „Alltag" aus, nämlich das Einkaufen von Lebensmitteln auf dem Wochenmarkt. Wir achteten besonders darauf, dass internationale Früchte und Gemüsesorten auf dem Bild zu sehen sind und die darauf gezeigten Menschen sich in ihrer Hautfarbe und Religionszugehörigkeit augenscheinlich unterscheiden. Bei der

Beschreibung der Bilder, der darauf abgebildeten Personen, Gegenstände und Situationen merkte man direkt die hohe Gesprächsbereitschaft der Schülerinnen und Schüler: alle zeigten auf und wollten die vielfältigen Früchte benennen. Sie versuchten zu beschreiben, wie die Früchte gegessen werden, ob sie geschält werden oder wie sie schmecken. Auch der Vorgang des Bezahlens wurde erläutert, indem einige Kinder darauf verwiesen, dass auf dem „Basar" gehandelt und kein Preis wie im Supermarkt gezahlt wird. An dieser Stelle möchten wir aber auch betonen, dass man bei der Auswahl und dem Einsatz von Bildmaterial zwar kultursensibel vorgehen sollte, aber die Gefahr der Stereotypisierung im Blick behalten muss.

Doch nicht nur im Hinblick auf die Beschreibung von Personen, Gegenständen, Situationen, Tätigkeiten, Prozessen, Funktionszusammenhängen oder das Erzählen von Geschichten und Berichten von Erlebnissen erwies sich der Umgang mit Bildmaterial als sinnvoll. Eine aus Serbien stammende Schülerin, Ana, war bis zu ihrem Besuch in der Sommerschule sehr wenig bis gar nicht mit der deutschen Sprache in Berührung gekommen und hatte daher nicht nur Schwierigkeiten, sich aktiv zu verständigen, sondern auch an sie gerichtete Rede zu verstehen. Das Lernen mit ihr erforderte eine zeitlich intensivere Beschäftigung und baute auf sehr basalen Aufgaben auf. Zu den einzelnen Themenkomplexen Alltag, Natur und Kultur überlegten wir uns für die Arbeit mit ihr, was diese tendenziell theoretischen Konzepte besonders auszeichnet, und entwickelten daraufhin Bild- und Wortkarten. Für das Thema „Alltag" und als besonderen Schwerpunkt für das Thema „Essen" suchten wir einfache und deutliche Bilder, die verschiedene Lebensmittel zeigten, und klebten sie auf kleine Karteikarten. Auf eine andere Karteikarte schrieben wir das entsprechende deutsche Wort. Im Gespräch mit Ana zeigten wir dann das Bild, sagten, wie das gezeigte Lebensmittel heißt, und fragten nach seiner serbischen Bedeutung. Letztere schrieben wir auf eine dritte Karteikarte. Damit wir sicherstellen konnten, dass beispielsweise „hlep" die korrekte Übersetzung von „Brot" ist, recherchierten wir bereits im Vorfeld nach den gesuchten Übersetzungen. Das Endergebnis einer jeden Themenwoche war eine Art Matrix bestehend aus Bildern und Wörtern, die zur Übung der Worte wie ein Puzzle oder in Form eines Memorys gebraucht werden konnte. Auf dieser Basis konnten dann erste kurze Sätze gebildet werden wie „Ich esse gerne Brot mit Tomate". Diese wurden dann im Rahmen der Arbeit mit Ana auch schriftlich fixiert und direkt in dafür geeignete situative Zusammenhänge wie z. B. das Frühstück übertragen.

4.2 Fach- und Schulsprache

Eine häufig auftretende Herausforderung, mit welcher wir bei der Auswahl von Texten oder Aufgabenstellungen konfrontiert wurden, bezog sich auf Aspekte der Schul- und Bildungssprache, die den Schülerinnen und Schülern kaum bekannt waren. So enthalten viele Aufgabenstellungen für uns geläufige Operatoren, wie *beschreiben, erklären, erläutern, benennen* usw. In der Arbeit mit den Schülerinnen und Schülern wurde uns bewusst, dass ein Verständnis eben dieser Operatoren ebenso wenig als vorausgesetzt angesehen werden kann wie deren Realisierung. Folglich beachteten wir dies bei der Auswahl von Lernmaterial und strebten in unserer Arbeit eine Heranführung an zentrale Operatoren wie z. B. Beschreiben und Berichten an. Hierzu erklärten wir den Schülerinnen und Schülern, was unter den einzelnen Operatoren zu verstehen ist, und wiesen bei den verschiedenen Aufgaben immer wieder auf sie hin, um sie dann im jeweiligen Aufgabenkontext von den Schülerinnen und Schülern erklären zu lassen. Darüber hinaus richteten wir unsere sprachförderliche Arbeit darauf aus, dass die Lernenden darin unterstützt wurden, erste kleine Texte zur Realisierung der zuvor erarbeiteten Operatoren zu produzieren. Auf diese Weise konnten wir nicht nur das Verständnis der einzelnen Kinder und Jugendlichen mit Blick auf die Operatoren überprüfen, sondern schafften auch einen ersten Zugang zu diesen, der den Schülerinnen und Schülern bei der Teilnahme am Regelunterricht nach den Sommerferien von Nutzen sein könnte. Neben den Operatoren sind jedoch auch das Verständnis und die Produktion schulrelevanter Satz- und Textstrukturen notwendig zu thematisieren. Auf beides, Begrifflichkeiten wie diverse Strukturen, versuchten wir in den unterschiedlichen Themen- und auch Aufgabenkontexten einzugehen, zusätzlich zu einer Förderung basaler kohäsionsstiftender Elemente.

Als ein Beispiel für die Anbahnung der Diskursfunktion *beschreiben* auf einem sehr grundständigen Niveau möchten wir an dieser Stelle einen Einblick in eine Unterrichtssequenz zur Themeneinheit „Bienen" aus der Natur-Woche anführen. Innerhalb dieser Einheit beschrieben und differenzierten die Schülerinnen und Schüler – zur Vorbereitung auf eine Exkursion in eine Imkerei – die Bienen zunächst aufgrund ihres Aussehens und ihrer Aufgaben im Bienenstock. Außerdem führten wir sie auf einer sehr basalen Ebene an das Beschreiben von Prozessen heran. Hierzu bastelten wir gemeinsam mit den Lernenden Bildkarten, auf welchen die verschiedenen Bienen, ein Bienenstock, Waben, Blumen, eine Honigschleuder sowie fertiger Honig im Glas abgebildet waren, und beschrifteten sie. Zudem erstellten wir Karten mit Tätigkeiten wie beispielsweise eine Biene, die Pollen sammelt, oder auch einfach eine Biene im Flug. Gemeinsam unterhielten wir uns auf dieser Basis in der Klasse darüber, wie der Prozess der Honigherstellung funktioniert. Hatten die Schülerinnen und Schüler einen Schritt innerhalb dieses Prozesses genannt, so durfte eine oder einer von ihnen nach vorne zur Tafel gehen und die Bildkarte aufhängen. Es entwickelte sich eine Bilder-Prozess-Reihe. Durch die beschrifteten Bildkarten wurde es den Schülerinnen und Schülern erleichtert, den Prozess der Honigherstellung, wenn auch auf einem basalen Niveau, anschließend in die schriftliche Form der Beschreibung zu überführen. Aus dieser Unterrichtseinheit nahmen wir für uns mit, dass eine Förderung von schulrelevanter Sprache und von Textformen durch ein kreatives didaktisch-methodisches Vorgehen auch auf einem sprachlich basalen Niveau angebahnt werden kann.

Durch die unterrichtlichen Erfahrungen und das anschließende Überlegen und Abwägen wurden wir uns darüber bewusst, dass der Umgang mit schulrelevanter Sprache und das Anbahnen derselben im Kontext einer Sommerschule, wie der von uns durchgeführten, differenziert zu betrachten ist. Nicht jedes Material kann unserer Meinung nach so verwendet werden, wie es in Büchern oder auf diversen Internetseiten zu finden ist, vieles muss in Bezug auf Fachbegriffe und Satzstrukturen überarbeitet und angepasst werden, da es zu komplex ist, um von Sprachlernern mit ersten (fach-)sprachlichen Erfahrungen verstanden zu werden.

4.3 Grammatikförderung

Bei der Betrachtung von Aufgaben, die eine Förderung der Grammatikkompetenzen anvisieren, stellte sich heraus, dass es sich in der Regel um Übungsaufgaben handelt, die beispielsweise verlangen, die richtige grammatische Form in eine Lücke einzusetzen. Nun führten wir in der Sommerschule einen recht offenen, handlungsorientierten Unterricht durch, der verstärkt mit Lern- statt Übungsaufgaben arbeitete. Einige Schülerinnen und Schüler forderten jedoch explizit grammatische Übungsformate wie die beschriebenen, da sie diese aus ihren Herkunftsländern kannten (s. Kap. 5). Um den Unterricht jedoch nicht nur durch Übungsaufgaben auszufüllen, versuchten wir, einen integrativen Grammatikunterricht durchzuführen. In der ersten Woche der Sommerschule beispielsweise fragte Karim, als wir gerade einen Text im Perfekt formulierten, warum es einmal „er hat gekauft" und ein anderes Mal „er hat gesehen" heißen würde – warum endet die Verform einmal auf „-t" und einmal auf „-en". Diese Frage nutzten wir, um eine vertiefende Unterrichtseinheit über regelmäßige und unregelmäßige Verben durchzuführen. Einerseits wurden so bereits bekannte grammatische Phänomene wiederholt und andererseits wurde eine Verbindung zu einer neuen grammatischen Besonderheit gezogen. Diese Vorgehensweise sahen alle Teilnehmerinnen und Teilnehmer der Gruppe als sehr positiv an, was uns nicht nur durch eine vergleichbar bessere Beteiligung auffiel, sondern auch durch eine positive Rückmeldung am Ende der Sommerschule mitgeteilt wurde. Die Lernenden verstanden den Zusammenhang und korrigierten auch noch in der letzten Woche Fehler bei Mitschülerinnen und -schülern, indem sie auf den Zusammenhang zwischen unregelmäßigen bzw. regelmäßigen Verben und der Bildung des Perfekts verwiesen.

5. Herausforderung: Besonderheiten von unterschiedlichen Lernkulturen beachten

Die verschiedenen Herkunftsländer, aus denen die Kinder und Jugendlichen stammten, zeichnen sich durch unterschiedliche Bildungssysteme aus, in denen der Fokus häufig auf andere Lehrmethoden und Lerntechniken als in unserem Bildungssystem gelegt wird. Dem Unterricht an der Sommerschule wurde ein offenes Lehr-/Lernkonzept zugrunde gelegt, welches u. a. auf handlungsorientierten Lernaufgaben basiert. Dieses Lehr-/Lernkonzept unterscheidet sich zum Teil stark von der bisherigen schulischen Sozialisation der Schülerinnen und Schüler, sodass sie an einigen Punkten irritiert über die Unterrichtsgestaltung waren. Ein schon diskutiertes Beispiel ist die Bitte nach einem mehr auf Grammatikübungen basierenden Unterricht. Wie uns Taiko aus Pakistan beispielsweise erzählte, wurde der Unterricht an seiner Schule stark lehrerzentriert gestaltet. Der Lehrer war Mittelpunkt des Unterrichts und leitete diesen mit einer Härte, die sich gelegentlich auch durch Schläge mit einem Rohrstock manifestierte. Taiko führte daher auch alle Aufträge während der Sommerschule still und konzentriert aus und stellte keine Aussage des Lehrers in Zweifel. Insbesondere bei kooperativen Aufgabenarten beobachteten wir im Unterricht, dass Taiko vermeintlich hilfesuchend zu uns als Lehrpersonen blickte. Natürlich erklärten wir ihm die Aufgabe erneut, aber verwiesen ihn auch darauf, dass er diese gemeinsam mit seinem Partner oder seiner Gruppe lösen solle. Auch den Umkehrschluss, dass Taiko mehr an geschlossene Übungsaufgaben gewöhnt war, konnten wir zumindest insofern aufstellen, als dass er sehr routiniert im Umgang mit solchen Aufgabentypen war. Er kannte sowohl Multiple-Choice-Aufgaben, Zuordnungsaufgaben oder Lückentexte, wie er uns schließlich selbst bestätigte. Anhand dieses Beispiels erkannten wir, dass das, was uns über Sozialformen im Unterricht bekannt war, nicht auf alle kulturellen Kontexte übertragen werden kann. Durch diese Erkenntnis hinterfragten wir noch einmal unsere Vorgehensweise und zwar in Bezug darauf, ob wir uns ausreichend nach den Bedürfnissen der Lernenden gerichtet haben, bzw. wie weit wir ihren Erwartungen entsprechen können, ohne uns zu weit von dem projekt- und handlungsorientierten Ansatz der Sommerschule zu entfernen. Aus diesen Überlegungen heraus einigten wir uns darauf, die Schülerinnen und Schüler langsam an ein selbstständiges und interaktives Arbeiten durch schnelle Wechsel von Sozialformen heranzuführen – beispielsweise durch eine zweiminütige Murmelphase, auf die dann wieder ein Lehrerimpuls folgt, bevor eine Partnerarbeit anschließt. Unser Ziel war dabei, den Schülerinnen und Schülern immer wieder zwischendurch ein Gefühl von Kontrolle über ihre Arbeit zu geben und Sicherheit durch ihnen vertraute, lehrerzentrierte Bestandteile zu vermitteln. Vor allem in Bezug auf mögliche Traumatisierungen erschien uns das Herstellen von Sicherheit und Erwartbarkeit durch die langsame Einführung von verschiedenen Sozialformen als notwendig.

Vergleicht man Taikos anfängliche Schwierigkeiten mit offenen Aufgabentypen, so lässt sich durchaus sagen, dass er am Ende der Sommerschule weitaus schneller und besser mit den offenen Formaten zurechtkam. Wir beobachteten, dass er im Vergleich zum Beginn mehr mit seinen Mitschülerinnen und -schülern kommunizierte und mehr Ideen in die Diskussion einbrachte. Für uns war hier die Erkenntnis besonders wichtig, dass wir, wenn auch in kleinen Schritten, um die Lernenden nicht zu überfordern, den Kindern und Jugendlichen helfen konnten, sich offen und ohne Scheu mit anderen Kindern und Jugendlichen im Unterrichtskontext zu unterhalten, neue und offene Aufgabentypen motiviert zu beginnen und eine gewisse Sicherheit in der Bearbeitung derselben zu entwickeln.

Dass unterschiedliche schulische Sozialisationserfahrungen von Bedeutung für die Arbeit mit den Schülerinnen und Schülern in der Sommerschule waren, zeigte sich auch am Beispiel eines Schülers, der in seinem Herkunftsland eine Koranschule besucht hatte, in der das Auswendiglernen des Korans im Mittelpunkt steht, Lehrer- und Schülerrollen anders besetzt sind und religiöse Rituale und Strukturen den Tagesablauf prägen. Die hiervon abweichenden Anforderungen und Strukturen der Sommerschule führten zu einer augenscheinlichen Verunsicherung des Schülers, welcher zunächst nicht am Unterrichtsgeschehen teilnahm und offenen Aufgabenformaten sehr skeptisch gegenüberstand.

Grundsätzlich versuchten wir die Schülerinnen und Schüler dort abzuholen, wo sie standen, und den Unterricht so zu gestalten, dass möglichst jedes Kind und jeder Jugendliche sich einleben und einfinden konnte, ohne sich aufgrund von Überforderung Neuem gegenüber zu verschließen. In Bezug auf die oben genannte Thematik haben wir aber gemerkt, dass uns noch wichtige Zugangsweisen fehlen, da wir beispielsweise mit der Konzeption von Koranschulen nicht vertraut genug waren und uns wichtige Informationen bzgl. unterschiedlicher schulischer Sozialisierungsformen in den jeweiligen Herkunftsländern fehlten. Wichtiger jedoch als spezifisches Wissen über die jeweilige schulische Sozialisation erschien uns allerdings eine insgesamt wertschätzende Haltung in der Begegnung mit den Schülerinnen und Schülern. Zusätzlich erwies sich ein langsames Heranführen an z. B. offene Unterrichts- und Aufgabenformate als hilfreich.

Ein weiterer wichtiger Punkt war die grundsätzliche Schwierigkeit, Einblicke in das Vorwissen der Kinder zu erhalten, das in diesem Fall zudem noch kulturspezifisch geprägt war. Auch wenn es bei der Unterrichtsplanung nie vollständig möglich ist, das Vorwissen der Schülerinnen und Schüler einzuschätzen, ermöglicht ein geteilter schulischer Sozialisationskontext eine ungefähre Vorstellung davon, über welches Wissen die Schülerinnen und Schüler zu einem bestimmten Thema in einer gewissen Alters- oder Schulstufe verfügen können. Wie stark dieses in der Sommerschule divergierte, soll anhand eines Beispiels erläutert werden: In einer Unterrichtssituation am Anfang des Themas „Kultur" wollte die Lehrperson das Vorwissen zunächst dadurch erschließen, dass sie die Methode des Brainstormings für den Begriff „Kultur" einsetzte. Die Schülerinnen und Schüler meldeten sich eifrig und benannten folgende Wörter: Natur, Schrank, See, Wald, Stadt, frische Luft, Ostsee, kaltes Wasser, Mensch, Tiere, Kühlschrank und Wildschwein. Die Lehrperson versuchte zunächst noch, das kulturelle Konzept, das den Gedanken der Schülerinnen und Schüler zugrunde lag, zu verstehen, merkte aber nach einigen Minuten, dass ihr das Konstrukt nicht verständlich war. Daraufhin führte sie ihren Unterricht fort, indem sie auf das Spezifische der deutschen Kultur zu sprechen kam. Die Reaktionen und Antworten der Lernenden auf Fragen hierzu entsprachen dann wesentlich besser den Erwartungen der Lehrkraft: Es wurden Begriffe wie Bratwurst, Kartoffeln, Lederhosen, Oktoberfest und Bier genannt. An dieser Stelle sieht man, dass unterschiedliche Konzepte von „Kultur" in einer heterogenen Sprachlerngruppe verankert sein können und wie breit gefächert das spezifische Vorwissen sein kann. Gleichzeitig kann man bei dem angeführten Beispiel auch vermuten, dass das Wort „Kultur" oder das übergeordnete Konzept „Kultur" nicht bekannt war, dagegen spricht jedoch, dass sie beim Brainstorming zur „Deutschen Kultur" erwartete Begriffe anführten.

An dieser Stelle reflektierten wir die Methode des Brainstormings. Das Brainstorming bietet die Chance, gefiltert nach einem bestimmten (Ober-)Begriff das Vorwissen der Schülerinnen und Schüler abzufragen. Da das Vorwissen der Lernenden nicht bekannt ist, sind im Vorfeld natürlich nur die Erwartungen der Lehrperson für die weitere Unterrichtsplanung ausschlaggebend. Der hier aufgetretene Fall, dass die Erwartungen der Lehrperson stark von den Antworten der Schülerinnen und Schüler abwichen, schaffte eine offene Situation, welche von der Lehrperson flexibel in die weitere Unterrichtsgestaltung mit einbezogen werden muss. Die Erfahrung eben solcher Herausforderungen wurde von den Studierenden als besonders gewinnbringend für eine Professionalisierung in Richtung Unterrichtsgestaltung angesehen. Das flexible Reagieren auf nicht erwartete Antworten ist eine Fähigkeit, die in vielfältigen Berufsbildern, aber insbesondere im Lehrerberuf gefordert ist.

6. Herausforderung: Der Kontakt mit den Kindern und Jugendlichen

Die Situation, dass wir Studierende im Format der Sommerschule in Kleingruppen mit den Kindern und Jugendlichen zusammenarbeiteten, führte zu weiteren Herausforderungen. So kam es des Öfteren zu Verunsicherungen mit Blick auf die Rollenfindung von Seiten der Studierenden. Es begann bei Fragen, ob man sich von den Schülerinnen und Schülern besser duzen oder siezen lassen sollte, und endete bei Fragen nach der Beantwortung von Facebook-Freundschaftsanfragen mit Ja oder Nein. Somit war eine zentrale Frage, die in den Supervisionssitzungen von uns gestellt wurde: „Wo beginnt genau die Lehrerrolle und wo hört sie auf?" Gerade durch die spezifische Situation der Kinder und Jugendlichen, nämlich dass sie teilweise ohne Eltern in Deutschland sind und kaum Kontakte zu Gleichaltrigen und Deutschen haben, kamen Anfragen auf uns zu, wie die Begleitung zu Amtsgesprächen o. ä., die nicht in das übliche Rollenbild einer Lehrperson passen. Die Kinder und Jugendlichen sahen in der Lehrperson oftmals eine Bezugsperson, die ihnen nicht nur hilft, sich in dem fremden Land sprachlich zurecht zu finden, sondern auch viele außerunterrichtliche Probleme löst.

Dieser Anschein, dass die Lehrperson eine über den Unterricht hinausgehende Bedeutung hat, und das Bedürfnis von Seiten der Schülerinnen und Schüler, auch nach Ende der Sommerschule privaten Kontakt aufrecht zu erhalten (Facebook, Instagram, Snapchat usw.), wurden in der Sommerschule möglicherweise noch durch das besondere Unterrichtsformat verstärkt, welches Exkursionen und Aktivitäten beinhaltete, die den Charakter von Freizeitaktivitäten aufwiesen, wie z. B. die Teilnahme an einem Workshop zur Papier- und Farbherstellung in einem Freilichtmuseum oder die Exkursion in eine Imkerei.

In den Reflexionssitzungen wurden wir daher dafür sensibilisiert, uns mit unserer Rolle gegenüber den Schülerinnen und Schülern intensiv auseinanderzusetzen, um so eine individuelle Antwort auf diese Rollenfrage zu finden. Die Aufgabe bestand für jede und jeden Einzelnen darin, für sich selbst herauszufinden, wo seine/ihre individuellen Grenzen liegen – was im Rahmen einer Sommerschule und in der Arbeit mit unbegleiteten Flüchtlingen sicherlich noch einmal anders zu bewerten ist als im Kontext von Unterricht in einer Regelschule. Einige Studierende ließen sich daraufhin auf die vielfältigen Anfragen mehr und andere weniger ein, indem sie eine komplette Trennung von Sommerschule und Privatem vorzogen. Einstimmig wurde jedoch festgehalten, dass ein offener und freundlicher Umgang mit den Schülerinnen und Schülern sowie die Schaffung einer positiven Atmosphäre eine entscheidende Aufgabe für die Lehrenden darstellen. Wenn man als Lehrperson jegliche Interaktion außerhalb des Unterrichts ablehnt, so erschien es uns allerdings wichtig, die Gründe hierfür darzulegen und somit transparent zu machen. Lässt man hingegen einen außerschulischen Kontakt zu, so ist unserer Meinung nach ein Bewusstsein über den großen Stellenwert dieses Kontaktes auf Seiten der Kinder und Jugendlichen essentiell und zu berücksichtigen.

Insgesamt stellte der individuelle, die jeweiligen Voraussetzungen und Bedarfe der Lernenden berücksichtigende Umgang eine zentrale Säule innerhalb der Arbeit in der Sommerschule dar.

7. Gegenseitige Unterstützung der Lehrenden und Plattform zum Austausch: eine Notwendigkeit

Durch das in dem Modell der Sommerschule verankerte Team-Teaching-Konzept spielten die Absprache und der Austausch zwischen den Studierenden eine bedeutsame Rolle. Zwei bis drei Studierende unterrichteten gemeinsam im Team eine Kleingruppe von bis zu fünf Schülerinnen und Schülern und teilten sich dementsprechend die Unterrichtseinheiten untereinander auf oder gestalteten sie gemeinsam. Hierbei war es wichtig, dass ein einheitliches Grundkonzept der Planung zugrunde lag und ein übergreifendes Ziel verfolgt wurde. Ein gemeinsames Planen einer jeden Unterrichtsstunde hat sich in unseren Erfahrungen als positiv bewährt und erscheint uns daher als essentiell für den Unterricht von zugewanderten Schülerinnen und Schülern mit Deutsch als Zweit- bzw. Fremdsprache.

Zusätzlich zu regelmäßigen Absprachen zwischen zwei unterrichtenden Teams, die auf der gleichen Niveaustufe lehrten, war auch der Austausch in der ganzen Gruppe von Studierenden hilfreich, wenn nicht sogar notwendig. Im Rahmen wöchentlich stattfindender Supervisionssitzungen, welche im Falle der Sommerschule von einer Diplompädagogin und Ärztin aus dem Bereich der Kinder- und Jugendpsychiatrie geleitet wurden, konnte eine Plattform für Besprechungen von Problemen, Auffälligkeiten und Ideen für das weitere Vorgehen geschaffen werden. Die Arbeit und der Austausch im Plenum hatten eine unterstützende und motivierende Bedeutung, gerade wenn es zu Unsicherheiten aufgrund verschiedenster, meist unerwarteter Situationen und Umstände kam. Innerhalb einer Supervisionssitzung überlegten wir dann gemeinsam einen Lösungsansatz, um eine Besserung auf beiden Seiten zu erreichen. Doch neben diesen konkreten situationsspezifischen Themen sind es auch allgemeine Grundlagen, wie beispielsweise der Erfahrungsaustausch über bereits gemachte Lehrerfahrungen im DaZ-Bereich, die angesprochen wurden und allen helfen konnten.

8. Umgang mit Medien

Ein zusätzlicher, abschließender Aspekt, mit welchem wir innerhalb unserer Arbeit mit neu zugewanderten Kindern und Jugendlichen in Berührung kamen, war der Umgang mit journalistischen Medien wie Zeitung, Radio oder Fernsehen. Gerade durch die Aktualität des Themas „Flüchtlinge" kam es zu Anfragen über eine Berichterstattung von mehreren Medienformaten. Gleichzeitig lag auch ein gewisses Interesse an einer Zusammenarbeit mit unterschiedlichen Medien bei den teilnehmenden Schulen.

In diesem Zusammenhang wurde auch uns Studierenden angeboten, eine Rolle in der geplanten Berichterstattung einzunehmen. Daher besprachen und beleuchteten wir die geplante Berichterstattung im Rahmen unserer Gruppensitzungen unter Berücksichtigung verschiedener Punkte. Zunächst einmal stellte sich die Frage nach der Abtretung der Bild- und Tonrechte durch die Schülerinnen und Schüler bzw. durch die Erziehungsberechtigten, die im Vorfeld durch eine Einverständniserklärung hätte eingeholt werden müssen. Diese Einverständniserklärung wurde als große sprachliche Hürde betrachtet, da sie, wie im vorliegenden Fall, sprachlich äußerst komplex formuliert war. Da anzunehmen war, dass ein Großteil der Eltern der Kinder und Jugendlichen der deutschen Sprache nicht in der Weise mächtig waren, als dass sie die Einverständniserklärung hätten verstehen können, mussten wir annehmen, dass sie diese im Zweifelsfall nur unterschrieben hätten, weil sie von einer vertrauenswürdigen Person, der Lehrerin bzw. dem Lehrer, ausgegeben worden ist.

Außerdem stellte sich die Frage, inwiefern eine mediale Berichterstattung angesichts der jeweiligen Hintergründe der Schülerinnen und Schüler zuträglich wäre. Wir wussten, dass einige aufgrund von Verfolgung ihr Heimatland hatten verlassen müssen und konnten nicht einschätzen, inwieweit ein mediales In-Erscheinung-Treten sie gefährdet hätte. Anhand der Reaktionen eben dieser Schülerinnen und Schüler auf die Frage danach, ob sie mit einer Berichterstattung einverstanden seien, konnten wir unsere Vermutungen als bestätigt sehen. Andere Lernende wiederum freuten sich jedoch sehr, als sie erfuhren, dass möglicherweise das Fernsehen kommen würde.

Die Entscheidung zu einer Durchführung oblag im Endeffekt uns Studierenden, die wir uns nach langer Diskussion gegen eine Berichterstattung des Fernsehens entschieden. Gerade durch die Brisanz des Themas „Flüchtlinge" und die unterschiedlichen Interessenslagen der beteiligten Akteure hatten wir zu große Bedenken, dass nicht das Wohl der Kinder im Vordergrund stehen würde. Wir als Lehrpersonen, so fanden wir, hatten einen Schutzauftrag, den wir nicht als ausreichend bedacht bei der medialen Berichterstattung wiederfanden. Gerade diese Entscheidungsfindung hat uns einen Rollenwechsel vom Studierenden zur Lehrperson ermöglicht.

9. Fazit

Die vielfältigen Herausforderungen, die an uns als zukünftige Lehrpersonen durch das spezifische Format der Sommerschule gestellt wurden, führten zu einer Sensibilisierung und auch Professionalisierung im Unterrichten von neu zugewanderten Kindern und Jugendlichen. Das Durchführen von Sprachstandserhebungen, das Erstellen und die kritische Sichtung von Unterrichtsmaterialien und der Rollenwechsel vom Studierenden zur Lehrperson waren Faktoren, die unsere Erfahrungen in der Sommerschule maßgeblich geprägt haben.

Insbesondere die im Hinblick auf die Gestaltung von Unterricht und Unterrichtsmaterial gemachten Erfahrungen schätzen wir für unsere spätere Unterrichtstätigkeit als nützlich ein. So wurden wir für mögliche Fehlerquellen oder Problematiken z. B. bei der Aufgabenerstellung sensibilisiert und haben unter Anleitung – wie auch selbstständig – gelernt, mit eben diesen umzugehen, sie zu beheben oder auch zu vermeiden.

Neben diesen doch eher fachlichen Kompetenzen möchten wir jedoch behaupten, dass es gerade die Einstellungen und Sichtweisen sind, die sich innerhalb des Projekts der Sommerschule bei uns (weiter-)entwickelten. Wir haben sehr viel über uns selbst und unseren Umgang mit anderen Menschen erfahren. Wir haben herausgefunden, wo unsere Stärken liegen, gelernt, Grenzen zu setzen und unsere Rolle als Lehr- und Bezugsperson auszuloten. Doch vor allem haben wir einen ersten Schritt gemacht, Menschen, in unserem Falle Kinder und Jugendliche, dort abzuholen, wo sie stehen, sie so anzunehmen, wie sie sind, und mit ihnen gemeinsam zu lernen und zu arbeiten, uns auszutauschen und Spaß bei alledem zu haben.

Schließlich haben wir erfahren, dass der Faktor Heterogenität eine Herausforderung für die Lehrenden wie auch für die Lernenden darstellt. Im Rahmen der Sommerschule konnten wir diese Herausforderung, der Lehrkräfte tagtäglich gegenüber stehen, dabei jedoch nicht als ein unüberwindbares Hindernis erleben, sondern vielmehr als einen kognitiven – und wie in unserem Falle – auch kulturellen Zugewinn für alle.

Autorinnen und Autoren

Niklas Bellendorf ist stud. Hilfsraft am Lehrstuhl für Öffentliches Recht, insbesondere Verwaltungsrecht (Prof. Dr. Jörg Ennuschat) der Ruhr-Universität Bochum. Er hat im Rahmen des Projektes „Sommerschule DaZ" einen Vortrag zum Thema „Abschiebung und Duldung" gehalten und die Vorbereitung des Beitrags *Darstellung der aktuellen rechtlichen Situation von geflüchteten Kindern und Jugendlichen* unterstützt.
Ruhr-Universität Bochum, Lehrstuhl für Öffentliches Recht, insb. Verwaltungsrecht, Universitätsstr. 150, 44801 Bochum, E-Mail: Niklas.Bellendorf@Ruhr-Universitaet-Bochum.de

Verena Cornely Harboe ist wiss. Mitarbeiterin am Seminar für Sprachlehrforschung der Ruhr-Universität Bochum. Einer ihrer Arbeitsschwerpunkte gilt dem Einfluss von psychosozialen Belastungssituationen auf Fremd- und Zweitspracherwerbsprozesse. Mit Lena Heine und Mirka Mainzer-Murrenhoff hat sie das hochschuldidaktische Konzept „Sommerschule DaZ" konzipiert und begleitet.
Ruhr-Universität Bochum, Seminar für Sprachlehrforschung, Universitätsstr. 150, 44801 Bochum, E-Mail: Verena.CornelyHarboe@Ruhr-Universitaet-Bochum.de

Prof. Dr. Cinur Ghaderi lehrt Psychologie im Fachbereich Soziale Arbeit an der Evangelischen Fachhochschule Rheinland-Westfalen-Lippe. Als promovierte Soziologin und psychologische Psychotherapeutin war sie zuvor im Psychosozialen Zentrum für Flüchtlinge in Düsseldorf tätig.
Evangelische Fachhochschule RWL, Fachbereich Soziale Arbeit – Lehrgebiet Psychologie, Immanuel-Kant-Str. 18–20, 44803 Bochum, E-Mail: ghaderi@efh-bochum.de

Monika Größl ist wiss. Mitarbeiterin am Lehrstuhl für Öffentliches Recht, insbesondere Verwaltungsrecht (Prof. Dr. Jörg Ennuschat) der Ruhr-Universität Bochum. Ihre Arbeitsschwerpunkte liegen u. a. im Bildungsrecht.
Ruhr-Universität Bochum, Lehrstuhl für Öffentliches Recht, insb. Verwaltungsrecht, Universitätsstr. 150, 44801 Bochum, E-Mail: Monika.Groessl@Ruhr-Universitaet-Bochum.de

Lena Heine ist Juniorprofessorin für Sprachlehrforschung an der Ruhr-Universität Bochum. Sie hat dort das Modul „Deutsch für Schülerinnen und Schüler mit Zuwanderungsgeschichte" konzipiert und implementiert, das Studierende aller Schulfächer auf den Umgang mit sprachlich heterogenen Schülerschaften vorbereitet. Seit 2015 leitet sie das Projekt „Sommerschule DaZ" für neu zugewanderte Kinder und Jugendliche.
Ruhr-Universität Bochum, Seminar für Sprachlehrforschung, Universitätsstr. 150, 44801 Bochum, E-Mail: Lena.Heine@Ruhr-Universitaet-Bochum.de

Anne-Kathrin Kenkmann ist wiss. Mitarbeiterin am Lehrstuhl für Öffentliches Recht, insbesondere Verwaltungsrecht (Prof. Dr. Jörg Ennuschat) an der Ruhr-Universität Bochum. Ihre Arbeitsschwerpunkte liegen u. a. im Bildungsrecht. Sie ist zudem Lehrbeauftragte an der Fachhochschule für öffentliche Verwaltung Duisburg und führt Schulungen für ehrenamtliche Flüchtlingsbegleiter zum Asyl- und Ausländerrecht durch.
Ruhr-Universität Bochum, Lehrstuhl Öffentliches Recht, insb. Verwaltungsrecht, Universitätsstr. 150, 44801 Bochum,
E-Mail: Anne-Kathrin.Kenkmann@Ruhr-Universitaet-Bochum.de

Anja Kittlitz ist nach einem Studium der Kulturwissenschaften, von Deutsch als Fremdsprache und der Pädagogik wiss. Mitarbeiterin an der SchlaU-Schule. Ihre Schwerpunktthemen liegen in den Bereichen der anerkennenden Pädagogik, der Antidiskriminierungsarbeit, der Alphabetisierungsarbeit und der Teamentwicklung.
Trägerkreis Junge Flüchtlinge e. V., Schwanthalerstr. 2, 80336 München, E-Mail: a.kittlitz@schlau-werkstatt.de

Carolin Kull, M.A./M.ED., ist Lehrerin für Deutsch, ev. Religionslehre und Pädagogik. Seit 2013 ist sie wiss. Mitarbeiterin und Lehrkraft für besondere Aufgaben an der Professional School of Education der Ruhr-Universität Bochum.
Ruhr-Universität Bochum, Professional School of Education, Universitätsstr. 150, 44801 Bochum, E-Mail: Carolin.Kull@ Ruhr-Universitaet-Bochum.de

Mirka Mainzer-Murrenhoff ist wiss. Mitarbeiterin am Institut für Bildungsforschung der Bergischen Universität Wuppertal. Ihre Arbeitsschwerpunkte sind u. a. Sprachbildung in den gesellschaftswissenschaftlichen Fächern, Schreibförderung in der Sek I/II sowie Modellierung von Diagnosekompetenzen angehender Lehrkräfte. Gemeinsam mit Lena Heine und Verena Cornely Harboe hat sie das hochschuldidaktische Konzept der „Sommerschule DaZ" im Jahr 2015 konzipiert und begleitet.
Bergische Universität Wuppertal, Institut für Bildungsforschung, Gaußstraße 20, 42119 Wuppertal, E-Mail: mainzer@uni-wuppertal.de

Florian Mundt ist wiss. Mitarbeiter am Seminar für Sprachlehrforschung der Ruhr-Universität Bochum. Er hat als Student am ersten Durchgang der „Sommerschule Deutsch als Zweitsprache" im Jahr 2015 teilgenommen und währenddessen die Projektorganisation als wiss. Hilfskraft unterstützt.
Ruhr-Universität Bochum, Seminar für Sprachlehrforschung, Universitätsstr. 150, 44801 Bochum, E-Mail: Florian.Mundt@Ruhr-Universitaet-Bochum.de

Inga Oldenburg ist Studentin der Rechtswissenschaft. Im Jahr 2015 war sie stud. Hilfskraft am Lehrstuhl für Öffentliches Recht, insbesondere Verwaltungsrecht (Prof. Dr. Jörg Ennuschat) der Ruhr-Universität Bochum und hat im SoSe 2015 im

Rahmen des Projektes „Sommerschule DaZ" einen Vortrag zum Thema „UN-Kinderrechtskonvention" gehalten und die Vorbereitung des Beitrags *Darstellung der aktuellen rechtlichen Situation von geflüchteten Kindern und Jugendlichen* in diesem Band unterstützt.
Ruhr-Universität Bochum, Lehrstuhl für Öffentliches Recht, insb. Verwaltungsrecht, Universitätsstr. 150, 44801 Bochum

David Schnitzler ist Dipl. Jur. Im Jahr 2015 war er stud. Hilfskraft am Lehrstuhl für Öffentliches Recht, insbesondere Verwaltungsrecht (Prof. Dr. Jörg Ennuschat) der Ruhr-Universität Bochum und hat im SoSe 2015 im Rahmen des Projektes „Sommerschule DaZ" einen Vortrag zum Thema „Das Clearingverfahren und die Altersfestsetzung" gehalten und die Vorbereitung des Beitrags *Darstellung der aktuellen rechtlichen Situation von geflüchteten Kindern und Jugendlichen* in diesem Band unterstützt.
Ruhr-Universität Bochum, Lehrstuhl für Öffentliches Recht, insb. Verwaltungsrecht, Universitätsstr. 150, 44801 Bochum

Melanie Weber ist stellv. Schulleiterin der SchlaU-Schule und seit zehn Jahren in der Beschulung junger Flüchtlinge tätig. Nach einem Studium des Deutschen als Fremdsprache und der Soziologie liegen ihre Schwerpunktthemen in der Schulentwicklung in den Bereichen Deutsch als Zweitsprache und dem sprachfördernden Fachunterricht.
Trägerkreis Junge Flüchtlinge e. V., Schwanthalerstr. 2, 80336 München, E-Mail: m.weber@schlau-werkstatt.de

Judith Weissflog ist stud. Hilfskraft am Seminar für Sprachlehrforschung der Ruhr-Universität Bochum. Sie studiert Germanistik, Anglistik und Psychologie und strebt den Abschluss des Master of Education an. Judith Weissflog hat als Studentin an dem Projekt „Sommerschule DaZ" im Sommer 2015 teilgenommen.
Ruhr-Universität Bochum, Seminar für Sprachlehrforschung, Universitätsstr. 150, 44801 Bochum, E-Mail: Judith.Weissflog@Ruhr-Universitaet-Bochum.de

Kevin Sebastian Wilms hat im Jahr 2013 sein Jura-Studium begonnen. Seit 2014 ist er stud. Hilfskraft am Lehrstuhl für Öffentliches Recht, insb. Verwaltungsrecht (Prof. Dr. Jörg Ennuschat) an der Ruhr-Universität Bochum. In dieser Funktion erfolgten bereits zahlreiche Vorträge zum Thema Asyl- und Ausländerrecht.
Ruhr-Universität Bochum, Lehrstuhl für deutsches und europäisches Verwaltungsrecht, Universitätsstr. 150, 44801 Bochum,
E-Mail: Kevin.Wilms@Ruhr-Universitaet-Bochum.de

UNSERE BUCHEMPFEHLUNG

Claudia Benholz, Magnus Frank, Constanze Niederhaus (Hrsg.)

Neu zugewanderte Schülerinnen und Schüler – eine Gruppe mit besonderen Potentialen

Beiträge aus Forschung und Schulpraxis

Sprach-Vermittlungen, Band 16, 2016, 372 Seiten, br., 37,90 €, ISBN 978-3-8309-3277-2
E-Book: 33,99 €, ISBN 978-3-8309-8277-7

Hunderttausende Flüchtlinge kommen zurzeit nach Deutschland, unter ihnen viele Kinder und Jugendliche, die der Schulpflicht unterliegen und ein Recht auf schulische Bildung und Erziehung haben. Folgende Fragen stehen im Mittelpunkt der Beiträge aus Wissenschaft, Lehrerbildung und Schulpraxis:

- Wie kann die deutsche Schule mehrsprachig werden, so dass die pluralen sprachlichen Fähigkeiten von Schülerinnen und Schülern anerkannt werden und sprachliche Bildung als gesamtsprachliches Projekt gefördert wird?
- Auf welche Erfahrungswerte kann zurückgegriffen werden?
- Welche Rolle spielen außerschulische Angebote?
- Wie können Lehrerinnen und Lehrer für die pädagogische Aufgabe des Unterrichtens neu zugewanderter Schülerinnen und Schülern qualifiziert werden?

www.waxmann.com

UNSERE BUCHEMPFEHLUNG

Hanne Brandt, Ingrid Gogolin
Unter Mitarbeit von Margit Maronde-Heyl
und Heidi Scheinhardt-Stettner

Sprachförderlicher Fachunterricht

Erfahrungen und Beispiele

FöRMig Material, Band 8,
2016, 88 Seiten, br., mit DVD, 24,90 €,
ISBN 978-3-8309-3378-6
E-Book: 21,99 €,
ISBN 978-3-8309-8378-1

Die Vermittlung bildungssprachlicher Kompetenzen ist in den Bildungs- oder Rahmenplänen vieler Bundesländer als gemeinsame Aufgabe aller Fächer festgeschrieben. Doch wie kann es gelingen, diese Aufgabe unter der Bedingung sprachlicher Heterogenität der Schülerschaft zu erfüllen? Lehrerinnen und Lehrer aus sechs Bundesländern haben ihre Ideen und Erfahrungen in diesem Band und der beiliegenden DVD versammelt. Gezeigt und kommentiert werden Beispiele dafür, wie sprachliche Bildung in den (Fach-)Unterricht integriert werden kann und wie Schulen sich zu bildungssprachförderlichen Institutionen entwickeln.

Die Beispielsequenzen wurden an Schulen gefilmt, die von 2011 bis 2013 am Transferprojekt „Förderung von Kindern und Jugendlichen mit Migrationshintergrund (FöRMig)" als Modellschulen mitgearbeitet haben. Mitwirkende waren außerdem Wissenschaftler(innen) des FöRMig-Kompetenzzentrums der Universität Hamburg und Expert(inn)en für interkulturelle und sprachliche Bildung aus verschiedenen Bundesländern.

UNSERE BUCHEMPFEHLUNG

Barbara Koch-Priewe,
Marianne Krüger-Potratz
(Hrsg.)

Qualifizierung für sprachliche Bildung

Programme und Projekte zur Professionalisierung von Lehrkräften und pädagogischen Fachkräften

*DDS Die Deutsche Schule, 13. Beiheft
2016, 212 Seiten, br., 29,90 €,
ISBN 978-3-8309-3415-8
E-Book: 26,99 €,
ISBN 978-3-8309-8415-3*

Es wird immer wieder betont, dass es einer systematischen Förderung sprachlicher Bildung aller Schülerinnen und Schüler bedarf und insbesondere derjenigen, die mehrsprachig aufwachsen. Daraus folgt zum einen, dass es unterschiedlicher, auf die jeweiligen sprachlichen Bedingungen angepasster Konzepte bedarf und zum anderen, dass es Konzepte und Programme gibt, die alle am Bildungsprozess Beteiligten in diese Aufgabe einzubeziehen erlauben: die Kinder und Jugendlichen, ihre Eltern und vor allem die pädagogischen Fachkräfte im vorschulischen Bereich sowie die Lehrkräfte und diejenigen, die diese Fachkräfte aus- und fortbilden. Ausgewählt betrachtet werden hier zum einen Programme, die sicherstellen sollen, dass sich alle Lehrkräfte in der Aus- und Fortbildung mit Fragen sprachlicher Bildung befassen und zum anderen Ergebnisse aus unterschiedlichen (inter-)nationalen empirischen Forschungsprojekten, die u.a. erkennen lassen, wie breit das Spektrum der zu erforschenden Fragestellungen ist, damit forschungsbasiert sprachliche Bildung in der mehrsprachigen Schule vom vorschulischen Bereich an und unter Einbindung aller Akteure gestaltet werden kann.

www.waxmann.com